중학 **사회** ① -2

| 이 책을 쓰신 선생님들

곽주현(엠베스트), 정선희(엠베스트), 이보람(삼성중학교), 김한솔(집현중학교), 이아름벼리(보라중학교), 조수진(옥정중학교)

개념학습 정리책

중학 사회 ①-2

구성과 특징

>> **동아출판 홈페이지**에서 **무료 동영상 강의**를 이용해 보세요!

무료 동영상 강의로 핵심 내용을 한 번 더 학습하고 모르는 문제는 완벽하게 이해하기

동아출판 홈페이지 바로 가기
www.bookdonga.com

개념 학습 정리책

단원별 내용 학습으로 필수 개념 마스터하기

STEP 1-2-3의 단계별 문제로 실력 쌓기

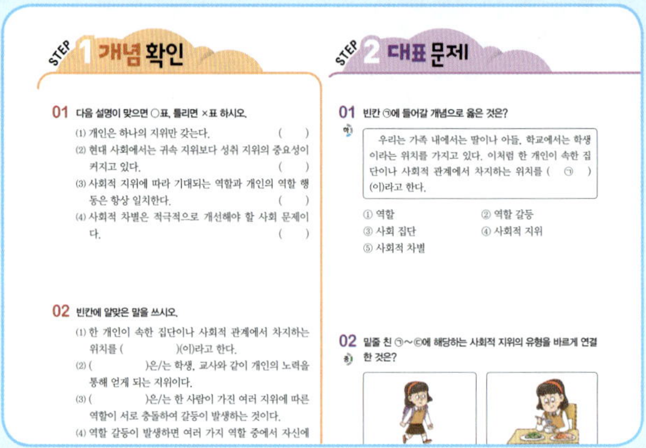

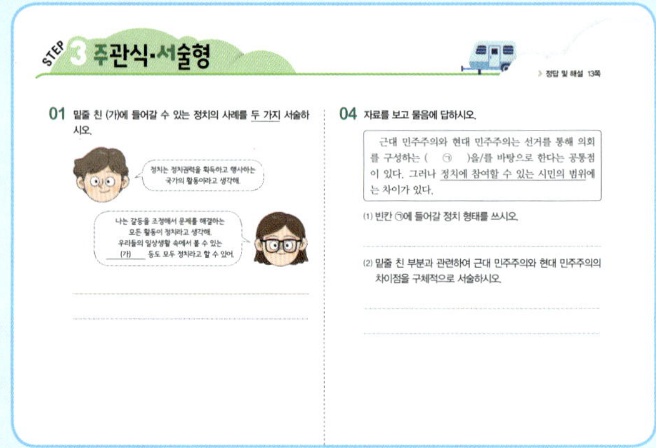

❶ 내용 정리

교과서의 핵심 개념을 꽉 채웠어요. 이것만은 꼭 알아 두세요.

❷ 핵심 자료와 개념

시험에 자주 출제되는 중요 자료만 모두 모았어요. 반드시 확인하세요.

❸ 용어 해설

교과서의 주요 용어를 이해하기 쉽게 풀이하였어요. 무조건 암기하지 말고 쉽게 이해하세요.

❶ 개념 확인

빈칸 채우기, 선 잇기 등 간단한 문제를 풀며 주요 개념을 내 것으로 만들어 보세요.

❷ 대표 문제

시험에 꼭 나오는 핵심 문제만을 엄선하였어요. 다양한 유형의 문제를 풀며 실력을 키워 보세요.

❸ 주관식 · 서술형

시험에 자주 출제되는 주관식 · 서술형 문제를 풀며 서술형 평가에도 대비해 보세요.

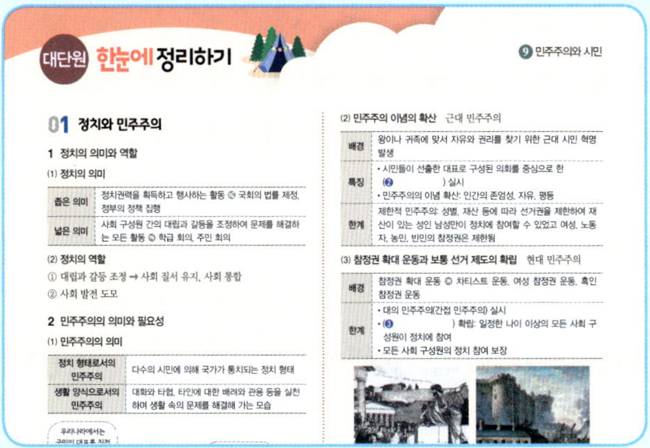

❶ 대단원 한눈에 정리하기

대단원 내용을 한눈에 파악할 수 있도록 도표, 자료 등을 구성하였어요. 꼭 확인하고 넘어가세요.

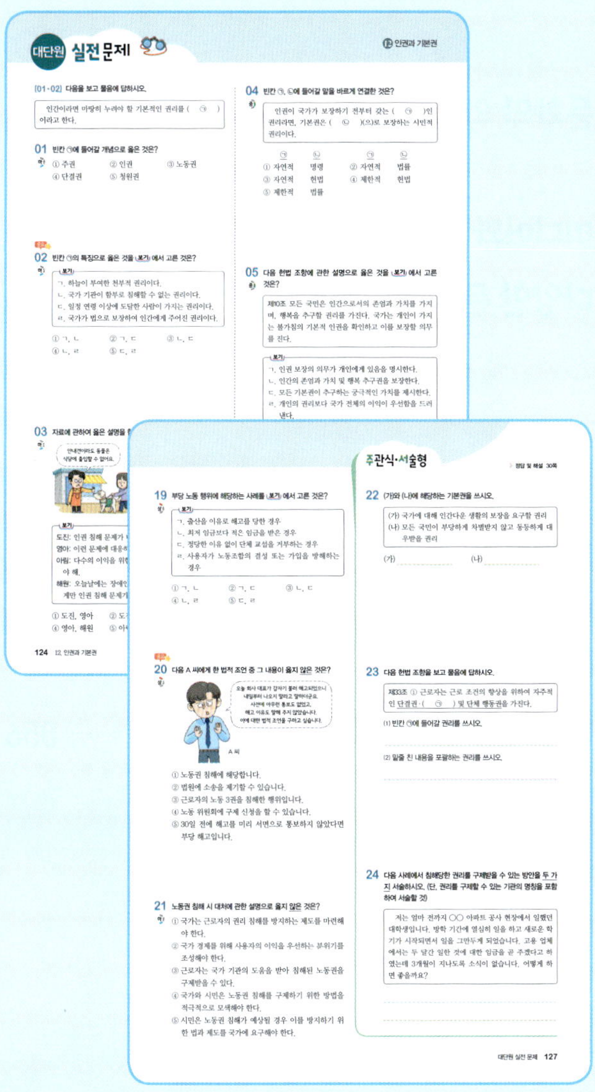

❷ 대단원 실전 문제

대단원을 정리할 수 있는 다양한 유형의 단원 통합형 문제로 구성하였어요. 문제를 풀며 실력을 점검해 보세요.

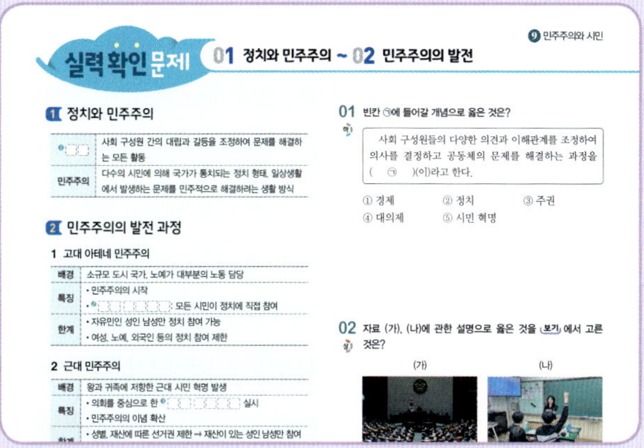

❶ 실력 확인 문제

문제를 풀며 정리책에서 학습한 내용을 복습해 보세요. 문제를 많이 틀렸거나, 개념이 명확하게 정립되지 않은 느낌이라면 정리책으로 돌아가 다시 한 번 학습하세요.

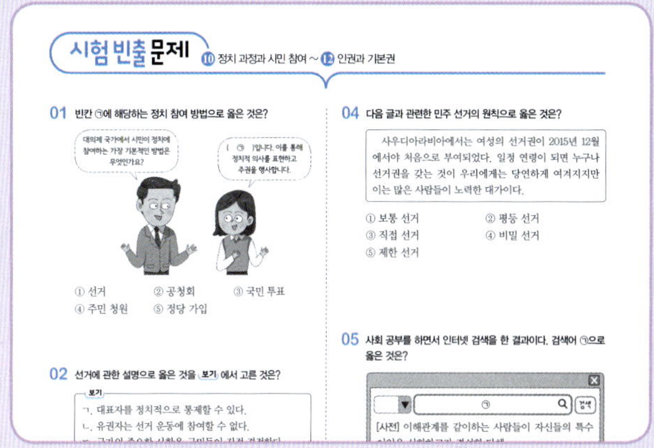

❷ 시험 빈출 문제

시험에 자주 출제되는 문제들만 뽑아 구성하였어요. 문제를 풀며 실전 경험을 쌓아 보세요.

정답 및 해설

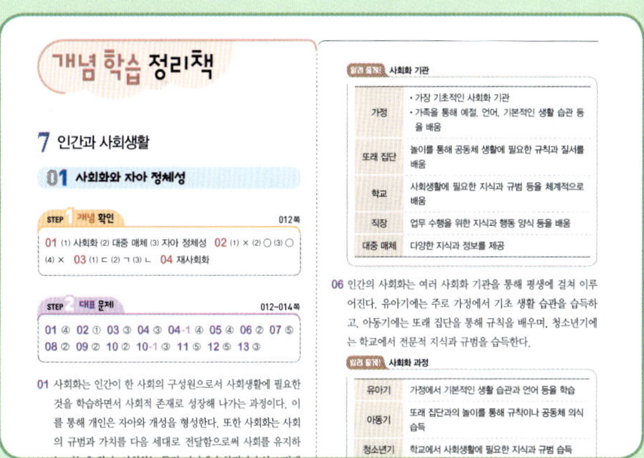

- 상세한 해설로 자료를 분석하고 정답을 찾는 방법을 익히도록 하였어요. 왜 틀렸지? 로 오답을 상세하게 설명하여 답이 아닌 까닭을 파악할 수 있고, 알려 줄게! 로 문제 풀이에 필요한 보충 자료를 제시하였어요.

 이 책의 contents

차례

단원 찾기

아래 표에서 **내 교과서의 출판사**를 찾고, **학습 범위**를 확인해 보세요.

미래엔	비상	아침나라	천재
132~135	128~131	134~137	122~125
136~145	132~141	138~145	126~133
150~153	146~150	150~153	138~141
154~163	151~159	154~163	142~149
168~177	164~173	168~179	154~161
178~181	174~177	180~183	162~165
186~191	182~189	188~193	170~175
192~199	190~195	194~199	176~181
204~211	202~209	204~211	186~193
212~217	210~215	212~219	194~197
222~227	220~229	224~231	202~207
228~235	230~235	232~237	208~213

▼ 우리는 학교에서 지식과 규범을 배우며 사회 구성원으로서 정체성을 형성한다.

01 사회화와 자아 정체성

1 사회화의 의미와 과정

1 사회화의 의미

출제tip 본능에 따른 행동과 사회화된 행동을 비교하는 문제가 자주 출제

(1) **사회적 존재로서의 인간** 인간은 다른 사람들과 관계를 맺으며 자신이 속한 사회에서 살아가는 데에 필요한 언어, ❶행동 양식, ❷규범 등을 습득함

자료 1 (2) **사회화** 인간이 한 사회의 구성원으로서 사회생활에 필요한 것을 학습하면서 사회적 존재로 성장해 나가는 과정
└ 언어, 규범, 지식, 가치관, 행동 양식 등이지.

2 사회화의 기능

자료 2 (1) **개인적 측면** 개인의 ❸고유한 ❹자아와 ❺개성 형성, 사회생활에 필요한 사회적 행동 양식을 습득함으로써 사회 구성원으로 성장

(2) **사회적 측면** 사회의 규범과 가치 등을 ❻공유하게 하며 이를 다음 세대로 전달함으로써 안정된 사회를 유지함 ─ 그래서 사회화의 내용이나 방식은 사회마다 다르게 나타나.

3 사회화의 과정

(1) **사회화 과정** 사회화는 평생에 걸쳐 이루어짐

유아기	가정에서 기본적인 생활 습관과 언어 등을 학습
아동기	❼또래 집단과의 놀이를 통해 규칙이나 ❽공동체 의식 습득
청소년기	학교에서 사회생활에 필요한 지식과 규범 습득
성인기	직장에서 업무에 필요한 지식과 정보 습득
노년기	빠르게 변화하는 사회에 적응하기 위해 새로운 지식과 기술 등을 익힘

└ 사회 변화에 적응하기 위한 재사회화의 사례로 노년기가 자주 언급돼.

▲ 유아기

▲ 아동기

▲ 청소년기

▲ 성인기

▲ 노년기

배고플 때 무엇인가를 먹는 행동은 본능적인 것으로, 사회화의 결과로 볼 수 없다. 그러나 숟가락과 젓가락 등의 도구를 사용하여 식사를 하고 식사 예절을 지키는 것은 사회화의 결과이다. 생물학적 존재로서 인간이 타고나는 본능적인 행동은 사회화라고 볼 수 없다. 후천적으로 그 사회에서 학습하여 습득한 행동만이 사회화된 행동이다.

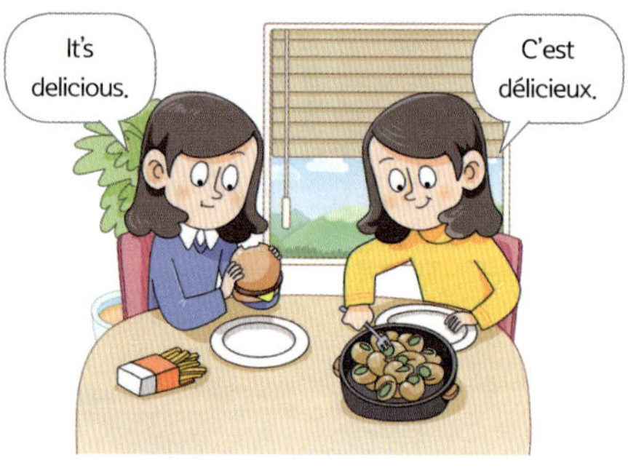

생김새가 닮은 쌍둥이라도 그들이 사용하는 언어, 생활 습관이나 사고방식 등은 자란 환경에 따라 달라진다.

한국에서 쌍둥이로 태어나 각각 미국과 프랑스로 입양되었다가 25년 만에 재회한 자매에 대한 이야기를 사례로 들 수 있다. 쌍둥이 자매는 유전적으로는 비슷하지만 서로 다른 국가와 환경에서 다른 사회화 과정을 거쳐 자랐기 때문에 행동이나 사고방식에 차이가 나타나게 되었다.

용어 풀이

❶ 행동 양식: 인간의 생활에 일정하게 규정되어 있는 행동의 형태 또는 유형
❷ 규범: 인간이 행동하거나 판단할 때 마땅히 따르고 지켜야 할 가치 판단의 기준
❸ 고유: 본래부터 가지고 있는 특유한 것
❹ 자아: 다른 사람과 구별되는 인식이나 행동의 주체로서의 자기 자신
❺ 개성: 다른 사람과 구별되는 고유한 성질
❻ 공유: 정보나 의견, 감정 등을 나눔
❼ 또래 집단: 비슷한 나이의 구성원들이 주로 놀이를 중심으로 형성한 집단
❽ 공동체: 생활이나 행동 또는 목적 등을 같이하는 집단

(2) **사회화 기관** 가정, 또래 집단, 학교, 직장, 대중 매체 등 사회 구성원의 사회화를 담당하는 집단이나 기관 ┌─ 인간의 사회화에 영향을 미치는 집단이야.
└─ 시기에 따라 영향을 받는 사회화 기관이 다를 수 있어.

가정	• 가장 기초적인 사회화 기관 • 가족을 통해 언어, 예절 등의 기본적인 행동 양식 습득
또래 집단	• 자연적으로 구성되는 비슷한 나이의 친구 집단 ┌─ 비슷한 나이로 구성되기 때문에 • 놀이를 통해 공동체 생활의 규칙 및 질서 습득　└ 친근감을 느끼는 집단이야.
학교	• ❶공식적, ❷체계적, 지속적인 사회화 기관 • 사회생활에 필요한 지식, 기술, 규범을 체계적으로 습득
직장	• 성인의 사회화에 중요한 역할 담당 • 업무와 관련된 지식, 기술 습득
❸대중 매체	• 책, 신문, 텔레비전, 인터넷 등 • 다양한 지식과 정보 제공 • 현대 사회에서 영향력이 커짐

(3) **재사회화** ┌─ 현대 사회는 변화 속도가 매우 빠르기 때문에
　　　　　　　└─ 재사회화의 중요성이 더욱 커지고 있다.

출제tip 재사회화의 사례를 묻는 문제가 자주 출제

① **의미**: 개인이 속한 집단이 바뀌거나 사회가 변화하여 새로운 지식, 기술, 가치, 생활 양식 등을 습득하는 것

② **사례**: 직장이 바뀌면서 새로운 기술과 지식을 익히는 것, 정보 사회로의 변화에 따라 새로운 정보 통신 기술을 배우는 것, 군대에 입대하여 새롭게 소속된 집단에 적응하기 위해 ❹신병 교육을 받는 것 등

2 사회화와 자아 정체성 형성

1 자아 정체성의 의미와 형성

(1) **자아 정체성** 다른 사람들과 구별되는 자신의 고유성을 이해하고 자신이 누구인지를 명확하게 알고 있는 것 ┌─ 자신의 성격, 가치관, 능력, 목표, 관심 영역 등을
　　　　　　　　　　　　　　　　　　　　└─ 분명하게 이해한 상태지.

(2) **자아 정체성의 형성** 자신의 고유한 특성에 대한 ❺성찰과 사회화 과정에서 겪은 경험, 다양한 사회화 기관에서의 상호 작용을 통해 형성됨

2 자아 정체성 확립의 중요성

(1) **청소년기의 자아 정체성** ┌─ 사회화가 평생에 걸쳐 진행되는 것처럼 개인의 자아 정체성은
　　　　　　　　　　　　　　　└─ 성인이 되어서도 변화할 수 있어.

① 청소년기는 사회화 과정에서 자아 정체성이 형성되는 중요한 시기임

② 청소년기에 형성되는 자아 정체성에 따라 성인기의 삶이 달라질 수 있음

(2) **건전한 자아 정체성 확립을 위한 노력**

① 자신의 성격, ❻가치관, 능력, 관심, 목표 등에 대해 충분히 고민하며 성찰하는 노력이 필요함

② 다양한 사회화 기관의 도움을 받으며 내면적 갈등을 해결할 수 있음

③ 자신을 긍정적으로 바라보고 존중할 수 있어야 함

④ 앞으로 어떤 삶을 살고 싶은지 끊임없이 탐색하고 깊이 있게 고민해야 함

사회화 기관의 구분

사회화 기관	내용
1차적 사회화 기관	• 자연 발생적 • 대면적, 인격적 인간관계
2차적 사회화 기관	• 특정 목적 달성을 위해 인위적으로 형성 • 형식적, 공식적 인간관계

 사회화와 재사회화

사회화는 인간이 한 사회의 구성원으로서 필요한 것을 학습하면서 사회적 존재로 성장해 나가는 과정이다. 재사회화는 개인이 속한 집단이나 사회가 변화하는 경우 이에 적응하기 위해 새롭게 지식과 생활 양식 등을 학습하는 것이다.

▲ 한국인의 유아기 한글 학습은 사회화의 사례이다.

▲ 외국인이 한국으로 이주하여 새롭게 한글을 익히는 것은 재사회화의 사례이다.

 거울 자아

미국의 사회학자 쿨리는 '거울 자아'라는 개념을 통해 자아 정체성은 다른 사람들의 반응에 영향을 받으며 형성된다고 설명하였다. 사람들은 거울에 비친 모습처럼 다른 사람의 눈에 비치는 자신의 모습을 상상하고, 이를 바탕으로 자아에 대한 인식을 만들어 간다는 것이다. 거울 자아는 자신에 대한 다른 사람들의 평가가 자아 정체성 형성에 큰 영향을 준다는 것을 보여 준다. 자아가 어떤 모습인지를 판단하는 것은 자기 자신이므로 주변 사람들과의 좋은 인간관계를 통해 자신을 파악하고 자아 정체성을 형성하는 것이 청소년기의 중요한 과제이다.

❶ 공식적: 국가적으로 규정되었거나 사회적으로 인정된 것

❷ 체계적: 일정한 원리에 따라 부분이 짜임새 있게 조직되어 통일된 전체를 이루는 것

❸ 대중 매체: 책, 신문, 텔레비전, 라디오, 인터넷 등과 같이 다수의 사람에게 동시에 정보를 전달하는 수단

❹ 신병: 새로 입대한 병사

❺ 성찰: 자신의 행동을 돌이켜 보며 반성하고 자신을 살피는 것

❻ 가치관: 인간이 자신을 포함한 세계나 어떤 대상에 대해 부여하는 가치나 의의에 관한 근본적 태도

01 빈칸에 알맞은 말을 쓰시오.

(1) 인간이 한 사회의 구성원으로서 사회생활에 필요한 것을 학습하면서 사회적 존재로 성장해 나가는 과정을 (　　　　)(이)라고 한다.

(2) (　　　　)은/는 텔레비전, 인터넷 등과 같이 많은 사람에게 대량으로 다양한 지식과 정보를 제공하는 사회화 기관이다.

(3) (　　　　)은/는 자신만의 고유한 특성을 깨닫고 자신이 누구인가를 명확하게 이해하는 것이다.

02 다음 설명이 맞으면 ○표, 틀리면 ×표 하시오.

(1) 인간의 사회화는 청소년기에 완성된다. (　　)

(2) 사회화의 내용이나 방식은 사회마다 다르게 나타난다. (　　)

(3) 인간은 사회화 과정에서 자아 정체성을 형성해 나간다. (　　)

(4) 자아 정체성을 형성하는 데 타인의 평가나 기대는 영향을 미치지 않는다. (　　)

03 다음 사회화 기관과 그 특징을 바르게 선으로 연결하시오.

(1) 학교　　•

(2) 가정　　•

(3) 또래 집단 •

　•　ㄱ. 언어, 기초 생활 습관 습득

　•　ㄴ. 놀이를 통해 공동체의 규범 습득

　•　ㄷ. 전문 지식, 규범을 체계적으로 습득

04 빈칸에 들어갈 알맞은 말을 쓰시오.

　개인의 지위 또는 소속된 집단이 바뀌거나 사회가 빠르게 변화하는 경우에는 새로운 지식이나 가치관, 행동 양식을 익히는 (　　　　)이/가 요구된다.

01 사회화에 관한 설명으로 옳지 **않은** 것은?

① 개인의 자아와 개성을 형성한다.

② 사회 질서를 유지하고 발전시킨다.

③ 사회적 존재로 성장해 나가는 과정이다.

④ 유아기에 시작되어 성인이 되면 완성된다.

⑤ 사회의 규범과 가치를 다음 세대로 전달한다.

02 밑줄 친 (가)의 결과로 나타난 사례가 **아닌** 것은?

　인간은 태어나 자라면서 다른 사람들과 관계를 맺고 생활한다. 이때 (가) 자신이 속한 사회에서 살아가는 데에 필요한 언어나 행동 양식, 가치관, 규범 등을 익히며 성장한다.

① 목이 말라서 물을 마셨다.

② 화장실 문 앞에서 노크를 했다.

③ 코와 입을 가리고 기침을 했다.

④ 급식실에서 차례대로 줄을 섰다.

⑤ 선생님께 고개를 숙여 인사를 했다.

03 밑줄 친 ㉠에 들어갈 내용으로 옳지 **않은** 것은?

　인간이 사회적 존재로 성장해 나가는 과정을 사회화라고 한다. 우리는 사회화를 통해 ＿＿＿㉠＿＿＿.

① 사회를 유지하고 발전시킨다.

② 자신이 속한 사회의 생활 양식을 학습한다.

③ 생존을 위해 필요한 본능적인 행동을 익힌다.

④ 사회의 규범과 가치를 다음 세대로 전달한다.

⑤ 자신만의 독특한 개성과 자아 정체성을 형성한다.

04 다음 (가)의 결과로 나타나는 행동에 해당하는 것은?

중

| 생물학적 존재 | → | (가) | → | 사회적 존재 |

① 상한 음식을 먹고 배탈이 났다.
② 모기에 물린 곳이 가려워서 긁었다.
③ 목이 말라서 컵에 물을 따라 마셨다.
④ 꽃가루가 날리자 자꾸 재채기가 났다.
⑤ 점심을 먹고 난 후 잠이 와서 꾸벅꾸벅 졸았다.

 **같은 주제 다른 문제**

04-1 사회화에 관한 설명으로 옳은 것을 보기 에서 고른 것은?

중

> **보기**
> ㄱ. 인간의 모든 행동은 사회화의 결과이다.
> ㄴ. 대체로 유아기, 청소년기에 집중적으로 이루어진다.
> ㄷ. 모든 사회에서 항상 동일한 내용과 방식으로 이루어진다.
> ㄹ. 사회화를 통해 사회에서 어떻게 행동해야 하는지를 배우고 소속감을 느낀다.

① ㄱ, ㄴ   ② ㄱ, ㄷ   ③ ㄴ, ㄷ
④ ㄴ, ㄹ   ⑤ ㄷ, ㄹ

05 다음은 사회 수업 시간에 정리한 내용이다. 빈칸 ㉠에 들어갈 사회화 기관으로 옳은 것은?

하

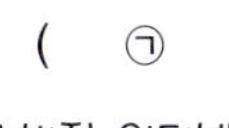

(㉠)

- 신문, 라디오, 텔레비전, 인터넷 등
- 다양한 정보와 지식을 제공함
- 전 연령대에 두루 영향을 미침

① 가정   ② 직장   ③ 학교
④ 대중 매체   ⑤ 또래 집단

06 빈칸 ㉠~㉢에 들어갈 사회화 기관을 바르게 연결한 것은?

중

> 유아기에는 (㉠)에서 기본적인 생활 습관과 언어 등을 학습한다. 아동기에는 주로 (㉡)에서 놀이를 통해 규칙이나 공동체 의식을 배운다. 청소년기에는 (㉢)에서 사회생활에 필요한 지식과 규범을 체계적으로 배운다.

	㉠	㉡	㉢
①	가정	학교	또래 집단
②	가정	또래 집단	학교
③	가정	대중 매체	학교
④	또래 집단	가정	학교
⑤	또래 집단	대중 매체	가정

07 다음 사회화 기관에 관한 설명으로 옳은 것은?

중

① 직장: 언어, 기초 생활 습관 등을 학습한다.
② 가정: 놀이를 통해 공동체 의식과 규칙을 배운다.
③ 학교: 업무에 필요한 지식과 행동 양식을 습득한다.
④ 또래 집단: 사회생활에 필요한 지식, 기술, 규범 등을 체계적으로 습득한다.
⑤ 대중 매체: 현대 사회에서 큰 영향을 미치며 생활에 필요한 다양한 지식과 정보를 제공한다.

08 다음 설명에 해당하는 사회화 기관으로 옳은 것은?

하

> - 청소년기에 주로 영향을 끼치는 사회화 기관이다.
> - 사회생활에 필요한 지식, 규범 등을 체계적으로 익힌다.

① 가정   ② 학교   ③ 직장
④ 대중 매체   ⑤ 또래 집단

09 밑줄 친 (가)에 들어갈 수 있는 사례로 옳지 <u>않은</u> 것은?

① 군대에 입대하면 신병 교육을 받습니다.
② 온라인 동영상을 통해 악기 연주를 배울 수 있습니다.
③ 직장이 바뀌면 새로운 기술이나 지식을 익혀야 합니다.
④ 정보 사회로의 변화에 따라 새로운 정보 통신 기술을 배웁니다.
⑤ 오늘날 우리는 다문화 사회에 필요한 가치와 태도를 습득합니다.

10 다음 상황을 설명할 수 있는 개념으로 옳은 것은?

> 노인들이 컴퓨터와 인터넷, 스마트폰 등 디지털 매체를 활용하는 방법을 배운다.

① 사회화　　　　② 재사회화
③ 역할 갈등　　　④ 대중 매체
⑤ 자아 정체성

같은 주제 다른 문제

10-1 재사회화 과정이 필요한 이유로 가장 적절한 것은?

① 잘못된 학습 내용을 수정하기 위해
② 체계적인 교육 기간이 짧았기 때문에
③ 빠르게 변화하는 사회에 적응하기 위해
④ 사회화가 충분히 이루어지지 못했기 때문에
⑤ 기초적인 생활 양식을 습득하지 못했기 때문에

11 다음 자료와 관련된 개념으로 옳은 것은?

> 나는 요즘 '나는 누구인가?'에 관한 답을 얻기 위해 노력 중이다. 내가 좋아하는 것, 나의 관심사와 능력, 가치관, 목표 등을 알고 이해하기 위해 다양한 방법으로 깊이 있게 성찰하고 있다.

① 사회화　　　　② 재사회화
③ 역할 갈등　　　④ 사회적 지위
⑤ 자아 정체성

12 자아 정체성에 관한 설명으로 옳은 것을 보기 에서 고른 것은?

> **보기**
> ㄱ. 선천적으로 타고나는 것이다.
> ㄴ. 주로 유아기에 대부분 확립된다.
> ㄷ. 타인이나 사회 환경의 영향을 받는다.
> ㄹ. 형성 과정에서 심리적 어려움을 겪기도 한다.

① ㄱ, ㄴ　　② ㄱ, ㄷ　　③ ㄴ, ㄷ
④ ㄴ, ㄹ　　⑤ ㄷ, ㄹ

13 자아 정체성을 형성하기 위한 바람직한 태도로 옳지 <u>않은</u> 것은?

① 자신을 긍정적으로 바라보고 존중한다.
② 자신의 고유한 특성을 스스로 성찰해 본다.
③ 나에 대한 다른 사람들의 평가는 신경 쓰지 않는다.
④ 청소년기에 충분한 시간과 여유를 가지고 탐색한다.
⑤ 다양한 사회화 기관의 도움을 받으며 내면적 갈등을 해결한다.

▶ 정답 및 해설 03쪽

01 다음은 사회화에 관해 정리한 내용이다. 밑줄 친 ㉠, ㉡에 들어갈 알맞은 내용을 각각 서술하시오.

> 〈사회화의 의미와 기능〉
>
> 1. 의미: 인간이 한 사회의 구성원으로서 사회생활에 필요한 언어, 행동 양식, 규범 등을 학습하면서 사회적 존재로 성장해 나가는 과정
> 2. 기능
>   (1) 개인적 측면: ______㉠______
>   (2) 사회적 측면: ______㉡______

02 다음 글을 통해 알 수 있는 인간의 특징을 서술하시오.

> 인도의 어느 마을에서 늑대 무리와 함께 살고 있는 여자아이 2명이 발견되었다. 발견 당시 아이들은 말을 전혀 하지 못하였다. 또한 네 발로 걷고 뛰었으며 생고기를 먹는 등 늑대와 같은 행동을 보였다. 사람들은 이 아이들을 데려와 계속해서 교육하였다. 그 결과 아이들은 두 발로 걷고 서툴지만 포크를 사용하여 음식을 먹게 되었다. 하지만 결국 아이들은 몇 단어 외에는 언어를 사용하지 못하였고, 다른 사람들과 어울려 살아가는 데 어려움을 느끼기도 하였다.

03 다음 설명에 해당하는 사회화 기관을 쓰시오.

> • 태어나서 가장 먼저 접하는 사회화 기관
> • 언어 및 기초 생활 방식을 습득

04 빈칸 ㉠에 들어갈 개념을 쓰시오.

> 인간은 사회화 과정에서 (㉠)을/를 형성해 간다. 특히 사회화가 활발하게 이루어지는 청소년기에는 '나는 누구인가?', '나는 어떤 가치를 추구하며 살아야 하는가?' 등에 대해 깊이 고민하게 된다.

05 밑줄 친 ㉠을 설명할 수 있는 개념을 쓰고, 이와 같은 과정이 현대 사회에서 더욱 필요한 이유를 서술하시오.

> 요즘 우리 ㉠ 할머니께서는 노인 대학에서 인터넷과 스마트폰 사용법을 배우신다. 할머니께 SNS 계정을 만들어 드렸더니 내 게시물을 보고 '좋아요'를 눌러 주셨다. 할머니와 SNS로 소통을 할 수 있어서 즐겁다.

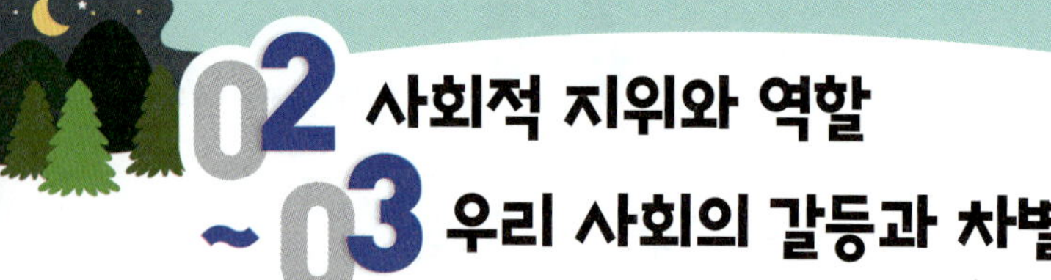

02 사회적 지위와 역할
~03 우리 사회의 갈등과 차별

❶ 사회적 지위, 역할과 역할 갈등

1 사회적 지위의 의미와 유형
출제tip 귀속 지위와 성취 지위를 구분하는 문제가 자주 출제

(1) **사회적 지위** 한 개인이 속한 집단이나 ❶사회적 관계에서 차지하는 위치

자료 1 (2) **사회적 지위의 유형** ┌ 한 개인은 다양한 사회적 지위를 갖고 있어.

❷귀속 지위	• 개인의 ❸의지나 노력과 상관없이 태어나면서부터 자연적으로 가지게 되는 지위 • 신분제가 있던 전통 사회에서 중시하던 지위 • 예 딸, 아들, 여성, 노인
성취 지위	• 개인의 노력, 능력, 선택을 통해 ❹후천적으로 얻게 되는 지위 • 현대 사회에서 중요성이 더 커지고 있음 • 예 학생, 교사, 어머니, 아버지, 학급 회장, 가수

▲ 귀속 지위에 해당하는 딸　　▲ 성취 지위에 해당하는 가수

2 역할과 역할 행동
┌ 사회적 지위에 따라 기대되는 역할의 내용은 고정된 것이 아니라 시대나 사회에 따라 변화하기도 해.

(1) **역할** 개인이 갖는 사회적 지위에 따라 사회에서 기대하는 일정한 행동 양식

(2) **역할 행동** 개인이 실제로 역할을 수행하는 방식 ┌ 역할 행동은 개인마다 다를 수 있으며, 이에 따라 사회적 평가도 달라져.

(3) **역할 수행 결과** 지위에 따른 역할을 잘 수행하면 사회적 인정과 ❺보상이, 제대로 수행하지 못하면 사회적 비난과 ❻제재가 따름 ┌ 학생이 수업을 열심히 들으면 칭찬을 받지만, 수업 태도가 바르지 않으면 꾸지람을 들을 수 있어.

3 역할 갈등의 의미와 대응 방안
출제tip 주어진 사례 속에서 역할 갈등의 개념을 찾는 문제가 자주 출제

자료 2 (1) **역할 갈등** 한 사람이 가진 여러 지위에 따른 역할이 서로 충돌하여 갈등이 발생하는 상태

(2) **역할 갈등의 특징** 현대 사회가 복잡해지고 다양한 사회적 관계가 형성됨에 따라 사람들이 가지는 지위가 더 많아져 역할 갈등이 증가함

(3) **문제점** ┌ 어떤 역할을 우선해야 할지 알 수 없거나 포기하는 역할의 가치가 커서 개인이 겪는 심리적 고통이 클 수 있어.
① **개인적 차원**: 심리적 불안감, 사회적 관계 및 경제적 측면에서의 불안정성 경험
② **사회적 차원**: 사회적 혼란, 사회 문제 발생

자료 3 (4) **대응 방안**
① **개인적 차원**: 역할 갈등의 원인을 분석한 후, 가치관이나 목표에 따라 역할의 ❼우선순위를 정하여 수행
② **사회적 차원**: 개인의 역할 갈등을 줄일 수 있는 적절한 ❽제도 도입, 법률 제정

자료 1 개인이 갖는 다양한 사회적 지위

한 개인은 자신이 소속된 집단이나 사회적 관계 속에서 다양한 사회적 지위를 갖는다. '아들, 동생'과 같은 지위는 개인의 노력과 상관없이 자연스럽게 갖게 된 귀속 지위이고, '합주부 부원, 1학년 학생, 학급 회장'은 개인의 노력으로 얻게 된 성취 지위이다.

자료 2 역할 갈등의 사례

동아리 회원이라는 지위에 맞게 동아리 모임에 참석해야 할지, 학생이라는 지위에 맞게 시험공부를 해야 할지 고민하고 있다. 이는 여러 지위에 따른 역할이 충돌하는 역할 갈등에 해당한다.

자료 3 역할 갈등의 사회적 해결 노력

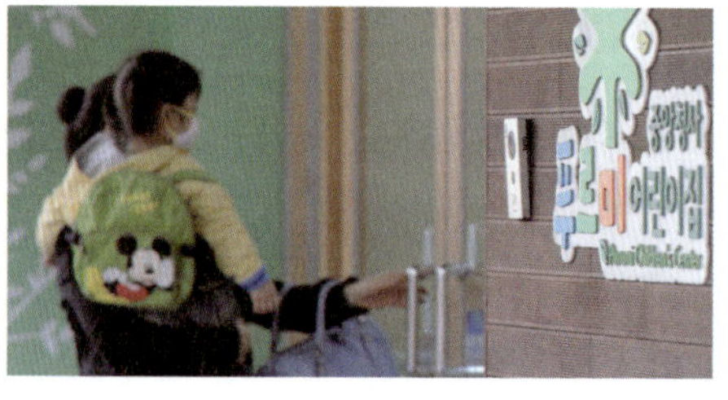

가족 돌봄 휴가, 직장 내 어린이집 운영, 유급 육아 휴직 제도 시행 등과 같이 직장인이라는 지위에 따른 역할과 부모라는 지위에 따른 역할 간에 갈등을 겪는 맞벌이 부부를 위한 제도가 마련되고 있다.

2 우리 사회에서 나타나는 다양한 갈등과 차별

1 사회적 갈등과 차별

[자료 4] **(1) 사회적 갈등**

① 의미: 개인이나 서로 다른 집단 사이에 **❶이해관계나 처지가 달라** 서로 부딪히며 충돌하는 현상

② 원인: 개인이나 집단이 서로의 가치관이나 생활 방식을 이해하지 못하거나, 서로의 이해관계가 달라 자신의 이익만을 추구할 경우에 발생

③ 종류: 성별 갈등, 지역 갈등, **❷노사 갈등**, 계층 갈등, **❸세대 갈등**

④ 문제점: 자연스러운 현상이지만 적절하게 대처하지 않으면 사회 안정과 발전에 어려움 발생

⑤ 갈등이 원만하게 해결되면 사회가 더욱 통합되고 발전할 수 있음

[더 알기] **(2) 사회적 차별**

① 의미: 개인이나 집단이 사회생활에서 불합리하게 대우를 받는 일

② 차이와 차별

차이	• 서로 같지 않고 다름 • 개인이 가진 특징이 다르게 나타나 서로를 구분할 수 있는 특성 ➡ 자연스러운 현상 • 나이, 외모, 성별, 종교, 민족 등
차별	• 차이를 이유로 특정 집단이나 개인을 부당하게 대우하는 것 • 연령에 따른 차별, 외모에 따른 차별, 성차별, 장애인 차별, 학력에 따른 차별, 외국인이나 이주민에 대한 차별 등

③ 차별의 원인: 다른 사람에 대한 **❹편견과 ❺고정 관념** 때문

④ 차별의 문제점: 인간의 존엄성 훼손, 다른 사람의 인권 침해, 사회 구성원 간 갈등과 대립을 일으켜 사회 통합과 발전을 저해

2 갈등과 차별에 대한 시민적 대응

(1) 다양한 갈등에 대처하는 방안 대화와 토론을 통해 상대방을 이해, 다양한 생활 방식과 가치를 존중, 서로의 이익을 조금씩 양보하려는 노력

(2) 차별을 개선하기 위한 노력

① 개인적 차원

• 모든 인간은 존엄하고 평등하다는 생각을 바탕으로 다양성을 존중하는 태도

• 나와 다른 사람이나 집단에 대해 다름과 차이를 인정하는 관용의 태도

• 편견과 고정 관념을 버리고 타인의 권리를 존중하는 태도

[자료 5] • 사회적 차별을 적극적으로 해결하려는 노력

② 사회적 차원 └ 일상에서 나타나는 차별을 찾아내고 문제를 제기할 수 있는 시민 의식을 지녀야 해.

• 차별적인 법과 제도 개선 ─ 「장애인 차별 금지 및 권리 구제 등에 관한 법률」, 「남녀 고용 평등과 일·가정 양립 지원에 관한 법률」 등을 예로 들 수 있어.

• 사회적 약자 보호, **❻실질적 평등**을 실현할 수 있는 방안 마련

현대 사회에서는 사회 구성원들이 주장하는 가치나 의견이 다양해지면서 사회 곳곳에서 다양한 형태의 갈등이 발생하고 있다.

[더 알기] 일상 언어 속 '먼지 차별'

'먼지 차별'은 일상적으로 널리 사용하는 말이지만 미세한 먼지와 같아서 구성원이 일상생활에서 잘 인식하지 못하는 차별을 의미한다. 우리가 무심코 쓰는 언어에도 먼지 차별이 나타나는데 성별, 나이, 인종, 직업 등에 대한 차별이 드러나는 경우가 많다. 일상생활에서 아무 생각 없이 먼지 차별에 해당하는 표현을 한 적은 없는지 되돌아보고 이를 개선하기 위해 노력해야 한다.

[자료 5] 차별에 대한 시민적 대응

시민 단체에서 노동자의 쉴 권리를 위해 모든 사업장에 휴게 시설이 설치되도록 제도를 마련해 달라고 요구하고 있다. 시민들은 차별을 해결하기 위한 방안을 제안하거나 국가에 법과 제도의 개선을 적극적으로 요구해야 한다.

---

01 다음 설명이 맞으면 ○표, 틀리면 ×표 하시오.

(1) 개인은 하나의 지위만 갖는다. ( )
(2) 현대 사회에서는 귀속 지위보다 성취 지위의 중요성이
커지고 있다. ( )
(3) 사회적 지위에 따라 기대되는 역할과 개인의 역할 행
동은 항상 일치한다. ( )
(4) 사회적 차별은 적극적으로 개선해야 할 사회 문제이
다. ( )

02 빈칸에 알맞은 말을 쓰시오.

(1) 한 개인이 속한 집단이나 사회적 관계에서 차지하는
위치를 ( )(이)라고 한다.
(2) ( )은/는 학생, 교사와 같이 개인의 노력을
통해 얻게 되는 지위이다.
(3) ( )은/는 한 사람이 가진 여러 지위에 따른
역할이 서로 충돌하여 갈등이 발생하는 것이다.
(4) 역할 갈등이 발생하면 여러 가지 역할 중에서 자신에
게 중요한 것이 무엇인지 ( )을/를 정하여
수행하는 것이 바람직하다.
(5) 차이를 인정하지 않고 특정 집단이나 개인을 부당하게
대우하는 것을 ( )(이)라고 한다.

03 다음 알맞은 말에 ○표 하시오.

(1) (귀속 지위, 성취 지위)는 태어나면서부터 갖게 되는
지위이다.
(2) 지위에 따라 기대되는 역할을 제대로 수행하지 못하면
(보상, 제재)을/를 받게 된다.
(3) (갈등, 차별)은 이해관계, 가치관 등의 차이에 따라
발생할 수 있는 자연스러운 현상이다.

04 귀속 지위에 해당하는 것을 보기 에서 골라 기호를 쓰시오.

> **보기**
>
> ㄱ. 남편 ㄴ. 남동생
> ㄷ. 청소년 ㄹ. 아버지

01 빈칸 ㉠에 들어갈 개념으로 옳은 것은? (하)

> 우리는 가족 내에서는 딸이나 아들, 학교에서는 학생
> 이라는 위치를 가지고 있다. 이처럼 한 개인이 속한 집
> 단이나 사회적 관계에서 차지하는 위치를 (㉠)
> (이)라고 한다.

① 역할 ② 역할 갈등
③ 사회 집단 ④ 사회적 지위
⑤ 사회적 차별

02 밑줄 친 ㉠~㉢에 해당하는 사회적 지위의 유형을 바르게 연결
한 것은? (중)

	㉠	㉡	㉢
①	성취 지위	성취 지위	성취 지위
②	성취 지위	귀속 지위	귀속 지위
③	성취 지위	귀속 지위	성취 지위
④	귀속 지위	성취 지위	성취 지위
⑤	귀속 지위	귀속 지위	귀속 지위

03 밑줄 친 ㉠~㉣ 중 성취 지위에 해당하는 것은? (중)

① ㉠, ㉡ ② ㉠, ㉢ ③ ㉡, ㉢
④ ㉡, ㉣ ⑤ ㉢, ㉣

04 사회적 지위와 역할에 관한 설명으로 옳은 것은?

① 사람들은 평생 하나의 지위를 갖는다.
② 현대 사회에서는 역할 갈등이 거의 발생하지 않는다.
③ 현대 사회에서는 귀속 지위가 성취 지위보다 중시된다.
④ 지위에 따른 역할이 같으면 역할을 수행하는 방식도 같다.
⑤ 지위에 따른 역할을 잘 수행하면 사회적 인정과 보상이 따른다.

05 밑줄 친 ㉠의 사례로 옳은 것은?

① 막내
② 엄마
③ 중학생
④ 회사원
⑤ 인기 유튜버

06 밑줄 친 ㉠~㉢에 공통으로 해당하는 설명으로 옳은 것은?

〈자기 소개〉
• 이름: 김민지
• 나이: 14세
• 나를 가리키는 말
  ㉠ 3남매 중 막내 딸
  ㉡ 동아중학교 학생 회장
  ㉢ 동아중학교 밴드부 보컬

① 귀속 지위에 해당한다.
② 현대 사회에서 중요성이 줄어들고 있다.
③ 자신의 의지와 관계없이 얻게 되는 지위이다.
④ 노력을 통해 후천적으로 얻게 되는 지위이다.
⑤ 개인이 속한 집단이나 사회적 관계에서 차지하는 위치이다.

07 역할에 관한 설명으로 옳지 **않은** 것은?

① 사회적 지위에 따라 기대되는 행동 양식이다.
② 역할을 잘 수행하지 못하면 제재를 받기도 한다.
③ 역할을 잘 수행하면 사회로부터 칭찬이나 보상을 받을 수 있다.
④ 같은 사회적 지위를 갖고 있다면 실제 수행하는 역할 행동도 동일하다.
⑤ 여러 지위에 따른 서로 다른 역할들이 충돌하여 갈등을 일으키기도 한다.

08 다음 (가), (나)에 관한 설명으로 옳은 것을 보기 에서 고른 것은?

> 한 개인이 속한 집단이나 사회적 관계 속에서 차지하는 위치를 ___(가)___(이)라고 하고, 이에 따라 기대되는 행동 양식을 ___(나)___(이)라고 한다.

┌─ 보기 ─┐
ㄱ. 개인은 동시에 여러 개의 (가)를 가진다.
ㄴ. 현대 사회에서 (가)는 주로 혈통이나 신분에 따라 결정된다.
ㄷ. (나)를 수행하는 방식은 개인마다 다르게 나타날 수 있다.
ㄹ. (나)를 충실하게 수행하면 사회적 비난이나 제재를 받을 수 있다.

① ㄱ, ㄴ
② ㄱ, ㄷ
③ ㄴ, ㄷ
④ ㄴ, ㄹ
⑤ ㄷ, ㄹ

중요✚

09 다음 글에서 지윤이 엄마가 처한 상황을 설명할 수 있는 개념으로 옳은 것은?

> 워킹맘인 지윤이 엄마는 회사에서 중요한 프로젝트를 맡아 매우 바쁘게 일하고 있다. 그런데 갑자기 지윤이가 아파서 엄마를 찾는다는 연락을 받았다.

① 역할
② 역할 갈등
③ 역할 행동
④ 사회적 지위
⑤ 자아 정체성

같은 주제 다른 문제

09-1 역할 갈등이 발생하는 원인으로 가장 적절한 것은?

① 개인이 처한 환경이 모두 다르기 때문에
② 소속 집단에 대한 책임감이 없기 때문에
③ 지위에 따른 역할들이 서로 충돌하기 때문에
④ 합리적인 의사 결정 능력이 부족하기 때문에
⑤ 현대 사회에서 성취 지위의 중요성이 커졌기 때문에

10 역할 갈등에 관한 설명으로 옳지 <u>않은</u> 것은?

① 역할 갈등으로 개인은 심리적 불안감을 느낄 수 있다.
② 역할 갈등은 개인의 문제이므로 사회가 대응할 수 없다.
③ 역할 갈등으로 사회 질서가 흔들리고 혼란스러워질 수 있다.
④ 개인이 여러 개의 지위를 가지고 있기 때문에 발생하는 현상이다.
⑤ 현대 사회가 복잡해지면서 과거에 비해 역할 갈등의 발생이 증가하고 있다.

11 역할 갈등을 해결할 수 있는 방법으로 옳은 것을 보기 에서 고른 것은?

> **보기**
> ㄱ. 더 많은 사회적 지위를 갖도록 한다.
> ㄴ. 갈등을 빠르게 해결하기 위해 둘 다 포기한다.
> ㄷ. 어떤 역할들이 갈등을 일으키는지 명확히 분석한다.
> ㄹ. 역할의 우선순위를 정하여 중요한 것부터 순서대로 수행한다.

① ㄱ, ㄴ ② ㄱ, ㄷ ③ ㄴ, ㄷ
④ ㄴ, ㄹ ⑤ ㄷ, ㄹ

12 사회적 갈등에 관한 설명으로 옳은 것을 보기 에서 고른 것은?

> **보기**
> ㄱ. 원만하게 해결하면 사회가 더욱 통합되고 발전할 수 있다.
> ㄴ. 누구나 보장받아야 할 인간의 존엄한 가치를 침해하는 것이다.
> ㄷ. 차이를 근거로 집단이나 사람들을 부당하게 대우하는 것이다.
> ㄹ. 이해관계와 가치관의 차이에 따라 발생할 수 있는 자연스러운 현상이다.

① ㄱ, ㄴ ② ㄱ, ㄹ ③ ㄴ, ㄷ
④ ㄴ, ㄹ ⑤ ㄷ, ㄹ

13 차별에 관한 설명으로 가장 적절한 것은?

① 자연스러운 현상이다.
② 객관적인 기준에 근거한 것이다.
③ 사회 발전과 통합을 저해할 수 있다.
④ 선천적인 개인의 특성 때문에 나타난다.
⑤ 서로 조금씩 양보하는 노력이 필요하다.

14 밑줄 친 ㉠에 관한 설명으로 옳은 것은?

> 극장에서 상영하는 영화의 대부분은 시각적으로 보고 소리를 들으면서 이해하도록 만들어져 있다. 그래서 ㉠ 시각이나 청각에 장애가 있으면 영화를 보기 어려운 경우가 많다.

① 기대되는 역할 사이에 충돌이 발생한다.
② 사회적 지위가 다르기 때문에 발생한다.
③ 객관적인 차이에 의한 자연스러운 현상이다.
④ 의견의 차이를 조정하는 방안을 마련해야 한다.
⑤ 누구나 보장받아야 할 인권을 침해하는 행위이다.

15 빈칸 ㉠, ㉡에 들어갈 말을 바르게 연결한 것은?

우리 사회에서 나타나는 (㉠) 사례	우리 사회에서 나타나는 (㉡) 사례
A 회사의 근로자들은 물가가 많이 올랐으니 이를 반영하여 임금을 인상해 달라고 요구하지만, 회사 측에서는 회사 상황을 이유로 임금 인상을 거부하며 대치하고 있다.	B 회사에 근무하는 외국인 근로자들은 사업주로부터 회사 자금 사정을 이유로 몇 달째 임금을 받지 못하였다. 그런데 B 회사의 다른 한국인 직원들은 매달 임금을 정확하게 지급받았다.

	㉠	㉡
①	갈등	차이
②	갈등	차별
③	편견	차별
④	차별	갈등
⑤	차별	편견

▶ 정답 및 해설 04쪽

01 다음 글에서 주연이의 성취 지위를 모두 찾아 쓰시오.

주연이는 3남매 중 둘째 딸이다. 현재 동아중학교 1학년 2반에 재학 중인 학생이다. 방과 후에는 학교 펜싱부에 속한 선수로서 열심히 훈련에 참여한다.

02 (가), (나)에 해당하는 사회적 지위의 유형을 각각 쓰고, 그 의미를 서술하시오.

(가) 딸, 아들, 여성
(나) 학생, 교사, 아버지

03 빈칸 ㉠, ㉡에 들어갈 알맞은 용어를 쓰시오.

- (㉠)은/는 이익과 가치의 차이에 따라 발생할 수 있는 자연스러운 현상이지만 적절하게 대처하지 않으면 사회 발전에 어려움을 겪을 수 있다.
- (㉡)은/는 차이를 이유로 부당하게 대우하여 다른 사람의 인권을 침해하는 것으로, 적극적인 개선이 필요하다.

㉠ _______________   ㉡ _______________

04 자료를 보고 물음에 답하시오.

민지는 학교 댄스 동아리 회장이다. 토요일에 학교 축제 공연 준비를 위해 댄스 연습을 하기로 약속하고 연습실을 예약했다. 그런데 연습실을 예약한 날이 언니의 생일로, 가족 식사를 예약해 둔 날이라는 사실이 뒤늦게 생각났다. 민지는 어떻게 해야 할지 고민에 빠졌다.

⑴ 민지가 처한 상황을 설명할 수 있는 용어를 쓰시오.

⑵ 민지의 사회적 지위 두 가지를 포함하여 위와 같은 상황이 발생하게 된 원인을 서술하시오.

05 밑줄 친 ㉠의 해결 방안을 개인적 측면과 사회적 측면에서 각각 서술하시오.

㉠차별은 인간이라면 누구나 보장받아야 할 인간의 존엄한 가치를 침해하는 것이며, 사회 통합과 발전을 어렵게 한다.

01 사회화와 자아 정체성

1 사회화의 의미와 기능

(1) 사회적 존재로서의 인간 인간은 다른 사람들과 상호 작용을 통한 사회화 과정을 거치며 사회적 존재로 성장

(2) 사회화

의미		자신이 속한 사회의 언어, 지식, 규범, 가치 등의 행동 양식을 학습하면서 사회적 존재로 성장해 나가는 과정
기능	개인적 측면	• 개인의 개성과 (❶　　　　) 형성 • 사회생활에 필요한 사회적 행동 양식 습득
	사회적 측면	• 그 사회의 문화를 다음 세대로 전달 • 사회 유지 및 발전

2 사회화의 과정

(1) 사회화 기관

가정	가장 기초적인 사회화 기관으로, 언어와 기본적 행동 양식 습득
(❷　　　)	놀이를 통해 공동체의 규칙 및 질서 습득
학교	사회생활에 필요한 지식, 규범을 체계적으로 학습
직장	업무에 관련된 지식, 기술 습득
(❸　　　)	신문, 텔레비전, 인터넷 등을 통해 다양한 지식과 정보를 전달하며 현대 사회에서 영향력이 커짐

▲ 가정에서 예절, 언어, 기초적인 생활 습관을 배운다.

▲ 또래 집단과의 놀이를 통해 규칙이나 공동체 의식을 배운다.

▲ 학교에서 사회생활에 필요한 지식과 규범을 배운다.

▲ 직장에서 업무에 필요한 지식과 정보를 습득한다.

▲ 대중 매체를 통해 생활에 필요한 다양한 정보와 지식을 제공받는다.

(2) 사회화 과정

유아기	가정에서 기본적인 생활 습관과 언어 등을 학습
아동기	또래 집단과의 놀이를 통해 규칙이나 공동체 의식 습득
청소년기	학교에서 사회생활에 필요한 지식, 규범 습득
성인기	직장 업무에 필요한 지식과 정보 습득
노년기	사회 변화에 따라 새로운 지식과 기술 등을 습득

(3) (❹　　　　　)

의미	개인이 속한 집단이 바뀌거나 사회가 변화하여 새로운 지식, 기술, 가치, 생활 양식 등을 습득하는 것
사례	• 노인의 정보화 교육 • 군대의 신병 훈련 • 이주민의 한국어 교육

▲ 노인의 정보화 교육

▲ 군대의 신병 훈련

▲ 이주민의 한국어 교육

3 사회화와 자아 정체성 형성

(1) (❺　　　　　)

의미	다른 사람과 구별되는 자신만의 고유한 특성이나 개성을 명확하게 이해하는 것
형성	자신의 고유한 특성에 대한 성찰과 사회화 과정에서 겪은 다양한 경험, 다양한 사회화 기관에서의 상호 작용을 통해 형성

(2) 자아 정체성 확립의 중요성

중요성	• 청소년기는 자아 정체성이 형성되는 중요한 시기 • 청소년기에 형성되는 자아 정체성은 성인기의 삶에 영향을 미침
확립 노력	• 자신에 대해 충분히 성찰하는 노력이 필요함 • 다양한 사회화 기관의 도움을 받으며 내면적 갈등을 해결할 수 있음 • 자신을 긍정적으로 바라보고 존중하는 자세가 필요함

▲ 책이나 영화, 주변인의 조언은 자아 정체성 형성에 도움이 된다.

02 사회적 지위와 역할

1 사회적 지위와 역할의 의미

(1) 사회적 지위

의미		한 개인이 속한 집단이나 사회적 관계에서 차지하는 위치
특징		한 개인은 동시에 여러 개의 사회적 지위를 가짐
종류	(❻)	• 개인의 의지나 노력과 상관없이 태어나면서부터 자연적으로 가지게 되는 지위 • 신분제가 있던 전통 사회에서 중시 • 예 여성, 딸, 아들, 노인
	(❼)	• 개인의 노력, 능력, 선택을 통해 후천적으로 얻게 되는 지위 • 현대 사회에서 중요성이 커짐 • 예 학생, 교사, 어머니, 학급 회장

(2) 역할

의미	개인이 갖는 사회적 지위에 따라 사회에서 기대하는 일정한 행동 양식
특징	• 역할을 충실히 수행 ➡ 칭찬과 보상 • 역할을 제대로 수행하지 못함 ➡ 비난과 제재
역할 행동	• 개인이 실제로 역할을 수행하는 방식 • 역할 행동은 개인마다 다르게 나타날 수 있음

2 역할 갈등의 의미와 대응 방안

의미	한 사람이 가진 여러 사회적 지위에 따른 역할이 서로 충돌하여 갈등이 발생한 상태
원인	한 사람이 여러 개의 사회적 지위를 갖기 때문
문제점	• 개인적 차원: 심리적 불안감, 사회적 관계 악화 • 사회적 차원: 사회적 혼란, 사회 문제 발생
대응 방안	• 역할 갈등의 원인 분석 후 (❽)을/를 정해 수행 • 사회적으로 적절한 제도나 법률 마련

▲ **역할 갈등 사례** 회사에 중요한 회의가 있는데 어린이집 행사에 아빠가 와 달라는 부탁을 받은 경우

▲ **역할 갈등 사례** 공정한 판결을 내려야 하는데 사촌 동생의 재판을 담당하여 유리한 판결을 부탁받은 경우

03 우리 사회의 갈등과 차별

1 사회적 (❾)

의미	• 개인이나 집단 간 이해관계가 달라 서로 충돌하는 현상 • 예 성별 갈등, 지역 갈등, 노사 갈등, 계층 갈등, 세대 갈등
원인	서로를 이해하지 못하거나 자신의 이익을 우선 고려하기 때문
특징	• 사회적 갈등의 발생은 자연스러운 현상 • 적절하게 대처하지 않으면 사회 안정과 발전에 어려움 발생 • 원만한 해결 시 사회 통합 및 발전에 기여

▲ 지역 갈등

▲ 노사 갈등

2 사회적 (❿)

의미	• 차이를 이유로 개인이나 집단이 부당하게 대우받는 것 • 예 성차별, 인종 차별, 학력 차별, 장애인 차별 등
원인	다른 사람에 대한 편견과 고정 관념 때문
문제점	• 인간의 존엄성 훼손, 인권 침해 • 사회 갈등과 대립을 가져와 사회 통합과 발전 저해

▲ 성차별   ▲ 학력 차별

3 갈등과 차별에 대한 시민적 대응

갈등 대처 방안		• 대화와 토론을 통한 이해 • 다양한 생활 방식과 가치관 존중 • 서로의 이익을 조금씩 양보하려는 노력
차별 개선 노력	개인적 차원	• 차이를 인정하는 관용의 자세 • 편견과 고정 관념을 버리고 타인의 권리 존중 • 적극적인 시민 참여
	사회적 차원	• 법과 제도 개선 • 사회적 약자 보호, 실질적 평등 실현

대단원 실전 문제

01 빈칸 ㉠에 들어갈 용어로 옳은 것은?

> 인간은 태어나 다른 사람들과 관계를 맺고 생활한다. 이때 자신이 속한 사회에서 살아가는 데에 필요한 언어나 행동 양식, 가치관, 규범 등을 익히며 성장한다. 인간이 한 사회의 구성원으로서 사회생활에 필요한 것을 학습하며 성장해 나가는 과정을 (㉠)(이)라고 한다.

① 사회화
② 청소년기
③ 재사회화
④ 역할 갈등
⑤ 자아 정체성

02 다음은 한 가수의 일과이다. 밑줄 친 ㉠~㉤ 중 사회화된 행동을 모두 고른 것은?

> 공연을 위해 모인 동료들과 반갑게 ㉠ 인사를 나누었다. 사전 연습을 하고 점심 때가 되니 ㉡ 배에서 꼬르륵 소리가 났다. 식당에서 ㉢ 차례로 줄을 서서 순서를 기다려 맛있게 식사를 했다. 우리 팀의 공연을 보며 환호하는 팬들을 향해 애정을 담아 ㉣ 손가락 하트를 만들어 보였다. 열정적으로 공연을 하고 나니 온몸에 ㉤ 땀이 흘렀다. 빨리 돌아가서 씻고 쉬고 싶은 마음이다.

① ㉠, ㉡
② ㉠, ㉢
③ ㉡, ㉣
④ ㉢, ㉣
⑤ ㉠, ㉢, ㉣

03 인간이 사회적 존재인 이유로 가장 적절한 것은?

① 모방 능력을 갖고 있기 때문에
② 혼자서도 살아갈 수 있기 때문에
③ 자신이 가지고 있는 본능대로 살아가기 때문에
④ 자기만의 고유한 행동 양식과 규범을 형성하기 때문에
⑤ 다른 사람과 영향을 주고받으며 관계를 맺고 살아가기 때문에

04 사회적 측면에서 사회화의 기능으로 옳은 것을 보기에서 고른 것은?

> **보기**
> ㄱ. 자신이 속한 사회에 적응
> ㄴ. 개성과 자아 정체성 형성
> ㄷ. 안정된 사회 유지 및 발전
> ㄹ. 사회 규범과 가치를 다음 세대로 전달

① ㄱ, ㄴ
② ㄱ, ㄷ
③ ㄴ, ㄷ
④ ㄴ, ㄹ
⑤ ㄷ, ㄹ

05 사회화의 기능에 관한 설명으로 옳지 않은 것은?

① 사회가 안정적으로 유지된다.
② 개인의 개성과 정체성을 형성한다.
③ 한 사회의 문화를 공유하고 다음 세대에 전달한다.
④ 모든 사회의 구성원이 똑같은 생활 방식을 갖게 된다.
⑤ 사회에서 어떻게 행동해야 하는지를 배우고 소속감을 느낀다.

06 사회화 기관에 관한 설명으로 옳은 것을 보기에서 고른 것은?

> **보기**
> ㄱ. 가정은 기본적인 생활 습관과 언어 습득을 담당한다.
> ㄴ. 학교는 인간이 태어나서 처음으로 접하는 사회화 기관이다.
> ㄷ. 생애 시기에 따라 주로 영향을 받는 사회화 기관이 다르다.
> ㄹ. 또래 집단은 빠르게 변화하는 사회에 필요한 지식과 정보를 제공한다.

① ㄱ, ㄴ
② ㄱ, ㄷ
③ ㄴ, ㄷ
④ ㄴ, ㄹ
⑤ ㄷ, ㄹ

07 대중 매체에 관한 설명으로 옳은 것을 보기 에서 고른 것은?

하

보기
ㄱ. 현대 사회에서 큰 영향력을 행사한다.
ㄴ. 놀이를 통해 집단생활의 규칙 및 질서를 습득한다.
ㄷ. 인간이 태어나서 처음으로 접하는 사회화 기관이다.
ㄹ. 신문, 인터넷, 텔레비전 등으로, 정보와 지식을 제공한다.

① ㄱ, ㄴ ② ㄱ, ㄹ ③ ㄴ, ㄷ
④ ㄴ, ㄹ ⑤ ㄷ, ㄹ

중요 ⭐

08 사회 선생님의 질문에 관한 답변으로 옳지 <u>않은</u> 것은?

상

① 우리 언니는 새로운 직장에 들어가서 새 업무를 배우고 있어요.
② 유치원에 다니는 제 동생이 요즘 한글 공부를 열심히 하고 있어요.
③ 우리 형이 군대에 가서 새로운 환경에 적응하기 위해 노력하고 있어요.
④ 제가 다니는 영어 학원의 외국인 선생님이 젓가락 사용법을 배우고 있어요.
⑤ 외국으로 이민을 간 제 친구가 요즘 그 나라의 언어와 문화를 열심히 배우고 있대요.

09 다음 대화의 내용을 공통으로 설명할 수 있는 사회학적 개념으로 옳은 것은?

중

① 사회화 ② 재사회화 ③ 역할 갈등
④ 자아 정체성 ⑤ 사회화 기관

10 자아 정체성에 관한 설명으로 옳지 <u>않은</u> 것은?

중

① 사회화 과정을 통해 형성된다.
② 성인이 되면 자아 정체성이 변하지 않는다.
③ 개인의 노력과 사회 환경의 영향으로 형성된다.
④ 자신만의 고유한 특성을 명확하게 이해하는 것이다.
⑤ 자신을 존중하고 긍정적인 자아 정체성을 형성하는 것이 중요하다.

11 바람직한 자아 정체성을 형성하기 위한 노력으로 적절한 것을 보기 에서 고른 것은?

하

보기
ㄱ. 남들보다 한발 앞서 직업을 결정한다.
ㄴ. 자신을 긍정적으로 바라보고 존중한다.
ㄷ. 나에 대한 타인의 평가를 그대로 받아들인다.
ㄹ. 다양한 사회화 기관의 도움을 받으며 내면적 갈등을 해결하려고 노력한다.

① ㄱ, ㄴ ② ㄱ, ㄷ ③ ㄴ, ㄷ
④ ㄴ, ㄹ ⑤ ㄷ, ㄹ

12 사회적 지위와 역할에 관한 설명으로 옳은 것은?

중

① 현대 사회에서는 귀속 지위가 더 중요하다.
② 한 가지 지위에는 한 가지의 역할만 기대된다.
③ 현대 사회에서는 역할 갈등이 잘 발생하지 않는다.
④ 지위에 따라 기대되는 역할은 어느 사회에서나 동일하다.
⑤ 동일한 역할이라도 개인이 수행하는 역할 행동은 다를 수 있다.

13 다음 중 사회적 지위의 유형이 <u>다른</u> 하나는?

① 남편　　　② 노인　　　③ 의사
④ 아버지　　⑤ 축구 선수

중요

14 밑줄 친 (가), (나)에 들어갈 수 있는 사례를 바르게 연결한 것은?

- 귀속 지위: 개인의 의지나 노력과 상관없이 자연적으로 가지게 되는 지위
  - 예 ______________________ (가)
- 성취 지위: 개인의 노력, 능력, 선택을 통해 후천적으로 얻게 되는 지위
  - 예 ______________________ (나)

	(가)	(나)
①	형	남편
②	형	아들
③	아들	형
④	남편	아버지
⑤	아버지	남편

15 다음 상황을 가장 적절하게 설명한 것은?

　지훈이는 최근 여러 차례 사회 수업 시간에 집중하지 못하고 친구들과 떠들거나 잠을 자며 수업을 방해하였다. 결국 지훈이는 사회 선생님으로부터 꾸지람을 들었다.

① 지훈이는 자아 정체성의 혼란을 느끼고 있다.
② 현대 사회에서는 성취 지위의 중요성이 더 커지고 있다.
③ 지위에 따른 역할이 서로 충돌하여 갈등이 발생하고 있다.
④ 지위에 따른 개인의 역할 행동은 누구나 동일하게 나타난다.
⑤ 지위에 따른 역할을 제대로 수행하지 않으면 제재를 받을 수 있다.

16 다음 내용에 해당하는 개념으로 옳은 것은?

- 사회적 지위에 따라 사회에서 기대하는 일정한 행동 양식
- 충실하게 수행하면 칭찬과 보상이, 제대로 수행하지 못하면 비난과 제재가 따름

① 역할　　　　　② 사회화
③ 역할 갈등　　　④ 사회적 관계
⑤ 사회적 차별

17 다음과 같은 고민을 하게 된 원인으로 가장 적절한 것은?

① 사회적 지원이 부족하기 때문에
② 개인의 가치관이 명확하지 않기 때문에
③ 소속 집단에 대한 책임감이 없기 때문에
④ 실제로 역할을 수행하는 방식이 개인마다 다르기 때문에
⑤ 여러 지위에 따른 역할들이 동시에 요구되어 충돌이 발생하기 때문에

18 다음은 두 학생이 SNS를 통해 나눈 대화 내용이다. 유진이가 처한 상황을 설명할 수 있는 개념으로 옳은 것은?

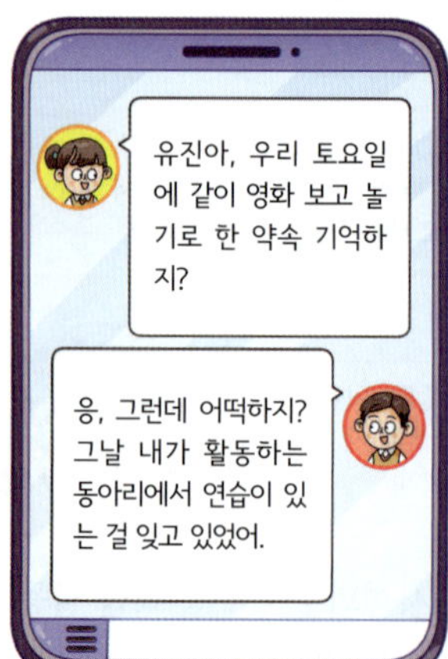

① 재사회화
② 역할 갈등
③ 역할 행동
④ 사회적 차별
⑤ 자아 정체성 혼란

19 다음 내용에 해당하는 사례로 적절하지 <u>않은</u> 것은?

상

> 차이를 받아들이지 못하고 다른 사람이나 집단을 부당하게 대우하는 경우가 있는데, 이를 차별이라고 한다.

① 흑인이라는 이유로 영어 강사로 채용되지 않았다.
② 여자라는 이유로 같은 일을 하는 남자 직원보다 월급이 적다.
③ 외국인 근로자라는 이유로 한국인 직원보다 임금을 낮게 지급한다.
④ 장애인을 위한 승차 시설이 없어서 휠체어를 탄 장애인이 버스에 탈 수 없다.
⑤ 수능을 치를 때 시각 장애인들에게는 일반 수험생에 비해 더 많은 시간이 부여된다.

20 다음과 같은 제도를 운영하는 목적으로 옳은 것은?

중

▲ 청각 장애인을 위한 영화 자막 서비스

▲ 다문화 가정을 위한 다양한 언어의 가정 통신문

① 재사회화
② 경제 안정
③ 차별 개선
④ 차별 인정
⑤ 역할 갈등 해결

21 우리 사회의 차별을 개선하기 위한 노력으로 옳지 <u>않은</u> 것은?

중

① 편견을 버리고 관용의 자세를 가진다.
② 객관적인 차이를 없애기 위해 노력한다.
③ 타인의 권리를 존중하기 위해 노력한다.
④ 차별이 발생했다면 적극적으로 해결하려고 노력한다.
⑤ 자신에게 편견이나 차별적 요소가 있는지 되돌아본다.

22 다음은 각 시기별 대표적인 사회화 기관과 특징을 정리한 것이다. 빈칸 (가)~(다)에 들어갈 알맞은 내용을 각각 쓰시오.

	아동기	청소년기	성인기
시기			
주요 사회화 기관	(가)	학교	직장
특징	놀이를 통해 규칙이나 공동체 의식을 배움	(나)	(다)

23 다음 사례에서 태영이가 처한 상황을 설명할 수 있는 개념을 쓰시오.

> 세계적인 K-POP 스타인 태영이는 내일 중요한 콘서트 일정이 있다. 그런데 오랜 기간 몸이 편찮으셨던 어머니께서 위독한 상태에 빠지셨다. 태영이는 어떻게 해야 할지 고민에 빠져 있다.

24 귀속 지위와 성취 지위가 어떻게 다른지 각각 사례를 들어 비교하여 서술하시오.

현대인은 일상생활에서 날마다 미디어를 접하고 미디어의 영향을 받는다.

01 문화의 의미와 특징

1 문화의 의미

1 문화 문화(culture)는 '경작하다', '재배하다'라는 의미의 라틴어 cultura에서 유래되었다고 해. 이를 통해 문화란 인간이 주변 환경에 적응하며 만들어 낸 결과물임을 알 수 있어.

(1) **의미** 한 사회의 구성원이 만들어 낸 공통의 ❶생활 양식

넓은 의미	한 사회의 구성원이 공통으로 가지는 의식주, 가치, 규범 등의 전반적인 생활 양식 예 전통문화, 주거 문화
좁은 의미	예술, 공연, 문학과 관련된 것이나 세련되고 ❷교양이 있는 것 예 문화 상품권, 문화 시민, 문화인

모든 문화는 사회 구성원들이 주어진 환경에 적응하면서 발전시켜 온 거야. 그래서 넓은 의미의 문화를 이해하면 다양한 사람들의 일상생활을 보다 편견 없이 바라볼 수 있어.

자료 1 (2) **문화인 것과 문화가 아닌 것**

문화인 것	문화가 아닌 것
• 사회 구성원의 공통된 특성 • 인간이 주어진 환경에 적응하면서 형성해 온 생활 양식 • 의식주, 기술, 법, ❸제도, 종교, 예술 등	• 개인적인 버릇이나 습관 • 인간의 본능과 같은 자연적인 현상 • ❹생리적 현상이나 본능에 따른 행동

▲ 식사할 때 숟가락과 젓가락을 사용하는 것은 인간이 학습을 통해 형성해 온 생활 양식이므로 문화에 해당한다.

▲ 졸려서 하품을 하는 것은 생리적 현상이나 본능에 따른 것이므로 문화에 해당하지 않는다.

♥ 교과서 비교
문화의 특수성

동아, 아침나라	문화의 다양성
천재, 미래엔, 비상	문화의 특수성

출제 tip 문화의 보편성과 다양성을 일상생활 속 사례를 통해 파악하는 문제가 자주 출제

2 문화의 특징

1 문화의 ❺보편성 어느 사회에서나 아는 사람을 만나면 인사를 하고, 부부가 될 사람들은 결혼을 하며, 사람이 죽으면 장례를 치르는 등 공통된 문화가 나타나.

(1) **의미** 어느 사회에서나 공통적인 문화 현상이 나타나는 것

(2) **이유** 인간의 기본적 욕구나 ❻사고방식이 비슷하기 때문에

(3) **사례** 새해맞이 풍습은 어느 지역에서나 볼 수 있음

2 문화의 다양성(❼특수성)

(1) **의미** 각 사회마다 문화의 구체적인 모습이 다르게 나타나는 것

(2) **이유** 사람들이 서로 다른 자연환경과 사회적 상황에 적응하는 과정에서 나름의 문화를 만들어 왔기 때문에

(3) **사례** 새해를 맞이하는 구체적인 방법은 각 지역의 자연환경, 사회적 상황, 문화적 배경 등에 따라 다름

어느 사회에서나 인사·결혼·장례 문화가 나타나지만 인사를 하는 방법과 결혼이나 장례를 치르는 구체적인 방법은 각 지역의 자연환경, 사회적 상황, 문화적 배경 등에 따라 서로 다르게 나타나는 것을 알 수 있어.

자료 1 일상생활 속 문화의 사례

▲ 중학생이 되어 교복을 입는 것

▲ 뮤지컬 공연을 관람하는 것

▲ 예식장에서 결혼식을 올리는 것

▲ 학교에서 선생님께 인사하는 것

문화란 한 사회의 구성원이 만들어 낸 공통의 생활 양식이다. 의식주를 비롯하여 기술, 제도, 종교, 예술 등과 같이 인간이 만들어 낸 산물이라면 모두 문화에 해당한다.

더 알기 인사법을 통해 알 수 있는 문화의 보편성과 다양성

어느 사회에서나 인사 문화가 나타나지만 구체적인 인사 방법은 사회마다 서로 다르다. 프랑스에서는 서로 볼을 맞대고 '쪽' 소리를 내며 인사하고, 뉴질랜드의 마오리족은 서로 이마와 코를 맞대며 악수를 하고, 인도에서는 손을 모은 뒤 고개를 숙이며 인사한다.

용어 풀이

❶ 생활 양식: 사회나 집단이 공통적으로 갖고 있는 생활에 대한 인식이나 생활하는 방식
❷ 교양: 학문이나 지식, 정서, 도덕 등을 토대로 길러진 인간의 품성
❸ 제도: 관습이나 도덕, 법률과 같은 규범이나 사회 구조의 체계
❹ 생리적: 신체의 조직이나 기능에 관련되는 것
❺ 보편성: 모든 사물이나 현상 등에 두루 미치거나 통하는 성질
❻ 사고방식: 어떤 문제에 대하여 생각하고 궁리하는 방법이나 태도
❼ 특수성: 일반적이고 보편적인 것과 다른 성질

3 문화의 속성

출제tip 일상생활 속의 사례를 바탕으로 문화의 속성을 도출하는 문제가 자주 출제

1 ❶공유성

(1) **의미** 한 사회의 구성원들이 그 사회의 고유한 문화를 공유함

(2) **영향** 같은 사회에 살고 있는 구성원들은 특정 상황에서 상대방이 어떤 행동을 할지 쉽게 예측할 수 있음

2 학습성

(1) **의미** 문화는 태어나면서 저절로 갖게 되는 것이 아니라 자신이 속한 사회의 문화를 학습함으로써 ❷후천적으로 ❸습득함

(2) **영향** 어떤 문화적 환경에서 자랐는지에 따라 행동과 사고방식이 달라질 수 있음
└ 우리나라에서 태어났지만 외국에서 자란 사람은 우리 문화를 어색해 할 거야.

3 축적성

(1) **의미** 이전 세대의 문화가 언어와 문자 등을 통해 다음 ❹세대로 전달되면서 ❺축적됨

(2) **영향** 기존의 문화에 새로운 지식이나 기술이 더해지면서 문화가 더욱 풍부하고 다양해짐
└ 언어와 문자는 특정한 의미와 내용을 표현하고 전달하는 데 사용되는 상징체계야.

4 변동성

(1) **의미** 문화는 고정된 것이 아니라 사회 내부에서 새로운 문화 요소가 ❻발명되거나 다른 문화와 접촉하는 과정에서 끊임없이 변화함

(2) **영향** 사회적 환경이나 시대적 상황에 따라 문화는 사라지기도 하고 새로운 것이 나타나기도 함
└ 정보 통신 기술의 발달로 SNS를 통한 소통이 활발해지면서 손으로 편지를 써서 주고받는 일은 찾아보기 어려워졌어. 또한 스마트폰이 널리 보급되면서 길거리의 공중전화는 대부분 사라지게 되었지.

더알기 5 전체성

(1) **의미** 한 사회의 문화를 구성하는 여러 부분은 각각 독립적으로 존재하는 것이 아니라 서로 ❼긴밀하게 연결되어 하나의 전체를 이룸

(2) **영향** 문화의 한 부분에 변동이 생기면 다른 부분에도 ❽연쇄적으로 영향을 미침

▲ **정보 통신 기술의 발달이 사회 전반에 끼친 영향** 월드 와이드 웹(www)은 인터넷에 연결된 컴퓨터를 통해 사람들이 정보를 공유할 수 있는 전 세계적인 정보 공유 시스템을 말한다. 월드 와이드 웹과 같은 정보 통신 기술의 발달은 GPS(위성 위치 확인 시스템)를 이용한 길 찾기, 원격 진료, 원격 회의를 통한 재택근무, 전자 상거래, 영상 시청 방식 등 사회 전반에 영향을 미친다.

 사례로 알아보는 문화의 속성

◀ **공유성**
우리나라 사람들은 생일에 미역국을 먹는 것을 자연스럽게 여긴다.

학습성 ▶
우리나라 사람들이 숟가락과 젓가락으로 식사하는 것은 학습의 결과이다.

◀ **축적성**
음성 통화와 문자 전송 기능만 있던 휴대 전화가 기술 개발을 통해 사진 촬영, 음악 재생, 인터넷 활용 등이 가능해졌다.

변동성 ▶
과거에는 한복을 평상복으로 입었지만 오늘날에는 특별한 날에만 입는다.

◀ **전체성**
과학 분야의 정보 통신 기술의 발달은 다른 분야에도 영향을 미쳐 사회 전반에 걸쳐 큰 변화를 가져왔다.

더알기 정보 통신 기술의 발달로 알아보는 문화의 전체성

정보 통신 기술의 발달은 정치, 경제, 교육, 문화와 같은 다른 분야에도 연쇄적으로 영향을 미쳤다. 어느 사회의 문화를 이해하려면 문화의 한 부분만을 보는 것이 아니라 문화 요소 간 전체적인 연관 관계를 파악하려는 노력이 필요하다.

 **용어풀이**

❶ 공유: 두 사람 이상이 한 물건을 공동으로 소유하거나 이용함
❷ 후천적: 태어난 뒤에 여러 가지 경험이나 지식에 의해 지니게 된 것
❸ 습득: 학문이나 기술 따위를 배워서 자기 것으로 함
❹ 세대: 같은 시대에 살면서 공통의 의식을 가지는 비슷한 연령층의 사람 전체
❺ 축적: 지식이나 경험 등을 모아서 쌓은 것
❻ 발명: 아직까지 없던 기술이나 물건을 새로 생각하여 만들어 냄
❼ 긴밀: 서로의 관계가 매우 가까워 빈틈이 없음
❽ 연쇄: 사물이나 현상이 사슬처럼 서로 이어져 전체를 이루는 것

01 빈칸에 알맞은 말을 쓰시오.

(1) ( )은/는 한 사회의 구성원이 만들어 낸 공통의 생활 양식이다.

(2) 어느 사회에서나 공통적인 문화 현상이 나타나는데, 이를 문화의 ( )(이)라고 한다.

(3) 문화의 ( )은/는 한 사회의 구성원이 그 사회의 공통된 문화를 공유하는 것을 의미한다.

(4) 자신이 속한 사회의 문화를 학습을 통해 후천적으로 습득하게 되는 것을 문화의 ( )(이)라고 한다.

(5) 문화는 고정된 것이 아니라 끊임없이 변화하는데, 이를 문화의 ( )(이)라고 한다.

02 다음 설명이 맞으면 ○표, 틀리면 ×표 하시오.

(1) 숟가락과 젓가락을 사용하여 음식을 먹는 것은 문화에 해당한다. ( )

(2) 본능에 따른 행동이나 개인적인 습관은 문화라고 할 수 없다. ( )

(3) 사회 구성원들은 문화의 다양성으로 특정 상황에서 상대방의 행동을 예측할 수 있다. ( )

03 한 사회의 문화를 구성하는 여러 부분이 서로 긴밀하게 연결되어 하나의 전체를 이루게 되는 문화의 속성은?

04 ㉠, ㉡에 들어갈 알맞은 말을 각각 쓰시오.

> 어느 사회에서나 공통적인 문화 현상이 나타나는데 이를 문화의 (㉠)(이)라고 하고, 각 사회마다 문화의 구체적인 모습이 다르게 나타나는 것을 문화의 (㉡)(이)라고 한다.

㉠ ______________ ㉡ ______________

---

01 문화에 관한 설명으로 옳지 <u>않은</u> 것은?

① 인간의 모든 행위가 해당한다.
② 의식주, 기술, 법, 제도 등이 해당한다.
③ 사회 구성원이 공유하는 생활 양식이다.
④ 인간이 환경에 적응하면서 만든 산물이다.
⑤ 개인적인 버릇이나 습관은 해당하지 않는다.

02 문화에 해당하는 것을 보기 에서 고른 것은?

> **보기**
> ㄱ. 피곤하면 하품이 난다.
> ㄴ. 배가 고프면 꼬르륵 소리가 난다.
> ㄷ. 중학교에 입학해서 교복을 입는다.
> ㄹ. 식사를 할 때 숟가락과 젓가락을 사용한다.

① ㄱ, ㄴ ② ㄱ, ㄷ ③ ㄴ, ㄷ
④ ㄴ, ㄹ ⑤ ㄷ, ㄹ

03 자료의 (가), (나)에 들어갈 사례를 바르게 연결한 것은?

문화인 것	문화가 아닌 것
(가)	(나)

	(가)	(나)
①	졸리면 하품을 한다.	식사 전 손을 씻는다.
②	공공장소에서 줄을 선다.	아이돌 공연을 관람한다.
③	여름철에 태풍이 발생한다.	초조할 때 손톱을 뜯는다.
④	학교에서 교복을 착용한다.	감기에 걸려 재채기를 한다.
⑤	설날 웃어른께 세배를 한다.	식사할 때 수저를 사용한다.

04 다음 사례를 통해 알 수 있는 문화의 특징을 보기 에서 고른 것은?
(상)

- 대부분의 사회에서 공통적인 문화가 나타난다.
- 어느 사회에서나 아는 사람을 만나면 인사를 한다.

보기
ㄱ. 문화의 보편성에 해당한다.
ㄴ. 각 사회마다 다양한 모습의 문화가 형성된다.
ㄷ. 인간의 기본적인 욕구나 사고방식이 비슷하기 때문에 나타난다.
ㄹ. 사회적 환경이나 시대적 상황의 차이에 따라 문화는 끊임없이 변화한다.

① ㄱ, ㄴ　　　② ㄱ, ㄷ　　　③ ㄴ, ㄷ
④ ㄴ, ㄹ　　　⑤ ㄷ, ㄹ

05 (가), (나)에 해당하는 문화의 특징을 바르게 연결한 것은?
(중)

(가) 새해맞이 풍습은 어느 지역에서나 볼 수 있다.
(나) 프랑스에서는 볼을 맞대고 '쪽' 소리를 내며, 뉴질랜드의 마오리족은 이마와 코를 맞대고 손을 잡으며 인사하는 등 사회에 따라 인사법이 다르다.

	(가)	(나)
①	보편성	다양성
②	보편성	전체성
③	변동성	다양성
④	변동성	축적성
⑤	상대성	공유성

06 문화의 속성에 관한 설명으로 옳지 않은 것은?
(중)

① 문화는 한번 형성되면 변화하지 않는다.
② 문화는 후천적인 사회화 과정을 통해 학습된다.
③ 문화의 각 요소들은 상호 밀접한 관계를 맺고 있다.
④ 한 사회의 구성원들은 공통된 생활 양식을 공유한다.
⑤ 문화는 상징체계를 통해 다음 세대로 전승되고 축적된다.

07 자료의 ㉠에 들어갈 문화의 속성으로 옳은 것은?
(중)

① 공유성　　　② 축적성　　　③ 학습성
④ 변동성　　　⑤ 전체성

08 자료의 ㉠에 들어갈 문화의 속성으로 옳은 것은?
(중)

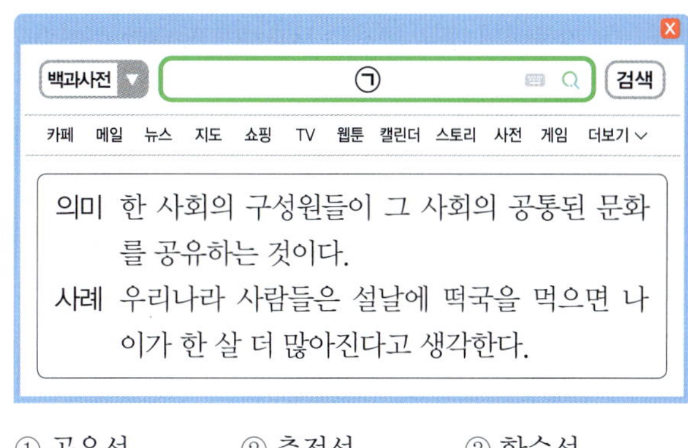

① 공유성　　　② 축적성　　　③ 학습성
④ 변동성　　　⑤ 전체성

09 다음 사례와 관련된 문화의 속성으로 가장 적절한 것은?
(하)

과거에는 한복을 평상복으로 입었지만 오늘날에는 명절과 같은 특별한 날에만 입는다.

① 공유성　　　② 축적성　　　③ 학습성
④ 변동성　　　⑤ 전체성

10 학생들이 설명하는 문화의 특징으로 옳은 것은?

① 공유성　　② 다양성　　③ 축적성
④ 변동성　　⑤ 보편성

11 문화의 학습성에 해당하는 사례로 옳은 것은?

① 쌍둥이의 경우 환경과 무관하게 동일한 형태로 사회화 된다.
② 스마트폰이 보급되면서 전자 투표와 전자 상거래 문화가 발달하였다.
③ 어린아이는 젓가락을 지속적·반복적으로 사용하여 식사 문화를 익힌다.
④ 과거에는 전통 혼례를 치렀지만 오늘날에는 서양의 결혼 방식으로 변화하였다.
⑤ 사전은 시간이 지나면서 기존 내용에 새로운 용어가 추가되면서 그 내용이 풍부해진다.

12 다음 내용을 통해 알 수 있는 문화의 특징으로 옳은 것은?

> • 각 사회의 문화는 고유한 특징을 가진다.
> • 각 사회마다 자연환경이나 사회적 상황이 달라 다양한 문화가 나타난다.

① 다양성　　② 보편성　　③ 학습성
④ 변동성　　⑤ 전체성

13 그림을 통해 알 수 있는 문화의 속성에 관한 설명으로 옳은 것은?

① 문화는 선천적으로 타고난 것이다.
② 문화는 시대와 장소에 관계없이 고정되어 있다.
③ 문화는 언어와 문자를 통해 다음 세대로 전해진다.
④ 문화를 구성하는 각 요소들은 서로 분리되어 있다.
⑤ 문화의 한 부분의 변동이 다른 부분에도 영향을 미친다.

같은 주제 다른 문제

13-1 위의 그림을 통해 파악할 수 있는 문화의 속성에 관한 설명으로 옳은 것은?

① 언어와 문자를 통해 문화가 다음 세대로 전달된다.
② 특정 상황에서 상대방의 행동을 쉽게 예측할 수 있다.
③ 사회의 구성원들이 공통적인 생활 양식을 가지고 있다.
④ 문화의 각 요소는 서로 긴밀하게 연결되어 전체를 이룬다.
⑤ 학습을 통해 자신이 속한 사회의 문화를 후천적으로 습득한다.

14 다음 사례를 통해 알 수 있는 문화의 속성으로 가장 적절한 것은?

> 우리나라 사람들이 아침에 떡국을 먹고 웃어른께 세배를 하는 풍습을 보면 설날이라는 것을 알 수 있다.

① 공유성　　② 축적성　　③ 학습성
④ 변동성　　⑤ 전체성

01 (가), (나) 중 문화에 해당하는 것의 기호를 쓰고, 그 이유를 서술하시오.

(가) 공중 화장실에서 차례로 줄을 서서 기다린다.
(나) 졸리면 하품을 한다.

02 빈칸 ㉠에 들어갈 문화의 특징을 쓰시오.

03 다음 내용에 해당하는 문화의 특징을 쓰시오.

- 대부분의 사회에서 공통적인 문화가 나타난다.
- 어느 사회에서나 아는 사람을 만나면 인사를 한다.

04 다음 기사를 통해 알 수 있는 문화의 속성을 <u>두 가지</u> 쓰고, 그 근거를 함께 서술하시오.

> **○○ 밴드, 전 세계를 조선팝으로 물들이다.**
>
> 전통 판소리에 기반한 크로스오버 국악을 선보이고 있는 ○○ 밴드가 전 세계인의 관심을 끌고 있다. ○○ 밴드 외에 많은 국악인들이 판소리의 신바람 나는 특성에 서양 음악을 융합하여 새롭게 변형된 국악을 선보이며 많은 관심을 끌고 있다. 국악과 팝 음악을 접목하려는 노력이 국악계에서 확대되는 가운데 전통 판소리의 내용이 더욱 풍부하고 다양해지고 있다.

05 자료를 통해 알 수 있는 문화의 속성을 쓰시오.

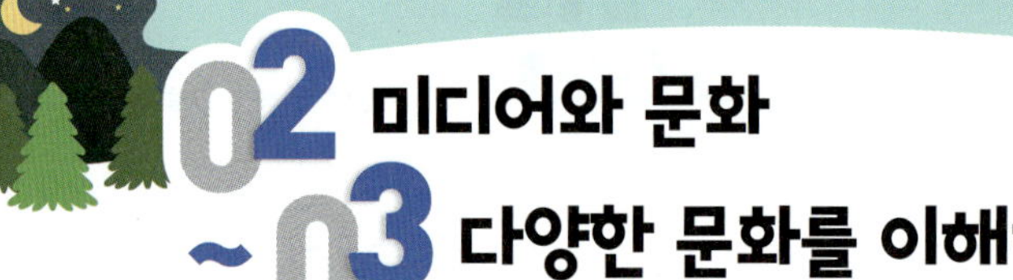

02 미디어와 문화
~03 다양한 문화를 이해하는 태도

1 미디어의 의미와 특징

자료 1 **1 미디어의 의미** **출제tip** 기존의 미디어와 구별되는 뉴 미디어의 특징을 파악하는 문제가 자주 출제

(1) **의미** 어떤 정보를 한쪽에서 다른 쪽으로 전달하는 수단

(2) **종류** 인쇄 매체, 영상 매체는 소수의 생산자가 만든 지식과 정보, 문화를 대중에게 일방향으로 전달해.

인쇄 매체	책이나 신문, 잡지와 같이 문자로 정보를 전달하는 매체
영상 매체	텔레비전 방송, 영화 등 영상으로 정보를 전달하는 매체
더 알기 뉴 미디어	정보 통신 기술의 발달로 등장한 인터넷, 스마트폰, ❶사회 관계망 서비스(SNS) 등

우리는 뉴 미디어를 통해 누구나 정보 생산자가 될 수 있어. 그리고 뉴 미디어는 정보 생산자와 소비자 간의 실시간 소통을 가능하게 해. 이러한 이유로 오늘날 영향력이 커지고 있지.

2 미디어의 특징

(1) 다양한 정보를 수집·전달함 → 날씨, 교통 상황, 사건·사고, 새로운 분야의 지식 등

(2) 다양한 ❷콘텐츠 제공 → 사람들에게 즐거움과 휴식을 제공함

(3) 사회적 ❸쟁점에 대해 대중의 관심을 ❹고조시킴 → 사회 문제 개선에 도움을 줌

2 미디어의 비판적 활용

미디어의 영향력이 확대되면서 부작용이 발생하고 있지.

1 미디어의 비판적 활용의 필요성

(1) 사람들의 사고방식과 행동의 ❺획일화 누구나 미디어를 통해 정보를 생산하고 공유할 수 있게 되면서 정확하지 않거나 왜곡된 정보가 생산될 가능성이 커졌어.

(2) 지나친 ❻상업성 추구로 인한 자극적·폭력적 콘텐츠 증가

(3) ❼편향적이거나 거짓된 정보의 확산 가능성 → 사회적 혼란과 갈등 심화

▲ 방송에서 유명 연예인이 착용하는 옷, 가방 등이 소비자의 구매에 영향을 미친다.

▲ 많은 사람의 관심을 끌고자 폭력적인 장면을 연출하거나 비속어를 사용하는 경우가 있다.

▲ 가짜 뉴스는 사람들을 현혹하여 오해를 만들고, 누군가를 비난하거나 공격할 수 있게 한다.

대부분의 온라인 플랫폼은 개인의 이용 정보를 수집하고 그것을 근거로 이용자가 선호할 만한 콘텐츠를 골라 제공하므로 이용자는 의도치 않게 편향된 정보만 반복하여 접할 수 있어.

2 미디어의 비판적 활용 태도

자료 2 (1) 미디어가 제공하는 문화와 정보를 비판적으로 검토해야 함

→ 미디어 리터러시 필요 미디어가 전달하는 정보를 비판적으로 이해하고 활용할 수 있으며, 나아가 이를 창조적으로 표현하고 소통할 수 있는 능력이야.

(2) **미디어를 활용할 때 설정해야 하는 판단 기준**

① 미디어가 제공하는 문화와 정보가 실제 사실과 다르거나 의도적으로 조작된 것은 아닌지 판단해야 함

② 숨겨진 의도를 담고 있는 것은 아닌지 판단해야 함

③ 편향적 시각을 담고 있지 않은지 판단해야 함

(3) 건강한 미디어 환경 조성을 위해 적극적으로 문제점을 지적하고, 이를 개선하는 과정에 참여해야 함

자료 1 일상생활 속 미디어

일상생활에서 사람들은 미디어를 통해 다양한 문화와 정보를 접하게 된다. 최근에는 책이나 신문 같은 인쇄 매체, 텔레비전 방송과 같은 영상 매체뿐만 아니라 동영상 공유 플랫폼, 사회 관계망 서비스(SNS), 웹 게시판 등 활용 가능한 미디어가 다양해지고 있다.

더 알기 뉴 미디어의 영향

사람들은 OTT를 통해 시공간의 제약 없이 전 세계의 다양한 콘텐츠를 어디에서나 편하게 즐길 수 있게 되었다. 그리고 SNS를 통해 자신의 일상을 공유하고 공통의 관심사에 대해 실시간으로 소통한다.

자료 2 청소년을 위한 미디어 리터러시 실천 가이드

1. 미디어에는 정보가 담겨 있다는 것 기억하기
2. 미디어에서 보여 주는 외모 지상주의 경계하기
3. 미디어 속 '정보 검색' 활용하기
4. 미디어 속 정보로 문제 해결 능력을 키우는 것이 중요하다는 것 인식하기
5. 스마트폰 현명하게 사용하기
6. 온라인 게임 및 1인 미디어의 특성 이해하기
7. 가짜 뉴스 구별하기
8. 온라인상에서 예의 지키기
9. 개인 정보 보호를 위해 노력하기
10. 저작권 보호하기

– 한국 언론 진흥 재단 –

용어 풀이

❶ 사회 관계망 서비스(SNS): 온라인상에서 인맥을 형성하고 관계를 확장하기 위한 목적으로 제공되는 서비스

❷ 콘텐츠: 여러 가지 유무선 통신망 등을 통하여 제공되는 각종 정보나 그 내용물

❸ 쟁점: 서로 다투는 중심이 되는 점

❹ 고조: 사상이나 감정, 세력 따위가 한창 무르익거나 높아지거나 그런 상태

❺ 획일화: 모두가 한결같아서 다름이 없게 됨

❻ 상업성: 상업으로 이윤을 얻는 것을 중요시하는 특성

❼ 편향: 한쪽으로 치우침

3 다양한 문화를 이해하는 태도

1 여러 민족과 국가의 다양한 문화

(1) **다양한 문화가 나타나는 이유** 문화는 한 사회의 구성원들이 주어진 환경에 적응하며 만든 그 사회 특유의 생활 양식이므로 집단마다 다르게 나타남

〈자료 3〉 (2) **여러 지역의 다양한 문화** 자연환경이나 사회적 상황의 차이에 따라 의식주, 언어, 종교, 풍습, 사고방식 등이 다양하게 나타남

(3) **우리나라의 다문화적 상황**

① **다문화적 변화**: 세계화로 국내 거주 외국인 증가 └ 다양한 인종·민족의 문화가 함께 공존하는 사회를 다문화 사회라고 해.

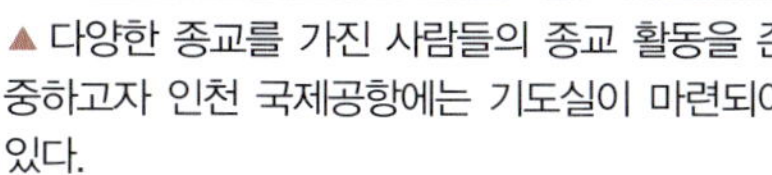

▲ 다양한 종교를 가진 사람들의 종교 활동을 존중하고자 인천 국제공항에는 기도실이 마련되어 있다.

▲ 외국인이 많이 거주하는 지역에는 외국인이 쉽게 이해할 수 있도록 다른 언어로 표기한 간판이 설치되어 있다.

② **긍정적 영향**: 사회 전반에 나타나는 다문화적 변화로 우리 문화가 더욱 풍부하고 다양해짐 ➡ 우리 문화 발전의 ❶원동력으로 작용

③ **부정적 영향**: 문화 차이로 인한 갈등 발생 가능성이 커짐 └ 다문화 사회에서는 언어 차이로 인한 의사소통의 어려움, 생활 양식과 가치관의 차이, 종교의 차이, 이주민에 대한 차별과 오해 등으로 갈등이 발생할 수 있어.

2 문화를 이해하는 태도

〈자료 4〉 (1) **자문화 중심주의** **출제tip** 사례를 바탕으로 문화를 이해하는 태도의 유형을 도출할 수 있는지 묻는 문제가 자주 출제

의미		자신이 속한 사회의 문화만 우수하다고 여겨 다른 사회의 문화를 무시하는 태도
영향	긍정적	자신의 문화에 대한 ❷자부심을 높이고 구성원의 ❸결속력을 강화함 └ 사회 통합에 도움이 되지.
	부정적	다른 문화에 대한 ❹배척으로 다른 집단과 갈등을 ❺초래할 수 있음

〈자료 5〉 (2) **문화 사대주의** └ 자문화 중심주의와 문화 사대주의는 특정한 기준에 따라 문화를 평가할 수 있다고 봐.

의미		다른 사회의 문화를 우수한 것으로 믿고 높게 평가하여 자기 문화를 낮게 평가하고 무시하는 태도
영향	긍정적	다른 사회의 문물을 적극적으로 수용함으로써 자기 문화를 발전시킬 수 있음
	부정적	자기 문화의 가치를 인정하지 않아 문화의 고유성과 주체성을 상실할 수 있음

(3) **문화 상대주의** └ 바람직한 문화 이해의 태도야.

의미	문화의 ❻우열을 평가하지 않고 그 사회의 입장에서 문화를 이해하는 태도
긍정적 영향	서로 다른 문화를 다양한 관점에서 깊이 있게 이해함으로써 문화 공존의 ❼기틀 마련 가능
유의점	인간의 존엄성과 같은 보편적 가치를 무시하는 문화에 대해서는 문화 상대주의 적용을 경계해야 함 └ 한 사회의 문화는 그 사회의 환경과 전체적인 맥락 속에서 이해해야 하지만 인류의 보편적인 가치를 무시하는 문화는 인정할 수 없어.

용어풀이

❶ 원동력: 어떤 움직임의 근본이 되는 힘
❷ 자부심: 자기 자신 또는 자기와 관련되어 있는 것에 대하여 스스로 그 가치나 능력을 믿고 당당히 여기는 마음
❸ 결속력: 뜻이 같은 사람끼리 서로 단결하는 성질
❹ 배척: 따돌리거나 거부하여 밀어 내침
❺ 초래: 일의 결과로서 어떤 현상을 생겨나게 함
❻ 우열: 나음과 못함
❼ 기틀: 어떤 일의 가장 중요한 계기나 조건

〈자료 3〉 여러 지역의 다양한 음식 문화

▲ 일본의 초밥

▲ 몽골의 호르호그

▲ 독일의 소시지

▲ 멕시코의 타코

음식 문화는 그 지역의 자연환경이나 사회적 상황을 반영하므로 음식 재료나 조리 방식, 먹는 방법 등이 다양하게 나타난다.

〈자료 4〉 자문화 중심주의 사례

실내에서 신발을 벗는 자신의 문화를 우월하게 보고 다른 문화를 열등하다고 평가하고 있다는 점에서 자문화 중심주의에 해당한다.

〈자료 5〉 문화 사대주의 사례

한글을 사용하는 것보다 영어를 사용하는 것이 고급스럽다고 평가하고 있다는 점에서 을은 문화 사대주의적인 태도를 보이고 있다.

01 다음 알맞은 말에 ○표 하시오.

(1) 오늘날 미디어의 영향으로 사람들의 사고방식과 행동이 (획일화, 다양화)되는 부작용이 발생한다.

(2) 문화는 그 사회 특유의 생활 양식이므로 집단마다 (같게, 다르게) 나타난다.

(3) 자연환경이나 사회적 상황의 차이에 따라 의식주, 언어, 풍습 등이 (동일하게, 다양하게) 나타난다.

(4) 자신이 속한 사회의 문화만 우수하게 여겨 다른 사회의 문화를 무시하는 태도를 (자문화 중심주의, 문화 사대주의)라고 한다.

(5) 문화의 우열을 평가하지 않고 그 사회의 맥락에서 문화를 이해하려는 태도를 (문화 상대주의, 문화 사대주의)라고 한다.

02 다음 미디어의 종류와 그에 해당하는 매체를 바르게 선으로 연결하시오.

(1) 인쇄 매체 •　　　　• ㄱ. 책, 신문, 잡지

(2) 영상 매체 •　　　　• ㄴ. 텔레비전 방송, 영화

(3) 뉴 미디어 •　　　　• ㄷ. 인터넷, 스마트폰, SNS

03 다음 내용 중 잘못된 부분을 찾아 표시하고 바르게 고치시오.

> 뉴 미디어는 정보 제공자와 수용자 간의 일방향 소통을 가능하게 하였다. 이를 바탕으로 사람들은 정보 생산자이자 소비자로서 새로운 정보를 만들고 전달하게 되었다.

04 다음 사례의 갑에게 나타나는 문화 이해 태도를 쓰시오.

01 자료의 ㉠에 들어갈 매체로 옳은 것은?

질문: ㉠에 관한 설명으로 옳은 것은 ○, 틀린 것은 ×표 하시오.

(　㉠　)의 특징	정답
1. 전통적인 미디어이다.	×
2. 쌍방향 소통이 가능하다.	○
3. 정보 통신 기술의 발달로 등장하였다.	○

① 책, 영화　　　　　② 책, 신문
③ SNS, 신문　　　　④ 인터넷, 스마트폰
⑤ 영화, 텔레비전 방송

02 자료의 A~C에 관한 설명으로 옳은 것은? (단, A~C는 인쇄 매체, 영상 매체, 뉴 미디어 중 하나이다.)

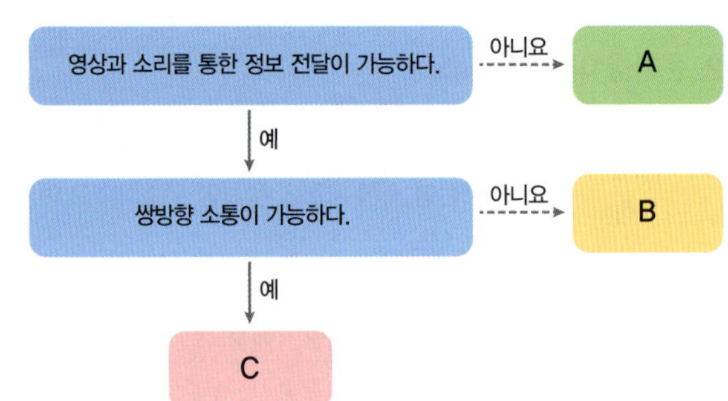

① A는 인터넷의 발달로 등장하였다.
② B에는 책, 신문, 잡지 등이 해당한다.
③ C로 인해 사람들은 정보의 생산자로 성장하였다.
④ A, B는 정보 생산자와 소비자의 경계가 불분명하다.
⑤ 최근에는 C에 비해 A, B의 영향력이 더 커지고 있다.

03 다음 내용에 해당하는 미디어의 종류로 옳은 것은?

> 전통적인 미디어에 해당하며 문자를 통해 정보를 일방적으로 전달한다.

① 책, 영화　　　　　② 책, 신문
③ SNS, 신문　　　　④ 인터넷, 스마트폰
⑤ 영화, 텔레비전 방송

04 자료의 ㉠에 들어갈 내용으로 옳은 것은?

중

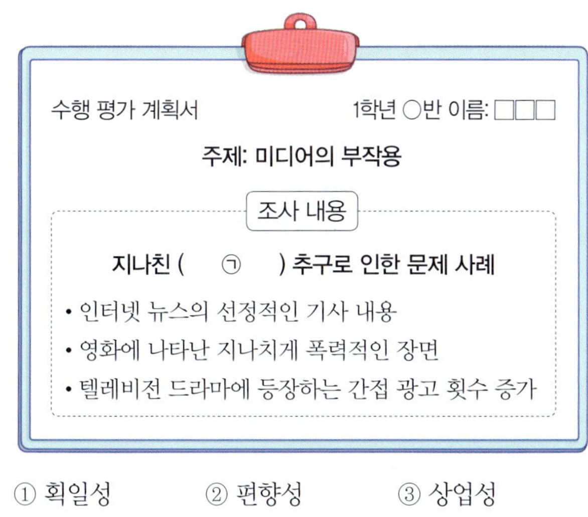

① 획일성   ② 편향성   ③ 상업성
④ 오락성   ⑤ 대중성

05 미디어의 특징에 관한 설명으로 옳은 것을 보기 에서 고른 것은?

중

보기
ㄱ. 대중에게 다양한 정보를 전달한다.
ㄴ. 사회적 쟁점에 대한 대중의 관심을 고조시킨다.
ㄷ. 뉴 미디어는 대중에게 일방적으로 정보를 전달한다.
ㄹ. 최근에는 미디어가 제공하는 콘텐츠의 수가 감소하고 있다.

① ㄱ, ㄴ   ② ㄱ, ㄷ   ③ ㄴ, ㄷ
④ ㄴ, ㄹ   ⑤ ㄷ, ㄹ

06 미디어의 부작용으로 인해 나타나는 문제점으로 옳지 <u>않은</u> 것은?

하

① 획일화된 문화로 개성을 상실할 수 있다.
② 특정 집단에 유리하게 정보가 왜곡될 수 있다.
③ 가짜 뉴스와 같은 잘못된 정보가 확산될 수 있다.
④ 지나친 상업성 추구로 자극적인 콘텐츠가 증가할 수 있다.
⑤ 사회적 쟁점에 대해 대중의 관심을 끌어 사회 문제가 개선될 수 있다.

07 뉴 미디어에 관한 설명으로 옳은 것을 보기 에서 고른 것은?

중

보기
ㄱ. 책, 신문, 잡지 등이 해당한다.
ㄴ. 대중은 뉴 미디어를 통해 정보를 일방적으로 수용한다.
ㄷ. 정보 제공자와 수용자 간 쌍방향 소통을 가능하게 한다.
ㄹ. 시간과 공간의 제약 없이 다양한 콘텐츠를 즐길 수 있다.

① ㄱ, ㄴ   ② ㄱ, ㄷ   ③ ㄴ, ㄷ
④ ㄴ, ㄹ   ⑤ ㄷ, ㄹ

08 자료에서 대중에게 요구되는 미디어 이해의 태도로 옳지 <u>않은</u> 것은?

중

① 미디어 리터러시를 갖춘다.
② 건강한 미디어 환경을 조성하기 위해 노력한다.
③ 미디어를 비판적으로 활용하는 태도를 지닌다.
④ 미디어 속 다양한 문화와 정보를 그대로 수용한다.
⑤ 미디어가 제공하는 정보를 비판적으로 검토한다.

09 문화 사대주의에 관한 설명으로 옳은 것은?

중

① 자기 문화의 우월성을 강조한다.
② 다른 나라 문화의 수용이 곤란하다.
③ 다른 문화에 대한 바른 이해를 돕는다.
④ 문화적 다양성을 보존하는 데 기여한다.
⑤ 타 문화를 기준으로 자문화의 가치를 평가한다.

중요
10 다음 대화에 나타난 문화 이해 태도에 관한 설명으로 옳은 것은?

중

① 시우는 문화에 우열이 없다고 평가한다.
② 시우는 자기 문화를 부정적으로 평가한다.
③ 지아는 자기 문화를 기준으로 다른 문화를 평가한다.
④ 지아는 다른 문화를 우수하게 여기고 숭상하고 있다.
⑤ 지아는 그 사회의 상황을 고려하여 문화를 이해한다.

같은 주제 다른 문제

10-1 다음 A~C에 관한 설명으로 옳은 것은? (단, A~C는 자문화

상 중심주의, 문화 사대주의, 문화 상대주의 중 하나이다.)

구분	A	B	C
서로 다른 문화 사이에 우열이 있다고 여긴다.	예	예	아니요
자신이 속한 사회의 문화를 우수하게 여겨 다른 문화를 무시한다.	예	아니요	아니요

① A는 다른 사회의 문물을 적극적으로 수용한다.
② B는 자기 문화를 가장 우수한 것으로 생각한다.
③ B는 다른 문화 집단과의 갈등을 일으킬 수 있다.
④ C는 다른 문화를 그 사회의 맥락 속에서 이해한다.
⑤ C는 자기 문화의 고유성과 주체성을 상실할 수 있다.

11 다음 자료와 관련 있는 우리나라의 변화 모습을 추론한 것으로

중 옳지 **않은** 것은?

◀ **인천 국제공항의 기도실**

　인천 국제공항에는 기도실이 마련되어 있다. 공항은 다양한 종교를 가진 많은 여행객들이 매일 드나드는 곳이기 때문에 그들의 종교 활동을 존중하고자 이러한 시설이 만들어졌다.

① 사회 전반에 다문화적 변화가 나타난다.
② 국내에 거주하는 외국인이 점차 감소하고 있다.
③ 서로 다른 문화의 차이로 갈등이 발생할 수 있다.
④ 교통과 통신의 발달로 세계의 다양한 문화를 쉽게 만날 수 있다.
⑤ 서로 다른 문화의 상호 작용으로 새로운 문화가 형성될 수 있다.

12 (가), (나)에 해당하는 문화 이해 태도를 바르게 연결한 것은?

하

(가) 자기 문화를 절대적인 기준으로 삼아 다른 사회의 문화를 무시한다.
(나) 다른 사회의 문화를 우수하게 여겨 자신의 문화를 낮게 평가한다.

	(가)	(나)
①	문화 사대주의	자문화 중심주의
②	문화 사대주의	문화 상대주의
③	문화 상대주의	문화 사대주의
④	자문화 중심주의	문화 상대주의
⑤	자문화 중심주의	문화 사대주의

13 문화 상대주의적인 태도의 사례로 옳은 것은?

중

① 자신이 속한 문화가 가장 우수하다고 여긴다.
② 영어를 사용해야만 세련된 것이라고 생각한다.
③ 명예 살인도 그 나름의 이유가 있다고 이해한다.
④ 날고기를 먹는 지역의 사람들을 미개하다고 여긴다.
⑤ 티베트의 조장 풍습을 그 사회의 맥락에서 이해한다.

▶ 정답 및 해설 09쪽

01 다음 빈칸에 공통으로 들어갈 용어를 쓰시오.

> • ( )은/는 어떤 정보를 한쪽에서 다른 쪽으로 전달하는 수단이다.
> • ( )은/는 정보 통신 기술이 발달하면서 과거보다 다양한 정보를 복합적으로 제공하게 되었다.

02 자료를 통해 알 수 있는 뉴 미디어의 특징을 서술하시오.

▲ 동영상 공유 플랫폼　　▲ 사회 관계망 서비스(SNS)

　뉴 미디어의 등장으로 사람들은 정보의 소비자이자 생산자로서 새로운 정보를 만들고 전달하게 되었다. 또한 인터넷을 통해 대중은 언제 어디에서나 공통의 관심사에 대해 활발하게 상호 작용을 할 수 있게 되었다.

03 다음 밑줄 친 내용에 해당하는 개념을 쓰시오.

　미디어를 활용할 때에는 미디어가 제공하는 문화와 정보가 실제 사실과 다르거나 의도적으로 조작된 것은 아닌지, 숨겨진 의도를 담고 있는 것은 아닌지 등의 판단 기준을 설정하여 검토해야 한다. 이와 같이 미디어를 비판적으로 활용하는 태도를 통해 미디어 속 다양한 문화와 정보를 균형 있게 받아들일 수 있다.

04 다음 갑~병 학생들의 문화 이해 태도는 무엇인지 각각 쓰시오.

> 갑: 한 사회의 문화는 그 자체의 의미와 가치에 따라 이해해야 해.
> 을: 아니야. 난 내가 속한 사회의 문화를 기준으로 다른 문화를 판단하는 것이 가장 자연스럽다고 생각해.
> 병: 우리 문화의 발전을 생각한다면 우월한 선진국의 문화를 적극적으로 수용하는 것이 가장 바람직하지 않을까?

05 다음 자료에 나타난 문화 이해 태도를 쓰시오.

　티베트에서는 사람이 죽으면 그 시신을 독수리가 먹게 하는 조장이라는 풍습이 있다. 티베트는 자연환경의 특성상 시신을 매장하기 어렵고, 독수리가 시신을 쪼아 먹으면 하늘로 올라가 영원히 산다는 믿음을 가지고 있어 이러한 장례 풍습이 행해지고 있다. 각 사회의 문화를 바르게 이해하려면 그 사회의 자연환경과 사회적 상황을 고려해야 한다.

06 대화에 나타난 문화 이해 태도를 쓰고, 그렇게 생각한 근거를 서술하시오.

01 문화의 의미와 특징

1 문화의 의미와 사례

문화	• 넓은 의미: 한 사회의 구성원이 공통으로 가지는 의식주, 가치, 규범 등의 전반적인 (❶) • 좁은 의미: 예술, 공연, 문학과 관련된 것이나 세련되고 교양이 있는 것
문화인 것	• 인간이 주어진 환경에 적응하면서 형성해 온 생활 양식 • 의식주, 기술, 법, 제도, 종교, 예술 등
문화가 아닌 것	• 개인적인 버릇이나 습관 • 생리적 현상이나 (❷)에 따른 행동

중학생의 교복 착용

뮤지컬 공연 관람

숟가락과 젓가락 사용

학교에서 선생님께 인사

▲ 문화의 사례

2 문화의 특징

구분	문화의 (❸)	문화의 다양성
의미	어느 사회에서나 공통적인 문화 현상이 나타남	각 사회마다 문화의 구체적인 모습이 다르게 나타남
이유	인간의 기본적 욕구나 사고방식이 비슷하기 때문	인간이 서로 다른 환경에 적응하는 과정에서 나름의 문화를 만들어 왔기 때문
사례	• 어느 사회에서나 인사 문화가 나타나지만, 구체적인 인사 방법은 사회마다 서로 다름 • 새해맞이 풍습은 어느 지역에서나 볼 수 있지만, 구체적인 방법은 지역마다 서로 다름	

▲ 문화의 보편성과 다양성   어느 사회에서나 인사 문화가 나타나지만 구체적인 인사 방법은 사회마다 서로 다르다.

3 문화의 속성

(1) 공유성

의미	한 사회의 구성원들이 그 사회의 고유한 문화를 공유하는 것
영향	같은 사회에 살고 있는 사람들은 특정 상황에서 상대방이 어떤 행동을 할지 예측이 가능함

(2) 학습성

의미	자신이 속한 사회의 문화를 (❹)함으로써 후천적으로 습득
영향	어떤 문화적 환경에서 자랐는지에 따라 행동과 사고방식이 달라질 수 있음

(3) 축적성

의미	이전 세대의 문화가 언어와 문자 등을 통해 다음 세대로 전달되면서 축적됨
영향	• 기존의 문화에 새로운 지식이나 기술이 더해져 문화가 더욱 풍부하고 다양해짐 • 현재의 문화는 조상들의 경험과 지식이 축적된 산물이라고 할 수 있음

(4) 변동성

의미	문화는 고정된 것이 아니라 사회 내부에서 새로운 문화 요소가 발명되거나 다른 문화와 접촉하는 과정을 통해 시대에 따라 끊임없이 (❺)함
영향	사회적 환경이나 시대적 상황에 따라 문화는 사라지기도 하고 새로운 것이 나타나기도 함

(5) 전체성

의미	한 사회의 문화를 구성하는 여러 부분은 각각 독립적으로 존재하는 것이 아니라 서로 긴밀하게 연결되어 하나의 전체를 이룸
영향	문화의 한 부분에 변동이 생기면 다른 부분에도 연쇄적으로 영향을 미침

공유성
우리나라 사람들은 생일에 미역국을 먹는 것을 자연스럽게 여긴다.

학습성
우리나라 사람들이 숟가락과 젓가락으로 식사하는 것은 학습의 결과이다.

축적성
통화만 가능하던 휴대 전화에 여러 가지 기능이 추가되었다.

변동성
과거에 평상복으로 입던 한복을 오늘날에는 특별한 날만 입게 되었다.

전체성
정보 통신 기술의 발달은 사회 전반에 걸쳐 큰 변화를 가져왔다.

▲ 사례를 통해 알아보는 문화의 속성

02 미디어와 문화

1 미디어의 의미와 특징

(1) 미디어의 의미와 종류

미디어		어떤 정보를 한쪽에서 다른 쪽으로 전달하는 수단
종류	인쇄 매체	책이나 신문, 잡지와 같이 문자로 정보를 전달하는 매체
	영상 매체	텔레비전 방송, 영화 등 영상으로 정보를 전달하는 매체
	(❻　　　)	정보 통신 기술의 발달로 등장한 인터넷, 스마트폰, 사회 관계망 서비스(SNS) 등

▲ 인쇄 매체

▲ 영상 매체

▲ 뉴 미디어

(2) 미디어의 특징

특징	• 날씨나 교통 상황, 세계 곳곳에서 일어난 사건과 사고, 새로운 분야의 지식 등 다양한 정보 전달 • 다양한 (❼　　　) 제공으로 사람들에게 즐거움과 휴식 제공 • 사회 쟁점에 대한 관심을 고조시켜 사회 문제 개선에 도움 • 뉴 미디어는 정보 제공자와 수용자 간의 쌍방향 소통을 가능하게 하고, 소리·영상·문자·채팅이 융합된 형태로 나타나기도 함

2 미디어의 비판적 활용

(1) 미디어의 비판적 활용의 필요성

이유	미디어의 영향력 확대로 인한 부작용 발생
문제	• 획일화: 미디어를 통해 많은 사람에게 전달되는 문화와 정보는 사람들의 사고방식과 행동을 획일화함 • 상업성: 콘텐츠를 생산하는 사람들은 이윤을 추구하기 위해 자극적이고 폭력적인 내용을 담은 콘텐츠를 제작하기도 함 • 편향된 정보: 대부분의 온라인 플랫폼은 개인의 이용 정보를 수집하고 그것을 근거로 이용자가 선호할 만한 콘텐츠를 골라 제공하므로 이용자는 편향된 정보만 반복하여 접할 수 있음 • 거짓된 정보: 누구나 미디어를 통해 정보를 생산할 수 있게 되면서 거짓된 정보가 생산되어 사회적 혼란과 갈등을 심화시키기도 함

(2) 미디어의 비판적 활용 태도

태도	• 미디어 리터러시: 미디어 속 지식과 정보, 문화를 올바르게 이해하고 사실 여부와 그 속에 숨겨진 의도, 영향력 등을 비판적으로 평가할 수 있는 능력 • 미디어가 제공하는 문화와 정보가 실제 사실과 다르거나 의도적으로 조작된 것은 아닌지, 숨겨진 의도를 담고 있는 것은 아닌지, 편향적 시각을 담고 있는 것은 아닌지 등의 판단 기준을 설정하여 검토해야 함 • 건강한 미디어 환경 조성을 위해 적극적으로 문제점을 지적하고, 이를 개선하는 과정에 참여해야 함

03 다양한 문화를 이해하는 태도

1 여러 민족과 국가의 다양한 문화

(1) 다양한 문화가 나타나는 이유

이유	문화는 한 사회의 구성원들이 주어진 환경에 적응하며 만든 그 사회 특유의 생활 양식이기 때문에 다양하게 나타남
사례	자연환경이나 사회적 상황의 차이에 따라 의식주, 언어, 종교, 풍습, 사고방식 등이 다양하게 나타남

(2) 우리나라의 다문화적 상황

이유	세계화로 국내 거주 외국인 증가
긍정적 영향	• 우리 문화가 더욱 풍부하고 다양해짐 • 여러 문화와의 상호 작용으로 새로운 문화가 형성되어 문화 발전의 원동력이 됨
부정적 영향	• 언어의 차이로 의사소통이 어려움 • 생활 양식과 가치관의 차이, 이주민에 대한 차별과 오해 등으로 갈등이 발생하기도 함

2 문화를 이해하는 태도

(1) (❽　　　)

의미		자신이 속한 사회의 문화만 우수하다고 여겨 다른 사회의 문화를 무시하는 태도
영향	긍정적	자신의 문화에 대한 자부심을 높이고 구성원의 결속력을 강화함
	부정적	다른 문화에 대한 배척으로 다른 집단과의 갈등을 초래할 수 있음

(2) (❾　　　)

의미		다른 사회의 문화를 우수한 것으로 믿고 높게 평가하여 자기 문화를 낮게 평가하고 무시하는 태도
영향	긍정적	다른 사회의 문물을 적극적으로 수용함으로써 자기 문화를 발전시킬 수 있음
	부정적	자기 문화의 가치를 인정하지 않아 문화의 고유성과 주체성을 상실할 수 있음

(3) (❿　　　)

의미	문화의 우열을 평가하지 않고 그 사회의 입장에서 문화를 이해하는 태도
긍정적 영향	서로 다른 문화를 다양한 관점에서 깊이 있게 이해함으로써 문화 공존의 기틀 마련 가능
유의점	인간의 존엄성과 같은 보편적 가치를 무시하는 문화에 대해서는 문화 상대주의 적용을 경계해야 함

▲ 인도의 소 숭배 문화는 인도의 경제적·종교적 상황의 영향을 받아 형성되었다.

▲ 독수리가 사람의 시신을 먹게 하는 티베트의 장례 풍습은 이 지역의 자연환경의 영향을 받은 것이다.

대단원 실전 문제

01 문화에 관한 설명으로 옳은 것을 보기 에서 고른 것은?

보기
ㄱ. 인간의 모든 행위를 포함한다.
ㄴ. 개인적인 버릇이나 습관도 해당한다.
ㄷ. 사회 구성원이 공유하는 생활 양식이다.
ㄹ. 식사를 할 때 숟가락과 젓가락을 사용하는 것은 문화에 해당한다.

① ㄱ, ㄴ ② ㄱ, ㄷ ③ ㄴ, ㄷ
④ ㄴ, ㄹ ⑤ ㄷ, ㄹ

02 다음 중 문화에 해당하는 것은?

① 피곤하면 하품이 난다.
② 초조할 때면 손톱을 물어뜯는다.
③ 배가 고프면 꼬르륵 소리가 난다.
④ 여름철에는 태풍의 영향을 받는다.
⑤ 웃어른을 만나면 공손하게 인사한다.

03 문화의 보편성이 나타나는 이유로 옳은 것은?

① 인간의 기본적인 욕구나 사고방식이 비슷하기 때문에
② 각 사회마다 자연환경과 사회적 상황이 다르기 때문에
③ 문화의 구성 요소들이 서로 연결되어 전체를 이루기 때문에
④ 문화는 고정된 것이 아니라 시대에 따라 끊임없이 변하기 때문에
⑤ 인간이 자신이 속한 사회의 문화를 학습을 통해 후천적으로 습득하기 때문에

04 다음 내용에 해당하는 문화의 속성으로 옳은 것은?

문화는 고정된 것이 아니라 시간이 지나면서 끊임없이 변화한다. 사회적 환경과 시대적 상황에 따라 새로운 문화가 나타나기도 하고 기존의 문화가 사라지기도 한다.

① 다양성 ② 보편성 ③ 학습성
④ 변동성 ⑤ 전체성

05 (가), (나)에 해당하는 문화의 특징을 바르게 연결한 것은?

(가) 어느 사회에서나 새해를 맞이하는 풍습이 나타난다.
(나) 멕시코에서는 포도 12알을 새해 시작과 함께 울리는 12번의 종소리에 맞추어 먹고, 그리스에서는 새해가 되면 집에 들어가기 전에 석류를 밟는다. 이렇듯 새해를 맞이하는 모습은 지역마다 다르게 나타난다.

	(가)	(나)
①	변동성	다양성
②	변동성	전체성
③	보편성	다양성
④	보편성	축적성
⑤	상대성	축적성

06 자료의 ㉠에 들어갈 문화의 속성으로 옳은 것은?

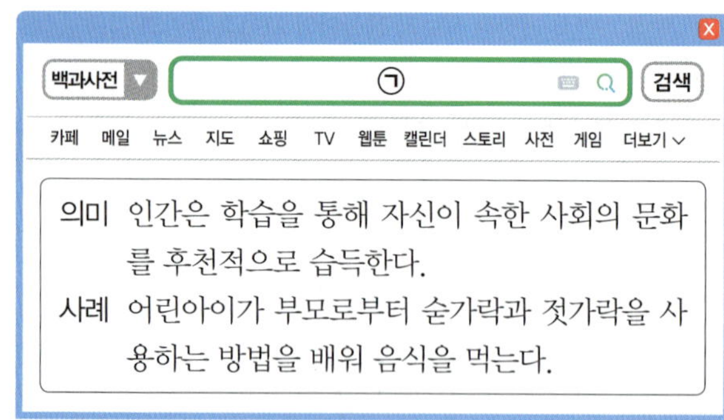

① 학습성 ② 공유성 ③ 변동성
④ 축적성 ⑤ 전체성

07 다음 글을 통해 파악할 수 있는 문화의 속성에 관한 설명으로 가장 적절한 것은?

> 한 사회에는 구성원들이 공유하는 공통된 생활 양식이 있다. 젊은 세대는 여러 단어의 첫음절만을 이용하여 만든 줄임말을 사용한다. 젊은 세대끼리는 줄임말을 사용해도 서로 뜻이 잘 통하지만 다른 세대는 그들의 언어를 이해하기 힘들다.

① 문화는 언어와 문자를 통해 다음 세대로 전달된다.
② 문화는 자연환경에 따라 다양한 모습으로 나타난다.
③ 특정한 상황에서 상대방의 행동을 쉽게 예측할 수 있다.
④ 문화의 각 요소는 서로 긴밀하게 연결되어 전체를 이룬다.
⑤ 학습을 통해 자신이 속한 사회의 문화를 후천적으로 습득한다.

08 자료의 ㉠에 들어갈 미디어로 옳은 것은?

질문: ㉠에 관한 설명으로 옳은 것은 ○, 틀린 것은 ×표 하시오.

(㉠)의 특징	정답
1. 전통적인 미디어이다.	○
2. 쌍방향 소통이 가능하다.	×
3. 영상과 소리로 정보를 전달한다.	○

① 책, 영화　　　　　　② 책, 신문
③ 웹 게시판, 신문　　　④ 영화, 텔레비전 방송
⑤ SNS, 동영상 공유 플랫폼

09 다음 내용에 해당하는 미디어의 종류로 옳은 것은?

> 정보 통신 기술의 발달로 등장하였으며 대중이 문화의 소비자에서 생산자로 참여하는 데 기여하였다. 정보와 지식을 신속하게 공유할 수 있으며 최근에는 여러 기능이 융합된 형태로 나타나기도 한다.

① 책, 신문　　　　　　② 책, 영화
③ 인터넷, 신문　　　　④ SNS, 스마트폰
⑤ 영화, 텔레비전 방송

10 (가)~(다)에 해당하는 미디어를 바르게 연결한 것은? (단, (가)~(다)는 인쇄 매체, 영상 매체, 뉴 미디어 중 하나이다.)

> (가) 전통적인 미디어로, 문자를 통해 정보를 일방적으로 전달한다.
> (나) 전통적인 미디어로, 영상으로 정보를 일방적으로 전달한다.
> (다) 정보 통신 기술이 발달하면서 등장한 미디어로, 쌍방향 소통을 가능하게 한다.

	(가)	(나)	(다)
①	인쇄 매체	뉴 미디어	영상 매체
②	인쇄 매체	영상 매체	뉴 미디어
③	영상 매체	인쇄 매체	뉴 미디어
④	뉴 미디어	영상 매체	인쇄 매체
⑤	뉴 미디어	인쇄 매체	영상 매체

11 자료를 통해 파악할 수 있는 뉴 미디어의 영향으로 가장 적절한 것은?

> **OTT 서비스, 미디어 소비 형태에 변화 가져와**
> 각종 미디어 기업에서 앞다투어 서비스하고 있는 OTT로 인해 미디어 소비 형태가 점차 변하고 있다. OTT를 통해 사용자는 원하는 시간에 어디에서나 보고 싶은 콘텐츠만 골라서 시청할 수 있게 되었다.

① 정보와 지식을 신속하게 공유한다.
② 의사소통의 통로가 매우 단조롭다.
③ 대중을 문화의 소비자에 머물도록 한다.
④ 대중이 수동적으로 정보를 수용하게 만든다.
⑤ 시공간의 제약 없이 다양한 콘텐츠를 즐기게 되었다.

12 대중에게 요구되는 미디어를 이해하는 태도로 옳지 <u>않은</u> 것은?

① 미디어 리터러시를 함양한다.
② 미디어가 제공하는 정보의 출처를 확인한다.
③ 미디어를 비판적으로 활용하는 태도를 갖춘다.
④ 미디어가 제공하는 문화와 정보를 그대로 수용한다.
⑤ 건강한 미디어 환경을 조성하기 위해 문제점을 지적한다.

13 미디어의 특징에 관한 설명으로 옳지 <u>않은</u> 것은?

① 대중에게 다양한 정보를 전달한다.
② 사회적 쟁점에 대한 대중의 관심을 고조시킨다.
③ 뉴 미디어는 대중에게 일방적으로 정보를 전달한다.
④ 최근 미디어가 제공하는 콘텐츠의 수가 증가하고 있다.
⑤ 미디어를 통해 전해진 콘텐츠는 사람들에게 즐거움과 휴식을 제공한다.

14 미디어의 부작용으로 인해 나타나는 문제점을 보기 에서 고른 것은?

> **보기**
> ㄱ. 획일화된 문화로 개성을 상실할 수 있다.
> ㄴ. 특정 집단에 유리하게 정보가 왜곡될 수 있다.
> ㄷ. 지나친 상업성 추구로 자극적인 콘텐츠가 감소한다.
> ㄹ. 사회적 쟁점에 대해 대중의 관심을 끌어 사회 문제가 개선된다.

① ㄱ, ㄴ ② ㄱ, ㄷ ③ ㄴ, ㄷ
④ ㄴ, ㄹ ⑤ ㄷ, ㄹ

15 빈칸 ㉠에 들어갈 미디어의 특성으로 옳은 것은?

> '클릭베이트'는 낚시 기사라는 뜻의 신조어로, 클릭(click)과 미끼(bait)의 합성어이다. 자극적인 제목이나 이미지를 통해 독자들의 클릭을 유도하지만, 막상 제공하는 정보는 불충분하거나 질이 낮은 경우가 대부분이다. '클릭베이트'는 정보를 제공하는 방식이 신문에서 인터넷 기반 플랫폼으로 변화함에 따라 더 많은 조회 수를 올려 광고 수익을 얻기 위한 수단으로 활용된다. 이는 미디어의 ㉠ 추구로 인한 부작용으로 볼 수 있다.

① 획일성 ② 상업성 ③ 편향성
④ 오락성 ⑤ 대중성

16 다음 내용에 해당하는 미디어의 종류로 옳은 것은?

> 영상과 소리를 통해 정보를 일방적으로 전달하는 전통적인 미디어이다.

① 책, 영화 ② 책, 신문
③ SNS, 신문 ④ 인터넷, 스마트폰
⑤ 영화, 텔레비전 방송

17 사례를 통해 알 수 있는 사회적 변동의 영향으로 적절하지 <u>않은</u> 것은?

> 경기도 안산시는 외국인이 가장 많은 지역이다. 단원구 원곡동 일대는 '다문화 특구'로 지정되었다. 세계 각국의 다양한 음식을 맛볼 수 있는 다문화 음식 거리도 있어 해외로 나가지 않아도 각국의 전통 음식을 즐길 수 있다.

① 국내에 거주하는 외국인이 점차 증가하고 있다.
② 세계화로 다른 나라에서 온 사람들이 증가하였다.
③ 배경이 서로 다른 다양한 집단의 문화가 형성된다.
④ 과거에 비해 익숙하지 않은 문화를 접할 기회가 줄어들고 있다.
⑤ 내국인과 외국인 간의 문화 차이로 인해 갈등이 발생할 수 있다.

18 문화 사대주의에 관한 설명으로 옳은 것은?

① 문화의 고유성과 상대성을 존중한다.
② 집단 내의 소속감과 자부심을 고취시킨다.
③ 각 사회의 문화에 대한 우열을 판단할 수 없다고 본다.
④ 다른 문화를 거부함으로써 자기 문화의 전통을 보존하려 한다.
⑤ 자문화의 가치를 과소평가하고, 문화의 주체성이 상실될 수 있다.

19 다음과 같은 문화 이해 태도 ㉠~㉢에 관한 설명으로 옳은 것은? (단, ㉠~㉢은 자문화 중심주의, 문화 사대주의, 문화 상대주의 중 하나이다.)

구분	㉠	㉡	㉢
우수한 문화와 열등한 문화가 있다고 보는가?	○	○	×
자기 문화를 다른 나라에 강요할 위험이 있는가?	○	×	×
각 문화는 그 사회의 상황과 맥락에 따라 이해해야 한다고 보는가?	×	×	○

(○: 예, ×: 아니요)

① ㉠은 자기 문화를 일반화하려는 경향이 약하다.
② ㉡은 다른 문화를 배척하여 갈등을 초래할 수 있다.
③ ㉢은 보편적 가치를 무시하는 문화에도 적용된다.
④ ㉠과 달리 ㉡은 다른 문화에 대한 객관적인 이해를 가능하게 한다.
⑤ ㉠, ㉡과 달리 ㉢은 문화적 다양성에 기여한다.

중요

20 다음 대화에 나타난 문화 이해 태도에 관한 설명으로 옳지 <u>않은</u> 것은?
상

① 진우는 자기 문화를 우수하게 여긴다.
② 진우는 문화에 우열이 있다고 평가한다.
③ 서아는 자기 문화를 기준으로 다른 문화를 평가한다.
④ 서아는 그 사회의 상황을 고려하여 문화를 이해한다.
⑤ 서아의 문화 이해 태도는 다양한 문화의 공존에 이바지한다.

21 다음 사례에 나타난 문화 이해 태도에 관한 설명으로 옳은 것은?
중

인도의 소 숭배 문화는 소를 중요한 농경 수단으로 보고, 성스러운 동물로 여기는 인도의 경제적·종교적 상황이 영향을 미쳐 형성되었다. 각 사회의 문화를 바르게 이해하려면 그 사회의 자연환경과 사회적 상황을 고려해야 한다.

① 자신이 속한 문화가 가장 우수하다고 여긴다.
② 자기 문화의 고유성과 주체성을 상실할 수 있다.
③ 자기 문화에 대한 자부심을 높이는 데 도움을 준다.
④ 다양한 문화가 공존할 수 있는 기초를 마련할 수 있다.
⑤ 타 문화에 대한 배척으로 다른 집단과의 갈등을 초래할 수 있다.

22 다른 문화를 이해하는 바람직한 자세를 **보기**에서 고른 것은?
중

보기
ㄱ. 그 사회의 전체적인 맥락에서 이해한다.
ㄴ. 문화를 평가하는 절대적 기준을 설정한다.
ㄷ. 자기 문화가 아닌 다른 사회의 문화는 무시한다.
ㄹ. 다른 문화와 공통점과 차이점을 비교하여 이해한다.

① ㄱ, ㄴ   ② ㄱ, ㄹ   ③ ㄴ, ㄷ
④ ㄴ, ㄹ   ⑤ ㄷ, ㄹ

23 (가)~(라) 중 문화에 해당하는 것의 기호를 쓰고, 그 이유를 서술하시오.

(가) 예식장에서 결혼식을 올린다.

(나) 숟가락과 젓가락으로 식사를 한다.

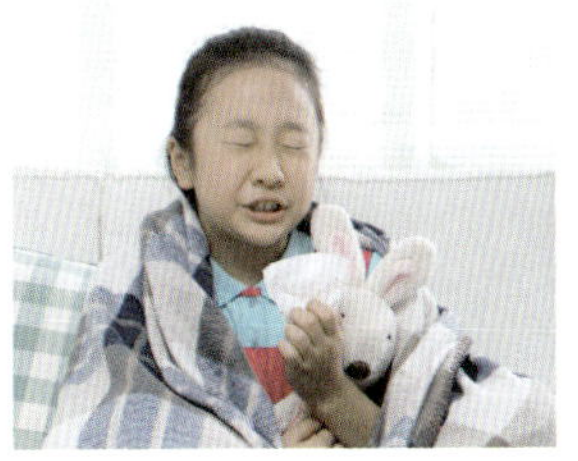
(다) 감기에 걸려 재채기를 한다.

(라) 여름이나 가을에 주로 태풍이 발생한다.

24 자료에 나타난 문화 이해 태도를 쓰고, 그렇게 판단한 근거를 서술하시오.

우리 조선은 조종(임금의 시조) 때부터 지성스럽게 대국을 섬기어 한결같이 중화의 제도를 준행하였는데, 이제 글을 같이하고 법도를 같이하는 때를 당하여 언문을 창작하신 것은 보고 듣기에 놀라움이 있습니다. … 만일 중국에라도 흘러 들어가서 혹시라도 비난하여 말하는 자가 있사오면, 어찌 대국을 섬기고 중화를 사모하는 데에 부끄러움이 없사오리까.

– 훈민정음 창제에 반대하는 최만리 등의 상소문 –

9

민주주의와
시민

▼ 민주주의가 제대로 실현되어야 시민의 자유와 권리를 보장할 수 있다.

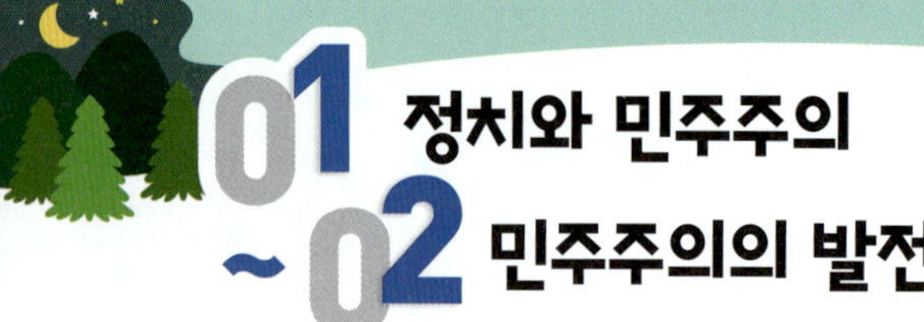

01~02 정치와 민주주의 / 민주주의의 발전

1 정치와 민주주의

교과서 비교 — 정치의 의미

미래엔, 비상, 아침나라	구성원 간 대립과 갈등을 조정하여 해결해 나가는 활동(넓은 의미) 혹은 정치 권력의 획득, 유지, 행사 등 국가와 관련한 활동(좁은 의미)
동아, 천재	사회 구성원 간의 대립과 갈등을 조정하여 문제를 해결하는 모든 활동

1 정치의 의미와 역할

자료 1 (1) 정치의 의미

좁은 의미	❶정치권력을 획득하고 행사하는 활동 예 국회의 법률 제정, 정부의 ❷정책 집행
넓은 의미	사회 구성원 간의 대립과 갈등을 조정하여 문제를 해결하는 모든 활동 예 체험 학습 장소를 결정하기 위한 학급 회의, 지역 문제를 해결하기 위한 주민 회의

(2) 정치의 역할

① 대립과 갈등 조정: 사람들 간 의견 차이와 ❸이해관계를 조정함

② 사회 질서 유지와 사회 통합: 정치를 통해 집단의 의사 결정이 정당하게 이루어지면 구성원들은 그 결정이 개인의 의사와 다르더라도 따르게 됨

③ 사회 발전 ❹도모: 사회 문제를 해결하고, 공동체가 나아가야 할 방향을 합의함

2 민주주의의 의미와 필요성

> 민주주의(Democracy)는 데모스(demos: 다수)와 크라토스(kratos: 지배)의 합성어로, '다수에 의한 통치'라는 뜻이야.

자료 2 (1) 민주주의의 의미

> 국가의 의사를 결정할 최고 권력인 주권이 국민에게 있으며, 다수의 주권자가 자유롭고 평등하게 의사 결정에 참여할 수 있어야 한다는 뜻이야.

정치 형태로서의 민주주의	권력을 가진 한 사람이나 특정 집단에 의한 지배가 아니라 다수의 시민에 의해 국가가 ❺통치되는 정치 형태
생활 양식으로서의 민주주의	대화와 타협, 타인에 대한 배려와 관용, 다수결의 원칙, 소수 의견 존중 등을 실천하며 생활 속의 문제를 해결해 가는 모습

(2) 민주주의의 필요성

> 다원화된 현대 사회에서는 개인의 고유성과 다양성에 대한 존중이 더욱 강조돼.

① 개개인이 고유한 존재로서 존중받을 수 있음

② 국가 권력의 독점을 제한하고 모든 시민이 공동체의 의사 결정에 참여할 수 있도록 보장하여 자유와 권리를 보호함

③ 공동체 의식과 주인 의식을 기를 수 있음

> 대화와 토론으로 공동체의 문제를 해결하는 민주적인 문화가 형성될 수 있어.

2 민주주의의 발전 과정

출제Tip 시대별 민주주의의 특징과 한계를 묻거나 비교하는 문제가 자주 출제

1 민주주의의 시작 — 고대 아테네 민주주의

배경	• 영토가 작고 인구가 적은 도시 국가 • 노예가 대부분의 노동을 담당
자료 3 특징	• 민주주의의 시작: 민주주의는 고대 그리스의 아테네에서 시작됨 • 직접 민주주의: 모든 시민이 ❻민회에 참여하여 국가의 중요한 일을 직접 결정 • ❼공직 참여: 시민들은 추첨을 통하거나 돌아가면서 공직을 맡음
한계	제한적 민주주의: ❽자유민인 성인 남성만 시민의 자격을 부여받아 정치에 참여하였고 여성, 노예, 외국인 등은 정치에 참여할 수 없었음

용어풀이

❶ 정치권력: 정치적 기능을 수행하기 위해 행사하는 강제적인 힘
❷ 정책: 공익을 실현하기 위해 정부나 공공 기관이 수행하는 활동 방향이나 계획
❸ 이해관계: 서로 이익이나 손해에 영향을 미치는 관계
❹ 도모: 어떤 일을 이루기 위하여 대책과 방법을 세움
❺ 통치: 나라나 지역을 도맡아 다스림
❻ 민회: 고대 그리스 도시 국가에서 모든 시민이 참여했던 최고 의결 기관
❼ 공직: 국가 기관이나 공공 단체의 일을 맡아보는 직책이나 직무
❽ 자유민: 정당한 행위에 대하여 자유권을 행사할 수 있는 국민

자료 1 정치의 의미

▲ 학급 회의 ▲ 국회 본회의

정치란 사회 구성원 간의 대립과 갈등을 조정하여 공동체의 문제를 해결해 나가는 모든 활동을 의미한다. 따라서 정치인들이 국가의 법률이나 정책을 결정하여 집행하는 활동뿐만 아니라 학급 회의, 주민 회의 등도 모두 정치라고 할 수 있다.

자료 2 민주주의의 의미

▲ 정치 형태로서의 민주주의 ▲ 생활 양식으로서의 민주주의

오늘날에는 민주주의의 의미가 정치 형태를 넘어 생활 양식으로 확대되었다. 진정한 민주주의를 실현하려면 정치 형태로서의 민주주의와 생활 양식으로서의 민주주의가 함께 정착되어야 한다.

자료 3 고대 아테네의 민주주의

> 소수가 아닌 다수로부터 권력이 나오기 때문에 우리의 정치 체제는 민주 정치입니다. … 우리 아테네인들은 비판과 토론의 과정을 거쳐서 스스로 정책을 결정합니다.
> — 고대 아테네 시민인 페리클레스의 연설 —

고대 아테네에서는 소수가 아닌 다수의 시민이 국가의 중요한 일을 직접 결정하는 직접 민주주의가 발전하였다.

	천재, 미래엔, 아침나라	재산이 있는 성인 남성
	동아	부를 축적한 도시의 상공업자
	비상	일정 규모 이상의 토지를 소유하거나 일정 금액 이상 세금을 내는 귀족, 상공업자

2 민주주의 이념의 확산　근대 민주주의

대표적으로 영국 명예 혁명, 미국 독립 혁명, 프랑스 혁명 등이 있어.

배경	왕이나 귀족에 맞서 자유와 권리를 찾기 위한 근대 시민 혁명 발생
특징	• 시민들이 선출한 대표로 구성된 의회를 중심으로 한 ❶대의 민주주의(간접 민주주의) 실시 • 민주주의의 이념 확산: 인간의 존엄성, 자유와 평등
한계	제한적 민주주의: 성별, 재산 등에 따라 선거권을 제한하여 재산이 있는 성인 남성만이 정치에 참여할 수 있었고 여성, 노동자, 농민, 빈민의 ❷참정권은 제한됨

3 참정권 확대 운동과 보통 선거 제도의 확립　현대 민주주의

배경	참정권 확대 운동 ── ❸차티스트 운동, 여성 참정권 운동, 흑인 참정권 운동 등이 있어.
특징	• 대의 민주주의(간접 민주주의) 실시 • 보통 선거 제도 확립: 20세기 중반에는 대부분의 국가에서 성별, 신분, 재산 등에 관계없이 일정한 나이 이상의 모든 사회 구성원이 정치에 참여할 수 있게 됨 • 모든 사회 구성원의 정치 참여 보장

3 민주주의의 이념과 기본 원리

[자료 4] 1 민주주의의 이념

인간의 존엄성	• 의미: 모든 인간은 인간이라는 이유만으로 존중받을 가치와 권리가 있음 • 민주주의의 근본이념 • 인간의 존엄성이 실현되려면 자유와 평등이 보장되어야 함
자유	• 의미: 외부의 간섭 없이 자기 뜻에 따라 결정하고 행동하는 것 ── 적극적 자유라고 해. • 현대에는 국가의 부당한 간섭을 받지 않을 자유뿐만 아니라, 정부의 정책 결정에 참여하고 국가에 최소한의 인간다운 삶을 요구할 수 있는 자유도 중시됨
평등	• 의미: 모든 사람이 성별, 종교, 신분 등에 따라 차별받지 않고 동등하게 대우받는 것 • 현대에는 개인의 선천적·후천적인 차이를 고려한 실질적인 평등을 보장하기 위해서도 노력하고 있음

2 민주주의의 기본 원리

출제tip 민주주의의 기본 원리의 내용과 목적을 묻는 문제가 자주 출제

(1) **목적**　민주주의의 이념 구현 ── 인간의 존엄성, 자유, 평등

(2) **내용**　오늘날 대부분의 국가는 영토가 넓고 인구가 많기 때문이야.

국민 주권의 원리	• 국가의 의사를 결정하는 최고의 권력인 주권이 국민에게 있다는 원리 • 국가 권력은 국민의 동의와 지지를 바탕으로 형성되고 행사되어야 함
국민 자치의 원리	• 주권을 가진 국민이 스스로 나라를 다스려야 한다는 원리 • 실현 방법: 직접 민주주의, 간접 민주주의 → 오늘날 대부분의 국가는 간접 민주주의 채택 ── 우리나라는 국민 투표 등으로 국민이 직접 의사 결정에 참여할 수 있어.
입헌주의의 원리	• ❹헌법에 따라 국가 기관을 구성하고, 정치권력을 행사해야 한다는 원리 • 목적: 국가 권력의 ❺남용을 방지함으로써 국민의 자유와 권리를 보장
권력 ❻분립의 원리	• 국가 권력을 입법부, 행정부, 사법부와 같은 서로 독립된 기관이 나누어 맡도록 하는 원리 • 목적: 상호 견제와 균형을 통해 권력 남용을 막고 국민의 자유와 권리 보장

❶ 대의 민주주의: 선거를 통해 국가의 대표를 선출하고, 선출된 대표자가 국가를 운영해 나가는 것
❷ 참정권: 국민이 정치에 참여할 수 있는 권리
❸ 차티스트 운동: 영국의 노동자들이 주체가 되어 선거권 획득을 요구한 운동
❹ 헌법: 국민의 기본적인 인권을 규정하고, 국가 기관을 어떻게 조직하고 운영할 것인지를 정한 한 나라의 최고법
❺ 남용: 권리나 권한을 함부로 행사하는 것
❻ 분립: 따로 나누어서 세움

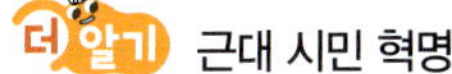

더알기　근대 시민 혁명

근대 시민 혁명은 모든 인간은 태어나면서 누구에게도 빼앗길 수 없는 권리를 하늘로부터 부여받았다는 천부 인권 사상, 태어나면서부터 가진 자신의 권리를 보장받기 위해 개인들이 합의를 통해 정부를 만들었다는 사회 계약설 등의 영향을 받아 일어났다. 대표적으로 왕의 전제 정치에 저항하여 의회가 중심이 되어 일으킨 영국 명예혁명, 영국의 식민지에서 벗어나 국민이 주권을 가지고 정부를 구성했던 미국 독립 혁명, 불평등한 사회 구조에 대항한 프랑스 혁명 등이 있다.

근대 시민 혁명의 결과 인간의 존엄성, 자유, 평등 이념이 확산되고 의회를 중심으로 한 대의 민주주의(간접 민주주의)가 등장하였다.

[자료 4] 민주주의의 이념

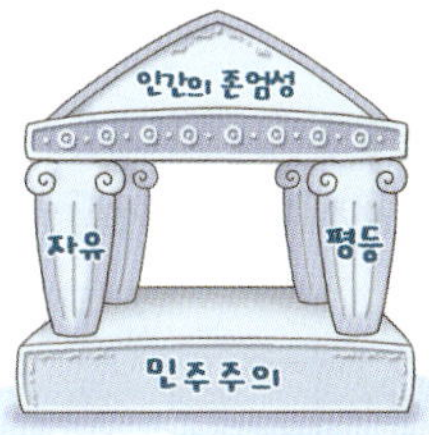

민주주의는 인간의 존엄성을 근본이념으로 한다. 인간의 존엄성이 실현되기 위해서는 개인의 자유와 평등이 보장되어야 한다.

[자료 5] 권력 분립의 원리

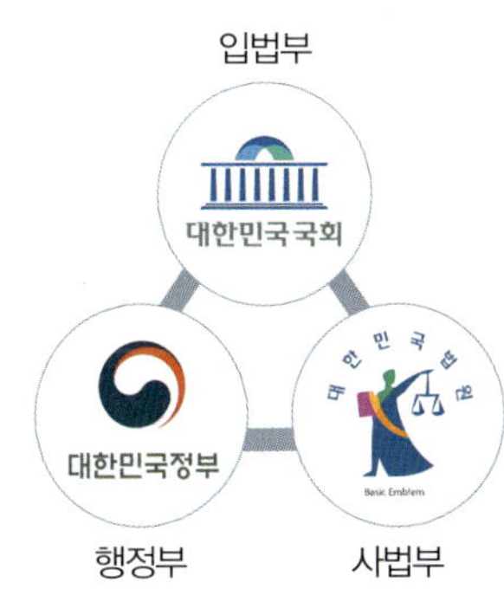

국가 권력을 법을 제정하는 입법부, 법을 집행하는 행정부, 법을 적용하는 사법부와 같이 서로 독립된 기관이 나누어 맡도록 하는 원리이다. 이를 통해 국가 기관 간의 상호 견제와 균형을 이루어 권력 남용과 횡포를 막아 국민의 자유와 권리를 보장하고자 한다.

01 빈칸에 알맞은 말을 쓰시오.

(1) 사회 구성원 간의 대립과 갈등을 조정하여 문제를 해결해 나가는 모든 활동을 (   )(이)라고 한다.

(2) 근대에는 시민이 선출한 대표로 구성된 의회를 중심으로 하는 (   )이/가 이루어졌다.

(3) 민주주의는 (   )을/를 근본이념으로 한다.

02 다음 설명이 맞으면 ○표, 틀리면 ×표 하시오.

(1) 정치는 정치인들이 정치권력을 획득하고 행사하는 활동만을 뜻한다. (   )

(2) 정치는 사회 구성원 간 대립과 갈등을 해결하는 역할을 한다. (   )

(3) 자유란 부당한 차별을 받지 않고 동등하게 대우받는 것을 말한다. (   )

03 ㉠, ㉡에 들어갈 알맞은 말을 각각 쓰시오.

구분	고대 아테네	현대
정치 형태	(㉠)	대의 민주주의
시민의 범위	자유민인 성인 남자	(㉡)

㉠ ___________   ㉡ ___________

04 다음 알맞은 말에 ○표 하시오.

(1) 고대 그리스 아테네 이후 사라졌던 민주주의는 (근대 시민 혁명, 참정권 확대 운동)으로 다시 등장하였다.

(2) 참정권 확대 운동의 결과 20세기 중반에는 대부분의 국가에서 (보통 선거, 제한 선거) 제도가 확립되었다.

05 다음 민주주의의 기본 원리와 의미를 바르게 선으로 연결하시오.

(1) 입헌주의의 원리 •

(2) 국민 자치의 원리 •

(3) 권력 분립의 원리 •

• ㄱ. 주권자인 국민이 스스로 나라를 다스려야 한다는 원리

• ㄴ. 국가 권력을 서로 다른 독립된 기관이 나누어 맡도록 하는 원리

• ㄷ. 헌법에 따라 국가 기관을 구성하고, 정치권력을 행사해야 한다는 원리

01 정치의 사례에 해당하지 <u>않는</u> 것은? (하)

① 정부의 친환경 정책 집행
② 선거를 통한 대통령 선출
③ 놀이터 설치를 위한 주민 회의
④ 휴가 계획을 세우기 위한 가족 회의
⑤ 인터넷 강의를 듣기 위한 교재 구입

02 다음 대화에 관한 설명으로 옳은 것을 보기 에서 고른 것은? (중)

보기

ㄱ. 태완이가 말하는 정치는 우리의 일상생활에서도 나타난다.

ㄴ. 나연이는 청소 구역 배정을 위한 학급 회의를 정치로 본다.

ㄷ. 태완이는 나연이보다 정치의 의미를 좁게 정의하고 있다.

ㄹ. 태완이와 나연이 모두 대통령이 정책을 결정하는 활동을 정치로 본다.

① ㄱ, ㄴ   ② ㄱ, ㄹ   ③ ㄴ, ㄷ
④ ㄴ, ㄹ   ⑤ ㄷ, ㄹ

03 정치의 역할로 옳지 <u>않은</u> 것은? (하)

① 대립과 갈등을 심화시킨다.
② 사회 문제를 해결할 수 있다.
③ 의견 차이와 이해관계를 조정한다.
④ 사회 질서 유지와 통합에 이바지한다.
⑤ 공동체가 나아가야 할 방향을 제시한다.

04 밑줄 친 ㉠, ㉡에 관한 설명으로 옳은 것을 보기 에서 고른 것은?

> 진정한 민주주의를 실현하려면 ㉠ 정치 형태로서의 민주주의와 ㉡ 생활 양식으로서의 민주주의가 함께 정착되어야 한다.

보기
ㄱ. ㉠에서는 주권이 국민에게 있다.
ㄴ. ㉠은 권력을 가진 소수에 의한 지배를 의미한다.
ㄷ. ㉡을 위해서는 대화와 타협, 다수결의 원칙과 소수 의견 존중 등을 생활 속에서 실천해야 한다.
ㄹ. 오늘날에는 민주주의의 의미를 ㉡이 아닌 ㉠으로 한정하여 사용한다.

① ㄱ, ㄴ ② ㄱ, ㄷ ③ ㄴ, ㄷ
④ ㄴ, ㄹ ⑤ ㄷ, ㄹ

05 다음 글에서 추론할 수 있는 민주주의의 필요성에 관한 내용으로 가장 적절한 것은?

> 조선 시대에 태어난 천돌이는 천민이라는 이유로 평생 주인의 명령에 복종하며 살아야 했다. 한편 대한민국에서 태어난 준용이는 원하는 공부를 하며 자신의 삶을 위해 다양한 활동을 하고 있다.

① 국가 권력을 강화한다.
② 통치의 효율성을 보장한다.
③ 특정 집단의 이익을 실현한다.
④ 개인의 자유와 권리를 보호한다.
⑤ 국가의 존립과 발전을 가장 우선한다.

06 고대 그리스 아테네의 민주주의에 관한 설명으로 옳지 않은 것은?

① 대의 민주주의가 이루어졌다.
② 국가의 주요 정책을 시민이 직접 결정하였다.
③ 민주주의가 처음 시작되었다는 의의가 있다.
④ 여성, 노예, 외국인은 정치에 참여할 수 없었다.
⑤ 시민들은 추첨을 하거나 돌아가며 공직을 맡았다.

07 밑줄 친 (가)에 들어갈 말로 적절한 것을 보기 에서 고른 것은?

보기
ㄱ. 직접 민주주의가 이루어졌습니다.
ㄴ. 보통 선거 제도가 확립되었습니다.
ㄷ. 대표를 선출하여 국가 정책을 결정하였습니다.
ㄹ. 시민들이 추첨을 통하거나 돌아가며 공직을 맡았습니다.

① ㄱ, ㄴ ② ㄱ, ㄹ ③ ㄴ, ㄷ
④ ㄴ, ㄹ ⑤ ㄷ, ㄹ

08 빈칸 ㉠, ㉡에 들어갈 말을 바르게 연결한 것은?

> 고대 그리스 아테네 이후 사라졌던 민주주의는 (㉠)을 통해 다시 등장하였다. 시민 계급은 왕이나 귀족의 지배에 맞서 자유와 권리를 찾아 투쟁하였고, 그 결과 시민들이 선출한 대표가 국가 정책을 결정하는 (㉡)가 형성되었다.

	㉠	㉡
①	차티스트 운동	대의 민주주의
②	차티스트 운동	직접 민주주의
③	근대 시민 혁명	대의 민주주의
④	근대 시민 혁명	전자 민주주의
⑤	근대 시민 혁명	직접 민주주의

09 근대 민주주의에 관한 설명으로 옳은 것은?

① 민주주의의 이념이 사라졌다.
② 직접 민주주의가 발달하였다.
③ 민회에서 주요 정책을 결정하였다.
④ 모든 구성원에게 선거권이 부여되었다.
⑤ 의회를 중심으로 한 정치가 이루어졌다.

10 현대 민주주의에 관한 설명으로 옳은 것은?

① 여성, 노동자, 농민은 정치에 참여할 수 없다.
② 시민 혁명 결과 직접 민주 정치를 채택하였다.
③ 재산이 있는 성인 남성에게만 선거권이 주어진다.
④ 시민들은 추첨을 하거나 돌아가며 공직을 맡는다.
⑤ 대부분의 국가에서 보통 선거 제도가 확립되었다.

12 빈칸 ㉠, ㉡에 관한 설명으로 옳은 것을 보기 에서 고른 것은?

> 민주주의는 (㉠)을/를 근본이념으로 한다. 이를 실현하기 위해서는 자유와 (㉡)이/가 보장되어야 한다.

보기

ㄱ. ㉠은 인간의 존엄성이다.
ㄴ. 공익을 위해서는 ㉠을 함부로 침해할 수 있다.
ㄷ. ㉡은 중세 절대 왕정 시대부터 모두에게 보장되었다.
ㄹ. 오늘날에는 실질적인 ㉡이 이루어지도록 노력하고 있다.

① ㄱ, ㄴ   ② ㄱ, ㄹ   ③ ㄴ, ㄷ
④ ㄴ, ㄹ   ⑤ ㄷ, ㄹ

중요

11 표의 ㉠~㉤에 들어갈 내용으로 옳지 <u>않은</u> 것은?

구분	고대 아테네	근대	현대
정치 형태	(㉠)	(㉡)	대의 민주주의
시민 범위	(㉢)	부를 축적한 도시 상공업자	(㉣)
한계	(㉤)		정치적 무관심

① ㉠ – 간접 민주주의
② ㉡ – 대의 민주주의
③ ㉢ – 자유민인 성인 남성
④ ㉣ – 모든 사회 구성원
⑤ ㉤ – 정치 참여 자격의 제한

 같은 주제 다른 문제

11-1 다음 ㉠, ㉡에 들어갈 특징을 바르게 연결한 것은?

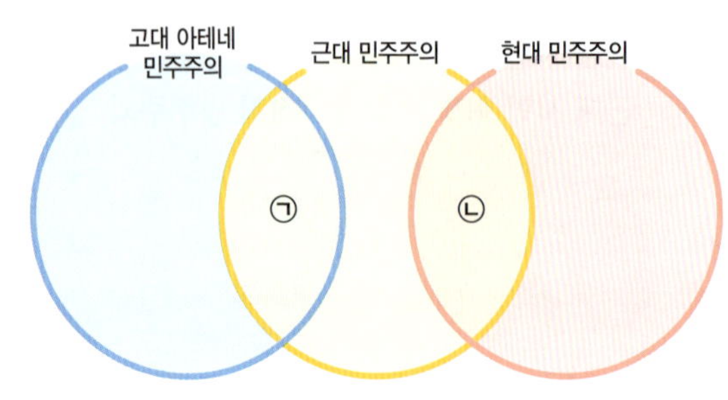

	㉠	㉡
①	직접 민주주의	대의 민주주의
②	직접 민주주의	보통 선거 제도
③	직접 민주주의	정치 참여 자격 제한
④	정치 참여 자격 제한	대의 민주주의
⑤	정치 참여 자격 제한	보통 선거 제도

중요

13 (가), (나)에 해당하는 민주주의의 기본 원리를 바르게 연결한 것은?

> (가) 주권을 가진 국민이 스스로 나라를 다스려야 한다는 원리
> (나) 국가 권력을 서로 다른 독립된 기관이 나누어 맡아 견제와 균형을 이루도록 하는 원리

	(가)	(나)
①	국민 주권의 원리	국민 자치의 원리
②	국민 주권의 원리	권력 분립의 원리
③	국민 자치의 원리	국민 주권의 원리
④	국민 자치의 원리	권력 분립의 원리
⑤	권력 분립의 원리	국민 주권의 원리

같은 주제 다른 문제

13-1 다음 헌법 조항에 나타난 민주주의의 기본 원리로 옳은 것은?

> 제1조 ② 대한민국의 주권은 국민에게 있고, 모든 권력은 국민으로부터 나온다.

① 다수결의 원리   ② 입헌주의의 원리
③ 국민 주권의 원리   ④ 국민 자치의 원리
⑤ 권력 분립의 원리

정답 및 해설 13쪽

01 밑줄 친 (가)에 들어갈 수 있는 정치의 사례를 두 가지 서술하시오.

____

____

02 빈칸 ㉠에 들어갈 선거 제도를 쓰시오.

근대 시민 혁명 이후에도 여전히 정치에 참여할 수 없었던 노동자, 여성, 흑인 등은 참정권을 얻기 위해 오랜 세월 동안 노력해야 했다. 차티스트 운동, 여성 참정권 운동, 흑인 참정권 운동 등 참정권 확대 운동의 결과 20세기 중반에는 대부분의 민주 국가에서 (㉠)이/가 확립되었다.

____

03 다음에서 설명하는 민주주의의 이념을 쓰시오.

- 민주주의가 추구하는 근본이념이다.
- 모든 인간은 인간이라는 이유만으로 존중받을 가치와 권리가 있음을 뜻한다.

____

04 자료를 보고 물음에 답하시오.

근대 민주주의와 현대 민주주의는 선거를 통해 의회를 구성하는 (㉠)을/를 바탕으로 한다는 공통점이 있다. 그러나 정치에 참여할 수 있는 시민의 범위에는 차이가 있다.

(1) 빈칸 ㉠에 들어갈 정치 형태를 쓰시오.

____

(2) 밑줄 친 부분과 관련하여 근대 민주주의와 현대 민주주의의 차이점을 구체적으로 서술하시오.

____

____

05 자료를 보고 물음에 답하시오.

(가) 헌법에 따라 국가 기관을 구성하고, 정치권력을 행사해야 한다는 원리
(나) 국가 권력을 입법부, 행정부, 사법부와 같은 서로 독립된 기관이 나누어 맡도록 하는 원리

(1) (가), (나)에 해당하는 민주주의의 기본 원리를 쓰시오.

(가) _________________ (나) _________________

(2) (가), (나)가 추구하는 목적을 서술하시오.

____

____

03 현대 민주주의의 특징과 발전 노력

> 대의 민주주의, 정치적 무관심, 국민 투표, 국민 발안, 국민 소환, 공론장, 전자 민주주의, 숙의 민주주의

1 현대 민주주의의 특징과 과제

1 현대 민주주의의 특징

간접 민주주의 (대의 민주주의) 채택 [자료 1]	배경	• 영토와 인구 규모 확대 → 한곳에 모이기 어려움 • 사회가 복잡해지고 전문화됨 → 정책에 대한 전문성 필요
	내용	• 국민이 ❶선거를 통해 대표를 선출하고, 대표를 통해 시민들의 의사를 실현하는 방식 (일정 나이에 도달한 국민이면 누구나 선거에 참여할 수 있는 제도를 말해.) • 오늘날 대부분의 민주 국가에서는 보통 선거 제도에 ❷기반을 둔 간접 민주주의(❸대의 민주주의) 채택 • 국민 주권과 국민 자치의 원리를 실현할 수 있는 현실적 대안
직접 민주주의 요소 도입	배경	• 대표자의 결정과 시민 의사의 불일치 ┐ 대의 민주주의의 • 대표자가 각 집단의 의견을 고르게 대표하기 어려움 ┘ 한계
	내용	직접 민주주의 요소를 부분적으로 도입하여 대의 민주주의의 한계를 보완하고자 함 (국민 투표, 국민 발안, 국민 소환 등)

2 현대 민주주의의 한계

(1) 대의 민주주의의 한계

① 대표자의 결정이 시민의 의사와 완전히 일치하지 않을 수 있음

② 모든 직업, 지역, ❹계층, ❺세대별 의견을 고르게 대표하기 어려움 (국민들이 정치에 관심을 보이지 않는 거야.)

③ 선거 외에 시민의 의사를 직접 표현할 수 있는 통로가 많지 않음 → 정치적 무관심이 커질 수 있음

(2) 정치적 무관심 확대 [자료 2] [더 알기]

① 배경: 사회가 점점 복잡해지고 사람들의 관심을 끄는 것이 많아짐

② 영향: 대표자에 대한 시민의 비판과 감시 ❻소홀, 대표자의 정책에 대한 ❼검증이 제대로 이루어지지 않을 수 있음

(3) 수준 낮은 참여 증가 공공의 이익이나 가치를 전혀 고려하지 않고 자신의 이익에만 집중하여 정치적 관심을 드러냄

3 현대 민주주의의 과제

(1) 대의 민주주의의 한계 보완

① 다양한 사회 구성원을 고루 대표할 수 있도록 선거 제도 개선

② 시민의 다양한 의사를 폭넓게 반영할 수 있는 방안 마련

(2) 국민의 뜻에 충실한 민주주의 실현

① 일상 속 정치를 통해 시민의 관심과 질 높은 참여 ❽유도

② 사회적 약자의 권리와 공동체 구성원의 삶의 질 향상을 위한 노력

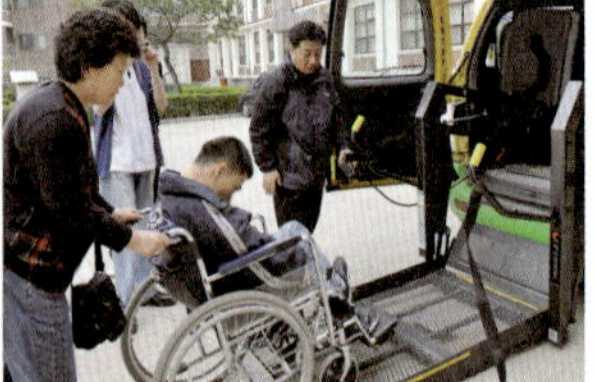

▲ 장애인의 선거 참여를 돕기 위한 이동 차량 지원

[자료 1] **오늘날 간접 민주주의를 채택하는 이유**

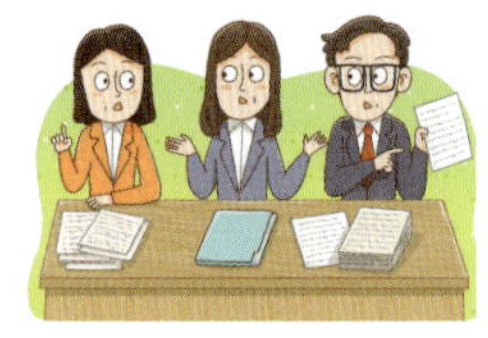

간접 민주주의에서는 국민이 대표자를 선출하는 과정에 영향력을 행사하여 국가 권력을 형성한다는 점에서 국민을 위한 정치가 가능하다.

[자료 2] **정치적 무관심**

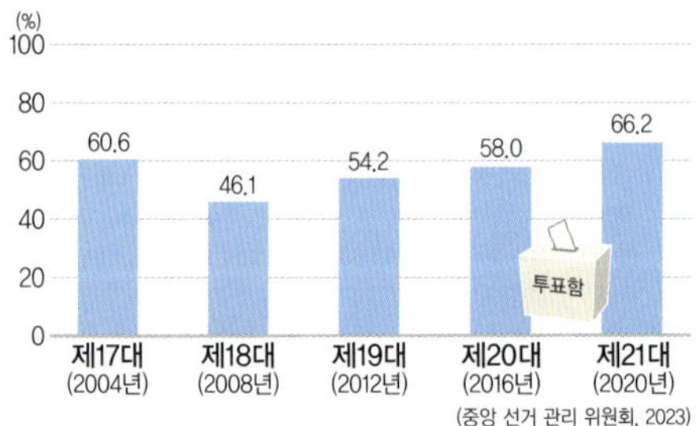

▲ 역대 국회 의원 선거 투표율

우리나라 국회 의원 선거의 투표율은 전반적으로 낮은 편이다.

[더 알기] 바보(idiot)의 어원

고대 그리스에서는 공동체의 문제에는 관심 없고 개인적인 일에만 관심을 갖는 사람들을 '이디오테스(idiotes)'라고 불렀는데 이 단어는 나중에 '바보, 멍청이'를 뜻하는 영단어 이디어트(idiot)가 되었다.

용어 풀이

❶ 선거: 나라의 일을 담당할 대표를 선출하는 과정
❷ 기반: 기초가 되는 바탕 또는 사물의 토대
❸ 대의: 선거를 통해 선출된 의원이 국민을 대표하여 정치를 담당하는 일
❹ 계층: 재산·지위·신분 등의 조건이 동일한 사람들의 집단
❺ 세대: 같은 시대에 살면서 공통의 의식을 가지는 비슷한 연령층의 사람 전체
❻ 소홀: 대수롭지 않고 흔함
❼ 검증: 검사하여 증명함
❽ 유도: 사람이나 물건을 목적한 장소나 방향으로 이끎

직접 민주주의 요소	천재, 비상, 아침나라	국민 투표, 국민 발안, 국민 소환
	동아	국민 투표, 주민 발안, 주민 소환
	미래엔	국민 투표

2 민주주의의 발전을 위한 노력

1 민주주의의 발전을 위한 제도적 방안

└ 우리나라에서는 국민 투표, 주민 발안, 주민 소환 제도를 도입하고 있어.

(1) 직접 민주주의 요소 도입 시민의 의사를 직접 반영하여 대의 민주주의의 한계 보완

국민 투표	국가의 중요한 사항을 국민이 직접 투표로 결정하는 제도 예 헌법 개정
국민 발안	일정 수의 국민이 헌법 개정안이나 법률안 등을 의회에 제출하는 제도
국민 소환	선출된 국민의 대표(예 국회 의원)를 ❶임기가 끝나기 전에 국민의 뜻에 따라 ❷파면하는 제도
주민 발안	필요한 ❸조례를 주민이 제안할 수 있는 제도
주민 소환	주민 대표로 선출된 공직자(예 지방 자치 단체장)가 업무 수행에 문제를 일으킬 경우 투표를 통해 ❹해임할 수 있는 제도

┌ 여러 사람이 함께 겪고 있는 일에 대해 서로 의논하여 의견을 모을 수 있는 장소나 환경을 의미해.

(2) 공론장의 활성화 ❺공청회나 주민 설명회 등을 통해 시민이 정책 결정 과정에서 자유롭게 의견을 표출하고 여론을 형성할 수 있는 기회 제공

(3) 전자 민주주의의 확대 정보 통신 기술을 이용하여 시민이 시공간의 제약을 넘어 정치에 참여 가능 예 인터넷을 통한 여론 수렴, 온라인 투표, 사이버 국회, 전자 공청회 등

(4) ❻숙의 민주주의의 활용 사회적으로 중요한 문제에 대해 의사 결정을 할 때 다양한 분야의 여러 사람이 모여 그에 대해 깊게 생각하고 충분히 의논하여 결정

▲ 지역 정책을 주민들과 함께 모색하기 위한 공론장

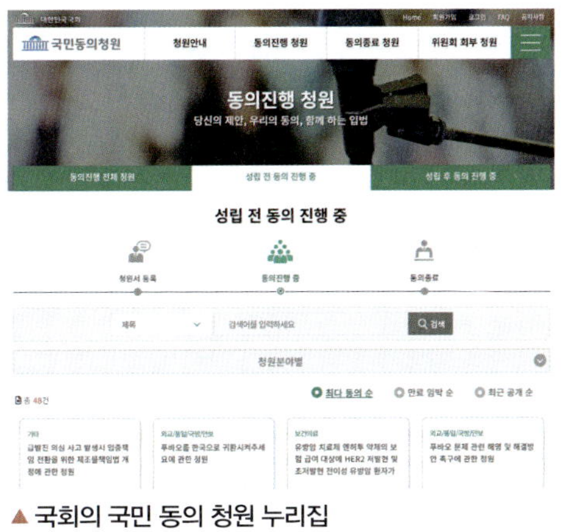

▲ 국회의 국민 동의 청원 누리집

2 민주주의의 발전을 위한 시민의 역할

(1) 정치에 대한 관심과 참여

① 민주주의 발전을 위해 제도와 함께 시민들의 적극적인 관심과 참여가 필요함

② 시민 참여 방법

┌ 정당은 정치적 견해를 같이하는 사람들이 모인 집단. 이익 집단은 자신의 특수한 이익을 실현하기 위해 모인 집단, 시민 단체는 공익 실현을 위해 모인 집단이야.

개인적 참여	투표, ❼진정, ❽청원 등
집단적 참여	정당·이익 집단·시민 단체 활동 등

(2) 국가 권력 감시 정부의 정책 집행 과정 감시 및 비판, 문제가 발생할 경우 개선 요구

(3) 능동적 태도 함양 사회적 쟁점의 해결 과정에 참여하여 여론의 형성 및 전달, 입법 요구, 정책 대안 제시 등의 역할을 함

(4) 참여의 질을 높이기 위한 노력 정치 참여의 성과가 공익과 권리의 확대로 이어지기 위해서는 충분한 공론화 과정을 거쳐야 함

└ 특정 문제나 주제를 여럿이 의논하는 대상이 되게 하는 과정을 의미해.

용어 풀이

❶ 임기: 임무를 맡아보는 일정한 기간
❷ 파면: 공무원을 강제로 퇴직시키는 처분
❸ 조례: 지방 자치 단체가 지방 의회의 의결을 거쳐 만드는 법
❹ 해임: 공무원을 강제로 퇴직시키는 중징계 처분
❺ 공청회: 국가나 공공 기관이 정책을 시행하기 전에 여러 사람의 의견을 듣는 제도
❻ 숙의: 깊이 생각하여 충분히 의논하는 것
❼ 진정: 국가 또는 공공 기관에 어떤 조치를 요구하는 것
❽ 청원: 국가 기관 등에 문서로 희망을 진술하는 것

> 경기도 양평군에서는 '청소년 안심 귀가 택시 지원 조례' 제정이 추진되고 있다. 이 조례안은 야간 학습을 마치고 밤에 귀가하는 학생들이 천 원에 택시를 이용할 수 있도록 요금의 일부를 양평군이 지원하자는 것이다. 해당 주민 조례 발안 청구에는 2,921명의 주민이 동참하였고, 조례안은 검토를 거쳐 최종 결정될 예정이다.

주민 발안 제도를 통해 시민들이 자신들의 공동체에 필요한 조례를 직접 제안한 사례이다. 선거 외에 시민의 의사를 직접 표현할 수 있는 통로가 많지 않다는 점, 시민의 의사가 왜곡될 수 있다는 점 등 대의 민주주의의 한계를 극복하기 위해 오늘날 대부분의 국가에서는 직접 민주주의 요소를 부분적으로 도입하고 있다.

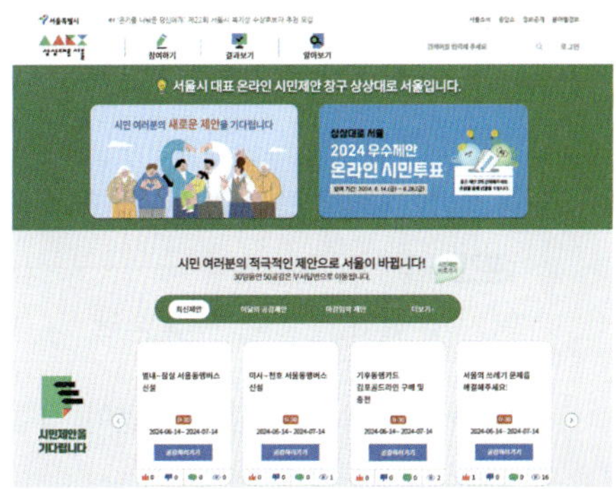

서울특별시는 시민의 제안을 받아들여 정책을 결정하기 위해 '상상대로 서울'을 운영하고 있다. '상상대로 서울'은 시민과 서울시가 함께 일상의 제안, 일상의 토론, 일상의 정책을 만드는 시민 참여 플랫폼이다. 여기서 일정 수 이상의 공감을 받은 시민의 제안에 대해 온라인 공론장을 개설하고 시민들이 온라인 투표와 댓글로 자유롭게 공론장에 참여할 수 있도록 하였다. 다수의 시민이 공론장에 참여하거나 우수 제안으로 뽑히면 시장이나 시청의 해당 부서에서 직접 제안에 대한 답변을 하고 있다.

01 다음 알맞은 말에 ○표 하시오.

(1) 대부분의 현대 민주 국가에서는 대표를 통해 시민의 의사를 실현하는 (직접, 간접) 민주주의를 실시하고 있다.

(2) 최근에는 정보 통신 기술을 이용하여 시공간의 제약을 넘어 정치에 참여할 수 있는 (전자, 숙의) 민주주의가 확대되고 있다.

02 오늘날 대의제를 채택하게 된 이유를 보기 에서 골라 기호를 쓰시오.

> 보기
> ㄱ. 정치적 무관심의 일상화
> ㄴ. 영토와 인구 규모의 확대
> ㄷ. 사회가 복잡해지고 전문화됨

03 다음 설명이 맞으면 ○표, 틀리면 ✕표 하시오.

(1) 대의 민주주의에서는 대표자의 결정과 국민의 의사가 완전히 일치한다. ( )

(2) 우리나라에서는 대의 민주주의의 한계를 보완하기 위해 직접 민주주의 요소를 도입하고 있다. ( )

04 다음 설명에 해당하는 제도를 보기 에서 골라 기호를 쓰시오.

> 보기
> ㄱ. 국민 발안   ㄴ. 국민 소환   ㄷ. 국민 투표

(1) 국가의 중요한 사항을 국민이 직접 투표로 결정하는 제도 ( )

(2) 일정 수의 국민이 헌법 개정안이나 법률안 등을 의회에 제출하는 제도 ( )

(3) 선출된 국민의 대표를 임기가 끝나기 전에 국민의 뜻에 따라 파면하는 제도 ( )

05 빈칸에 알맞은 말을 쓰시오.

(1) 현대 민주주의에서는 주권자인 국민이 정치에 관심을 보이지 않는 ( )이/가 확대되는 문제가 나타나고 있다.

(2) 민주주의의 발전을 위해 주요 사안에 대해 여러 사람이 참여하여 충분한 토론과 합의를 할 수 있는 ( )이/가 필요하다.

01 다음 상황과 관련한 현대 민주주의의 특징으로 옳은 것은?

> • 영토와 인구 규모가 확대됨
> • 사회가 복잡해지고 전문화됨

① 간접 민주주의 실시
② 민주주의 이념 확산
③ 재산에 따른 선거권 제한
④ 추첨을 통한 공직자 결정
⑤ 통치자의 절대적 지배 강화

02 현대 민주주의의 특징에 관한 설명으로 옳은 것을 보기 에서 고른 것은?

> 보기
> ㄱ. 대의 민주주의를 바탕으로 한다.
> ㄴ. 사회 구성원의 이해관계나 요구가 단순하다.
> ㄷ. 정책 결정을 위해 전문성을 갖춘 사람이 필요하다.
> ㄹ. 모든 시민들이 모여 국가의 중요한 일을 직접 결정한다.

① ㄱ, ㄴ   ② ㄱ, ㄷ   ③ ㄴ, ㄷ
④ ㄴ, ㄹ   ⑤ ㄷ, ㄹ

03 밑줄 친 (가)에 들어갈 제목으로 가장 적절한 것은?

> _______________ (가)
> • 정치적 무관심이 일상화되는 문제가 나타난다.
> • 대표자의 결정이 시민의 의사와 일치하지 않을 수 있다.

① 정치의 역할
② 대의제의 필요성
③ 민주주의의 이념
④ 직접 민주주의의 단점
⑤ 현대 민주주의의 한계

중요

04 자료에 나타난 우리나라 정치 문제로 가장 적절한 것은?

중

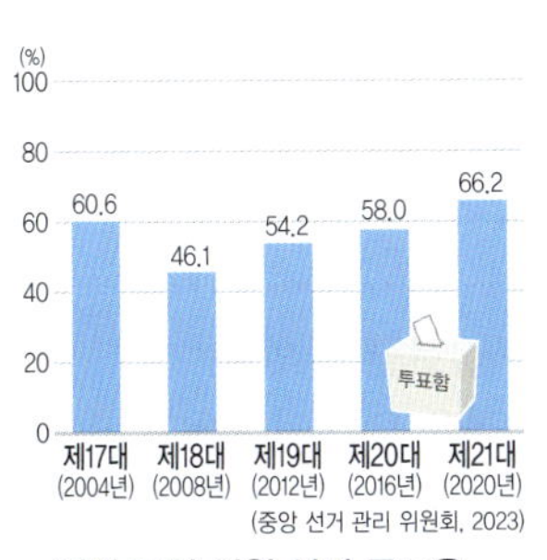

▲ 역대 국회 의원 선거 투표율

① 정치적 무관심 확대
② 국회 의원 후보자 난립
③ 신분에 따른 선거권 제한
④ 정치인에 대한 통제 강화
⑤ 시민 간 정치적 견해 차이 심화

같은 주제 다른 문제

04-1 자료를 통해 추론할 수 있는 한국의 정치 상황에 관한 설명으로 옳은 것을 보기 에서 고른 것은?

상

> OECD 주요국 중 투표율이 가장 높은 나라는 오스트레일리아(94.8%)이다. OECD 회원국의 평균 투표율은 71.4%이며 한국은 56.9%로 평균에 미치지 못하였다.

보기

ㄱ. 선거를 운영하는 비용이 증가할 수 있다.
ㄴ. 과도한 정치 참여로 혼란이 발생할 수 있다.
ㄷ. 대표자에 대한 시민의 감시가 소홀해질 수 있다.
ㄹ. 대표자의 정책에 대한 검증이 제대로 이루어지지 않을 수 있다.

① ㄱ, ㄴ   ② ㄱ, ㄷ   ③ ㄴ, ㄷ
④ ㄴ, ㄹ   ⑤ ㄷ, ㄹ

05 현대 민주주의의 과제로 옳은 것은?

중
① 직접 민주주의 요소 철폐
② 학력에 따른 선거권 차등 부여
③ 정책 결정 시 정치인의 의견 우선 반영
④ 시민의 정치 참여를 높이기 위한 방안 마련
⑤ 일부 집단만을 대표할 수 있는 선거 제도 실시

중요

06 밑줄 친 내용과 관련 있는 것을 보기 에서 고른 것은?

중

> 우리나라에서는 직접 민주주의 요소를 부분적으로 도입하여 대의 민주주의의 한계를 보완하고 있다.

보기

ㄱ. 국민 투표   ㄴ. 주민 발안
ㄷ. 대통령 선거   ㄹ. 보통 선거 제도

① ㄱ, ㄴ   ② ㄱ, ㄷ   ③ ㄴ, ㄷ
④ ㄴ, ㄹ   ⑤ ㄷ, ㄹ

같은 주제 다른 문제

06-1 다음 설명에 해당하는 제도로 옳은 것은?

하

> 국가의 중대한 사항을 국민이 직접 투표로 결정하는 제도이다.

① 국민 투표   ② 국민 발안
③ 국민 소환   ④ 주민 발안
⑤ 주민 소환

07 다음 사례에 관한 해석으로 옳은 것을 보기 에서 고른 것은?

상

> 경기도 양평군에서는 '청소년 안심 귀가 택시 지원 조례' 제정이 추진되고 있다. 해당 주민 조례 발안 청구에는 2,921명의 주민이 동참하였다.

보기

ㄱ. 주민 발안이 이루어진 사례이다.
ㄴ. 대의 민주주의의 한계가 나타나고 있다.
ㄷ. 의회를 구성하여 정책을 결정하는 방식이다.
ㄹ. 시민의 의사를 직접 반영하기 위한 제도가 실시되고 있다.

① ㄱ, ㄴ   ② ㄱ, ㄹ   ③ ㄴ, ㄷ
④ ㄴ, ㄹ   ⑤ ㄷ, ㄹ

08 밑줄 친 ㉠에 관한 설명으로 옳은 것을 보기 에서 고른 것은?

중

민주주의 발전을 위한 방안

1. _______㉠_______ 의 확대
2. 사례: 온라인 투표, 사이버 국회, 전자 공청회

보기

ㄱ. ㉠은 대의 민주주의이다.
ㄴ. 선출된 공직자를 투표를 통해 해임할 수 있다.
ㄷ. 정치 참여에 시공간의 제약을 극복할 수 있다.
ㄹ. ㉠의 확대를 통해 시민은 정책 결정에 직접 영향을 미칠 수 있다.

① ㄱ, ㄴ   ② ㄱ, ㄷ   ③ ㄴ, ㄷ
④ ㄴ, ㄹ   ⑤ ㄷ, ㄹ

09 민주주의 발전을 위한 제도적 방안으로 옳지 <u>않은</u> 것은?

하
① 공론장의 활성화
② 권위주의 문화 확산
③ 전자 민주주의 확대
④ 숙의 민주주의 실현
⑤ 직접 민주주의 요소 도입

10 민주주의를 발전시키기 위한 공론장 활성화의 방안으로 적절한 것을 보기 에서 고른 것은?

중

보기

ㄱ. 해당 분야에서 가장 권위가 높은 전문가의 결정에 따른다.
ㄴ. 자신의 이익만을 고집하지 않고 사회 구성원의 이익을 함께 고려한다.
ㄷ. 의사 결정의 효율성을 위해 토의 과정을 최소화하고 다수결을 진행한다.
ㄹ. 자유롭게 의견을 표출하고 개방적인 태도로 상대방의 의견을 경청한다.

① ㄱ, ㄴ   ② ㄱ, ㄷ   ③ ㄴ, ㄷ
④ ㄴ, ㄹ   ⑤ ㄷ, ㄹ

11 밑줄 친 ㉠에 관한 설명으로 옳은 것을 보기 에서 고른 것은?

상

국민 권익 위원회는 국민들의 생각과 의견을 정책 결정이나 행정 개선에 반영하기 위해 온라인 정책 소통 공간인 ㉠'국민 생각함'이라는 플랫폼을 운영하고 있다.

보기

ㄱ. 국민 자치의 원리를 실현할 수 있다.
ㄴ. 대표자에게 의사 결정을 모두 위임한다.
ㄷ. 정책 결정 과정에서 공직자의 영향력이 커진다.
ㄹ. 전자 민주주의를 통해 국민의 의사를 반영한다.

① ㄱ, ㄴ   ② ㄱ, ㄹ   ③ ㄴ, ㄷ
④ ㄴ, ㄹ   ⑤ ㄷ, ㄹ

12 민주주의의 발전을 위한 시민의 역할로 옳지 <u>않은</u> 것은?

하
① 정부의 정책 집행 과정을 감시한다.
② 공론장에 참여하여 정책을 제안한다.
③ 시민 단체 활동을 통해 의견을 제시한다.
④ 대표자를 선출하는 선거에 관심을 가진다.
⑤ 대표의 정책 전문성을 믿고 비판을 하지 않는다.

13 다음 사례에서 민주주의의 발전을 위한 시민의 역할로 옳은 것을 보기 에서 고른 것은?

중

○○시는 환경부의 지침에 따라 △△ 부지에 소각장을 설치하겠다는 계획을 발표하였다.

보기

ㄱ. ○○시의 계획에 비판을 하지 않는다.
ㄴ. 주민 설명회에 참여하여 의견을 제시한다.
ㄷ. ○○시장이 정책을 자유롭게 결정하도록 맡긴다.
ㄹ. 소각장 설치 결정 과정 및 집행 과정을 감시한다.

① ㄱ, ㄴ   ② ㄱ, ㄷ   ③ ㄴ, ㄷ
④ ㄴ, ㄹ   ⑤ ㄷ, ㄹ

정답 및 해설 14쪽

01 빈칸 ㉠에 들어갈 정치 형태를 쓰시오.

오늘날과 같이 국가의 영토와 인구 규모가 크고 정책 결정의 전문성이 요구되는 사회에서는 선출된 대표자들이 의회를 구성하여 중요한 정책을 결정하는 (㉠)이/가 국민 주권과 국민 자치의 원리를 실현하는 현실적인 대안이 되고 있다.

02 현대 민주주의의 한계를 <u>두 가지</u> 서술하시오.

03 빈칸 ㉠에 들어갈 알맞은 말을 쓰시오.

최근에는 인터넷을 통한 여론 수렴, 온라인 투표 등과 같이 정보 통신 기술을 이용하여 시민이 시공간의 제약을 넘어 정치에 참여할 수 있는 (㉠)이/가 확대되고 있다.

04 빈칸 ㉠에 들어갈 알맞은 말을 쓰시오.

오늘날 사회가 점점 복잡해지고 사람들의 관심을 끄는 것이 많아짐에 따라 주권자인 시민이 정치 참여에 부정적이고 정치 문제와 현상에 관심을 보이지 않는 (㉠)이/가 확대되는 문제가 나타나고 있다.

05 시민이 정치에 무관심할 경우 나타날 수 있는 문제점을 <u>두 가지</u> 서술하시오.

06 자료를 보고 물음에 답하시오.

(㉠)	국가의 중요한 사항을 국민이 직접 투표로 결정하는 제도
(㉡)	일정 수의 국민이 헌법 개정안이나 법률안 등을 의회에 제출하는 제도
(㉢)	선출된 국민의 대표를 임기가 끝나기 전에 국민의 뜻에 따라 파면하는 제도

(1) 빈칸 ㉠~㉢에 들어갈 제도를 쓰시오.

㉠ __________ ㉡ __________ ㉢ __________

(2) 현대 민주 국가에서 ㉠~㉢과 같은 제도를 도입하는 이유를 대의 민주주의와 관련하여 서술하시오.

01 정치와 민주주의

1 정치의 의미와 역할

(1) 정치의 의미

좁은 의미	정치권력을 획득하고 행사하는 활동 예 국회의 법률 제정, 정부의 정책 집행
넓은 의미	사회 구성원 간의 대립과 갈등을 조정하여 문제를 해결하는 모든 활동 예 학급 회의, 주민 회의

(2) 정치의 역할

① 대립과 갈등 조정 ➡ 사회 질서 유지, 사회 통합
② 사회 발전 도모

2 민주주의의 의미와 필요성

(1) 민주주의의 의미

정치 형태로서의 민주주의	다수의 시민에 의해 국가가 통치되는 정치 형태
생활 양식으로서의 민주주의	대화와 타협, 타인에 대한 배려와 관용 등을 실천하며 생활 속의 문제를 해결해 가는 모습

▲ 정치 형태로서의 민주주의

▲ 생활 양식으로서의 민주주의

(2) 민주주의의 필요성

① 개개인이 고유한 존재로서 존중받을 수 있음
② 국가 권력의 독점을 제한하여 시민의 자유와 권리를 보호함
③ 공동체 의식과 주인 의식을 기를 수 있음

02 민주주의의 발전

1 민주주의의 발전 과정

(1) 민주주의의 시작 _고대 아테네 민주주의_

배경	• 영토가 작고 인구가 적은 도시 국가 • 노예가 대부분의 노동을 담당 ➡ 모든 시민이 직접 정치에 참여 가능
특징	• 민주주의의 시작 • (❶　　　): 모든 시민이 민회에 참여하여 국가의 중요한 일을 직접 결정 • 공직 참여: 시민들은 추첨 또는 돌아가면서 공직을 맡음
한계	제한적 민주주의: 자유민인 성인 남성만 시민의 자격을 부여받고, 여성, 노예, 외국인 등은 정치에 참여할 수 없었음

(2) 민주주의 이념의 확산 _근대 민주주의_

배경	왕이나 귀족에 맞서 자유와 권리를 찾기 위한 근대 시민 혁명 발생
특징	• 시민들이 선출한 대표로 구성된 의회를 중심으로 한 (❷　　　) 실시 • 민주주의의 이념 확산: 인간의 존엄성, 자유, 평등
한계	제한적 민주주의: 성별, 재산 등에 따라 선거권을 제한하여 재산 있는 성인 남성만이 정치에 참여할 수 있었고 여성, 노동자, 농민, 빈민의 참정권은 제한됨

(3) 참정권 확대 운동과 보통 선거 제도의 확립 _현대 민주주의_

배경	참정권 확대 운동 예 차티스트 운동, 여성 참정권 운동, 흑인 참정권 운동
한계	• 대의 민주주의(간접 민주주의) 실시 • (❸　　　) 확립: 일정한 나이 이상의 모든 사회 구성원이 정치에 참여 • 모든 사회 구성원의 정치 참여 보장

▲ 시민이라면 누구나 참여할 수 있는 고대 아테네의 민회

▲ 프랑스 혁명의 발단이 된 파리 시민의 바스티유 감옥 습격

◀ 선거권 획득을 위해 영국 노동자들이 펼친 차티스트 운동

2 민주주의의 이념과 기본 원리

(1) 민주주의의 이념

(❹　　　)	• 의미: 모든 인간은 인간이라는 이유만으로 존중받을 가치와 권리가 있음 • 민주주의의 근본이념 • 인간의 존엄성이 실현되려면 자유와 평등이 보장되어야 함
자유	• 의미: 외부의 간섭 없이 자기 뜻에 따라 결정하고 행동하는 것 • 현대에는 정부의 정책 결정에 참여하고 국가에 최소한의 인간다운 삶을 요구할 수 있는 자유도 중시됨
(❺　　　)	• 의미: 모든 사람이 성별, 종교, 신분 등에 따라 차별받지 않고 동등하게 대우받는 것 • 현대에는 개인의 선천적·후천적인 차이를 고려한 실질적인 평등을 보장하기 위해서도 노력하고 있음

(2) 민주주의의 기본 원리

국민 주권의 원리	• 국가 최고의 권력인 주권이 국민에게 있다는 원리 • 국가 권력은 국민의 동의와 지지를 바탕으로 형성되고 행사되어야 함
국민 자치의 원리	• 주권을 가진 국민이 스스로 나라를 다스려야 한다는 원리 • 실현 방법: 직접 민주주의, 간접 민주주의 → 오늘날 대부분의 국가는 간접 민주주의 채택
(⑥　　　)의 원리	• 헌법에 따라 국가 기관을 구성하고, 정치권력을 행사해야 한다는 원리 • 목적: 국가 권력의 남용을 방지함으로써 국민의 자유와 권리를 보장
(⑦　　　)의 원리	• 국가 권력을 입법부, 행정부, 사법부와 같은 서로 독립된 기관이 나누어 맡도록 하는 원리 • 목적: 상호 견제와 균형을 통해 권력 남용을 막고 국민의 자유와 권리를 보장

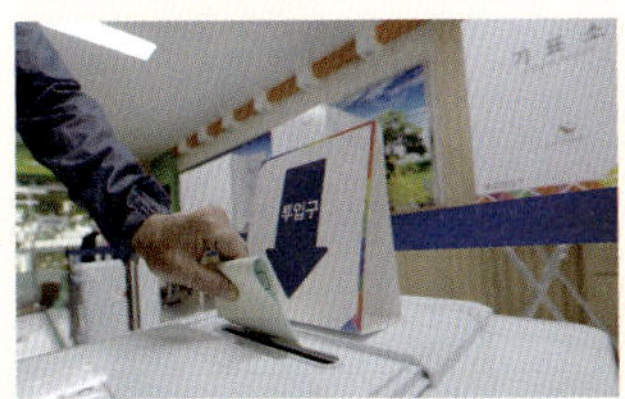

▲ **국민 주권의 원리**　국민이 직접 선거를 통해 대표를 선출함으로써 주권을 실현한다.

▲ **국민 자치의 원리**　대부분의 현대 국가에서는 국민의 대표자를 선출하여 나라를 다스리게 한다.

▲ **입헌주의의 원리**　헌법에 따라 국가 기관이 조직되고 국민의 기본권이 보장된다.

▲ **권력 분립의 원리**　국가 권력을 서로 다른 국가 기관이 나누어 맡아 견제와 균형을 이루도록 한다.

03 현대 민주주의의 특징과 발전 노력

1 현대 민주주의의 특징과 과제

(1) 현대 민주주의의 특징

간접 민주주의 (대의 민주주의) 채택	배경	• 영토와 인구 규모 확대 → 시민이 한곳에 모이기 어려움 • 이해관계와 요구가 복잡해짐 → 정책 결정의 전문성 필요
	내용	• 국민이 선거를 통해 대표를 선출하고, 대표를 통해 시민들의 의사를 실현하는 방식 • 대부분의 민주 국가에서는 보통 선거 제도에 기반을 둔 간접(대의) 민주주의 채택 • 국민 주권과 국민 자치의 원리를 실현할 수 있는 현실적 대안
직접 민주주의 요소 도입	배경	대의 민주주의의 한계 발생
	내용	(⑧　　　) 요소를 부분적으로 도입하여 대의 민주주의의 한계를 보완하고자 함

(2) 현대 민주주의의 한계

대의 민주주의의 한계	• 대표자의 결정이 시민의 의사와 완전히 일치하지 않을 수 있음 • 모든 직업, 지역, 계층, 세대별 의견을 고르게 대표하기 어려움 • 선거 외에 시민의 의사를 직접 표현할 수 있는 통로가 많지 않음
(⑨　　　) 확대	대표자에 대한 시민의 비판과 감시 소홀, 대표자의 정책에 대한 검증이 제대로 이루어지지 않을 수 있음
수준 낮은 참여 증가	공공의 이익이나 가치를 전혀 고려하지 않고 자신의 이익에만 집중

(3) 현대 민주주의의 과제

① 대의 민주주의의 한계 보완

• 다양한 사회 구성원을 고루 대표하도록 선거 제도 개선

• 시민의 다양한 의사를 반영할 수 있는 방안 마련

② 국민의 뜻에 충실한 민주주의 실현

• 질 높은 참여 확대

• 사회적 약자의 권리와 시민의 삶의 질 향상을 위한 노력

2 민주주의의 발전을 위한 노력

(1) 민주주의의 발전을 위한 제도적 방안

① 직접 민주주의 요소 도입

(⑩　　　)	국가의 중요 사항을 국민이 직접 투표로 결정하는 제도
국민 발안	일정 수의 국민이 헌법 개정안이나 법률안 등을 의회에 제출하는 제도
국민 소환	선출된 국민의 대표를 임기가 끝나기 전에 국민의 뜻에 따라 파면하는 제도
주민 발안	필요한 조례를 주민이 제안할 수 있는 제도
주민 소환	주민 대표로 선출된 공직자가 업무 수행에 문제를 일으킬 경우 투표를 통해 해임할 수 있는 제도

② 공론장의 활성화: 공청회, 주민 설명회 등

③ 전자 민주주의 확대: 인터넷을 통한 여론 수렴, 온라인 투표, 사이버 국회, 전자 공청회 등과 같이 정보 통신 기술을 이용하여 시민이 시공간의 제약을 넘어 정치에 참여 가능

④ 숙의 민주주의: 사회적으로 충분한 합의가 요구되는 중요한 문제에 대한 의사 결정을 할 때 다양한 분야의 여러 사람이 모여 그에 대해 깊이 생각하고 충분히 의논하여 결정

(2) 민주주의의 발전을 위한 시민의 역할

① 정치에 대한 관심과 참여: 투표, 진정, 청원, 정당·이익 집단·시민 단체 활동 등

② 국가 권력 감시

③ 공동체를 위한 정책을 제안하는 능동적인 태도 함양

④ 정치 참여의 질을 높이기 위해 충분한 공론화 과정 필요

대단원 실전 문제

01 정치에 관한 설명으로 옳은 것은?

① 국민들의 일상생활에서는 나타나지 않는다.
② 사회 구성원 간의 대립과 갈등을 심화시킨다.
③ 정치권력을 획득하고 행사하는 활동만을 의미한다.
④ 선거에 참여하여 대표자를 뽑는 것은 정치라고 볼 수 없다.
⑤ 학급의 문제를 해결하기 위한 학급 회의도 정치에 해당한다.

02 좁은 의미의 정치에 해당하는 것을 보기 에서 고른 것은?

> **보기**
> ㄱ. 국회 의원들이 법을 만드는 활동
> ㄴ. 학급 문제를 해결하기 위한 학급 회의 활동
> ㄷ. 음식물 쓰레기 처리를 논의하는 주민 회의 활동
> ㄹ. 대통령과 국무총리 등이 모여 나라의 중요 사항을 논의하는 활동

① ㄱ, ㄴ ② ㄱ, ㄹ ③ ㄴ, ㄷ
④ ㄴ, ㄹ ⑤ ㄷ, ㄹ

03 다음 사례에 나타난 정치의 역할로 옳은 것을 보기 에서 고른 것은?

> 서율이네 학급에서는 최근 제대로 관리가 되지 않는 공용 물품 사용에 관한 불만이 제기되었다. 이를 해결하기 위해 학급 회의를 개최하여 대화와 토론을 통해 공용 물품 사용에 관한 규칙과 관리자를 결정하였고 마침내 평화를 되찾았다.

> **보기**
> ㄱ. 정치권력을 한곳에 집중하여 강화시킨다.
> ㄴ. 사회 통합을 이루고 사회 질서를 유지한다.
> ㄷ. 사회 구성원 간의 대립과 갈등을 해결한다.
> ㄹ. 특정 집단의 이익을 공공의 이익보다 우선한다.

① ㄱ, ㄴ ② ㄱ, ㄷ ③ ㄴ, ㄷ
④ ㄴ, ㄹ ⑤ ㄷ, ㄹ

04 민주주의에 관한 설명으로 옳지 않은 것은?

① 다수의 시민에 의한 지배를 뜻한다.
② 오늘날에는 민주주의의 의미가 생활 양식으로 확대되었다.
③ 국가 권력을 한곳으로 집중하여 정책 결정의 신속성을 도모한다.
④ 모든 시민이 공동체의 의사 결정 과정에 참여할 수 있도록 보장한다.
⑤ 대화와 타협, 소수 의견 존중 등의 가치를 생활 속에서 실천하는 것이다.

05 다음 사례에 나타난 정치의 문제점으로 옳은 것을 보기 에서 고른 것은?

> 히틀러는 독일의 민주주의 체제를 무력화시켜 독재자로 군림하였다. 그로 인해 수많은 유대인들은 나치 강제 수용소의 가스실에서 학살당했다.

> **보기**
> ㄱ. 개인의 자유와 권리를 보호하지 못한다.
> ㄴ. 한 사람이 국가의 권력을 독점하지 못한다.
> ㄷ. 개인의 고유성과 다양성을 존중하지 못한다.
> ㄹ. 정치적 무관심이 확대되는 문제가 나타난다.

① ㄱ, ㄴ ② ㄱ, ㄷ ③ ㄴ, ㄷ
④ ㄴ, ㄹ ⑤ ㄷ, ㄹ

06 고대 아테네 민주주의에 관한 설명으로 옳은 것을 보기 에서 고른 것은?

> **보기**
> ㄱ. 직접 민주주의가 발전하였다.
> ㄴ. 보통 선거 제도가 확립되었다.
> ㄷ. 대표를 뽑아 국가의 중요한 일을 결정하였다.
> ㄹ. 여성, 노예, 외국인은 정치에 참여할 수 없었다.

① ㄱ, ㄴ ② ㄱ, ㄹ ③ ㄴ, ㄷ
④ ㄴ, ㄹ ⑤ ㄷ, ㄹ

07 다음 자료와 관련한 시기의 민주주의에 관한 설명으로 옳은 것을 보기 에서 고른 것은?

> **프랑스 혁명 중 선포된 프랑스 인권 선언**
>
> 제1조 모든 인간은 태어나면서부터 자유롭고 평등한 권리를 지닌다.
>
> 제2조 모든 정치적 결사의 목적은 자연적이고 소멸될 수 없는 인간의 권리를 보장하는 데 있다. 이러한 권리는 자유, 재산, 안전, 그리고 억압에 대한 저항이다.

보기

ㄱ. 대의 민주주의가 이루어졌다.
ㄴ. 민주주의가 처음 시작되었다.
ㄷ. 민주주의의 이념이 확산되었다.
ㄹ. 모든 사람에게 선거권이 주어졌다.

① ㄱ, ㄴ ② ㄱ, ㄷ ③ ㄴ, ㄷ
④ ㄴ, ㄹ ⑤ ㄷ, ㄹ

08 현대 민주주의에 관한 설명으로 옳은 것은?

① 직접 민주주의가 보편화되었다.
② 시민들은 추첨을 통해 공직을 맡는다.
③ 모든 사회 구성원이 정치에 참여할 수 있다.
④ 시민들이 민회에 모여 국가의 일을 결정한다.
⑤ 부를 축적한 상공업자에게만 선거권이 주어진다.

09 민주주의의 발달 과정을 순서대로 바르게 나열한 것은?

(가) 모든 시민들이 정치에 직접 참여하여 국가의 중요한 일을 결정하였다.
(나) 참정권 확대 운동을 통해 모든 구성원이 정치에 참여할 수 있게 되었다.
(다) 시민 혁명을 통해 인간의 존엄성, 자유와 평등과 같은 민주주의의 이념이 확산되었다.

① (가) – (나) – (다) ② (가) – (다) – (나)
③ (나) – (가) – (다) ④ (나) – (다) – (가)
⑤ (다) – (가) – (나)

10 근대 민주주의와 현대 민주주의의 공통점으로 옳은 것은?

① 참정권의 제한
② 대의 민주주의
③ 직접 민주주의
④ 민회를 통한 의사 결정
⑤ 추첨을 통한 공직 수행

11 시대별 민주주의 A~C에 관한 설명으로 옳은 것을 보기 에서 고른 것은? (단, A~C는 각각 고대 아테네 민주주의, 근대 민주주의, 현대 민주주의 중 하나이다.)

질문	A	B	C
직접 민주주의가 이루어졌는가?	×	○	×
보통 선거 제도가 확립되었는가?	×	×	○

(○: 예, ×: 아니요)

보기

ㄱ. A는 근대 시민 혁명을 통해 등장하였다.
ㄴ. B에서 여성들은 정치에 참여할 수 없었다.
ㄷ. C에서 시민들은 추첨을 통해 공직을 맡았다.
ㄹ. C는 A와 달리 대표자를 뽑는다는 특징이 있다.

① ㄱ, ㄴ ② ㄱ, ㄷ ③ ㄴ, ㄷ
④ ㄴ, ㄹ ⑤ ㄷ, ㄹ

12 다음 역사적 사건들을 통해 알 수 있는 민주주의에 관한 설명으로 옳은 것은?

• 근대 시민 혁명   • 여성 참정권 운동
• 흑인 참정권 운동

① 민주화 운동으로 선거권이 제한되었다.
② 대통령과 국회 의원의 정치권력이 강화되었다.
③ 직접 민주주의를 전면적으로 실시하게 되었다.
④ 시민들의 희생과 노력으로 민주주의가 발전하였다.
⑤ 정책 결정 과정에서 사회 구성원의 동의와 지지가 불필요해졌다.

13 밑줄 친 ㉠~㉢에 관한 설명으로 옳은 것을 보기 에서 고른 것은?

> 민주주의의 이념은 ㉠ 인간의 존엄성, ㉡ 자유, ㉢ 평등이다.

보기
ㄱ. ㉠은 민주주의의 근본이념이다.
ㄴ. ㉡은 인간이라는 이유로 존중받을 가치가 있다는 의미이다.
ㄷ. 현대 사회에서는 ㉢의 보장을 위해 개인의 선천적·후천적 차이를 고려하지 않는다.
ㄹ. ㉠을 실현하기 위해서는 ㉡, ㉢의 보장이 필요하다.

① ㄱ, ㄴ　　　② ㄱ, ㄹ　　　③ ㄴ, ㄷ
④ ㄴ, ㄹ　　　⑤ ㄷ, ㄹ

14 실질적 평등의 사례로 옳은 것을 보기 에서 고른 것은?

보기
ㄱ. 소득이 커질수록 높은 세율을 적용하였다.
ㄴ. 중증 시각 장애를 가진 수험생에게 점자 시험지를 제공하였다.
ㄷ. 버스 회사에서 백인 좌석과 유색 인종 좌석을 분리하여 운영하였다.
ㄹ. 대통령 선거에서 일정한 나이 이상의 모든 국민에게 선거권을 부여하였다.

① ㄱ, ㄴ　　　② ㄱ, ㄷ　　　③ ㄴ, ㄷ
④ ㄴ, ㄹ　　　⑤ ㄷ, ㄹ

15 민주주의의 기본 원리가 아닌 것은?

① 다수결의 원리
② 입헌주의의 원리
③ 국민 주권의 원리
④ 국민 자치의 원리
⑤ 권력 분립의 원리

16 다음 헌법 조항에 나타난 민주주의의 기본 원리로 옳은 것은?

> 제40조 입법권은 국회에 속한다.
> 제66조 ④ 행정권은 대통령을 수반으로 하는 정부에 속한다.
> 제101조 ① 사법권은 법관으로 구성된 법원에 속한다.

① 다수결의 원리　　　② 입헌주의의 원리
③ 국민 주권의 원리　　　④ 국민 자치의 원리
⑤ 권력 분립의 원리

17 빈칸 ㉠, ㉡에 들어갈 말을 바르게 연결한 것은?

> 대부분의 현대 국가에서는 (㉠) 민주주의를 실시하고 있다. 이는 국민이 스스로 나라를 다스린다는 (㉡)의 원리를 실현할 수 있는 현실적인 대안이 되고 있다.

	㉠	㉡		㉠	㉡
①	직접	다수결	②	직접	국민 자치
③	직접	권력 분립	④	간접	국민 자치
⑤	간접	권력 분립			

18 다음 사례에 관한 해석으로 옳은 것을 보기 에서 고른 것은?

> 2022년 지방 선거의 투표율은 50.9%로 나타났다. 이 선거에서 가장 투표율이 낮았던 지역의 투표율은 37.7%에 불과하여 현대 민주주의에 대한 우려가 커지고 있다.

보기
ㄱ. 수준 낮은 참여가 증가하였다.
ㄴ. 직접 민주주의의 한계가 발생하였다.
ㄷ. 정치적 무관심 문제가 나타나고 있다.
ㄹ. 선출된 대표가 시민의 의사를 충실히 반영하지 못할 수 있다.

① ㄱ, ㄴ　　　② ㄱ, ㄷ　　　③ ㄴ, ㄷ
④ ㄴ, ㄹ　　　⑤ ㄷ, ㄹ

19 민주주의의 발전을 위한 제도적 방안에 관해 바르게 말한 학생을 보기 에서 고른 것은?

보기
ㄱ. 규빈: 직접 민주주의 요소를 도입해야 합니다.
ㄴ. 지연: 공론장을 제한하여 질서를 유지해야 합니다.
ㄷ. 이슬: 사회적으로 중요한 결정은 전문가가 빠르게 하도록 해야 합니다.
ㄹ. 재홍: 전자 민주주의를 통해 시민이 정치에 참여할 기회를 확대해야 합니다.

① ㄱ, ㄴ　　② ㄱ, ㄹ　　③ ㄴ, ㄷ
④ ㄴ, ㄹ　　⑤ ㄷ, ㄹ

20 (가), (나)에 해당하는 개념을 바르게 연결한 것은?

(가) 필요한 조례를 주민이 제안할 수 있는 제도
(나) 주민 대표로 선출된 공직자를 투표를 통해 해임할 수 있는 제도

	(가)	(나)
①	국민 투표	주민 발안
②	국민 투표	주민 소환
③	주민 발안	국민 투표
④	주민 발안	주민 소환
⑤	주민 소환	국민 투표

21 민주주의의 발전을 위한 시민의 역할로 옳은 것을 보기 에서 고른 것은?

보기
ㄱ. 국민 투표 제도를 운영한다.
ㄴ. 공청회나 주민 설명회를 개최한다.
ㄷ. 정부의 정책 집행 과정을 감시한다.
ㄹ. 관심 분야에 직접 정책을 제안한다.

① ㄱ, ㄴ　　② ㄱ, ㄷ　　③ ㄴ, ㄷ
④ ㄴ, ㄹ　　⑤ ㄷ, ㄹ

22 다음 설명에 해당하는 개념을 쓰시오.

• 정치권력을 획득하고 행사하는 활동
• 사회 구성원 간의 다양한 의견과 이해관계를 조정하여 공동체의 문제를 해결하는 모든 과정

---

23 빈칸 ㉠~㉢에 들어갈 민주주의의 이념을 쓰시오.

(㉠)은/는 민주주의가 추구하는 궁극적인 이념이다. 이를 실현하려면 외부의 간섭을 받지 않고 자기 뜻대로 결정하고 행동할 수 있는 (㉡)과/와 부당하게 차별받지 않고 동등하게 대우받는 (㉢)을/를 보장해야 한다.

㉠ _______　　㉡ _______　　㉢ _______

24 자료를 통해 파악할 수 있는 현대 민주주의의 한계와 문제점을 서술하시오.

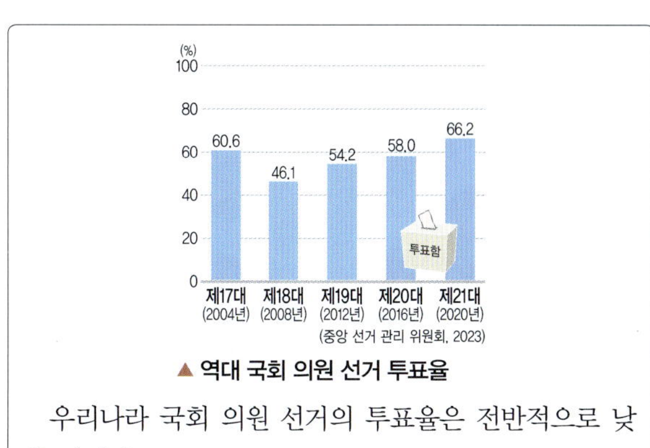

▲ 역대 국회 의원 선거 투표율

우리나라 국회 의원 선거의 투표율은 전반적으로 낮은 편이다.

10

정치 과정과
시민 참여

오늘날 민주주의 사회에서는 시민의 의견을 대변할 수 있는 대표자를 선출한다.

원 1인
투표 하세요

01~02 선거와 정치 참여 / 정치 주체와 정치 과정 (1)

1 선거의 기능과 기본 원칙

1 선거의 의미와 기능

현대 민주주의 사회는 영토가 넓고 인구가 많아 모든 시민이 직접 정치에 참여하는 직접 민주 정치가 어려워서 국민의 대표를 뽑는 선거를 통해 간접 민주 정치가 이루어져.

(1) **선거** 대의제에서 시민을 대신하여 나라의 일을 담당할 대표를 선출하는 과정

(2) **선거의 기능** ─ 선거는 국민이 정치 과정에 참여하는 가장 기본적이고 대표적인 방법이야. 그래서 선거를 '민주주의의 꽃'이라고 표현하기도 해.

① 시민의 뜻에 따라 ❶국정을 담당할 대표를 선출하는 기능

② 민주적 절차에 따라 뽑힌 대표자에게 ❷정당성을 부여하는 기능

③ ❸정치권력을 통제하는 기능 ➡ 대표가 맡은 일을 제대로 수행하지 않을 경우 다음 선거에서 대표를 교체할 수 있음

④ 시민이 정치에 참여할 기회 제공 ─ 시민이 의사를 표현하고 정책을 평가하게 하면서 자연스럽게 정치에 참여할 기회를 제공하지.

2 선거의 기본 원칙

출제 Tip 자료에 나타난 선거의 기본 원칙 또는 자료에서 지켜지지 않은 선거의 기본 원칙을 찾는 문제가 자주 출제

(1) **필요성** 시민의 ❹의사가 선거에 정확하게 반영되려면 선거가 민주적인 절차에 따라 공정하게 이루어져야 함

(2) **민주 선거의 기본 원칙** ─ 성별, 인종, 재산, 학력 등에 관계없이 일정한 나이 이상의 모든 국민에게 선거권을 주어야 한다는 원칙이야.

보통 선거	일정 연령 이상의 시민이라면 누구나 선거권을 가진다는 원칙
평등 선거	모든 유권자가 동등한 가치의 투표권을 행사해야 한다는 원칙
직접 선거	대리인을 거치지 않고 유권자 자신이 직접 투표해야 한다는 원칙
비밀 선거	어느 후보나 정당에 투표했는지 알 수 없도록 비밀을 보장해야 한다는 원칙

2 선거 과정에서 유권자와 정당이 수행하는 활동

1 유권자의 의미와 활동

(1) **유권자** 대표자를 선출할 수 있는 권리를 가진 사람

(2) **유권자의 활동** ─ 후보자의 자질과 능력을 잘 살펴보고 올바른 대표자를 뽑는 것이 유권자의 중요한 역할이야.

① 선거 제도를 이해하고 사회 문제에 관심을 가짐

② 정당의 정책이나 ❼공약 등을 비교하여 투표함

③ 대표의 공약 ❽이행 정도를 감시하고 평가함 ─ 선거 공보, 선거 벽보, 정당 누리집, 후보자들의 정책 토론회 등을 참고할 수 있어.

우리나라의 국가 원수이자 행정부 수반인 대통령을 선출하는 선거는 5년에 한 번씩 치른다.
▲ 대통령 선거

국민의 대표 기관인 국회를 구성하는 국회 의원을 선출하는 선거는 4년마다 실시된다.
▲ 국회 의원 선거

지방 선거에서는 지방 자치 단체장과 지방 의회 의원을, 교육감 선거에서는 시·도 교육청의 장인 교육감을 선출하며, 4년을 주기로 한다.
▲ 지방 선거 및 교육감 선거

자료 1 선거 연령

2019년에 「공직 선거법」이 개정되면서 선거권이 부여되는 연령이 19세에서 18세로 하향되었다. 이때 연령은 선거가 치러지는 날짜를 기준으로 한다. 예를 들어 제22대 국회 의원 선거일인 2024년 4월 10일에 투표할 수 있는 사람은 2006년 4월 11일 이전에 태어난 사람이다.

---

❶ 국정: 나라의 정치
❷ 정당성: 사리에 맞아 바르고 떳떳한 성질
❸ 정치권력: 국가 기관이 정치적 기능을 수행하기 위해 행사하는 힘
❹ 의사: 무엇을 하고자 하는 생각
❺ 선거인 명부: 선거권자 수를 결정하고 부정 투표를 막고자 미리 선거권자를 적는 장부
❻ 기표소: 투표용지에 써 넣거나 표시할 수 있도록 투표장 안에 마련한 곳
❼ 공약: 선거에서 후보자가 유권자에게 제시하는 공적인 약속
❽ 이행: 하기로 한 일을 실제로 하는 것

2 정당의 의미와 활동

(1) **정당** 정치적 ❶견해를 같이하는 사람들이 정치권력을 얻기 위해 조직한 단체

(2) 정당의 활동

① 시민들의 요구를 반영한 정책과 공약 ❷수립

② 후보자를 ❸공천하고 선거에서 대표자로 당선될 수 있도록 지원

③ 유권자에게 소속 후보자에 관한 정보 제공 및 투표 참여 ❹독려

▲ 검증 과정을 거쳐 적합한 후보자 추천

▲ 시민의 요구와 의사를 반영한 선거 공약 제시
  └ 정책 설명회, 토론회, 공청회 등에서 정당의 이념이나 정책 내용을 알리는 활동을 해.

3 다양한 정치 주체
정치 주체란 자신의 이익이나 가치에 따라 다양한 의견과 요구를 표출하고 공동체의 의사 결정에 영향력을 행사하는 개인이나 집단을 말해.

정치 주체	역할
시민 (자료 2)	• 선거, ❺국민 투표 등을 통해 정치적 영향력 행사 • 행정 기관에 ❻청원이나 민원 제출 • 정당, 시민 단체, 이익 집단 등에 가입하여 활동 • 언론을 통해 자신의 생각 표출
국가 기관 (자료 3)	• 헌법에 따라 공식적으로 정책을 결정하고 집행하는 정치 주체 • 국회: 국민의 의견을 반영하여 법률을 제정·개정 및 폐지 • 정부: 법률을 기반으로 정책을 수립하고 집행 • 법원: 재판을 통해 법률이나 정책과 관련한 분쟁 해결 ┌ 법원의 판결은 기존의 정책을 평가하여 새로운 정책을 수립하는 데 영향을 미치기도 해.
정당	• 국민의 요구를 모아 ❼여론 형성 • 국회, 정부에 여론을 전달하여 정책에 반영시키기 위해 노력 • 정부의 정책을 평가하고 대안을 제시
언론	• 여러 매체를 통해 정치 과정 전반에 관한 정보를 제공 • 정책에 대한 해설, 비판을 제시하여 여론 형성 • 시민이 올바른 시각을 가지고 정책을 판단할 수 있도록 공정하고 객관적으로 보도해야 함
시민 단체 (자료 4)	• 의미: 공익 실현을 위해 시민들이 자발적으로 만든 단체 • 시민의 정치 참여를 유도하고 여론을 형성 • 국가 기관이 제대로 활동하는지 감시·비판 • 사회 문제를 해결하기 위한 대안 제시 ┌ 환경 문제, 노동 문제, 인권 문제 등을 예로 들 수 있어.
이익 집단	• 의미: 이해관계를 같이하는 사람들이 국회나 정부에 압력을 행사하여 자신들의 특수한 이익을 실현하고자 결성한 단체 • 구성원의 요구를 모아 정책 결정에 반영하기 위해 노력 • 전문성을 바탕으로 정책을 평가하거나 대안을 제시하여 정책 결정에 도움을 줌 • 집단의 이익을 추구하는 과정에서 공익과 충돌하기도 함

❶ 견해: 어떤 사물이나 현상에 대한 자기의 의견이나 생각
❷ 수립: 국가나 정부, 제도, 계획 등을 세움
❸ 공천: 대통령 선거나 국회 의원 선거 등에서 정당이 후보자를 추천하는 일
❹ 독려: 감독하며 격려함
❺ 국민 투표: 헌법 개정안이나 국가의 중요한 일 등을 국민의 표결에 부쳐 최종적으로 결정하는 제도
❻ 청원: 국민이 국가 기관 또는 지방 의회 등에 의견이나 희망을 요청하는 것
❼ 여론: 특정 사회 문제나 사회적 쟁점에 대한 사회 구성원 다수의 공통된 의견

시민은 가장 기본적이고 중요한 정치 주체이다. 선거나 투표로 정치적인 영향력을 행사하고, 언론이나 사회 관계망 서비스(SNS)에 자신의 의견을 표현한다. 또한 서명 운동이나 집회에 참여하기도 한다.

자료 3 정치에 참여하는 대표적인 국가 기관

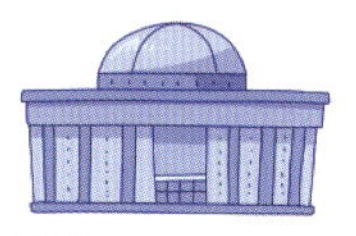

▲ 국회

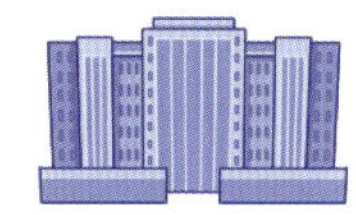
▲ 정부

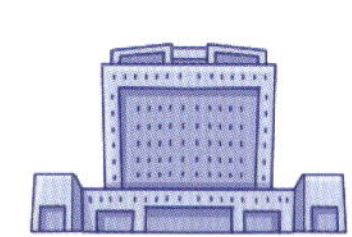
▲ 법원

국회, 정부, 법원은 국가 기관으로서 정책을 결정하고 집행하는 과정에서 핵심적인 역할을 한다. 국회는 시민의 다양한 요구를 반영하여 정책 수행에 필요한 법을 만들거나 고친다. 정부는 국회가 만든 법을 토대로 구체적인 정책을 수립하고 집행한다. 법원은 정책 집행 과정에서 시민의 권리가 침해되었는지 판단한다.

자료 4 시민 단체와 이익 집단의 비교

구분	시민 단체	이익 집단
공통점	정치적 영향력 행사	
목적	공익 실현	자기 집단의 이익 실현
관심 분야	사회 모든 분야	자기 집단의 이익 관련 분야

01 다음 글에서 잘못된 부분을 찾아 바르게 고치시오.

> 선거는 직접 민주제에서 시민을 대신하여 나라의 일을 담당할 대표를 선출하는 과정이다.

02 빈칸에 알맞은 말을 쓰시오.

(1) 모든 유권자가 동등한 가치의 투표권을 행사해야 한다는 원칙은 (　　　)의 원칙이다.

(2) 대리인을 거치지 않고 유권자 자신이 직접 투표해야 한다는 원칙은 (　　　)의 원칙이다.

(3) 일정 연령 이상의 시민이라면 누구나 선거권을 가져야 한다는 원칙은 (　　　)의 원칙이다.

(4) 누구에게 투표했는지 알 수 없도록 비밀을 보장해야 한다는 원칙은 (　　　)의 원칙이다.

03 대표를 선출할 수 있는 권리를 가진 사람을 뜻하는 말은?

04 다음 설명이 맞으면 ○표, 틀리면 ×표 하시오.

(1) 시민은 선거, 국민 투표 등을 통해 정치적 영향력을 행사한다. (　　)

(2) 정당은 국민의 요구를 모아 여론을 형성하고 이를 정책에 반영시키기 위해 노력한다. (　　)

(3) 언론은 정책에 대한 해설과 비판을 제시하여 여론을 형성한다. (　　)

(4) 이익 집단은 공익을 실현하기 위해 시민들이 자발적으로 결성한 단체이다. (　　)

05 정치적 견해를 같이하는 사람들이 정치권력을 얻기 위해 조직한 단체는?

01 선거에 관한 설명으로 옳지 **않은** 것은?

하

① 대표를 선출하는 과정이다.
② 선거를 통해 시민의 주권을 대표자에게 넘긴다.
③ 시민들은 선거를 통해 정치적 의사를 표현한다.
④ 시민들은 선거를 통해 국가의 주인이라는 인식을 확립한다.
⑤ 시민이 정치에 참여하는 가장 기본적이고 대표적인 방법이다.

02 선거의 기능에 관한 설명으로 옳은 것을 보기 에서 모두 고른 것은?

중

> **보기**
> ㄱ. 대표를 선출한다.
> ㄴ. 대표에게 정당성을 부여한다.
> ㄷ. 직접 민주주의를 유지하는 기능을 한다.
> ㄹ. 시민에게 정치에 참여할 기회를 제공한다.

① ㄱ, ㄴ　　　② ㄱ, ㄷ　　　③ ㄷ, ㄹ
④ ㄱ, ㄴ, ㄹ　　　⑤ ㄴ, ㄷ, ㄹ

03 우리나라에서 실시되고 있는 선거에 관한 설명으로 옳은 것은?

상

① 대통령 선거는 4년을 주기로 실시된다.
② 국회 의원 선거는 5년을 주기로 실시된다.
③ 지방 선거에서는 지역구 국회 의원을 선출한다.
④ 지방 선거 및 교육감 선거는 4년을 주기로 실시된다.
⑤ 교육감 선거에서는 시·도 교육청의 장인 지방 자치 단체장을 선출한다.

중요 ✦
04 자료를 통해 알 수 있는 선거의 기본 원칙으로 옳은 것은?

① 보통 선거
② 평등 선거
③ 직접 선거
④ 비밀 선거
⑤ 대리 선거

같은 주제 · 다른 문제

04-1 다음 글에서 설명하고 있는 선거의 기본 원칙으로 옳은 것은?

> 일정한 연령에 이른 시민이라면 성별, 종교, 인종, 재산, 신분 등 어떠한 조건에 따른 제한 없이 모두 선거권을 가진다는 원칙이다.

① 제한 선거
② 대리 선거
③ 보통 선거
④ 직접 선거
⑤ 평등 선거

05 다음 A국에서 지켜지지 <u>않은</u> 선거의 기본 원칙은?

> 사전 투표 제도를 시행하고 있는 A국은 투표자가 투표를 했는지 확인하기 위해 사전 투표용지에 투표자의 이름을 적도록 하고 있다.

① 대리 선거
② 직접 선거
③ 보통 선거
④ 비밀 선거
⑤ 제한 선거

06 빈칸 ㉠, ㉡에 들어갈 말을 바르게 연결한 것은?

> • (㉠)는 선거에 참여할 권리를 가진 사람을 의미한다.
> • 우리나라에서는 (㉡) 이상의 시민이라면 누구나 (㉠)가 된다.

	㉠	㉡
①	대표자	18세
②	대표자	19세
③	유권자	18세
④	유권자	19세
⑤	유권자	20세

07 다음 신문 기사와 관련 있는 유권자의 활동으로 가장 적절한 것은?

> ○○구는 선출된 대표자의 공약이 잘 지켜지는지를 평가하기 위해 '○○ 주민 공약 평가단'을 위촉하였다. 이는 공약 이행 과정에도 주민들이 참여할 수 있는 창구를 마련하여 공약 이행 현황을 확인하고 실천 계획 등을 평가하기 위함이다.

① 선거 제도를 이해하고 투표한다.
② 사회의 여러 문제들에 대해 관심을 가진다.
③ 표출된 여러 이익을 모아 정책을 결정한다.
④ 정당의 정책이나 공약을 비교하여 투표한다.
⑤ 대표의 공약 이행 정도를 감시하고 평가한다.

08 선거 과정에서 정당이 수행하는 활동으로 옳은 것을 보기 에서 고른 것은?

> **보기**
> ㄱ. 선거에 후보자를 공천한다.
> ㄴ. 공식적으로 정책을 결정하고 집행한다.
> ㄷ. 시민들의 요구를 반영한 공약을 수립한다.
> ㄹ. 재판을 통해 사회의 여러 분쟁을 해결한다.

① ㄱ, ㄴ
② ㄱ, ㄷ
③ ㄴ, ㄷ
④ ㄴ, ㄹ
⑤ ㄷ, ㄹ

09 학생이 설명하고 있는 정치 주체로 옳은 것은?

① 정당
② 언론
③ 시민 단체
④ 이익 집단
⑤ 국가 기관

같은 주제 다른 문제

09-1 그림과 같은 정치 주체의 역할로 옳은 것은?

① 적합한 후보자를 공천한다.
② 공정하고 객관적으로 보도한다.
③ 공정한 재판을 통해 분쟁을 해결한다.
④ 시민의 의견을 반영한 법률을 제정한다.
⑤ 정치권력을 획득하여 정치적 목적을 실현한다.

10 빈칸 ㉠에 해당하는 정치 주체로 옳은 것은?

(㉠)은/는 국회 의원 선거에서 승리하기 위해 공약 개발에 나섰다. (㉠)은/는 유권자의 표를 얻으려면 현실적인 공약을 책임감 있게 개발해야 한다고 강조하였다.

① 언론
② 시민
③ 정당
④ 이익 집단
⑤ 시민 단체

11 그림과 같은 역할을 수행하는 정치 주체에 관한 설명으로 옳은 것을 **보기** 에서 고른 것은?

보기

ㄱ. 헌법에 규정된 공식적 정치 주체이다.
ㄴ. 정책의 결정과 집행에 영향력을 행사한다.
ㄷ. 전문성을 바탕으로 정책 결정에 도움을 준다.
ㄹ. 공익을 실현하기 위해 시민들이 자발적으로 만든 단체이다.

① ㄱ, ㄴ
② ㄱ, ㄷ
③ ㄴ, ㄷ
④ ㄴ, ㄹ
⑤ ㄷ, ㄹ

12 정치 주체로서 국가 기관에 관한 설명으로 옳지 <u>않은</u> 것은?

① 정책 결정·집행 과정에서 핵심적인 역할을 한다.
② 정부는 법률을 바탕으로 구체적인 정책을 만들고 집행한다.
③ 법원은 재판을 통해 정책 집행 과정에서 발생한 갈등과 문제를 해결한다.
④ 국회는 헌법을 제정하고 대통령 등 고위 공무원에 대한 탄핵을 심판한다.
⑤ 법원의 판결은 기존의 정책을 평가하여 새로운 정책을 수립하는 데 영향을 미치기도 한다.

13 밑줄 친 ㉠~㉤의 내용 중 옳지 <u>않은</u> 것은?

시민은 ㉠ 다양한 방법을 통해 정치 과정에 참여한다. ㉡ 직접 민주제에서 가장 중요한 정치 참여 방법인 선거를 통해 정치적 영향력을 행사하거나 행정 기관에 ㉢ 청원이나 민원을 제출하기도 한다. 또한 ㉣ 정당에 가입하여 활동하거나 ㉤ 언론을 통해 자신의 생각을 표현하기도 한다.

① ㉠
② ㉡
③ ㉢
④ ㉣
⑤ ㉤

01 다음 글과 관련 있는 선거의 기능을 서술하시오.

> 지난 국회 의원 선거에서 당선된 대표 A는 공약으로 내건 정책을 실행하지 않았다. 그뿐만 아니라 유권자들의 의사와 다른 정치적 행보를 보여 이번 22대 국회 의원 선거에서 재선에 실패하였다.

02 빈칸 ㉠, ㉡에 들어갈 정치 주체를 쓰시오.

> (㉠)과/와 (㉡)은/는 모두 헌법에 규정된 공식적 정치 주체이다. (㉠)은/는 법률을 제정하거나 개정하는 역할을 하고, (㉡)은/는 법률을 기반으로 정책을 수립하고 집행하는 역할을 한다.

㉠ ___________________   ㉡ ___________________

03 선거의 기본 원칙 중 대화의 밑줄 친 '이 원칙'이 무엇인지 쓰고, 그 의미를 서술하시오.

04 그림을 보고 물음에 답하시오.

(가)   (나)

⑴ (가), (나)에 해당하는 정치 주체를 쓰시오.

(가) ___________________   (나) ___________________

⑵ 정치 주체 (가), (나)의 차이점을 '목적' 측면에서 서술하시오.

05 선거 과정에서 정당이 수행하는 역할 중 제시된 자료와 관련 있는 역할을 한 가지 서술하시오.

> A 정당은 공직 선거 후보자 추천 관리 위원회를 구성하여 철저한 심사와 검증 과정을 거쳐 지방 선거 후보자를 확정하였다.

02 정치 주체와 정치 과정 (2)
~ 03 지방 자치와 시민 참여

정치 과정, 지방 자치, 지방 자치 단체, 지방 의회, 지방 자치 단체장, 시민 참여

1 민주 사회의 정치 과정

1 정치 과정의 의미와 필요성

(1) **정치 과정**   다양하게 표출된 이익을 ❶집약하여 ❷정책으로 결정하고 집행하는 과정

(2) **필요성**

① ❸다원화된 현대 사회에서는 개인이나 집단의 의견이 서로 대립하고 충돌하기도 함

② 갈등이 해결되지 못할 경우 사회 혼란이 발생할 수 있음

2 정치 과정의 단계

출제tip 정치 과정의 단계를 순서에 맞게 나열하는 문제가 자주 출제

자료 1 (1) **정치 과정의 단계와 주체**   정치 과정을 통해 시민은 자신의 의견을 정책에 반영하고, 정책 결정 및 진행 과정이 타당한지 정치권력을 견제하고 감시하면서 민주주의를 발전시켜 나가.

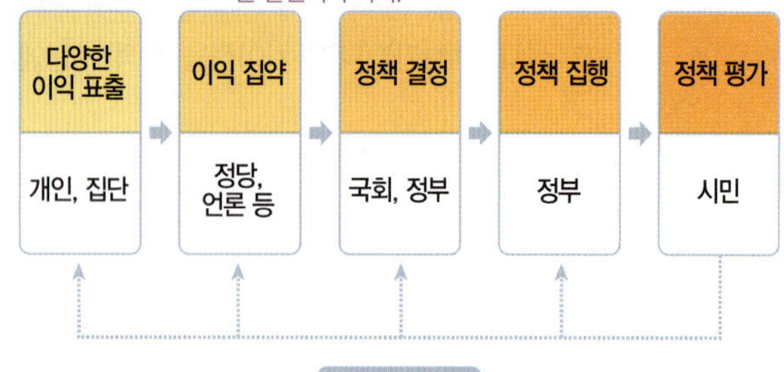

(2) **정치 과정의 단계별 특성**

① 개인이나 집단이 다양한 요구와 이익을 자유롭게 ❹표출함

② 정당과 언론 등이 표출된 이익을 모아 여론을 형성하고 대안을 제시하기도 함

③ 국회, 정부가 시민의 다양한 요구를 바탕으로 정책을 결정하여 집행함

④ 정책 집행 과정에서 시민의 평가를 받아 수정되거나 보완되는 등 ❺환류가 이루어짐

2 민주주의와 지방 자치

1 지방 자치의 의미와 중요성

(1) **지방 자치**   일정한 지역에 살고 있는 주민들이 지방 자치 단체를 구성하여 그 지역의 일을 자율적으로 처리하는 제도 — 우리나라에서는 지역 주민이 지방 자치 단체를 구성하여 자기 지역의 일을 자율적으로 처리할 수 있도록 지방 자치 제도를 시행하고 있어.

(2) **중요성**

① 주민 생활과 밀접한 지역 문제는 그 지역의 상황을 잘 알고 있는 주민들이 지방 자치를 통해 해결하는 것이 바람직함

② 국가 권력이 중앙 정부에 집중되는 것을 막아 ❻중앙 정부와 ❼지방 정부 간의 권력 분립을 실현함

③ 지역의 문제를 해결하는 과정에서 민주주의를 직접 체험하고 정치 참여의 기회를 제공함   주민이 스스로 지역을 다스리며 참여를 통해 민주주의를 배우고 실천한다는 점에서 지방 자치를 '민주주의의 학교', '풀뿌리 민주주의'라고도 해.

(3) ❽**전제 조건**   주민들이 지역의 일에 관심을 가지고 적극적으로 참여해야 함 — 주민들이 주인 의식을 바탕으로 책임감을 가지고 지역의 일에 참여해야 해.

자료 1 '소비 기한 표시제'를 통해 본 정치 과정

환경 단체에서는 소비 기한 표시제 도입을 주장하였고, 유제품 생산업계에서는 제도 시행이 소비자 안전에 위협이 된다고 밝혔다.

○○ 신문은 설문 조사에서 소비 기한 표시제 도입에 찬성한 사람이 67.2%라고 보도하였다.

「식품 등의 표시·광고에 관한 법률」 개정안이 국회 본회의를 통과하였다.

정부는 결정된 정책을 현실에 맞는 다양한 방법을 통해 구체적으로 실행하였다.

정책 집행 과정에서 발생한 문제들을 해결하기 위한 개선 방안이 논의되고 있다.

개인이나 집단이 다양한 가치와 이익을 표출하면 언론과 정당은 이를 집약한다. 국회와 정부는 집약된 이익을 바탕으로 정책을 수립하고 결정하며, 정부는 결정된 정책을 집행한다. 국민은 이를 평가하고 수정을 요구하기도 하는데, 그 평가는 다시 정치 과정에 반영된다.

---

❶ 집약: 한데 모아서 요약하는 것
❷ 정책: 공익을 이룰 목적으로 정부나 공공 기관에서 수행하는 활동 방향 또는 계획
❸ 다원화: 사회 구성원들의 가치관, 이해관계 등이 다양해지는 현상
❹ 표출: 겉으로 나타냄

❺ 환류: 방향을 바꾸어 되돌아 흐르는 것, 어떤 현상이 원래의 상태로 돌아가는 것
❻ 중앙 정부: 나라 전체의 살림을 맡아 하는 정부
❼ 지방 정부: 한 지역의 살림을 맡아 하는 정부
❽ 전제: 어떤 사물이나 현상을 이루기 위해 먼저 내세우는 것

2 우리나라 지방 자치 단체의 구성과 역할

자료 2 (1) **구성** ❶의결 기관인 지방 의회와 집행 기관인 지방 자치 단체장으로 구성되며, 지방 의회 의원과 지방 자치 단체장을 지역 주민이 지방 선거를 통해 직접 선출함

(2) **역할**

지방 의회	지방 자치 단체장
• 지역 정책 결정 • ❷법률과 ❸명령의 범위 안에서 ❹조례 제정·개정 및 폐지 • 지역 예산안 심의·확정 • 지방 자치 단체의 행정 사무 감시	• 지방 의회의 의결 사항 실행 • 법률과 명령, 조례의 범위 안에서 ❺규칙 제정 • 지방의 각종 행정 사무 처리 • 지역 재산을 관리하고 예산 집행

의결 기관이야. / 집행 기관이야. / 주민의 의견을 반영해야 해.

3 지역 사회의 문제 해결을 위한 시민 참여

자료 3 ## 1 시민 참여 방법

(1) **공청회** 문제 해결을 위해 마련한 정책이나 대안을 공개적으로 설명하고, 그와 관련된 사람들의 다양한 의견을 들음

(2) **지방 선거** 지역의 일을 담당할 주민의 대표를 선출 ─ 지방 의회 의원과 지방 자치 단체장을 선출해.

(3) **주민 투표** 지역의 중요 사안이나 정책에 관해 직접 의사 표시

(4) **주민 청원** 지역 행정에 관한 요구 사항을 지방 자치 단체에 문서로 직접 제출

(5) **주민 조례 ❻발안 제도** 지방 의회에 조례를 제정하거나 개정 또는 폐지할 것을 청구

(6) **주민 참여 예산제** 지방 자치 단체의 예산 편성 과정에 참여 ─ 예산 편성의 투명성과 민주성, 공정성을 높일 수 있어.

(7) **주민 소환제** 선출된 공직자가 직무를 잘 수행하지 못할 때 주민들의 투표를 통해 지역의 공직자를 해임 ─ 지방 자치 단체장과 지방 의회 의원(비례 대표 지방 의회 의원은 제외) 및 교육감이 해당돼.

(8) **주민 ❼감사 청구제** 지방 자치 단체의 업무와 관련하여 감사를 청구

▲ 공청회

▲ 주민 청원

2 시민 참여의 의의와 노력

(1) **의의** 지역 사회의 문제를 해결하기 위해 시민이 자발적으로 참여할 때 지방 자치가 성공적으로 실현될 수 있음

(2) **노력** 시민은 지역 사회에 관한 관심과 공동체 의식을 가지고 더 나은 지역 사회를 만들기 위해 노력해야 함

자료 2 우리나라 지방 자치 단체의 구성

지방 자치 단체
├─ 광역 자치 단체 — 특별시, 광역시, 특별자치시, 도, 특별자치도
│   ├─ 의결 기관 — 시·도 의회 — 선거
│   └─ 집행 기관 — 시장·도지사 — 선거
└─ 기초 자치 단체 — 시, 군, 구
    ├─ 의결 기관 — 시·군·구 의회 — 선거
    └─ 집행 기관 — 시장, 군수, 구청장 — 선거
→ 지역 주민

우리나라는 지방 자치 단체를 광역 자치 단체와 기초 자치 단체로 구분하고 있다. 광역 자치 단체로는 특별시, 광역시 및 도가 있으며 기초 자치 단체로는 시·군·구(특별시 및 광역시의 구)가 있다.

자료 3 지역 문제 해결을 위한 시민 참여 사례

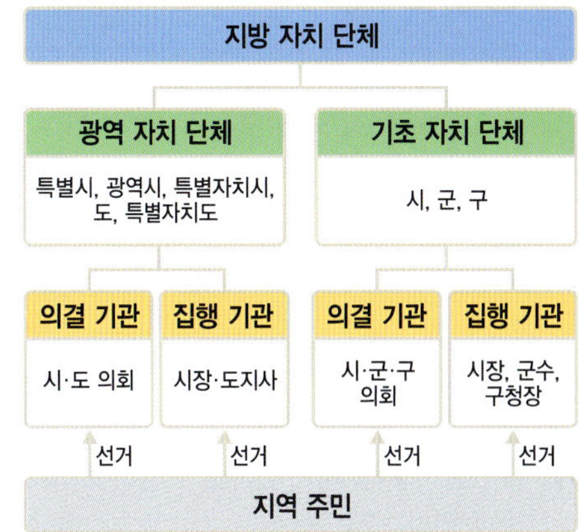

인천광역시 부평구는 '주민 참여형 생태 놀이터 사업'을 추진하고 있다. 놀이터의 설계뿐만 아니라 시공까지 모든 과정에 어린이들을 포함한 지역 주민과 전문가가 참여한다.

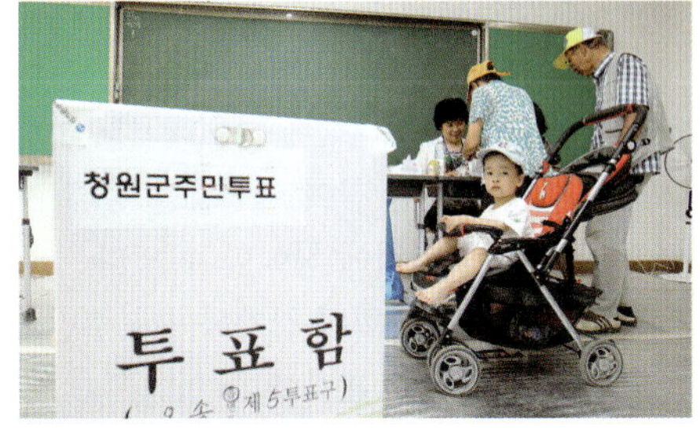

과거에 청주시, 청원군 두 행정 구역의 통합을 두고 주민 투표가 이루어졌다. 투표율 36.8%, 찬성률 79.0%로 두 지역의 통합이 이루어질 수 있었다.

용어 풀이

❶ 의결: 의논하여 결정함
❷ 법률: 국회에서 법률이라는 형식으로 제정한 규범
❸ 명령: 국회의 의결을 거치지 않고 행정 기관에 의해 제정되는 국가의 법령
❹ 조례: 지방 자치 단체의 사무에 관련된 법으로, 지방 의회의 의결을 거쳐 제정됨
❺ 규칙: 법령과 조례의 범위 내에서 조례를 시행하기 위한 구체적인 사무에 관하여 제정한 법
❻ 발안: 토의에 부칠 안건을 내어놓음
❼ 감사: 감독하고 검사함

01 다음은 정치 과정의 단계를 나열한 것이다. 빈칸 ㉠에 들어갈 단계를 쓰시오.

> 다양한 이익 표출 ➡ (㉠) ➡ 정책 결정 ➡ 정책 집행 ➡ 정책 평가

02 주민들이 지방 자치 단체를 구성하여 그 지역의 일을 자율적으로 처리하는 제도는?

03 다음 설명이 지방 의회의 역할에 해당하면 '의', 지방 자치 단체장의 역할에 해당하면 '단'이라고 쓰시오.

(1) 지역의 예산안을 심의·확정한다. ( )
(2) 법령과 조례의 범위 안에서 규칙을 제정한다. ( )
(3) 지역의 정책을 결정한다. ( )
(4) 지역의 재산을 관리하고 예산을 집행한다. ( )

04 다음 설명이 맞으면 ○표, 틀리면 ×표 하시오.

(1) 우리나라의 지방 의회는 집행 기관이다. ( )
(2) 지방 자치는 주민의 자발적인 참여를 바탕으로 한다는 점에서 풀뿌리 민주주의라고도 불린다. ( )
(3) 시민은 주민 참여 예산제를 통해 지방 자치 단체의 예산 편성 과정에 참여할 수 있다. ( )
(4) 시민은 공청회에 참가하거나 주민 투표에 참여하여 자신의 의사를 표시할 수 있다. ( )

05 지방 의회에 조례를 제정하거나 개정 또는 폐지할 것을 청구하는 제도는?

01 빈칸 ㉠에 들어갈 용어로 옳은 것은?

> 수업 주제: (㉠)
> • 의미: 다양하게 표출된 이익을 집약하여 정책으로 결정하고 집행하는 과정

① 입법 ② 사법
③ 행정 ④ 정치 과정
⑤ 정치 통합

02 다음 글에서 설명하는 현대 사회에서 정치 과정이 필요한 이유로 가장 적절한 것은?

> 현대 사회는 각기 다른 사람들이 모여 사는 다원화된 사회이다. 다양한 사람들은 서로 다른 생각과 이해관계를 지니고 있으며 이와 같은 공동체에서는 갈등이 생길 수밖에 없다.

① 사람들을 획일화시켜 강제적 사회 통합을 이루기 위해
② 정치 과정을 통해 다양한 이익이 표출되는 것을 막기 위해
③ 시민이 직접 정치에 참여하는 직접 민주주의를 시행하기 위해
④ 공식적 정책 결정 주체만 정치 과정에 영향력을 행사하도록 하기 위해
⑤ 다양한 가치와 이익을 조정하여 갈등으로 인한 사회 혼란을 막기 위해

03 정치 과정의 단계 중 다음 설명에 해당하는 단계로 옳은 것은?

> 정당과 언론 등이 표출된 이익을 모아 여론을 형성하고 대안을 제시하기도 하는 단계이다.

① 환류 ② 이익 표출
③ 이익 집약 ④ 정책 집행
⑤ 정책 결정

중요

04 정치 과정의 단계 중 다음 사례와 같은 활동이 나타나는 단계로 옳은 것은?

> ○○당 소속 위원들과 환경 운동 시민 단체는 국회 앞에서 일회용품 사용 규제 강화와 친환경 시장의 확대를 위한 기자 회견을 실시하였다. 이날 모인 ○○당 소속 위원과 시민 단체, 전국▲▲친환경 제품 협동조합은 환경부에 구체적인 친환경 정책 확대를 촉구하였다.

① 정책 평가   ② 이익 집약
③ 이익 표출   ④ 정책 집행
⑤ 정책 결정

 **같은 주제** **다른 문제**

04-1 정치 과정의 단계 중 다음 설명에 해당하는 단계로 옳은 것은?

> 정치 과정에서 개인이나 집단이 요구 사항을 자유롭게 표현하는 것을 말한다.

① 이익 표출   ② 이익 집약
③ 정책 집행   ④ 정책 결정
⑤ 정책 평가

[05-06] 자료를 보고 물음에 답하시오.

(가) 정책 결정	(나) 정책 평가
(다) 이익 표출	(라) 정책 집행
(마) 이익 집약	

05 (가)~(마)의 정치 과정 단계를 순서에 맞게 나열한 것은?

① (가) – (나) – (라) – (마) – (다)
② (가) – (라) – (다) – (나) – (마)
③ (나) – (가) – (라) – (다) – (마)
④ (나) – (다) – (라) – (마) – (가)
⑤ (다) – (마) – (가) – (라) – (나)

06 (가)~(마)의 각 단계별로 영향력을 행사하는 정치 주체가 바르게 연결되지 <u>않은</u> 것은?

① (가): 국회, 정부
② (나): 시민
③ (다): 개인, 집단
④ (라): 법원
⑤ (마): 정당, 언론

07 우리나라의 지방 자치에 관한 설명으로 옳지 <u>않은</u> 것은?

① 지방 의회는 의결 기관이다.
② 지방 자치 단체장은 집행 기관이다.
③ 광역 자치 단체와 기초 자치 단체로 구분된다.
④ 지방 자치 단체장은 지방 의회가 결정한 정책을 집행한다.
⑤ 지방 의회 의원은 국회 의원 선거를, 지방 자치 단체장은 지방 선거를 통해 선출된다.

08 밑줄 친 ㉠, ㉡의 사례를 바르게 연결한 것은?

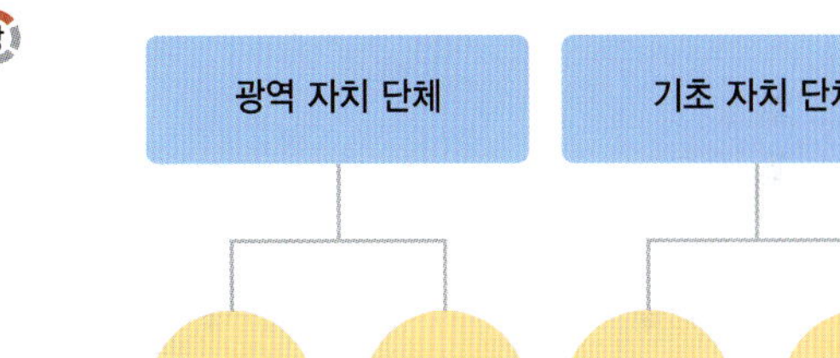

	㉠	㉡
①	◇◇군수	■■도 의회
②	■■도지사	○○특별시장
③	◇◇구청장	○○특별시 의회
④	○○특별시장	▲▲시 의회
⑤	○○특별시 의회	◇◇군수

09 지방 의회의 역할에 관한 설명으로 옳은 것을  에서 고른 것은?

> **보기**
> ㄱ. 지역 정책을 결정한다.
> ㄴ. 지역의 예산안을 심의하고 확정한다.
> ㄷ. 법령과 조례의 범위 안에서 규칙을 제정한다.
> ㄹ. 지역 내 법적 분쟁이 발생했을 때 재판을 통해 해결한다.

① ㄱ, ㄴ   ② ㄱ, ㄷ   ③ ㄴ, ㄷ
④ ㄴ, ㄹ   ⑤ ㄷ, ㄹ

10 지방 자치의 중요성에 관해 옳지 <u>않은</u> 설명을 한 사람은?

> 아름: 국가 권력이 중앙 정부에 집중되는 것을 막아 권력 분립을 실현할 수 있어.
> 승현: 복잡하고 다양한 현대 사회에서 지역 주민의 정치적 무관심이 허용될 수 있어.
> 영일: 지역 문제는 그 지역에 대해 잘 알고 있는 주민들이 지방 자치를 통해 해결해야 해.
> 향기: 지역 주민이 스스로 지역의 문제를 해결하는 과정에서 민주주의를 직접 체험할 수 있어.
> 흥민: 주민이 지역의 일에 적극적으로 참여할 때 지역 대표도 역할을 올바르게 수행할 수 있어.

① 아름　　　　② 승현　　　　③ 영일
④ 향기　　　　⑤ 흥민

11 빈칸 ㉠에 들어갈 말로 옳은 것은?

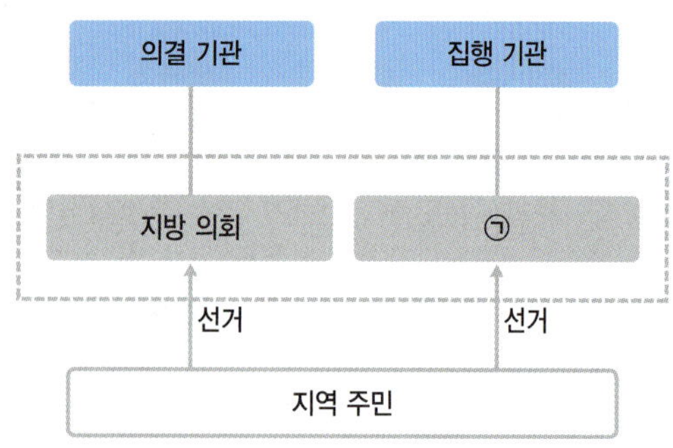

① 교육감　　　　② 광역 의회
③ 기초 의회　　　　④ 국회 의원
⑤ 지방 자치 단체장

12 지역 사회의 문제를 해결하기 위한 시민의 바람직한 자세로 옳지 <u>않은</u> 것은?

① 지역 사회에 관한 관심과 공동체 의식을 가진다.
② 지역 사회의 문제를 해결하기 위해 자발적으로 참여한다.
③ 지방 선거에 참여하여 지역의 일을 담당할 주민의 대표를 선출한다.
④ 다양한 시민 참여 방법을 통해 지역 사회의 문제를 해결하고자 노력한다.
⑤ 다양한 이익 표출로 인한 혼란을 막기 위해 지역의 사안에 관한 의사 표시를 하지 않는다.

13 지역 사회의 문제를 해결하는 방법에 관한 설명으로 옳지 <u>않은</u> 것은?

① 주민 투표에서 지역구 국회 의원을 선출한다.
② 지방 자치 단체에 민원 또는 청원을 제기한다.
③ 주민 설명회에 참가하여 지역 사회와 관련된 의견을 제시한다.
④ 주민 참여 예산제를 통해 지방 자치 단체의 예산 편성 과정에 참여한다.
⑤ 주민 감사 청구제를 통해 지방 자치 단체의 업무와 관련한 감사를 청구한다.

같은 주제 다른 문제

13-1 다음 내용과 관련 있는 지역 사회의 문제를 해결하는 방법으로 옳은 것은?

> ○○시에서는 도시 재생 활성화를 위해 공식 석상을 마련하여 지역 주민과 전문가를 모아 도시 재생 활성화 계획을 설명하고 다양한 의견을 들었다.

① 공청회　　　　② 주민 청원
③ 지방 선거　　　　④ 주민 투표
⑤ 주민 조례 발안

14 (가), (나)에 해당하는 제도를 바르게 연결한 것은?

> (가) 지방 의회 의원이나 지방 자치 단체장이 직무를 잘 수행하지 못할 때 주민들의 투표를 통해 지역의 공직자를 해임할 수 있도록 하는 제도이다.
> (나) 지방 의회에 조례를 제정하거나 개정 또는 폐지할 것을 청구할 수 있는 제도이다.

	(가)	(나)
①	주민 소환제	주민 감사 청구제
②	주민 소환제	주민 조례 발안 제도
③	주민 감사 청구제	주민 소환제
④	주민 감사 청구제	주민 참여 예산제
⑤	주민 참여 예산제	주민 조례 발안 제도

▶ 정답 및 해설 19쪽

01 빈칸 ㉠에 들어갈 알맞은 말을 쓰시오.

> (　㉠　)은/는 다양하게 표출된 이익을 집약하여 정책으로 결정하고 집행하는 과정을 의미하는데, 이 과정을 통해 다원화된 사회에서 나타날 수 있는 개인과 집단의 다양한 갈등이 해결되고 사회 통합을 이룰 수 있다.

02 빈칸 ㉠의 단계를 쓰고, 이 단계에서 나타나는 정치 모습을 정치 주체를 포함하여 구체적으로 서술하시오.

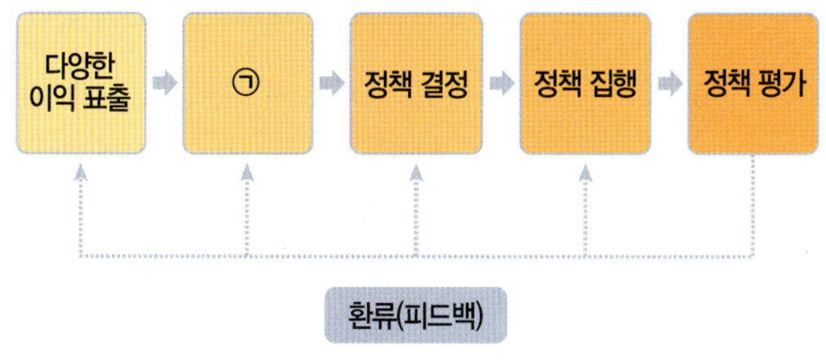

03 밑줄 친 ㉠의 사례를 두 가지 서술하시오.

> 시민은 ㉠ 다양한 방법으로 지역 사회의 문제를 해결하고자 노력한다.

04 그림은 지방 선거를 나타낸 것이다. 빈칸 ㉠에 들어갈 말을 쓰고, 그 역할을 두 가지 서술하시오.

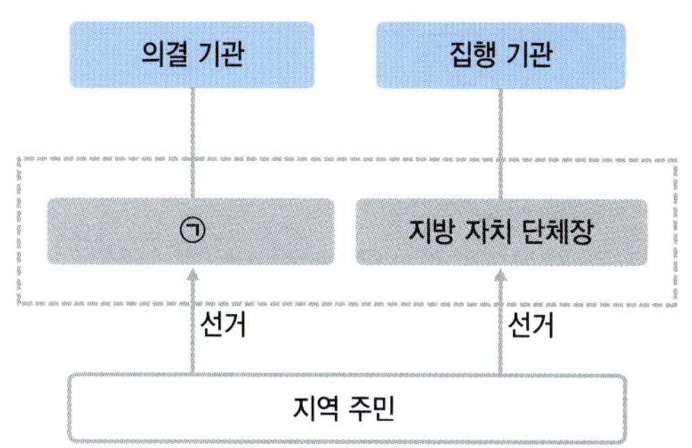

05 자료를 보고 물음에 답하시오.

> (　㉠　)은/는 일정한 지역에 살고 있는 주민들이 지방 자치 단체를 구성하여 그 지역의 일을 자율적으로 처리하는 제도이다. 이를 통해 국가 권력이 중앙 정부에
> _________(가)_________

(1) 빈칸 ㉠에 들어갈 알맞은 말을 쓰시오.

(2) 밑줄 친 (가)에 들어갈 내용을 서술하시오.

01 선거와 정치 참여

1 선거의 기능과 기본 원칙

(1) 선거의 의미와 기능

의미	대의제에서 시민을 대신하여 나라의 일을 담당할 (❶　　　　) 을/를 선출하는 과정
기능	• 시민의 뜻에 따라 국정을 담당할 대표 선출 • 민주적 절차에 따라 뽑힌 대표자에게 (❷　　　　) 부여 • 정치권력 통제 ➡ 대표가 맡은 일을 제대로 수행하지 않을 경우 다음 선거에서 대표 교체 • 시민이 정치에 참여할 기회 제공

(2) 선거의 기본 원칙

보통 선거	평등 선거
일정 연령 이상의 시민이라면 누구나 선거권을 가짐	모든 유권자가 동등한 가치의 투표권을 행사해야 함
직접 선거	**(❸　　　) 선거**
대리인을 거치지 않고 유권자 자신이 직접 투표해야 함	누구에게 투표했는지 알 수 없게 해야 함

▲ 보통 선거

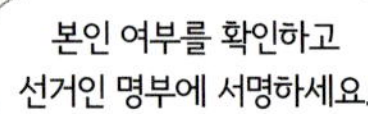

▲ 직접 선거

▲ 평등 선거

▲ 비밀 선거

2 선거 과정에서 유권자와 정당이 수행하는 활동

구분	유권자	정당
의미	대표를 선출할 수 있는 권리를 가진 사람	정치적 견해를 같이하는 사람들이 정치권력을 얻기 위해 조직한 단체
활동	• 선거 제도를 이해하고 사회 문제에 관심 • 정당의 정책, 공약을 비교하여 투표 • 대표의 공약 이행 정도를 감시·평가	• 시민들의 요구를 반영한 정책, 공약 수립 • 후보자 공천·지원 • 유권자에게 소속 후보자에 관한 정보 제공 및 투표 참여 독려

02 정치 주체와 정치 과정

1 다양한 정치 주체

정치 주체	역할
시민	• 선거, 국민 투표 등을 통해 정치적 영향력을 행사 • 행정 기관에 청원이나 민원 제출 • 정당, 시민 단체, 이익 집단 등에 가입하여 활동 • 언론을 통해 자신의 생각 표출
국가 기관	• 헌법에 따라 공식적으로 정책을 결정하고 집행하는 정치 주체 • 국회: 국민의 의견을 반영하여 법률을 제정·개정 및 폐지 • (❹　　　　): 법률을 기반으로 정책을 수립하고 집행 • 법원: 재판을 통해 법률이나 정책과 관련된 분쟁 해결
정당	• 정치적 의견이 같은 사람들이 정치권력을 획득하기 위해 만든 집단 • 국민의 요구를 모아 여론 형성 • 국회, 정부에 여론을 전달하여 정책에 반영시키기 위해 노력 • 정부의 정책을 평가하고 대안을 제시
언론	• 여러 매체를 통해 정치 과정 전반에 관한 정보를 제공 • 정책에 대한 해설, 비판을 제시하여 여론 형성 • 시민이 올바른 시각을 가지고 정책을 판단할 수 있도록 공정하고 객관적으로 보도해야 함
시민 단체	• 공익을 실현하기 위해 시민들이 자발적으로 만든 단체 • 시민의 정치 참여를 유도하고 여론을 형성 • 국가 기관이 제대로 활동하는지 감시·비판 • 사회 문제를 해결하기 위한 대안 제시
(❺　　　　)	• 이해관계를 같이하는 사람들이 국회나 정부에 압력을 행사하여 자신들의 특수한 이익을 실현하고자 결성한 단체 • 구성원의 요구를 모아 정책 결정에 반영하려고 노력 • 전문성을 바탕으로 정책을 평가하거나 대안 제시 • 집단의 이익 추구 과정에서 공익과 충돌하기도 함

◀ 국가 기관을 지지하거나 비판하는 정당들의 정책 토론회

◀ 자신들의 권리를 주장하고 있는 이익 집단

2 민주 사회의 정치 과정

(1) 정치 과정의 의미와 필요성

의미	다양하게 표출된 이익을 집약하여 정책으로 결정하고 집행하는 과정
필요성	• 다원화된 현대 사회에서는 개인이나 집단의 의견이 서로 대립·충돌함 • 갈등이 해결되지 못할 경우 사회 혼란 발생 가능

(2) 정치 과정의 단계

다양한 이익 표출	개인이나 집단이 다양한 요구와 이익을 자유롭게 표출
(❻　　　)	정당과 언론 등은 표출된 이익을 모아 대안을 제시하기도 하면서 정치 과정에 영향을 미침
정책 결정	국가 기관(국회, 정부)은 시민의 다양한 요구를 바탕으로 정책을 결정
정책 집행	정부는 결정된 정책을 집행
정책 평가	이미 시행되고 있는 정책이라도 시민의 평가를 받아 수정되거나 보완

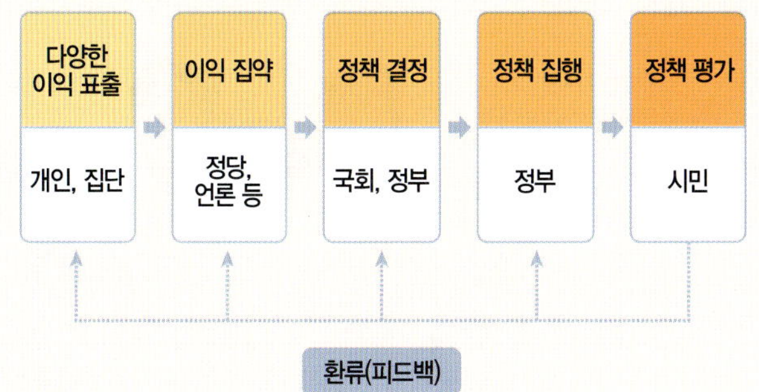

03 지방 자치와 시민 참여

1 민주주의와 지방 자치

(1) (❼　　　　)의 의미와 중요성

의미	일정한 지역에 살고 있는 주민들이 지방 자치 단체를 구성하여 그 지역의 일을 자율적으로 처리하는 제도
중요성	• 주민 생활과 밀접한 지역 문제는 그 지역의 주민들이 지방 자치를 통해 해결하는 것이 바람직함 • 국가 권력이 중앙 정부에 집중되는 것을 막아 중앙 정부와 지방 정부 간의 권력 분립을 실현함 • 지역 문제의 해결 과정에서 민주주의 체험과 정치 참여의 기회를 제공함
특징	• 주민이 주체가 되어 지역의 문제를 해결하면서 민주주의를 배우고 실천할 수 있다고 하여 '민주주의의 학교'라고 불림 • 지역 주민의 자발적 참여를 통해 민주주의의 기초를 만들어 간다는 의미에서 '풀뿌리 민주주의'라고도 불림
전제 조건	주민들이 지역의 일에 관심을 가지고 적극적으로 참여해야 함

(2) 우리나라의 지방 자치 단체

① 구성

• 의결 기관인 지방 의회와 집행 기관인 지방 자치 단체장으로 구성
• 지방 의회 의원과 지방 자치 단체장은 지역 주민이 지방 선거를 통해 직접 선출

② 지방 의회와 지방 자치 단체장의 역할

지방 의회	(❾　　　　)
• 지역 정책 결정 • 법률과 명령의 범위 안에서 (❽　　　) 제정·개정 및 폐지 • 지역 예산안 심의·확정 • 지방 자치 단체의 행정 사무 감사	• 지방 의회의 의결 사항 실행 • 법령과 조례의 범위 안에서 규칙 제정 • 지방의 각종 행정 사무 처리 • 지역 재산을 관리하고 예산 집행

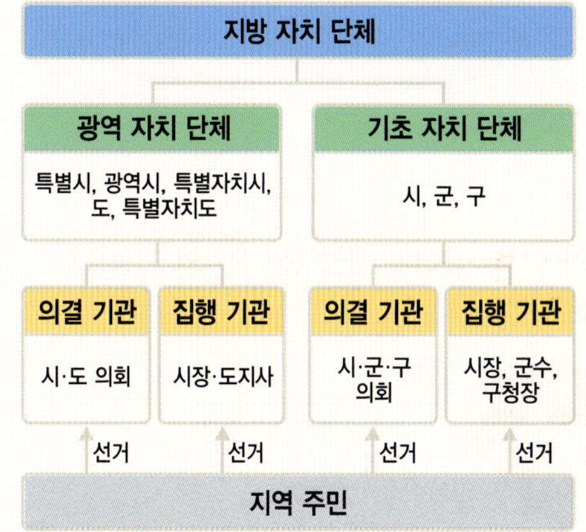

▲ 우리나라 지방 자치 단체의 구성

2 지역 사회의 문제 해결을 위한 시민 참여

(1) 시민 참여 방법

공청회	문제 해결을 위해 마련한 정책이나 대안을 공개적으로 설명하고, 그와 관련된 사람들의 다양한 의견을 들음
지방 선거	지역의 일을 담당할 주민의 대표 선출
주민 투표	지역의 중요 사안이나 정책에 대해 직접 의사 표시
(❿　　　)	지역 행정에 관한 요구 사항을 지방 자치 단체에 문서로 직접 제출
주민 조례 발안 제도	지방 의회에 조례를 제정하거나 개정 또는 폐지할 것을 청구
주민 참여 예산제	지방 자치 단체의 예산 편성 과정에 참여
주민 소환제	선출된 공직자가 직무를 잘 수행하지 못할 때 주민들의 투표를 통해 지역의 공직자를 해임
주민 감사 청구제	지방 자치 단체의 업무와 관련하여 감사를 청구

(2) 시민 참여의 의의와 노력

① 지역 사회의 문제를 해결하기 위해 시민이 자발적으로 참여할 때 지방 자치가 성공적으로 실현될 수 있음
② 시민은 지역 사회에 관한 관심과 공동체 의식을 가지고 더 나은 지역 사회를 만들기 위해 노력해야 함

01 밑줄 친 ㉠~㉢의 설명 중 옳지 <u>않은</u> 것은?

> ㉠ 시민을 대신하여 나라의 일을 담당할 대표를 선출하는 과정인 선거는 대부분의 민주주의 국가에서 채택하고 있는 ㉡ 직접 민주제에서 특히 더 중요하다. ㉢ 시민들은 선거를 통해 주권을 행사하는데, ㉣ 우리나라에서는 18세 이상의 시민이 유권자가 되어 선거에 참여할 수 있다. 이러한 ㉤ 선거는 민주적인 절차에 따라 공정하게 이루어져야 한다.

① ㉠　　　② ㉡　　　③ ㉢
④ ㉣　　　⑤ ㉤

02 대화에서 나윤이가 설명하는 선거의 기능으로 가장 적절한 것은?

① 대표를 선출한다.
② 대표자에게 정당성을 부여한다.
③ 국민의 다양한 이익이 표출된다.
④ 시민이 정치에 참여할 기회를 제공한다.
⑤ 대표를 교체함으로써 정치권력을 통제한다.

03 밑줄 친 ㉠에 해당하지 <u>않는</u> 것은?

> 시민의 의사가 선거에 정확하게 반영되려면 선거가 민주적인 절차에 따라 공정하게 이루어져야 한다. 우리나라는 공정한 선거를 위해 헌법에 여러 가지 ㉠ <u>선거의 기본 원칙</u>을 규정하고 있다.

① 보통 선거　　　② 제한 선거
③ 평등 선거　　　④ 직접 선거
⑤ 비밀 선거

04 우리나라 선거 (가)~(다)에 관한 설명으로 옳은 것은?

① (가)는 4년마다, (나)는 5년마다 실시된다.
② (나)는 행정 각부의 장을 선출하는 선거이다.
③ (나)와 (다)는 모두 5년에 한 번씩 실시된다.
④ (가)는 행정부, (나)는 입법부, (다)는 사법부를 구성하는 선거이다.
⑤ (다)의 지방 선거에서는 지방 의회 의원과 지방 자치 단체장을 선출한다.

05 그림에 나타난 선거의 기본 원칙으로 옳은 것은?

① 제한 선거　　　② 보통 선거
③ 평등 선거　　　④ 직접 선거
⑤ 대리 선거

06 흥민이의 의견이 선거의 기본 원칙에 어긋나는 이유로 가장 적절한 것은?

① 유권자 자신이 직접 투표하기 때문에
② 누구에게 투표했는지 알지 못하기 때문에
③ 동등한 가치를 가진 투표권을 주기 때문에
④ 여러 가지 조건에 따라 선거권을 주기 때문에
⑤ 일정 연령 이상의 시민이라면 누구나 선거권을 주기 때문에

07 다음 내용과 관련 있는 정당의 활동으로 옳은 것은?

> A 정당은 관리 위원회를 구성하여 지방 선거 후보자를 확정하였다. ○○○ 위원장은 "지방 선거에서 당선 가능성이 높은 경쟁력 있는 후보로 확정하기 위해 철저한 심사와 검증 과정을 거쳤다."라고 밝혔다.

① 다양한 의견을 모아 여론을 형성한다.
② 자질과 능력을 갖춘 후보자를 추천한다.
③ 중요한 사회 문제에 관한 정보를 제공한다.
④ 시민들의 요구를 반영한 정책을 수립·결정한다.
⑤ 수립한 정책을 국회나 정부에 전달하여 반영시키고자 한다.

08 빈칸 ㉠, ㉡에 해당하는 정치 주체를 바르게 연결한 것은?

> 국가 기관은 헌법에 따라 공식적으로 정책을 결정하고 집행하는 정치 주체이다. (㉠)은/는 시민의 의견을 반영하여 법률을 제정·개정 및 폐지하며, (㉡)은/는 법률이나 정책과 관련된 분쟁을 해결함으로써 정책의 결정 및 집행에 영향을 준다.

	㉠	㉡
①	국회	정부
②	국회	법원
③	정부	국회
④	정부	법원
⑤	법원	국회

09 다음과 같은 역할을 수행하는 정치 주체로 옳은 것은?

> • 매체를 통해 정치에 관한 전반적인 정보를 제공한다.
> • 정책에 관한 해설이나 비판을 제시함으로써 여론을 형성한다.

① 언론   ② 정당   ③ 정부
④ 국회   ⑤ 이익 집단

10 시민 단체에 관한 설명으로 옳은 것을 [보기]에서 고른 것은?

> **보기**
> ㄱ. 정치권력 획득에 목적이 있다.
> ㄴ. 법률을 기반으로 정책을 수립하고 집행한다.
> ㄷ. 공익을 실현하기 위해 자발적으로 만든 단체이다.
> ㄹ. 정부 활동을 감시하고 문제 해결을 위한 대안을 제시한다.

① ㄱ, ㄴ   ② ㄱ, ㄷ   ③ ㄴ, ㄷ
④ ㄴ, ㄹ   ⑤ ㄷ, ㄹ

11 (가), (나)에 관한 설명으로 옳지 <u>않은</u> 것은?

(가) 유권자   (나) 정당

① (가)는 선거 제도를 이해하고 사회 문제에 관심을 가져야 한다.
② (가)는 (나)의 정책이나 공약을 파악하고 비교하여 투표한다.
③ (가)는 (나)가 법률에 따라 정책을 수립하고 집행하면 이를 따라야 한다.
④ (가)는 (나)의 후보자 중 지지하는 후보가 있다면 선거 운동에 참여할 수 있다.
⑤ (나)는 (가)에게 소속 후보자에 관한 기본적인 정보를 제공한다.

12 다음과 같은 모습이 나타나는 정치 과정의 단계로 옳은 것은?

> 기후 위기에 대응해야 한다는 시민 단체의 요구와 함께 유류비 인상 등 고물가로 인한 가계 부담을 덜어 줄 교통 관련 정책의 필요성이 대두되고 있다.

① 환류   ② 정책 집행
③ 이익 표출   ④ 정책 평가
⑤ 정책 결정

13 정치 과정에 관한 설명으로 옳지 <u>않은</u> 것은?

① 다양하게 표출된 이익을 집약하여 정책으로 결정하고 집행하는 과정이다.
② 현대 민주주의 사회에서 정치 과정을 통해 다양한 가치와 이익이 조정된다.
③ 이미 시행되고 있는 정책이라도 평가를 받거나 보완되는 등 환류가 이루어지기도 한다.
④ 정치 과정에 영향력을 행사하는 정치 주체는 입법부, 행정부, 사법부와 같은 국가 기관에 한정된다.
⑤ 개인이나 집단의 갈등이 해결되지 못할 경우 사회 혼란이 발생할 수 있기 때문에 정치 과정이 필요하다.

14 ㉠의 단계에서 영향력을 행사하는 정치 주체로 옳은 것을 **보기**에서 고른 것은?

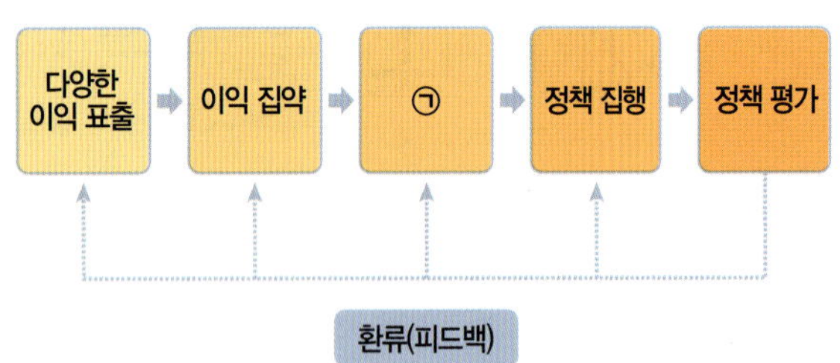

보기
ㄱ. 정당
ㄴ. 국회
ㄷ. 정부
ㄹ. 시민 단체

① ㄱ, ㄴ　　② ㄱ, ㄷ　　③ ㄴ, ㄷ
④ ㄴ, ㄹ　　⑤ ㄷ, ㄹ

15 다음 설명에 해당하는 제도로 가장 적절한 것은?

> 일정한 지역에 살고 있는 주민들이 지역의 대표를 뽑아 그 지역의 일을 자율적으로 처리하는 제도

① 공청회　　② 정치 과정
③ 주민 투표　　④ 지방 자치
⑤ 주민 소환제

16 (가), (나)에 관한 설명으로 옳은 것은?

> (가) 지방 의회　　　　(나) 지방 자치 단체장

① (나)는 의결 기관이다.
② (가)의 예로는 도 의회 및 도지사가 있다.
③ (가)의 예로는 특별시 의회, 도 의회가 있다.
④ 특별시장은 (가), 시장·군수는 (나)에 해당한다.
⑤ (가)는 지방 선거, (나)는 교육감 선거를 통해 선출된다.

17 ㉠에 관한 설명으로 옳지 <u>않은</u> 것은?

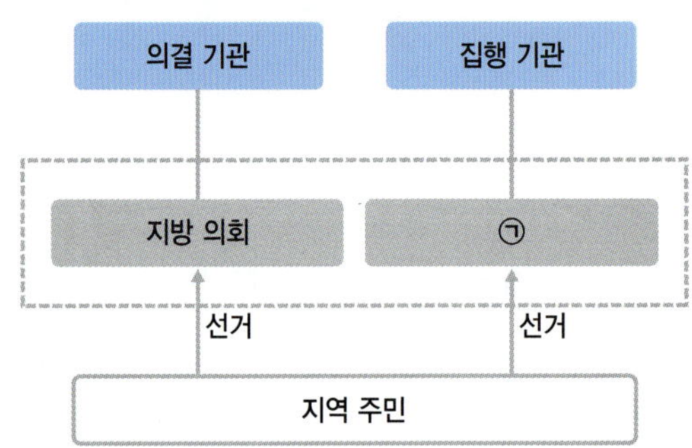

① 지방의 각종 사무를 처리한다.
② 지방 의회의 의결 사항을 실행한다.
③ 지역의 예산안을 심의하고 확정한다.
④ 법령과 조례의 범위 안에서 규칙을 제정한다.
⑤ 광역 자치 단체장 및 기초 자치 단체장이 이에 해당한다.

18 다음 자료에 관한 설명으로 옳지 <u>않은</u> 것은?

> 제주특별자치도의 초등학교 학생들이 학교 주변의 주차 공간 부족 문제를 해결해 달라며 지방 의회에 (　㉠　) 을/를 제출하였다. 이에 학교 주변에 공용 주차장이 설치되었고, 주정차 단속 구간 점검, 보행로 확보 등을 통해 안전한 통학로가 마련되었다.
>
> – 『제주의소리』, 2018. 12. 24. –

① ㉠에 들어갈 말은 청원서이다.
② 풀뿌리 민주주의가 실현된 사례이다.
③ 중앙 정부로 권력이 집중되는 데 이바지한다.
④ 지방 의회는 지방 자치 단체의 의결 기관이다.
⑤ 주민 참여로 지역 사회의 문제가 해결된 사례이다.

19 다음 자료에 관한 설명으로 옳지 <u>않은</u> 것은?

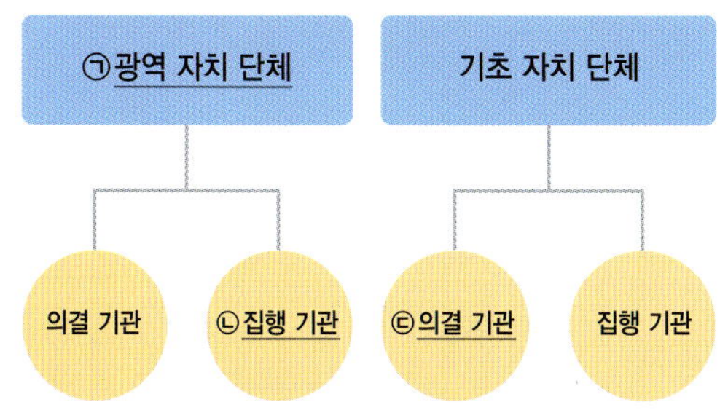

① 특별시, 광역시, 도는 ㉠에 속한다.
② ㉡의 예로는 시장, 군수, 구청장이 있다.
③ ㉢의 예로는 시·군·구 의회가 있다.
④ ㉡은 규칙을 제정하고, ㉢은 조례를 제정한다.
⑤ ㉡, ㉢ 모두 지방 선거를 통해 구성된다.

20 다음 사례와 관련 있는 주민 참여 제도로 옳은 것은?

△△시 의회 의원은 주민들이 반대하는 시설의 설립을 무리하게 추진하였다는 이유로 주민들의 투표를 통해 해임되었다.

① 공청회
② 지방 선거
③ 주민 소환제
④ 주민 참여 예산제
⑤ 주민 감사 청구제

21 지역 사회의 문제 해결을 위한 시민 참여 방법을 옳게 설명한 학생을 고른 것은?

다솔: 주민 감사 청구제를 통해 국정 감사나 국정 조사를 요구할 수 있어.
명이: 주민 참여 예산제로 지방 자치 단체의 예산 편성 과정에 참여할 수 있어.
수현: 지방 선거에 참여해서 지역의 일을 담당할 주민의 대표를 선출할 수 있어.
지민: 주민 조례 발안 제도로 법률이나 규칙의 개정 또는 폐지를 청구할 수 있어.

① 다솔, 명이
② 다솔, 수현
③ 명이, 수현
④ 명이, 지민
⑤ 수현, 지민

22 다음은 사회 수업 시간에 정리한 내용이다. 밑줄 친 (가), (나)에 들어갈 내용을 서술하시오.

오늘의 수업 주제: 선거
• 의미: _______________(가)_______________
• 기능: _______________(나)_______________

23 다음 정치 주체가 정치에 참여하는 과정에서 수행할 수 있는 역할을 한 가지 서술하시오.

24 빈칸 ㉠, ㉡에 들어갈 알맞은 말을 쓰시오.

우리나라의 지방 자치 단체는 의결 기관인 (㉠)과/와 집행 기관인 (㉡)(으)로 구성된다.

㉠ _______________ ㉡ _______________

11

일상생활과 법

▼ 정의의 여신상이 들고 있는 법전과 저울은 법에 따른 공정한 판결을 상징한다.

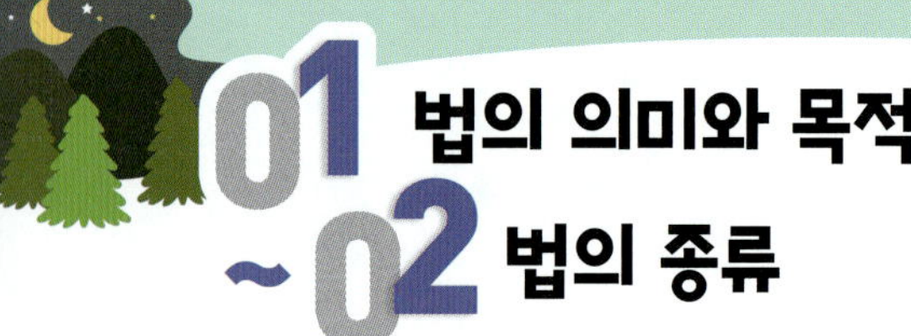

01 법의 의미와 목적
~02 법의 종류

① 법의 특징과 목적

1 법의 의미와 특징

(1) 법의 의미

① 일상생활과 법: 우리의 일상생활은 수많은 법과 밀접하게 관련되어 있음

② 사회 규범으로서의 법 — 갈등과 분쟁을 해결하고 사회 질서를 유지하기 위해 사회 구성원들이 합의하여 만든 규칙이야.

• 사회 규범: 사람들이 사회생활을 하면서 따라야 할 행동의 기준

• 사회 규범의 종류 — 출제tip 법과 도덕을 비교하는 문제가 자주 출제

종류	의미
관습	한 사회에서 오랫동안 지켜져 내려온 행동 양식이나 ❶풍습 예 돌잔치, 장례식
종교 규범	특정 종교에서 지키도록 정해 놓은 ❷교리나 ❸계율 예 ❹십계명, ❺불경
도덕	양심 등에 비추어 인간이 마땅히 지켜야 할 바람직한 행동의 기준 예 효도, 어른 공경
법	사회 구성원의 합의에 따라 국가가 정한 사회 규범 예 식품 ❻위생법, 동물 보호법

(자료 1 — 도덕 행)

(2) 법의 특징 — ✔ 교과서비교 법의 특징

동아, 미래엔, 비상, 아침나라	강제성, 행위 결과 중시
천재	강제성, 명확성

① **강제성**: 다른 사회 규범과 다르게 법을 위반할 경우 국가로부터 공식적인 ❼제재를 받음

② **명확성**: 사회 구성원들이 지켜야 할 규범을 구체적이며 명확하게 규정하고 있음

③ 겉으로 드러나는 행위와 그 결과를 중요시함

2 법의 기능과 목적

(1) 법의 기능

① 분쟁의 예방 및 해결: 공정하고 객관적인 판단 기준을 제시하여 사회에서 발생하는 분쟁을 예방하거나 해결함으로써 사회 질서를 유지함

② 개인의 권리 보호: 개인이 어떤 권리를 갖는지 명시하고, 권리를 침해하는 행위를 제재함으로써 개인의 권리를 보호함

③ 공공복리 추구: 소수 집단이나 개인의 이익이 아니라 사회 전체의 이익을 추구함

(2) 법의 목적

① 정의의 실현: 사회에 존재하는 다양한 법은 저마다 다른 내용을 담고 있지만 공통적으로 정의 실현을 궁극적인 목적으로 함

 ② 정의: 모든 사람이 인간으로서 동등한 대우를 받고 각자 노력한 만큼의 몫을 얻는 것

예 남의 물건을 훔쳤다면 그 사람이 어떤 사람인지에 상관없이 도둑질에 대한 합당한 처벌을 받게 하는 것, 열심히 일한 사람에게는 그렇지 않은 사람보다 더 많은 임금을 주는 것 — '같은 것은 같게, 다른 것은 다르게' 대우하는 것을 말해. 정의는 우리가 마땅히 지켜야 하는 원칙으로서 옳고 그름을 판단하는 근거로 작용하지.

자료 1 도덕과 법

구분	도덕	법
판단 기준	양심, 행위의 동기	행위의 결과
위반할 경우	양심의 가책, 사회적 비난	국가에 의한 제재
특징	자율성	강제성
목적	선의 실현	정의의 실현

인간 내면의 양심이나 동기를 중시하는 도덕과 달리 법은 겉으로 드러나는 행위와 그 결과를 중시한다는 특징이 있다. 또한 법은 위반할 경우 국가에 의한 제재가 가해진다는 점에서 강제성을 띤다. 예를 들어 지하철에서 노약자에게 자리를 양보하지 않는 사람에게 국가가 제재를 가하지는 않지만, 운전 중 교통 신호를 위반한 사람에게는 처벌이 가해진다.

더 알기 정의의 상징

▲ 정의의 여신상   ▲ 해태상

정의를 나타내는 대표적인 상징물로는 정의의 여신상과 해태상이 있다. 정의의 여신상은 눈을 가리거나 감고 있으며, 한 손에는 양팔 저울을, 다른 한 손에는 양날 검을 들고 있다. 두 눈을 가리거나 감는 것은 법에 따라 공정하게 판단을 내리겠다는 의미이다. 양팔 저울은 모든 사람에게 공평하게 판결하겠다는 것이며, 양날 검은 법을 엄격하게 집행하겠다는 뜻이다. 해태는 옳고 그름을 판단한다는 상상의 동물이다. 해태는 죄를 지은 사람을 만나면 머리의 뿔로 들이받아 벌을 준다고 알려져 있다. 이러한 이유로 법에 따라 공정한 판단과 집행을 상징하는 대표적인 동물이 되었다.

---

2 일상생활 속의 다양한 법

1 공법과 사법

구분	공법	사법
의미	국가와 개인 또는 국가 기관 간의 공적인 생활 관계를 규율하는 법	개인과 개인 사이의 사적인 생활 관계를 규율하는 법
종류	• 헌법: 국민의 권리와 의무, 국가의 통치 구조와 운영 원리 등을 규정한 최고법 • 형법: 범죄의 종류와 그에 따른 ❶형벌의 내용과 정도를 규정한 법	• 민법: 개인의 재산 관계 및 가족 관계에 관한 권리와 의무 등을 규정한 법 • 상법: 기업의 설립과 활동 등 기업에 관한 사항과 상거래와 관련된 경제생활 관계를 규정한 법

└ 범죄를 예방하고 국민의 권리를 보호하는 역할을 해.
└ 헌법은 국가 운영의 바탕이 되는 가장 근본적인 법이야.

2 사회법

출제tip 사회법의 목적과 등장 배경이 주로 출제

(1) 사회법의 의미와 필요성

① 사회법: 개인 간의 생활 영역에 국가가 개입하는 법

② 사회법의 등장 배경

근대 사회	개인의 자유로운 경제 활동을 최대한 보장하기 위해 국가의 간섭이나 개입은 최소화하였음
자본주의 발달	빈부 격차, 노동 문제, 환경 오염 등이 나타나 기본적인 생활조차 유지하기 어려운 사람이 생겨남 ┈ 자본가들은 큰 이윤을 얻었지만, 노동자들은 낮은 임금을 받고 장시간 노동에 시달렸어.
사회법의 등장	여러 가지 사회 문제를 국가가 적극적으로 해결해야 한다는 요구가 제기되어 사회법이 등장함

③ 목적: 사회적·경제적 약자를 보호, 모든 국민의 인간다운 생활 보장

④ 특징: 개인 간의 생활 영역에 국가가 개입하기 때문에 사법과 공법의 중간적 성격을 가짐 ➡ 현대 복지 국가에서 중요성이 더욱 커짐

(2) 사회법의 내용

① 노동법

의미	노동자의 권리와 근로 조건을 규정하고, ❷노사 간의 이해관계를 조정하기 위한 법
종류	❸근로 기준법, 최저 임금법

② 경제법

의미	공정한 경제 질서를 유지하여 기업의 자유로운 경쟁을 보장하고 소비자의 권익을 보호하기 위한 법
종류	소비자 기본법, ❹독점 규제 및 공정 거래에 관한 법률

③ 사회 보장법

의미	빈곤, 질병, 장애, 고령 등으로 어려움을 겪고 있는 사람들을 돕고 모든 국민의 인간다운 생활을 보장하기 위한 법
종류	❺국민 기초 생활 보장법, 국민 건강 보험법, 국민연금법

용어풀이

❶ 형벌: 국가가 범죄자에게 제재를 가하는 것으로, 사형, 징역, 자격 상실, 벌금 등이 있음
❷ 노사: 노동자와 사용자를 이르는 말
❸ 근로 기준법: 근로 조건의 기준을 정하여 노동자의 기본적 생활을 보장하고 향상시키기 위해 만든 법
❹ 독점 규제 및 공정 거래에 관한 법률: 기업의 시장 독점과 횡포를 방지하고, 부당 공동 행위 및 불공정 거래를 규제하기 위한 법
❺ 국민 기초 생활 보장법: 생활이 어려운 사람에게 필요한 급여를 제공하여 이들의 최저 생활을 보장하고 자활을 돕기 위한 법

자료 2 민법의 내용

민법의 내용은 크게 재산권과 계약, 손해 배상 등의 재산 관계와 혼인과 친족, 상속 등 가족 관계에 관한 것으로 구분된다.

더 알기 사회법의 등장 배경

산업 혁명 당시 기계의 발달로 숙련된 노동자가 필요하지 않게 되면서 공장에서는 성인 노동자 대신 임금이 저렴한 아동을 고용하였다. 아동 노동자들은 하루에 16~17시간의 노동을 하며 다치거나 목숨을 잃기도 하였다. 이러한 문제점을 인식한 사람들은 노동 시간을 법으로 규제해 달라고 요구하기 시작하였다. 이에 영국 의회에서는 1833년에 아동 노동자의 권리를 보호하기 위한 공장법을 만들었다. 이후 다른 나라에서도 사회적·경제적 약자의 인간다운 생활을 보호하기 위한 사회법이 등장하였다.

더 알기 사회법이 적용된 우리 사회의 모습

나이가 들거나, 갑작스러운 사고나 질병으로 개인의 소득 활동이 중단된 경우 기본 생활을 유지할 수 있게 국가가 연금을 지급하는 제도를 운영하고 있다. 또한 장애인의 인간다운 삶과 권리 보장을 위해 「장애인 복지법」에 따라 장애인 직업 재활 시설을 운영하고 있다.

01 다음 설명이 맞으면 ○표, 틀리면 ×표 하시오.

(1) 법은 도덕과 달리 양심이나 동기를 중시한다. (   )
(2) 법의 궁극적인 목적은 정의를 실현하는 것이다. (   )
(3) 사법은 국가와 개인 또는 국가 기관 간의 관계를 규율하는 법이다. (   )
(4) 사회법은 개인의 자유로운 경제 활동을 최대한 보장하기 위해 등장하였다. (   )

02 빈칸에 공통으로 들어갈 알맞은 말을 쓰시오.

- (   )은/는 사회 구성원의 합의에 따라 국가가 제정한 사회 규범이다.
- (   )은/는 분쟁을 예방하거나 해결하며 국민의 권리를 보호하는 기능을 한다.

03 다음 법과 그 내용을 바르게 선으로 연결하시오.

(1) 민법 •　　　　　• ㄱ. 국가의 통치 구조
(2) 헌법 •　　　　　• ㄴ. 범죄 종류와 형벌 정도
(3) 형법 •　　　　　• ㄷ. 재산 관계 및 가족 관계

04 빈부 격차, 노동 문제 등을 해결하기 위해 개인 간의 생활 영역에 국가가 개입하는 법은?

05 다음 알맞은 말에 ○표 하시오.

(1) 법은 다른 사회 규범과는 달리 (강제성, 자율성)이 있다.
(2) (공법, 사법)에 속하는 대표적인 법으로는 헌법과 형법이 있다.
(3) (민법, 상법)은 개인의 재산 관계 및 가족 관계에 관한 권리와 의무 등을 규정한 법이다.
(4) (경제법, 사회 보장법)에는 국민연금법, 국민 기초 생활 보장법 등이 있다.

---

01 빈칸 ㉠에 들어갈 법으로 가장 적절한 것은?
중

[일상생활 속 법]

(　㉠　)에 따라 학생들은 등하교를 할 때 횡단보도를 안전하게 건널 수 있다.

① 학원법
② 학교 보건법
③ 도로 교통법
④ 교육 기본법
⑤ 청소년 보호법

02 (가), (나)에 해당하는 사회 규범을 바르게 연결한 것은?
하

(가) 사회 구성원의 합의에 따라 국가가 제정한 사회 규범이다.
(나) 양심 등에 비추어 인간이 마땅히 지켜야 할 행동의 기준이다.

	(가)	(나)
①	법	관습
②	법	도덕
③	관습	도덕
④	관습	법
⑤	도덕	법

같은 주제　다른 문제

02-1 (가)와 (나)를 구분하기 위한 질문으로 옳은 것을 보기 에서 고른 것은?
중

보기
ㄱ. 국가가 제정한 것인가?
ㄴ. 사회 규범에 해당하는가?
ㄷ. 내용이 구체적이고 명확한가?
ㄹ. 사람들이 따라야 할 행동의 기준인가?

① ㄱ, ㄴ　　　② ㄱ, ㄷ　　　③ ㄴ, ㄷ
④ ㄴ, ㄹ　　　⑤ ㄷ, ㄹ

03 다음과 같은 사회 규범에 관한 설명으로 가장 적절한 것은?

> 사회 구성원의 합의에 따라 국가가 제정한 사회 규범이다.

① 자율성을 가진다.
② 인간의 내면을 규율한다.
③ 위반할 경우 국가의 처벌을 받는다.
④ 행동의 결과보다 동기를 중요시한다.
⑤ 사회 구성원들이 널리 인정하는 풍습이다.

04 다음 자료에 나타난 법의 기능으로 가장 적절한 것은?

> 층간 소음으로 피해를 입은 사람은 「공동 주택 관리법」에 따라 피해를 발생시킨 사람에게 소음 발생의 중단을 요청할 수 있다.

① 분쟁의 해결
② 범죄자 처벌
③ 개인의 자유 보장
④ 비도덕적인 행위 제재
⑤ 사회적 약자의 권리 보호

05 다음 내용을 통해 알 수 있는 법의 궁극적인 목적으로 가장 적절한 것은?

> • 모든 사람에게 각자가 받아야 할 정당한 몫을 주는 것이다.
> • 열심히 노력한 사람에게는 보상을 주고, 타인에게 피해를 준 사람에게는 제재를 가한다.

① 정의를 실현한다.
② 사회 질서를 유지한다.
③ 분쟁을 예방하고 해결한다.
④ 국민의 기본권을 보장한다.
⑤ 권리 침해 행위를 제재한다.

06 '정의 실현'의 사례로 적절하지 않은 것은?

① 영업 실적이 좋은 직원에게 성과급을 지급한다.
② 고수입을 얻는 사람에게 더 많은 소득세를 부과한다.
③ 일정한 연령 이상의 모든 국민에게 선거에 참여할 권리를 부여한다.
④ 범죄를 저지른 사람에게 죄의 크기에 상관없이 같은 종류의 처벌을 내린다.
⑤ 국가시험에서 시각 장애를 가진 수험생들에게 시험 시간을 일반 학생보다 더 많이 준다.

07 다음과 같은 법에 관한 설명으로 옳은 것은?

> 국가와 국민 또는 국가 기관 사이의 공적인 생활 관계를 규율하는 법이다.

① 헌법, 형법이 해당한다.
② 사적인 생활 관계를 규율한다.
③ 사법의 영역에 국가가 개입하는 법이다.
④ 개인과 개인 사이에서 나타나는 일에 적용된다.
⑤ 자본주의의 문제점을 해결하기 위해 등장하였다.

같은 주제 다른 문제

07-1 위와 같은 법에 해당하는 사례를 보기 에서 고른 것은?

> **보기**
> ㄱ. 민법   ㄴ. 상법
> ㄷ. 헌법   ㄹ. 형법

① ㄱ, ㄴ   ② ㄱ, ㄷ   ③ ㄴ, ㄷ
④ ㄴ, ㄹ   ⑤ ㄷ, ㄹ

08 다음 내용을 규정하고 있는 법에 관한 설명으로 옳은 것은?

> 제329조(절도) 타인의 재물을 절취한 자는 6년 이하의 징역 또는 1천만 원 이하의 벌금에 처한다.

① 사법에 해당한다.
② 우리나라의 최고법이다.
③ 국가의 운영 원리를 담고 있다.
④ 범죄의 종류와 형벌의 기준을 정한다.
⑤ 사회적 약자를 보호하는 것을 목적으로 한다.

09 (가)에 해당하는 법에 규정되는 내용을 보기 에서 고른 것은?

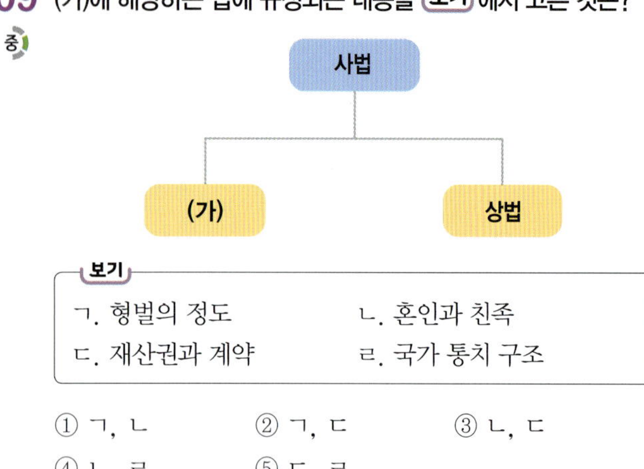

① ㄱ, ㄴ ② ㄱ, ㄷ ③ ㄴ, ㄷ
④ ㄴ, ㄹ ⑤ ㄷ, ㄹ

10 사회법에 관한 설명으로 옳지 않은 것은?

① 공법과 사법의 중간적 성격을 가진다.
② 현대로 올수록 그 중요성이 점차 강조되고 있다.
③ 산업화에 따른 여러 가지 문제점을 해결하기 위해 등장하였다.
④ 사적인 생활 영역에 국가의 개입을 최소화하는 것을 목표로 한다.
⑤ 사회적 또는 경제적으로 불리한 위치에 놓인 사람들의 권리를 보호한다.

11 다음과 같은 배경에서 등장한 법에 관한 설명으로 옳은 것은?

> 산업화에 따라 빈부 격차, 노사 문제 등의 각종 사회 문제가 나타나면서 최소한의 인간다운 생활조차도 누리지 못하는 사람들이 생겨났다. 이에 국가가 개입하여 여러 사회 문제를 해결하고 사회적 약자를 보호해야 할 필요가 생겼다.

① 민법, 상법이 속한다.
② 사법과 공법의 중간적 성격을 가진다.
③ 개인과 국가 간의 공적 생활 관계를 규율한다.
④ 범죄의 종류와 형벌을 정하여 사회 질서를 유지한다.
⑤ 가족 관계, 재산 관계 등과 관련한 개인의 권리와 의무를 다룬다.

같은 주제 다른 문제

11-1 위와 같은 배경에서 등장한 법으로 옳지 않은 것은?

① 상법 ② 국민연금법
③ 근로 기준법 ④ 최저 임금법
⑤ 소비자 기본법

12 빈칸 ㉠에 들어갈 법으로 옳은 것은?

> 경제법은 기업 간의 공정하고 자유로운 경쟁을 보장하고 소비자의 권리와 이익을 보호하기 위한 법으로, (㉠) 등이 이에 해당한다.

① 최저 임금법
② 국민 건강 보험법
③ 국민 기초 생활 보장법
④ 노동조합 및 노동관계 조정법
⑤ 독점 규제 및 공정 거래에 관한 법률

01 빈칸 ㉠, ㉡에 들어갈 사회 규범을 쓰고, 그 차이점을 <u>두 가지</u> 이상 서술하시오.

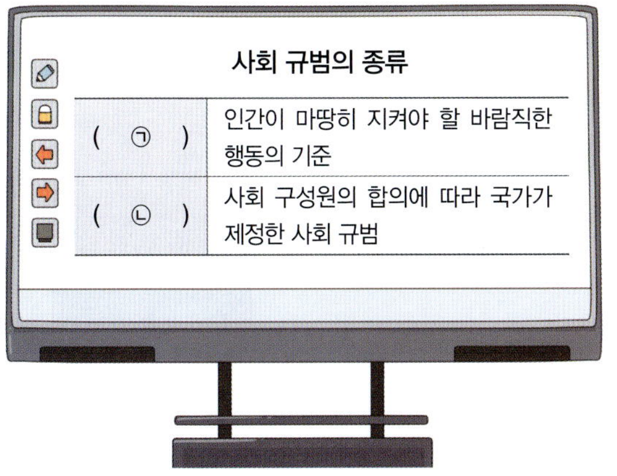

02 빈칸 ㉠에 들어갈 알맞은 말을 쓰시오.

> (㉠)(이)란 모든 사람이 인간으로서 동등한 대우를 받고 각자가 받아야 할 정당한 몫을 주는 것으로, 법이 추구하는 궁극적인 목적이다.

03 빈칸 ㉠, ㉡에 들어갈 알맞은 말을 쓰시오.

> • ㉠ : 개인과 개인 사이의 생활 관계를 규율한다.
> • ㉡ : 개인과 국가 또는 국가 기관 간의 생활 관계를 규율한다.

㉠ ______________ ㉡ ______________

04 다음은 어떤 법의 일부이다. 이 법의 명칭을 쓰고, 그 의미를 서술하시오.

> **제25장 상해와 폭행의 죄**
>
> 제257조(상해, 존속 상해) ① 사람의 신체를 상해한 자는 7년 이하의 징역, 10년 이하의 자격 정지 또는 1천만 원 이하의 벌금에 처한다.
> ② 자기 또는 배우자의 직계 존속에 대하여 제1항의 죄를 범한 때에는 10년 이하의 징역 또는 1천 500만 원 이하의 벌금에 처한다.

05 자료를 보고 물음에 답하시오.

> 근대 시민 사회에서는 국가가 사적 생활 영역에 개입하는 것을 최소화하고 개인의 자유와 권리를 최대한 보장하였다. 그러나 산업 혁명 이후 자본주의가 발달하면서 빈부 격차, 노동 착취 등 여러 가지 사회 문제가 발생하였다. 이에 국가가 적극적으로 개입해야 한다는 요구가 나타났다.

(1) 위와 같은 배경에 따라 등장한 법을 쓰시오.

(2) (1)의 법의 의미와 그 목적을 서술하시오.

03 재판의 종류와 공정한 재판

1 재판의 종류

교과서 비교
재판의 대안

동아	합의, 조정
비상, 천재	합의, 조정, 중재
미래엔, 아침나라	×

1 재판의 의미와 기능

(1) 재판 법원이 분쟁 사건에 관하여 법적인 판단을 내리는 과정

(2) 재판의 기능 분쟁의 예방과 해결, 사회 질서 유지, 개인의 권리 보호, 정의 실현

2 민사 재판과 형사 재판

(1) 민사 재판의 의미와 절차

① 민사 재판: 개인과 개인 사이의 권리와 의무에 관한 분쟁을 해결하는 재판

② 민사 재판의 절차

출제 tip 민사 재판과 형사 재판을 비교하거나 구체적인 사건이나 재판정의 모습을 바탕으로 해당 재판의 특징을 묻는 문제가 자주 출제

원고의 ❶소장 제출	분쟁에서 피해를 입었다고 생각하는 사람이 원고가 되어 법원에 소장을 제출함 └ 소송을 제기한 사람이야.
피고의 답변서 제출	법원은 피고에게 소장 복사본을 전달하고, 그에 대한 답변서를 받음 └ 소송을 당한 사람이야.
원고와 피고의 ❷변론	• 법정에서 원고와 피고는 ❸증거를 제출하며 각자의 주장을 입증하는 변론을 함 • 필요한 경우 소송 대리인(변호사)의 도움을 받기도 함 └ 원고나 피고의 편에 서서 법률적인 도움을 주는 사람이야.
판사의 판결	• 판사는 원고와 피고가 제출한 증거와 주장을 바탕으로 판결을 내림 • 원고와 피고는 판결에 따라야 하며, 이를 따르지 않을 때는 국가가 강제로 집행함 └ 누구의 주장이 옳은지 판단을 내리는 사람이야.

(2) 형사 재판의 의미와 절차

① 형사 재판: 범죄가 발생했을 때 범죄 여부를 판단하고 형벌의 종류와 정도를 정하는 재판

② 형사 재판의 절차

└ 피의자가 기소되어 형사 재판을 받게 되면 피고인 신분이 돼.

❹고소 또는 ❺고발	고소 또는 고발에 의해 범죄 사건에 대한 수사가 이루어짐

범죄를 수사한 내용을 바탕으로 법을 위반한 점에 대해 처벌을 요구하는 사람이야.

검사가 형사 사건에 대해 법원에 재판을 청구하는 거야.

검사의 ❻기소	검사가 범죄 혐의가 있어 조사를 받는 피의자를 대상으로 공소를 제기함
검사의 ❼신문, 변호인의 변론	• 검사는 법정에서 피고인의 범죄 사실을 밝히고, 피고인은 변호인의 도움을 받아 변론함 └ 피고인의 편에서 변호해 주는 사람이야. • 직접 변호인을 선임할 수 없는 사람은 국가에서 변호인을 선임하여 도움을 줌
판사의 판결	판사는 검사와 피고인의 주장을 듣고, 피고인의 유무죄 여부, 형벌의 종류와 형량을 결정함 └ 피고인의 죄의 유무, 형벌의 종류와 양을 판결하는 사람이야.

용어 풀이

❶ 소장: 원고가 소송을 제기하기 위해 법원에 제출하는 서류
❷ 변론: 소송 당사자나 변호인 등이 재판 진행 과정에서 자신의 주장을 말하는 것
❸ 증거: 어떤 사실을 증명할 수 있는 근거로, 법원이 재판의 기초가 될 사실을 인정하기 위해 필요로 하는 자료
❹ 고소: 범죄 피해자가 범죄 사실을 직접 신고하는 것
❺ 고발: 제3자가 범죄 사실을 신고하는 것
❻ 기소: 검사가 형사 사건에서 법원에 심판을 청구하는 행위
❼ 신문: 법원, 국가 기관이 사건에 대해 증인, 당사자, 피고인 등에게 말로 조사하는 일

더 알기 | 합의와 조정

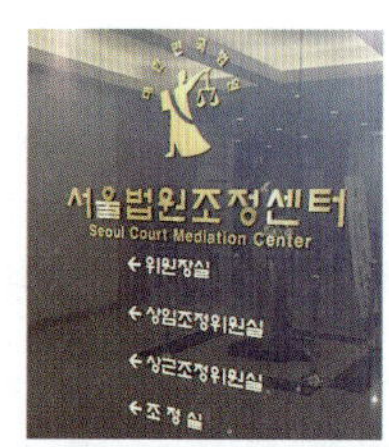

재판은 절차가 복잡하고 최종 판결까지 시간이 오래 걸린다. 따라서 재판 대신 분쟁을 해결하는 대안으로 합의와 조정이 있다. 합의는 분쟁 당사자가 대화를 통해 자율적으로 문제를 해결하는 것이다. 조정은 법원이 분쟁 당사자 간에 합의를 이끌어 내어 화해를 시키는 일을 말한다.

자료 1 | 민사 재판정과 형사 재판정

민사 재판정에는 소송을 제기한 원고, 소송을 당한 피고, 판결을 내리는 판사가 참여한다. 이외에도 원고와 피고의 편에서 법률적인 도움을 주는 소송 대리인(변호사), 사건에 대해 자신이 경험한 사실을 진술하는 증인도 참여할 수 있다.

형사 재판정에는 공소를 제기한 검사, 기소되어 재판을 받는 피고인, 판결을 내리는 판사가 참여한다. 이외에도 피고인의 편에서 법률적인 도움을 주는 변호인, 사건에 대해 자신이 경험한 사실을 진술하는 증인도 참여할 수 있다.

1 공정한 재판의 중요성

(1) **공정한 재판** 외부의 영향을 받지 않고 독립하여 심판하는 **①법관**에 의해 적법한 절차에 따라 이루어지는 재판
> 우리나라는 공정한 재판이 이루어질 수 있도록 여러 가지 원칙과 제도가 마련되어 있어.

(2) **공정한 재판의 중요성** 재판이 공정하지 못하면 국민의 자유와 권리가 침해되어 인간의 존엄성을 보장받기 어렵고, 사회의 질서와 안정도 유지할 수 없게 됨

2 사법권의 독립

(1) **의미** 국가 기관, 여론 등의 영향을 받지 않고 재판이 공정하게 이루어지도록 하는 것

(2) **실현 방법**

① **법원의 독립**: 법원의 조직과 운영이 다른 국가 기관의 간섭이나 영향을 받지 않도록 헌법으로 보장함

② **법관의 신분 보장**: 법관이 헌법과 법률, 양심에 따라 심판할 수 있도록 법관의 **②임기**를 정하여 신분을 보장함

3 공개 재판주의와 증거 재판주의

(1) **의미**

공개 재판주의	재판의 **③심리**와 판결을 소송 당사자뿐만 아니라 일반 시민에게도 공개해야 한다는 원칙
증거 재판주의	재판은 구체적이고 명확하며 적법하게 수집된 증거를 바탕으로 진행되어야 한다는 원칙

> 소송 당사자의 인권 침해나 불공정한 재판을 방지할 수 있어.
> 명확하지 않거나 위법한 절차로 수집된 증거는 증거 재판주의에 따라 재판에서 인정되지 않아.

(2) **목적** 법을 공정하게 적용하여 잘못된 판결을 방지함으로써 국민의 권리를 보호하고자 함

▲ 공개 재판주의

▲ 증거 재판주의

4 심급 제도

출제tip 심급 제도의 도식을 제시하고 그 목적을 묻거나 항소나 상고의 의미를 묻는 문제가 주로 출제

(1) **의미** 한 사건에 대해 **④급**을 달리하는 법원에서 여러 번 재판을 받을 수 있게 한 제도 ➡ 우리나라는 3심제를 원칙으로 함

(2) **목적**

① 법관의 잘못된 판결로 발생할 수 있는 국민의 피해를 최소화함

② 공정한 재판을 실현하여 국민의 기본권을 보장함

(3) **상소** 재판 당사자가 하급 법원의 판결에 불만이 있을 경우 **⑤상급 법원**에 재판을 다시 청구하는 것

항소	1심 법원의 판결에 불복하여 2심을 청구하는 것
상고	2심 법원의 판결에 불복하여 3심을 청구하는 것

> 만약 항소나 상고를 하지 않으면 해당 판결이 확정 판결이 돼.

용어풀이

① 법관: 법원에 소속되어 소송 사건을 심리하고, 분쟁을 법률적으로 해결하고 조정하는 권한을 가진 사람
② 임기: 임무를 맡아보는 일정한 기간
③ 심리: 재판의 기초가 되는 사실 관계 및 법률관계를 명확히 하기 위해 법원이 증거나

방법 등을 심사하는 행위
④ 급: 계급이나 등급 따위를 이르는 말
⑤ 상급 법원: 하급 법원을 감독하는 법원으로, 지방 법원에 대하여는 고등 법원을, 고등 법원에 대하여는 대법원을 이름

국민 참여 재판이란 일반 국민이 형사 재판에서 배심원으로 참여할 수 있게 하는 제도를 말한다. 이 제도는 국민의 사법 참여를 확대하고 재판의 공정성과 투명성을 높이는 데 기여하고 있다. 배심원단은 재판에 참여하여 토의를 통해 피고인의 유무죄 및 형벌의 정도를 판단하여 판사에게 의견을 전달한다. 판사는 배심원의 판단을 의무적으로 반영해야 하는 것은 아니지만 그 의견을 참고하여 판결을 내린다.

자료 2 심급 제도

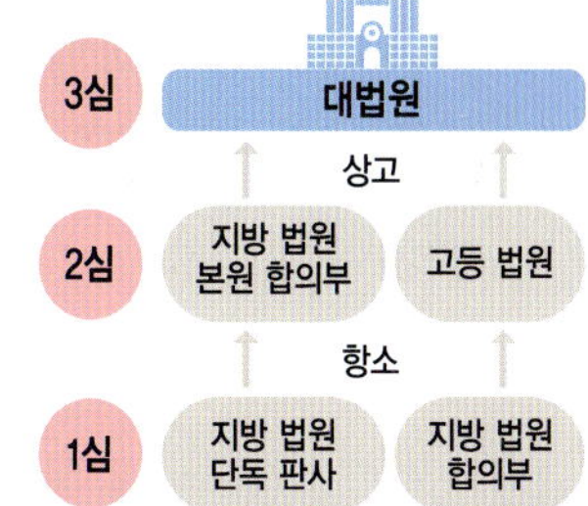

민사나 형사 사건 중 한 명이 처리하는 단독 사건은 '지방 법원 단독 판사 ➡ 지방 법원 본원 합의부 ➡ 대법원'의 순서로 심급이 적용된다. 한편 판사 세 명이 처리하는 합의 사건은 '지방 법원 합의부 ➡ 고등 법원 ➡ 대법원'의 순서로 심급이 적용된다. 이때 1심 법원의 판결에 불복해 2심 재판을 청구하는 것을 항소, 2심 법원의 판결에 불복해 대법원에 3심 재판을 청구하는 것을 상고라고 한다. 이러한 제도는 법관의 잘못된 판결로 발생할 수 있는 국민의 피해를 최소화하고 공정한 재판이 이루어지도록 하려는 것이다.

01 빈칸 ㉠에 들어갈 알맞은 말을 쓰시오.

> 분쟁 사건에 대해 법원이 법을 적용하고 옳고 그름을 가려 판단하는 과정을 (㉠)(이)라고 한다.

02 다음 설명이 민사 재판에 해당하면 '민', 형사 재판에 해당하면 '형'이라고 쓰시오.

(1) 개인 간에 발생한 분쟁을 해결한다. ( )
(2) 범죄의 유무와 형벌 정도를 정한다. ( )
(3) 검사가 법원에 공소를 제기하면서 시작된다. ( )
(4) 원고가 법원에 소장을 제출함으로써 시작된다. ( )

03 다음 중 알맞은 말에 ◯표 하시오.

(1) (민사 재판, 형사 재판)은 사회 질서를 위협하는 범죄 사건에 적용되는 재판이다.
(2) (원고, 피고)는 피해를 입었다고 주장하면서 민사 재판을 청구한 사람을 말한다.
(3) (공개 재판주의, 증거 재판주의)에 따라 재판의 과정과 결과를 일반 시민이 방청할 수 있다.

04 한 사건에 대해 급이 다른 법원에서 여러 번 재판을 받을 수 있는 제도는?

05 빈칸 ㉠, ㉡에 들어갈 알맞은 말을 쓰시오.

> 상급 법원에 다시 재판을 청구하는 것을 상소라고 한다. 이때 1심 법원의 판결에 불복하여 2심을 청구하는 것을 (㉠), 2심 법원의 판결에 불복하여 3심을 청구하는 것을 (㉡)(이)라고 한다.

㉠ ______________   ㉡ ______________

01 재판에 관한 설명으로 옳은 것을 〔보기〕에서 고른 것은?

〔보기〕
ㄱ. 대표적으로 민사 재판과 형사 재판이 있다.
ㄴ. 사회 질서를 유지하고 개인의 권리를 보호한다.
ㄷ. 대화를 통해 자율적으로 분쟁을 해결하는 방법이다.
ㄹ. 입법부가 법을 적용하여 공적인 판단을 내리는 과정이다.

① ㄱ, ㄴ   ② ㄱ, ㄷ   ③ ㄴ, ㄷ
④ ㄴ, ㄹ   ⑤ ㄷ, ㄹ

02 (가), (나)의 분쟁 해결 방안에 관한 설명으로 옳은 것을 〔보기〕에서 고른 것은?

(가) 재판   (나) 합의

〔보기〕
ㄱ. (가)는 (나)에 비해 해결 절차가 간단하다.
ㄴ. (가)는 (나)에 비해 분쟁을 확실하게 해결한다.
ㄷ. (나)는 (가)에 비해 결정에 따른 강제성이 크다.
ㄹ. (나)는 (가)에 비해 분쟁을 보다 신속하게 해결한다.

① ㄱ, ㄴ   ② ㄱ, ㄷ   ③ ㄴ, ㄷ
④ ㄴ, ㄹ   ⑤ ㄷ, ㄹ

03 민사 재판으로 해결하기에 적절하지 <u>않은</u> 사건은?

① 친구에게 돈을 빌려주었는데 갚지 않아 소송을 제기하였다.
② 음주 운전으로 교통사고를 내고 달아나려던 사람을 고발하였다.
③ 개 짖는 소리와 배설물로 인한 악취 때문에 이웃과 다툼이 발생하였다.
④ 가보로 전해 내려오는 도자기를 깨뜨린 사람에게 손해 배상을 청구하였다.
⑤ 여행사가 관광객에게 설명도 없이 일방적으로 일정을 변경하여 분쟁이 일어났다.

04 민사 재판의 절차인 (가)~(라)를 순서대로 바르게 나열한 것은? 

> (가) 판사의 판결　　　(나) 원고의 소장 제출
> (다) 피고의 답변서 제출　　　(라) 원고와 피고의 변론

① (가) − (라) − (나) − (다)
② (나) − (가) − (라) − (다)
③ (나) − (다) − (라) − (가)
④ (다) − (나) − (라) − (가)
⑤ (다) − (라) − (가) − (나)

중요
05 그림에 나타난 재판에 관한 설명으로 옳은 것을 **보기** 에서 고른 것은?

> **보기**
> ㄱ. 범죄의 유무와 형량을 결정한다.
> ㄴ. 명백한 증거에 의해 진행되어야 한다.
> ㄷ. 범죄 피해자가 법원에 기소함으로써 시작된다.
> ㄹ. 여론이 원할 경우 국민 참여 재판으로 실시된다.

① ㄱ, ㄴ　　　② ㄱ, ㄷ　　　③ ㄴ, ㄷ
④ ㄴ, ㄹ　　　⑤ ㄷ, ㄹ

 **같은 주제 다른 문제**

05-1 위 그림에 나타난 재판에서 다룰 수 <u>없는</u> 사건은?
상 ① 살인 사건　　　② 금품 절도 사건
③ 폭행 치사 사건　　　④ 손해 배상 청구 사건
⑤ 교통사고 뺑소니 사건

06 다음 사례의 재판에 관한 설명으로 옳지 <u>않은</u> 것은?

> 　갑은 을에게 2천만 원을 빌려주었으나 을은 약속한 날이 지났음에도 돈을 갚지 않았다. 이에 갑은 을을 상대로 자신에게 돈을 갚으라는 내용의 소송을 법원에 제기하였다. 법원에서 갑은 을이 2천만 원을 갚아야 한다고 주장하였다. 법원은 "피고는 원고에게 2천만 원을 지급하라."라는 판결을 내렸다.

① 원고는 갑이고, 피고는 을이다.
② 갑과 을은 변호사의 도움을 받을 수 있다.
③ 판사는 피고의 유무죄 형벌 및 형량을 결정한다.
④ 갑은 을에게 돈을 빌려준 사실 및 액수, 돌려받기로 한 시기를 입증해야 한다.
⑤ 을이 판결에 이의를 제기하지 않았는데도 따르지 않을 경우 국가는 판결의 내용을 강제로 집행한다.

07 다음과 같은 절차에 따라 이루어지는 재판으로 옳은 것은?
하

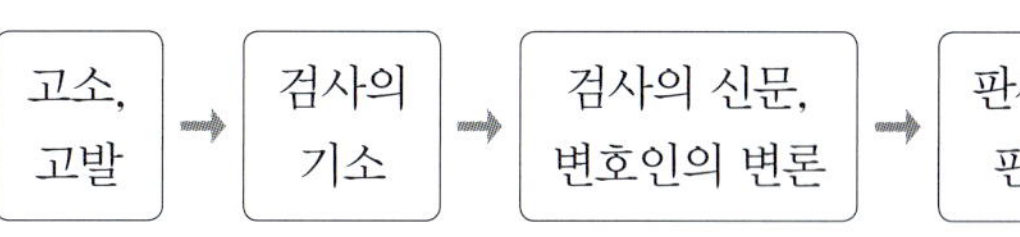

① 가사 재판　　　② 민사 재판　　　③ 선거 재판
④ 행정 재판　　　⑤ 형사 재판

08 다음은 학생이 사회 공부를 하기 위해 만든 단어 카드이다. 내용이 옳지 <u>않은</u> 것은?

① **검사** 법원에 공소를 제기하는 사람

② **원고** 민사 소송을 제기한 사람

③ **판사** 재판에서 판결을 내리는 사람

④ **피고** 민사 소송을 당한 사람

⑤ **피의자** 범죄 혐의가 있어 형사 재판을 받는 사람

09 다음과 같은 제도가 공통적으로 추구하는 목적으로 가장 적절한 것은?

> • 심급 제도 • 사법권의 독립
> • 공개 재판주의 • 증거 재판주의

① 법관의 신분과 임기를 보장한다.
② 공정한 재판을 통해 국민의 권리를 보장한다.
③ 비용과 시간을 절약하여 분쟁을 신속하게 해결한다.
④ 법원의 판결에 국민의 여론을 적극적으로 반영한다.
⑤ 국가 기관의 견제와 균형을 통해 권력의 집중을 방지한다.

10 사법권의 독립에 관한 설명으로 옳지 <u>않은</u> 것은?

① 법관의 임기를 법률로 정해 신분을 보장한다.
② 국민이 선거를 통해 법관을 직접 선출하게 한다.
③ 법에 의해서만 엄격한 판결이 이루어지도록 한다.
④ 법원의 조직이나 운영에 대해 외부의 간섭이나 영향을 받지 않게 한다.
⑤ 공정한 재판을 통해 국민의 자유와 권리를 보장하는 것을 목적으로 한다.

11 국민 참여 재판에 관한 설명으로 옳은 것을 보기 에서 고른 것은?

> **보기**
> ㄱ. 배심원단은 법률 전문가로 구성된다.
> ㄴ. 형사 재판에 한하여 피고인이 원할 경우 시행된다.
> ㄷ. 법관은 배심원의 평결에 따라 판결을 내려야 한다.
> ㄹ. 재판의 공정성과 투명성을 높이는 데 기여하고 있다.

① ㄱ, ㄴ   ② ㄱ, ㄷ   ③ ㄴ, ㄷ
④ ㄴ, ㄹ   ⑤ ㄷ, ㄹ

12 다음 설명에 해당하는 사법 제도로 옳은 것은?

> 사실의 인정은 반드시 그것을 증명할 수 있는 근거에 의해야 한다는 원칙이다. 특히 형사 재판에서 명확한 증거 없이 피고인의 자백만으로 유죄 판결을 받는다면 죄 없는 사람이 억울한 누명을 쓸 수도 있기 때문이다.

① 3심제   ② 심급 제도
③ 사법권의 독립   ④ 공개 재판주의
⑤ 증거 재판주의

13 그림에 나타난 제도를 실시하고 있는 목적으로 옳은 것은?

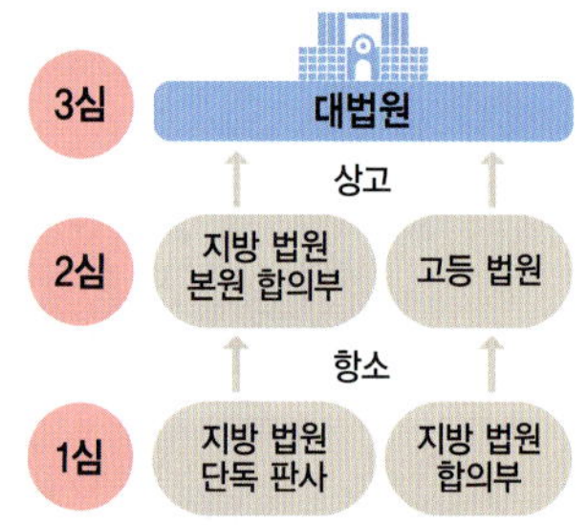

① 신속한 분쟁 해결   ② 법관의 지위 향상
③ 공정한 재판의 실현   ④ 사법권의 독립 보장
⑤ 국가 권력의 남용 방지

같은 주제 다른 문제

13-1 위 제도에 관한 설명으로 옳은 것은?

① 형사 재판만을 3심제로 하는 것이 원칙이다.
② 재판을 제기한 원고나 검사만이 상소를 신청할 수 있다.
③ 법관의 잘못된 판결을 바로잡을 수 있는 기회를 제공한다.
④ 1심에서 2심으로의 재판 청구는 상고, 2심에서 3심으로의 재판 청구는 항소이다.
⑤ 상급 법원의 판결에 불만이 있을 경우 하급 법원에 다시 재판을 청구할 수 있는 제도이다.

01 자료를 보고 물음에 답하시오.

우리 사회에는 다양한 분쟁이나 범죄가 발생한다. 이러한 다툼이나 사건에 대해 법원이 법적인 판단을 내리는 것을 (㉠)(이)라고 한다. 이러한 (㉠)의 단점은 ______________ (가) ______________ 그래서 분쟁을 해결하기 위한 대안으로 합의나 조정을 마련하고 있다.

(1) 빈칸 ㉠에 공통적으로 들어갈 용어를 쓰시오.

____

(2) 밑줄 친 (가)에 들어갈 내용을 세 가지 서술하시오.

____

____

02 (가), (나)에 해당하는 재판을 쓰고, 그 차이점을 재판 내용을 중심으로 서술하시오.

____

____

03 빈칸 ㉠에 들어갈 제도를 쓰시오.

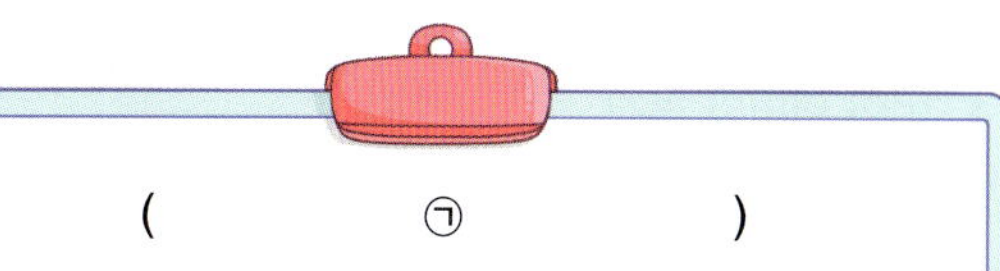

(㉠)

- **의미**: 재판이 외부 기관의 영향을 받지 않고 공정하게 이루어지는 것
- **실현 방법**: 법원의 조직과 운영이 다른 국가 기관의 간섭을 받지 않게 하는 것, 법관의 신분을 법률로 보장하는 것 등

____

04 빈칸 ㉠에 들어갈 재판의 원칙을 쓰시오.

소송 당사자들만 재판에 참여할 수 있는 것이 아니다. 공정한 재판을 위해 (㉠)에 따라 일반인들도 재판을 방청할 수 있다.

____

05 자료를 보고 물음에 답하시오.

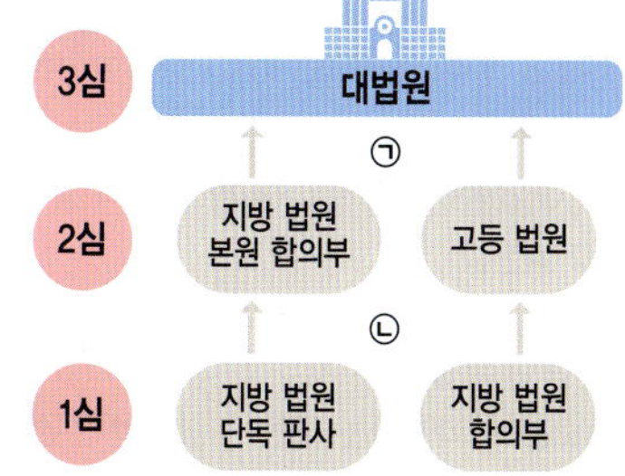

(1) 빈칸 ㉠, ㉡에 들어갈 용어를 쓰시오.

㉠ ________________   ㉡ ________________

(2) 위 제도를 쓰고, 그 목적을 두 가지 서술하시오.

____

____

01 법의 의미와 목적

1 법의 의미와 특징

(1) 사회 규범의 의미와 종류

의미	• 갈등과 분쟁을 해결하고 사회 질서를 유지하기 위해 사회 구성원들이 합의하여 만든 규칙 • 사람들이 사회생활을 하면서 따라야 할 행동의 기준
종류	• 관습: 한 사회에서 오랫동안 지켜져 내려온 행동 양식이나 풍습 예 돌잔치, 장례식 • 종교 규범: 특정 종교에서 지키도록 정해 놓은 교리나 계율 예 십계명, 불경 • 도덕: 인간이 마땅히 지켜야 할 바람직한 행동의 기준 예 효도, 어른 공경 • (❶　　　): 사회 구성원의 합의에 따라 국가가 정한 사회 규범 예 식품 위생법, 동물 보호법

(2) 법의 특징

강제성	다른 사회 규범과 다르게 법을 위반할 경우 국가로부터 공식적인 제재를 받음
명확성	사회 구성원들이 지켜야 할 규범을 구체적이며 명확하게 규정하고 있음

(3) 법과 도덕의 비교

구분	도덕	법
강제성	없음	있음
위반할 때	사회적 비난, 양심의 가책	국가에 의한 제재
판단 기준	양심과 동기	행위의 결과
특징	자율성	강제성
목적	선의 실현	정의의 실현

2 법의 기능과 목적

기능	• 분쟁의 예방 및 해결: 공정하고 객관적인 판단 기준을 제시하여 사회에서 발생하는 분쟁을 예방하거나 해결함 • 개인의 권리 보호: 개인이 어떤 권리를 갖는지 명시하고, 권리를 침해하는 행위를 제재함으로써 개인의 권리를 보호함 • 공공복리 추구: 소수 집단이나 개인의 이익이 아니라 사회 전체의 이익을 추구함
목적	• 모든 사람에게 각자 받아야 할 정당한 몫을 주어 (❷　　　)을/를 실현함 • 정의: 모든 사람이 인간으로서 동등한 대우를 받고 각자 노력한 만큼의 몫을 얻는 것 • 정의로운 사회에서는 모든 사람들이 인간답게 살 수 있는 권리를 보장받고 공평하게 기회를 얻음

▲ 정의를 상징하는 정의의 여신상과 해태상

02 법의 종류

1 공법과 사법

(1) 공법

의미	국가와 개인 또는 국가 기관 간의 공적인 생활 관계를 규율하는 법
종류	• (❸　　　): 국민의 권리와 의무, 국가의 통치 구조와 운영 원리 등을 규정한 최고법 • 형법: 범죄의 종류와 그에 따른 형벌의 내용과 정도를 규정한 법

(2) 사법

의미	개인과 개인 사이의 사적인 생활 관계를 규율하는 법
종류	• (❹　　　): 개인의 재산 관계 및 가족 관계에 관한 권리와 의무 등을 규정한 법 • 상법: 기업에 관한 사항과 상거래와 관련된 경제생활 관계를 규정한 법

▲ 공법　선거와 같이 공적인 생활 관계를 다루는 법

▲ 사법　결혼과 같이 사적인 생활 관계를 다루는 법

2 사회법

의미	사적인 생활 영역에 국가가 개입하는 법
등장 배경	근대 사회에서는 개인의 자유를 보장하기 위해 국가 개입을 최소화하였음 → 자본주의의 발달에 따라 빈부 격차, 노동 문제, 환경 오염 등이 나타남 → 사회 문제를 국가가 해결해야 한다는 요구에 따라 사회법이 등장함
목적	• 사회적·경제적 약자 보호 • 모든 국민의 인간다운 생활 보장
특징	• 개인 간의 생활 영역에 국가가 개입하기 때문에 사법과 공법의 중간적 성격을 가짐 • 현대 복지 국가에서 중요성이 커짐
내용	• 노동법: 노동자의 권리와 근로 조건 규정, 노사 간의 이해관계 조정 예 근로 기준법, 최저 임금법 • (❺　　　): 공정한 경제 질서를 유지하여 기업의 자유로운 경쟁 보장, 소비자의 권익 보호 예 소비자 기본법, 독점 규제 및 공정 거래에 관한 법률 • 사회 보장법: 사회적·경제적 약자 보호, 모든 국민의 인간다운 생활 보장 예 국민 기초 생활 보장법, 국민 건강 보험법, 국민연금법

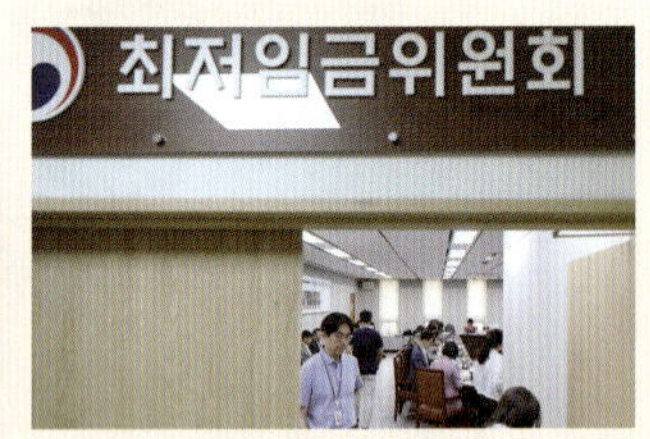

▲ 사회법이 적용된 우리 사회의 모습(장애인 직업 재활 시설과 최저 임금 위원회)

03 재판의 종류와 공정한 재판

1 재판의 의미와 종류

(1) 재판의 의미와 기능

의미	법원이 분쟁 사건에 관하여 법적인 판단을 내리는 과정
기능	• 분쟁의 예방과 해결 • 사회 질서 유지 • 개인의 권리 보호 • 정의 실현

(2) 재판의 종류

민사 재판	개인과 개인 사이의 분쟁을 해결하는 재판 예 다른 사람에게 돈을 빌려주고 받지 못해 다툼이 발생하거나 상대방이 계약을 어겨 손해가 발생했을 때 민사 재판 청구
(❻　　　)	범죄가 발생했을 때 범죄 여부를 판단하고 형벌의 종류와 정도를 정하는 재판 예 폭행이나 절도와 같은 범죄가 발생했을 때 국가가 범죄 사실을 밝히고 형벌의 종류와 정도를 결정함

(3) 민사 재판의 절차

절차	(❼　　　)의 소장 제출 → 피고의 답변서 제출 → 원고와 피고의 변론 → 판사의 판결
민사 재판정	

(4) 형사 재판의 절차

절차	고소 또는 고발 → (❽　　　)의 기소 → 검사의 신문, 변호인의 변론 → 판사의 판결
형사 재판정	

2 공정한 재판을 위한 제도

(1) 사법권의 독립

의미	재판이 외부의 영향을 받지 않고 공정하게 이루어지도록 하는 것
실현 방법	• 법원의 독립: 법원의 조직과 운영이 다른 국가 기관의 간섭이나 영향을 받지 않도록 헌법으로 보장함 • 법관의 신분 보장: 법관이 헌법과 법률, 양심에 따라 심판할 수 있도록 법관의 임기를 정하여 신분을 보장함

(2) 공개 재판주의와 증거 재판주의

(❾　　　)	재판의 심리와 판결을 소송 당사자뿐만 아니라 일반 시민에게도 공개해야 한다는 원칙
증거 재판주의	재판은 구체적이고 명확하며 적법하게 수집된 증거를 바탕으로 진행되어야 한다는 원칙

▲ 공개 재판주의

▲ 증거 재판주의

(3) 심급 제도

의미	한 사건에 대해 급이 다른 법원에서 여러 번 재판을 받을 수 있게 한 제도 → 3심제 원칙
목적	• 법관의 잘못된 판결로 발생할 수 있는 국민의 피해를 최소화함 • 공정한 재판을 통해 국민의 기본권을 보장함
(❿　　　)	• 의미: 재판 당사자가 하급 법원의 판결에 불만이 있는 경우 상급 법원에 재판을 다시 청구하는 것 • 항소: 1심 법원의 판결에 불복하여 2심 재판을 청구하는 것 • 상고: 2심 법원의 판결에 불복하여 3심 재판을 청구하는 것

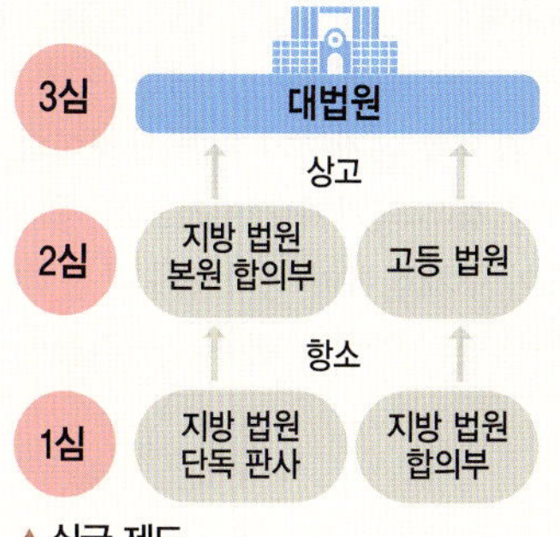

▲ 심급 제도

대단원 실전 문제

01 다음과 같은 사회 규범에 해당하는 사례로 옳은 것은?

> 한 사회에서 오랫동안 지켜져 내려온 행동 양식이나 풍습을 말한다.

① 주일에는 거룩하게 지내야 한다.
② 설날이나 추석에는 성묘를 해야 한다.
③ 일정한 시각이 되면 예배를 드려야 한다.
④ 재산이 있다면 국가에 세금을 내야 한다.
⑤ 회사를 차리려면 설립 등기를 해야 한다.

02 교사의 질문에 답한 내용 중 옳지 <u>않은</u> 것은?

① 아기가 태어나면 출생 신고를 해야 해요.
② 길을 건널 때에는 교통 신호를 지켜야 해요.
③ 운전 중인 자동차 안에서는 안전띠를 매야 해요.
④ 대중교통을 이용할 때 노약자에게 자리를 양보해야 해요.
⑤ 음악 파일을 다운로드할 때에는 저작권료를 지불해야 해요.

03 다른 사회 규범과 구별되는 법만의 특징으로 옳은 것을 보기 에서 고른 것은?

> **보기**
> ㄱ. 사회 질서를 유지하기 위한 규칙이다.
> ㄴ. 위반할 경우 국가가 강제적으로 제재한다.
> ㄷ. 내용이 구체적이며 명확하게 규정되어 있다.
> ㄹ. 인간 내면의 양심과 행동의 동기를 중요시한다.

① ㄱ, ㄴ ② ㄱ, ㄷ ③ ㄴ, ㄷ
④ ㄴ, ㄹ ⑤ ㄷ, ㄹ

04 (가), (나)의 사회 규범에 관한 설명으로 옳은 것을 보기 에서 고른 것은?

> (가) 법 　　　　　　(나) 도덕

> **보기**
> ㄱ. (가)를 지키지 않을 경우 국가의 제재를 받는다.
> ㄴ. (나)는 사회 구성원의 합의에 따라 국가가 정한다.
> ㄷ. (가)는 행위의 결과, (나)는 행위의 동기를 규율한다.
> ㄹ. (나)는 (가)에 비해 공정하고 객관적인 판단 기준을 제공한다.

① ㄱ, ㄴ ② ㄱ, ㄷ ③ ㄴ, ㄷ
④ ㄴ, ㄹ ⑤ ㄷ, ㄹ

05 법의 기능으로 적절하지 <u>않은</u> 것은?

① 국가 권력을 강화한다.
② 사회 질서를 유지한다.
③ 침해된 권리를 구제한다.
④ 분쟁을 예방하거나 해결한다.
⑤ 범죄로부터 사람들을 보호한다.

06 자료에 관한 설명으로 옳은 것을 보기 에서 고른 것은?

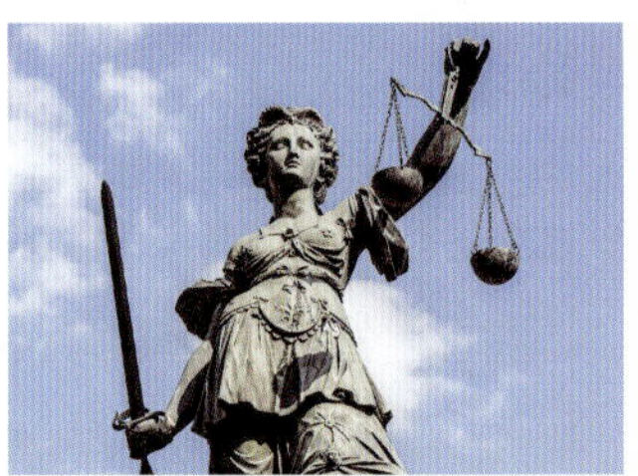

> **보기**
> ㄱ. 칼은 법의 자율성을 나타낸다.
> ㄴ. 법의 궁극적인 목적인 정의를 상징한다.
> ㄷ. 저울은 공평한 판결을 내리겠다는 의미이다.
> ㄹ. 눈을 감은 것은 인간 내면을 규율하겠다는 뜻이다.

① ㄱ, ㄴ ② ㄱ, ㄷ ③ ㄴ, ㄷ
④ ㄴ, ㄹ ⑤ ㄷ, ㄹ

07 다음은 인터넷 검색 결과이다. 검색창 (가)에 들어갈 법으로 옳은 것은?

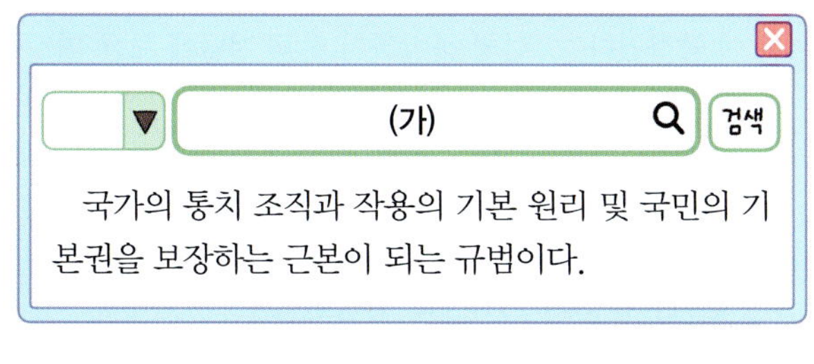

① 헌법 ② 형법 ③ 민법
④ 상법 ⑤ 사회 보장법

08 그림에 나타난 생활 영역에 적용되는 법으로 옳은 것은?

① 민법 ② 상법 ③ 헌법
④ 형법 ⑤ 행정법

09 제시된 학습 목표에 따라 활동을 옳게 수행한 모둠은?

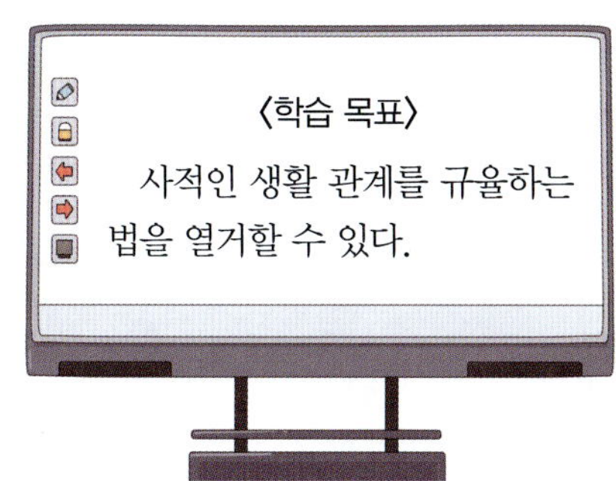

① 1번 모둠: 민법, 상법
② 2번 모둠: 상법, 헌법
③ 3번 모둠: 형법, 소송법
④ 4번 모둠: 행정법, 노동법
⑤ 5번 모둠: 경제법, 사회 보장법

10 사법 영역에 해당하는 내용으로 옳은 것을 보기 에서 고른 것은?

보기
ㄱ. 18세가 되면 혼인할 수 있다.
ㄴ. 부동산을 사고팔 때는 계약서를 작성한다.
ㄷ. 18세 이상의 국민이라면 누구나 선거에 참여할 수 있다.
ㄹ. 경제적으로 생활이 어려운 노인에게 기초 연금을 지급한다.

① ㄱ, ㄴ ② ㄱ, ㄷ ③ ㄴ, ㄷ
④ ㄴ, ㄹ ⑤ ㄷ, ㄹ

11 사회법에 관한 설명으로 옳은 것은?
① 헌법, 형법 등이 속한다.
② 개인의 자유를 최대한 보장하고자 한다.
③ 국가 기관 간의 공적 생활 관계를 규율한다.
④ 모든 국민의 인간다운 생활을 보장하는 것을 목적으로 한다.
⑤ 가족 관계, 재산 관계 등과 관련한 개인의 권리와 의무를 다룬다.

12 (가)~(다)에 관한 설명으로 옳은 것을 보기 에서 고른 것은?

| (가) 사법 | (나) 공법 | (다) 사회법 |

보기
ㄱ. (가)는 사회적 약자를 보호하기 위한 법이다.
ㄴ. (나)에는 헌법, 형법 등이 있다.
ㄷ. (다)는 현대 사회에서 중요성이 감소되고 있다.
ㄹ. (다)는 (가)와 (나)의 중간적인 성격을 가진다.

① ㄱ, ㄴ ② ㄱ, ㄷ ③ ㄴ, ㄷ
④ ㄴ, ㄹ ⑤ ㄷ, ㄹ

13 다음 법들의 공통점으로 옳지 <u>않은</u> 것은?

> • 근로 기준법　　　　• 소비자 기본법
> • 장애인 복지법　　　• 국민 기초 생활 보장법

① 공법과 사법의 중간적 성격을 가진다.
② 오늘날과 같은 복지 국가에서 그 중요성이 강조되고 있다.
③ 사회적 또는 경제적으로 불리한 위치에 놓인 사람들을 보호한다.
④ 사적인 생활 영역에 국가의 개입을 최소화하기 위해 등장하였다.
⑤ 모든 사람에게 최소한의 인간다운 삶을 보장하는 것을 내용으로 한다.

14 밑줄 친 (가)에 들어갈 내용으로 옳은 것을 보기 에서 고른 것은?

> 교사: 사회법의 등장 배경은 무엇일까요?
> 학생: 사회법은 ＿＿＿＿＿(가)＿＿＿＿＿ 하기 위해 나타났습니다.

> **보기**
> ㄱ. 국민의 복지를 향상
> ㄴ. 사회 질서를 어지럽힌 사람을 처벌
> ㄷ. 사적 영역의 문제를 국가가 개입하여 해결
> ㄹ. 개인의 자유로운 경제 활동을 최대한 보장

① ㄱ, ㄴ　　　② ㄱ, ㄷ　　　③ ㄴ, ㄷ
④ ㄴ, ㄹ　　　⑤ ㄷ, ㄹ

15 재판에 관한 설명으로 옳지 <u>않은</u> 것은?

① 사회 정의를 실현하는 데 기여한다.
② 대표적으로 민사 재판과 형사 재판이 있다.
③ 법을 적용하여 옳고 그름을 밝히는 과정이다.
④ 비용의 부담 없이 분쟁을 신속하게 해결할 수 있다.
⑤ 국가의 법질서를 유지함으로써 국민의 이익을 보호한다.

16 밑줄 친 '재판'에 관한 설명으로 적절하지 <u>않은</u> 것은?

> 갑은 휴가를 보내기 위해 A 여행사의 관광 상품을 계약하였다. 그런데 출발하기 하루 전날에 모든 일정이 취소되었다면서 비용을 환불해 주겠다는 여행사의 연락을 받았다. 갑은 갑작스러운 취소 통보로 인한 손해 배상을 요구하기 위해 여행사를 상대로 <u>재판</u>을 청구하였다.

① 원칙적으로 3심제로 진행된다.
② 갑은 원고, A 여행사는 피고가 된다.
③ 판결에 불만이 있다면, 소송 당사자는 상소할 수 있다.
④ 판결에 불만이 없다면, 피고는 재판의 결과에 반드시 따라야 한다.
⑤ 분쟁 당사자의 사생활 보호를 위해 재판의 과정과 결과는 무조건 비공개로 한다.

17 형사 재판에 관한 설명으로 옳은 것을 보기 에서 고른 것은?

> **보기**
> ㄱ. 원고가 소장을 제출하면서 시작된다.
> ㄴ. 개인 간의 권리와 의무에 관한 다툼을 해결한다.
> ㄷ. 공개 재판주의와 증거 재판주의에 따라 진행된다.
> ㄹ. 판사는 범죄의 유무와 형벌 정도에 대한 판결을 내린다.

① ㄱ, ㄴ　　　② ㄱ, ㄷ　　　③ ㄴ, ㄷ
④ ㄴ, ㄹ　　　⑤ ㄷ, ㄹ

18 (가), (나)의 재판에 관한 설명으로 옳은 것은?

① (가)는 형사 재판을 나타낸다.
② (가)에서 방청인은 배심원이다.
③ (나)는 개인 간의 다툼을 해결한다.
④ (나)는 검사의 공소 제기로 시작된다.
⑤ (가)와 (나)에서 국민 참여 재판이 실시된다.

19 공정한 재판을 위한 방법으로 적절하지 <u>않은</u> 것은?

① 3심 제도를 운영한다.
② 심급 제도를 실시한다.
③ 사법권의 독립을 보장한다.
④ 재판은 비공개를 원칙으로 한다.
⑤ 증거를 바탕으로 판결을 내리도록 한다.

20 사법권의 독립을 보장하기 위한 방법으로 옳은 것을 보기 에서 고른 것은?

보기
ㄱ. 국민 참여 재판 제도를 실시한다.
ㄴ. 법관의 신분을 법적으로 보장한다.
ㄷ. 법원의 구성원을 선거를 통해 선출한다.
ㄹ. 법원의 조직과 운영이 외부의 영향을 받지 않게 한다.

① ㄱ, ㄴ　　② ㄱ, ㄷ　　③ ㄴ, ㄷ
④ ㄴ, ㄹ　　⑤ ㄷ, ㄹ

21 그림에 나타난 제도에 관한 설명으로 옳은 것을 보기 에서 고른 것은?

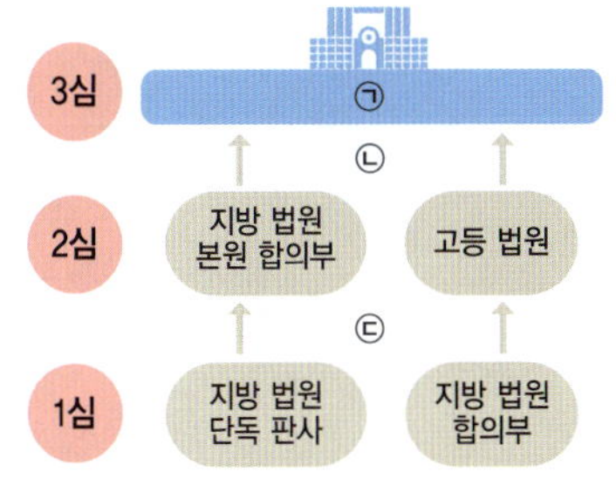

보기
ㄱ. ⓒ은 헌법 재판소이다.
ㄴ. ⓒ은 상고, ⓒ은 항소이다.
ㄷ. 우리나라에서는 민사 재판만을 3심제로 운영한다.
ㄹ. 재판 과정의 오류나 잘못된 판결에 따른 피해를 방지하고자 한다.

① ㄱ, ㄴ　　② ㄱ, ㄷ　　③ ㄴ, ㄷ
④ ㄴ, ㄹ　　⑤ ㄷ, ㄹ

22 빈칸 ⓒ에 들어갈 용어를 쓰고, 그 의미를 서술하시오.

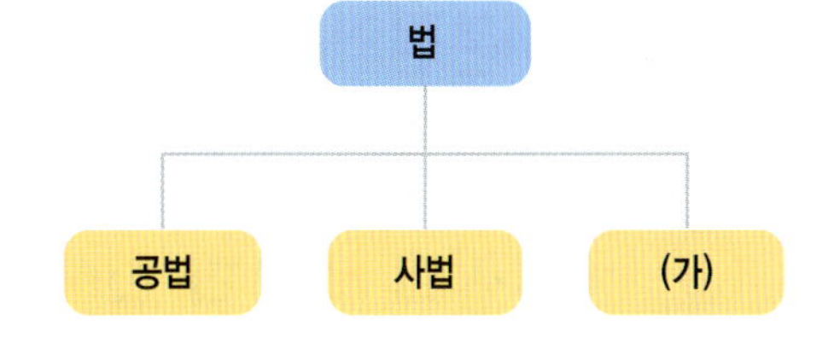

23 자료는 법을 생활 영역에 따라 구분한 것이다. (가)에 들어갈 법을 쓰시오.

```
            법
   ┌────────┼────────┐
  공법      사법     (가)
```

24 자료를 보고 물음에 답하시오.

> 갑의 아들이 공놀이를 하던 중 옆집 개에게 물려 얼굴에 큰 상처를 입었다. 갑은 개 주인인 을에게 아들의 치료비와 성형 수술 비용을 줄 것을 요구하였으나, 을은 치료비는 줄 수 있으나 성형 수술 비용은 책임질 수 없다고 주장하였다. 이에 갑은 을을 상대로 소송을 제기하였다.

(1) 위와 같은 사건을 다루는 재판을 쓰시오.

(2) 위의 재판에서 원고와 피고를 찾아 쓰고, 그 이유를 서술하시오.

12

인권과
기본권

▼ 인권 보장을 위해서는 인권 감수성을 키워 나가야 한다.

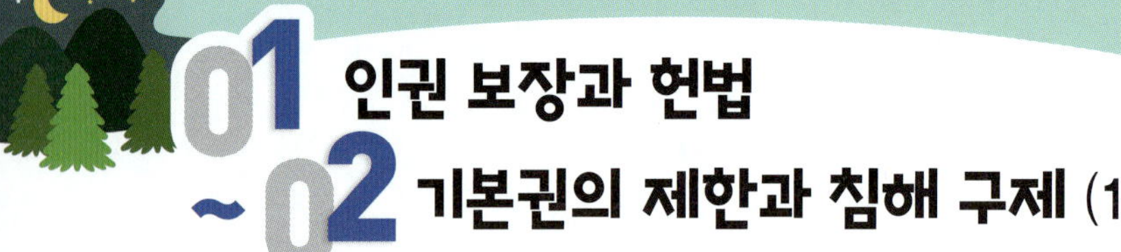

01~02 인권 보장과 헌법 / 기본권의 제한과 침해 구제 (1)

1 인권의 의미와 인권 침해

1 인권의 의미와 특징

출제 tip 인권의 의미와 특징을 묻는 문제가 자주 출제

(1) 의미 인간이라면 마땅히 누려야 할 기본적인 권리

(2) 특징

┌ 천부 인권이라고도 해.

천부적 권리	하늘이 부여하여 인간이 태어나면서 가지는 권리
자연적 권리	국가가 법으로 보장하기 이전에 인간에게 주어진 권리
보편적 권리	국적, 성별, 인종, 나이 등과 상관없이 모든 사람에게 주어지는 권리
❶**불가침의 권리**	다른 사람이나 국가 기관이 함부로 침해할 수 없는 권리

└ 남에게 양도하거나 빼앗길 수 없어.

2 인권 침해

┌ 물리적이거나 정신적인 것이 모두 포함돼.

인권 침해는 누구에게나 일어날 수 있으며, 국가 기관이나 단체뿐만 아니라 나도 누군가의 인권을 침해하는 당사자가 될 수도 있어!

(1) 의미 인권을 제대로 보장받지 못하거나 침해당하는 것

자료 1 **(2) 일상생활 속 인권 침해** 법과 제도를 통해 인권 보장을 위해 노력하지만 여전히 일상생활 속에서 인권 침해가 발생하고 있음

(3) 예시 모욕이나 폭행 등으로 인간의 존엄성을 훼손하는 행위, 외모나 인종 등으로 차별하는 행위, 다른 사람의 개인 정보를 함부로 ❷유출하는 행위

(4) 발생 원인 사회 구성원의 ❸편견이나 ❹고정 관념, 사회나 집단의 ❺관습이나 관행, 국가의 잘못된 법률과 제도 등

자료 2 **(5) 인권 ❻감수성** ┌ 타인의 어려움을 이해하고, 그것을 인권 문제로 인식하여 해결 방향을 모색할 수 있는 출발점이 돼.

① 의미: 인권과 관련된 문제에 대해 민감하게 받아들이고 느끼는 것

② 필요성: 인권 침해를 방지하고 우리의 소중한 인권을 지키기 위함

2 우리 헌법이 보장하는 기본권

1 인권 보장과 기본권

┌ 우리나라도 헌법에 인권 보장과 관련한 다양한 국민의 권리와 국가의 역할 및 권한을 명시하고 있어.

(1) 인권 보장과 헌법의 역할 대부분의 민주 국가에서는 국가의 최고법인 헌법을 통해 인권을 보장하고 있음 ┌ 한 나라의 최고법으로, 국민의 기본권을 명시하고 이를 보장하기 위한 국가 기관의 구성과 운영 원리를 규정하고 있어.

(2) 인권과 기본권

인권	국가가 보장하기 전부터 갖는 자연적인 권리
기본권	인권 중에서 헌법에 규정하여 보장하는 권리

(3) 헌법을 통해 기본권을 보장하는 까닭 국가의 부당한 간섭과 침해로부터 국민의 자유와 권리를 지키고 적극적으로 보장하기 위함

자료 3 ### 2 기본권의 종류

출제 tip 기본권의 종류를 묻는 문제가 자주 출제

더 알기 **(1) 인간의 ❼존엄과 가치 및 행복 추구권** ┌ 물질적 풍요뿐만 아니라 정신적 만족을 추구할 수 있는 포괄적 권리를 말해.

의미	모든 인간이 인간이라는 이유만으로 존중받으며 행복을 추구할 수 있는 권리
내용	• 헌법에 보장된 기본권의 토대 • 모든 기본권이 추구하는 ❽궁극적 가치

용어 풀이

❶ 불가침: 침범하여서는 안 됨
❷ 유출: 밖으로 흘러 나가거나 흘려 내보냄
❸ 편견: 공정하지 못하고 한쪽으로 치우친 생각
❹ 고정 관념: 마음속에 늘 자리 잡고 흔들리지 않는 생각
❺ 관습: 예로부터 되풀이되어 온 집단적 행동 양식
❻ 감수성: 외부 세계의 자극을 받아들이고 느끼는 성질
❼ 존엄: 인물이나 지위 등이 감히 범할 수 없을 정도로 높고 엄숙함
❽ 궁극: 어떤 과정의 마지막이나 끝

자료 1 일상생활 속 인권 침해 사례

오늘날 우리 사회는 법과 제도를 통해 인권을 보장하고자 노력하지만 여전히 일상생활 속에서는 다양한 인권 침해 문제가 나타나고 있다.

자료 2 생활 속 인권 감수성

뉴욕의 디자이너 사라 헨드렌은 인권 감수성을 발휘하여 세상을 향해 스스로 움직이는 장애인의 모습을 능동적이고 역동적으로 표현하였다.

더 알기 헌법 제10조

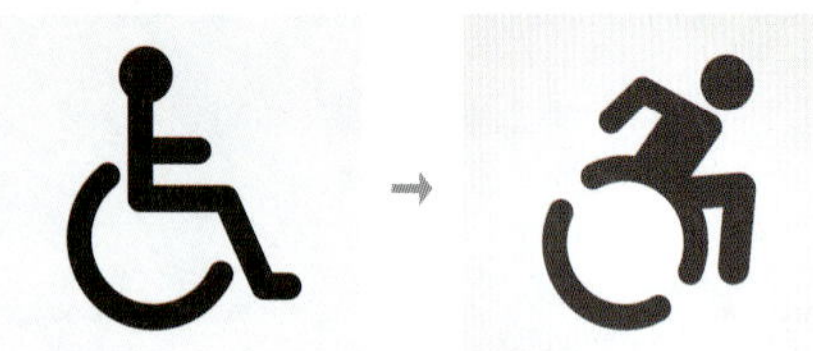

제10조 모든 국민은 인간으로서의 존엄과 가치를 가지며, 행복을 추구할 권리를 가진다. 국가는 개인이 가지는 불가침의 기본적 인권을 확인하고 이를 보장할 의무를 진다.

우리나라는 헌법 제10조에 모든 국민이 인간으로서의 존엄과 가치 및 행복 추구권을 가진다고 명시함으로써 모든 사람이 자기 일을 스스로 결정할 수 있으며, 개인의 행복을 추구할 수 있도록 보장하고 있다.

(2) 평등권

의미	모든 국민이 정치적·경제적·사회적·문화적 생활의 모든 영역에서 부당하게 차별받지 않고 동등하게 대우받을 권리
내용	모든 국민이 법 앞에 평등하며, 누구든지 성별, 종교, 사회적 신분에 의해 차별받지 않음

(3) 자유권

인권	개인의 자유로운 생활에 대해 국가의 간섭이나 침해를 받지 않을 권리
내용	신체의 자유, 종교의 자유, 표현의 자유, 사생활의 자유, 직업 선택의 자유, 재산권 등

(4) 참정권

의미	국민이 국가 기관의 형성과 국가의 정치적 의사 결정에 참여할 수 있는 권리
내용	❶선거권, ❷공무 담임권, ❸국민 투표권 등

(5) 청구권

의미	국가에 대하여 일정한 행위를 요구하거나 침해당한 기본권의 구제를 요청할 수 있는 수단적 성격의 적극적인 권리
내용	재판 청구권, ❹청원권, ❺국가 배상 청구권 등

(6) 사회권

의미	국가에 대해 인간다운 생활의 보장을 요구할 수 있는 적극적인 권리
내용	교육을 받을 권리, 근로의 권리, 사회 보장을 받을 권리, 건강하고 쾌적한 환경에서 생활할 권리 등

3 기본권의 제한

1 기본권 제한의 필요성

(1) 개인이 자신의 기본권을 행사하는 과정에서 다른 사람의 기본권과 충돌하는 경우가 발생하기도 하고, 사회 질서를 어지럽히거나 공동체의 이익을 해치는 경우가 발생할 수도 있음
└ 자유권을 행사한다는 이유로 다른 사람에 대한 폭행이 용납된다면 사회 질서는 무너질 거야.

(2) 헌법에서 기본권 제한의 요건과 한계를 명시함으로써 국가 권력에 의한 과도한 기본권 제한을 방지하고자 함

 2 기본권 제한의 요건과 한계 출제tip 기본권 제한의 요건 및 한계와 이를 헌법에 명시한 이유를 묻는 문제가 자주 출제

(1) 내용

제한의 목적	국가 안전 보장, 질서 유지, ❻공공복리를 위한 목적 외에는 제한할 수 없음
제한의 정도	목적을 달성하기 위해 필요한 경우에 한하여 제한
제한의 형식	국회가 제정한 법률로써 제한
제한의 한계	제한하는 경우에도 자유와 권리의 본질적인 내용은 침해할 수 없음

(2) **기본권 제한의 요건과 한계를 헌법에 명시한 이유** 국가 권력의 ❼남용을 방지하여 국민의 자유와 권리를 최대한 보장하기 위함

 기본권의 종류와 관련 헌법 조항

평등권

제11조 ① 모든 국민은 법 앞에 평등하다. 누구든지 성별·종교 또는 사회적 신분에 의하여 …… 모든 영역에 있어서 차별을 받지 아니한다.

자유권

제15조 모든 국민은 직업 선택의 자유를 가진다.

참정권

제24조 모든 국민은 법률이 정하는 바에 의하여 선거권을 가진다.

청구권

제29조 ① 공무원의 직무상 불법 행위로 손해를 받은 국민은 …… 국가 또는 공공 단체에 정당한 배상을 청구할 수 있다. ……

사회권

제31조 ① 모든 국민은 능력에 따라 균등하게 교육을 받을 권리를 가진다.

 기본권 제한의 요건과 한계

헌법 제37조 ② 국민의 모든 자유와 권리는 국가 안전 보장·질서 유지 또는 공공복리를 위하여 필요한 경우에 한하여 법률로써 제한할 수 있으며, 제한하는 경우에도 자유와 권리의 본질적인 내용을 침해할 수 없다.

기본권 제한의 요건과 한계를 명시한 이유는 국가 권력이 함부로 기본권을 침해할 수 없게 하여 국민의 자유와 권리를 최대한 보장하기 위함이다.

---

❶ 선거권: 대표를 뽑는 선거에 참여할 수 있는 권리
❷ 공무 담임권: 국가 기관이나 공공 단체의 공직을 맡아 공무를 담당할 수 있는 권리
❸ 국민 투표권: 국가의 중요 정책을 국민이 직접 결정할 수 있는 권리
❹ 청원권: 국민이 국가 기관에 자신의 의견이나 희망을 문서로 제출할 수 있는 권리
❺ 국가 배상 청구권: 공무원의 직무상 불법 행위로 손해를 입었을 때 국가에 정당한 배상을 청구할 수 있는 권리
❻ 공공복리: 사회 구성원 전체의 행복과 이익
❼ 남용: 일정한 기준이나 한도를 넘어서 함부로 씀

01 빈칸에 알맞은 말을 쓰시오.

(1) 인간이 인간답게 살아가기 위해 마땅히 누려야 할 기본적인 권리를 (　　　　)(이)라고 한다.

(2) 대부분의 민주 국가에서는 (　　　　)을/를 통해 인권을 보장하고 있다.

(3) (　　　　)은/는 개인의 자유로운 생활에 대해 국가의 간섭을 받지 않을 권리이다.

02 다음 기본권과 그 내용을 바르게 선으로 연결하시오.

(1) 사회권 •

(2) 청구권 •

(3) 평등권 •

　　ㄱ. 불합리한 차별을 받지 않을 권리

　　ㄴ. 국가에 대해 인간다운 생활의 보장을 요구할 수 있는 권리

　　ㄷ. 기본권 침해 시 국가에 대해 일정한 행위를 요구할 수 있는 권리

03 다음 중 알맞은 말에 ○표 하시오.

> 제37조 ② 국민의 모든 자유와 권리는 (국가 안전 보장, 국가 권력 강화)·질서 유지 또는 공공복리를 위하여 필요한 경우에 한하여 (명령, 법률)(으)로써 제한할 수 있으며, 제한하는 경우에도 자유와 권리의 본질적인 내용을 침해할 수 (있다, 없다).

04 참정권에 해당하는 권리를 보기 에서 골라 기호를 쓰시오.

> **보기**
> ㄱ. 청원권　　　　　ㄴ. 공무 담임권
> ㄷ. 국민 투표권　　　ㄹ. 국가 배상 청구권

05 다음 설명이 맞으면 ○표, 틀리면 ×표 하시오.

(1) 인권은 국가가 법과 제도를 통해 부여하는 시민적 권리이다. (　　)

(2) 기본권 제한의 한계를 헌법에 명시하는 이유는 국민의 권리를 효율적으로 제한하기 위함이다. (　　)

01 인권에 관한 설명으로 옳은 것은?

① 필요 시 타인에게 양도할 수 있는 권리이다.
② 인간이 태어나면서부터 갖게 되는 권리이다.
③ 일정 연령 이상의 사람에게 부여되는 권리이다.
④ 국가 통치권자가 만든 법에 의해 보장되는 권리이다.
⑤ 공익을 위해 국가가 함부로 침해할 수 있는 권리이다.

같은 주제 다른 문제

01-1 빈칸 ㉠의 특징으로 옳은 것을 보기 에서 고른 것은?

> 인간이라면 누구나 마땅히 누려야 할 기본적인 권리를 (　㉠　)(이)라고 한다.

> **보기**
> ㄱ. 보편적 권리　　　ㄴ. 제한적 권리
> ㄷ. 자연적 권리　　　ㄹ. 차등적 권리

① ㄱ, ㄴ　　　　② ㄱ, ㄷ　　　　③ ㄴ, ㄷ
④ ㄴ, ㄹ　　　　⑤ ㄷ, ㄹ

02 인권 침해 사례에 해당하는 것을 보기 에서 고른 것은?

> **보기**
> ㄱ. 남자라는 이유로 간호사 채용에서 불합격한 A 씨
> ㄴ. 장애인이라는 이유로 공연 관람을 거부당한 B 씨
> ㄷ. 운전 면허가 없다는 이유로 자동차 운전을 제한당한 C 씨
> ㄹ. 만 19세 미만의 청소년이라는 이유로 술과 담배를 구매하지 못한 D 씨

① ㄱ, ㄴ　　　　② ㄱ, ㄷ　　　　③ ㄴ, ㄷ
④ ㄴ, ㄹ　　　　⑤ ㄷ, ㄹ

03 인권 침해에 관한 설명으로 옳은 것은?

① 정신적인 침해는 포함되지 않는다.
② 국가 기관은 침해 주체에 해당하지 않는다.
③ 인권 감수성이 높을수록 인권을 침해하기 쉽다.
④ 현대 민주주의 국가에서는 인권 침해 문제가 나타나지 않는다.
⑤ 사회의 잘못된 관습이나 불합리한 법과 제도 때문에 발생하기도 한다.

04 밑줄 친 인물에 관한 설명으로 옳은 것을 보기 에서 고른 것은?

> 사라 헨드렌은 기존의 픽토그램이 장애를 가진 사람들을 수동적이고 소극적으로 표현하였다고 생각하여 장애인이 세상을 향해 스스로 직접 움직이는 모습의 새로운 픽토그램을 만들게 되었다.

보기
ㄱ. 생활 속에서 인권 감수성을 발휘하였다.
ㄴ. 여성의 참정권 제한에 관한 문제 의식을 가졌다.
ㄷ. 주변에서 발생하고 있는 인권 문제를 민감하게 받아들였다.
ㄹ. 장애인에 관한 부정적인 표현은 인권 침해가 아니라고 여겼다.

① ㄱ, ㄴ   ② ㄱ, ㄷ   ③ ㄴ, ㄷ
④ ㄴ, ㄹ   ⑤ ㄷ, ㄹ

05 인권과 기본권에 관한 설명으로 옳은 것은?

① 헌법을 통해 보장되는 인권을 기본권이라고 한다.
② 인권과 달리 기본권은 국가 권력이 제한할 수 없다.
③ 인권이 시민적 권리라면 기본권은 자연적 권리이다.
④ 기본권과 달리 인권은 국가가 만든 법에 의해 보장된다.
⑤ 두 권리 모두 일정한 조건을 갖춘 사람만 가질 수 있다.

06 빈칸 ㉠에 들어갈 법으로 옳은 것은?

> 오늘날 민주주의 국가에서는 (㉠)을/를 통해 기본적인 인권을 보장한다.

① 규칙   ② 명령   ③ 법률
④ 조례   ⑤ 헌법

07 (가), (나)에서 보장하고 있는 기본권을 바르게 연결한 것은?

	(가)	(나)		(가)	(나)
①	사회권	청구권	②	사회권	참정권
③	청구권	사회권	④	청구권	참정권
⑤	참정권	사회권			

 같은 주제 다른 문제

07-1 다음 자료에 나타난 기본권에 관한 헌법 조항으로 옳은 것은?

① 모든 국민은 법 앞에 평등하다.
② 모든 국민은 근로의 권리를 가진다.
③ 모든 국민은 인간다운 생활을 할 권리를 가진다.
④ 모든 국민은 법률이 정하는 바에 의하여 선거권을 가진다.
⑤ 모든 국민은 언론·출판의 자유와 집회·결사의 자유를 가진다.

08 다음 헌법 조항에 나타난 기본권에 관한 설명으로 옳은 것을 **보기** 에서 고른 것은? (중)

> 제10조 모든 국민은 인간으로서의 존엄과 가치를 가지며, 행복을 추구할 권리를 가진다.

보기
ㄱ. 기본권의 토대가 되는 권리이다.
ㄴ. 다른 기본권을 보장하기 위한 수단이다.
ㄷ. 모든 기본권이 추구하는 궁극적 가치이다.
ㄹ. 국회가 제정한 법률을 통해 보장하는 권리이다.

① ㄱ, ㄴ ② ㄱ, ㄷ ③ ㄴ, ㄷ
④ ㄴ, ㄹ ⑤ ㄷ, ㄹ

09 다음 기본권의 내용으로 옳은 것을 **보기** 에서 고른 것은? (중)

> 침해당한 기본권의 구제를 요청할 수 있는 권리이다.

보기
ㄱ. 청원권 ㄴ. 공무 담임권
ㄷ. 국가 배상 청구권 ㄹ. 사회 보장을 받을 권리

① ㄱ, ㄴ ② ㄱ, ㄷ ③ ㄴ, ㄷ
④ ㄴ, ㄹ ⑤ ㄷ, ㄹ

10 다음 헌법 조항과 관련한 기본권에 관한 설명으로 옳은 것은? (중)

> 제32조 ① 모든 국민은 근로의 권리를 가진다.
> 제35조 ① 모든 국민은 건강하고 쾌적한 환경에서 생활할 권리를 가지며……

① 부당하게 차별받지 않을 권리이다.
② 국가의 간섭이나 침해를 받지 않을 권리이다.
③ 국가의 의사 결정에 참여할 수 있는 권리이다.
④ 국가에 대해 인간다운 생활의 보장을 요구할 수 있는 권리이다.
⑤ 기본권 침해 시 국가에 대해 일정한 행위를 요구할 수 있는 권리이다.

11 기본권 제한의 요건과 한계에 관한 설명으로 옳은 것은? (중)

① 대통령의 명령에 근거해서 제한할 수 있다.
② 국민의 권리는 어떤 경우에도 제한할 수 없다.
③ 자유와 권리의 본질적인 내용은 침해할 수 없다.
④ 사회 질서를 위해 자유롭게 기본권을 제한할 수 있다.
⑤ 제한의 한계를 정한 것은 기본권을 효율적으로 제한하기 위함이다.

12 빈칸 ㉠에 들어갈 수 있는 내용으로 옳은 것을 **보기** 에서 고른 것은? (하)

> 우리 헌법에서는 (㉠)을/를 위해 필요한 경우에 한하여 기본권을 제한할 수 있도록 규정하고 있다.

보기
ㄱ. 공공복리 ㄴ. 질서 유지
ㄷ. 국가 권력 강화 ㄹ. 국민 경제 부흥

① ㄱ, ㄴ ② ㄱ, ㄷ ③ ㄴ, ㄷ
④ ㄴ, ㄹ ⑤ ㄷ, ㄹ

13 밑줄 친 ㉠에 관한 설명으로 옳은 것을 **보기** 에서 고른 것은? (상)

> 코로나19 확진자가 급격히 증가하자 정부는 「감염병의 예방 및 관리에 관한 법률」에 따라 감염자를 ㉠ 강제 격리 조치하였다.

보기
ㄱ. 법률에 근거하여 시행되고 있다.
ㄴ. 공공복리를 위한 목적으로 시행되고 있다.
ㄷ. 권리의 본질적인 내용까지 침해할 수 있다.
ㄹ. 개인의 청구권을 제한하는 내용을 담고 있다.

① ㄱ, ㄴ ② ㄱ, ㄷ ③ ㄴ, ㄷ
④ ㄴ, ㄹ ⑤ ㄷ, ㄹ

▶ 정답 및 해설 28쪽

01 자료를 보고 물음에 답하시오.

> (㉠)은/는 인간이 인간답게 살아가기 위해 마땅히 누려야 할 기본적인 권리이다.

(1) 빈칸 ㉠에 들어갈 개념을 쓰시오.

____

(2) ㉠의 특징을 <u>두 가지</u> 서술하시오.

____

____

02 빈칸 ㉠, ㉡에 들어갈 알맞은 말을 쓰시오.

> 한 나라의 최고법인 (㉠)에 보장된 기본적 인권을 (㉡)(이)라고 한다.

㉠ _______________   ㉡ _______________

03 다음 헌법 조항과 관련한 기본권을 쓰고, 그 의미를 서술하시오.

> 제32조 ① 모든 국민은 근로의 권리를 가진다.
> 제34조 ⑤ 신체 장애자 및 질병·노령 기타의 사유로 생활 능력이 없는 국민은 법률이 정하는 바에 의하여 국가의 보호를 받는다.

____

____

04 다음 설명에 해당하는 기본권의 종류를 쓰시오.

> • 국가에 대하여 일정한 행위를 요구할 수 있는 권리이다.
> • 침해당한 기본권의 구제를 요청할 수 있는 수단적 성격의 적극적인 권리이다.

____

05 자료를 보고 물음에 답하시오.

(1) 자료에서 보장하고 있는 기본권의 종류를 쓰시오.

____

(2) (1)에 해당하는 권리의 내용을 <u>세 가지</u> 쓰시오.

____

06 다음 헌법 조항을 보고 물음에 답하시오.

> 제37조 ② 국민의 모든 자유와 권리는 국가 안전 보장·질서 유지 또는 공공복리를 위하여 필요한 경우에 한하여 (㉠)(으)로써 제한할 수 있으며, 제한하는 경우에도 자유와 권리의 본질적인 내용을 침해할 수 없다.

(1) 빈칸 ㉠에 들어갈 알맞은 말을 쓰시오.

____

(2) 기본권 제한의 요건과 한계를 헌법에 명시하고 있는 이유를 서술하시오.

____

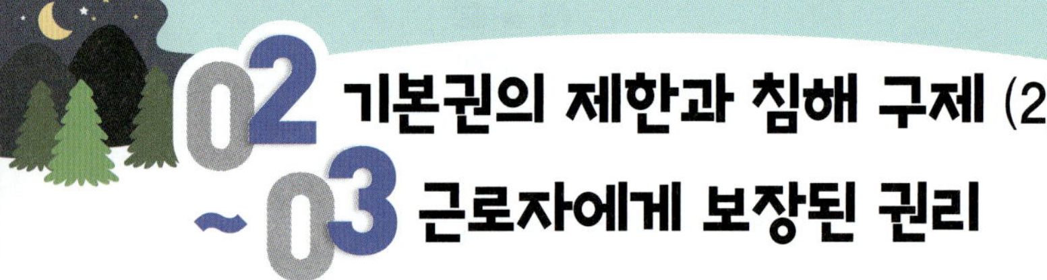

02 기본권의 제한과 침해 구제 (2)
~ 03 근로자에게 보장된 권리

자료 1 · 1 기본권 침해 시 구제 방법

1 법원을 통한 구제

출제tip 기본권 침해 시 구제 기관과 방법에 관한 문제가 자주 출제

(1) **법원** 재판을 통해 시민의 침해된 권리를 구제하는 기관
(2) **구제 방법** 권리를 침해당한 사람이 법원에 소를 제기하면 재판을 통해 침해된 권리 구제 예 민사 재판, 형사 재판 └ 범죄로 기본권이 침해된 경우에는 형사 재판을 통해 기본권을 침해한 사람을 처벌할 수 있어.
└ 개인 간 다툼이 벌어졌을 때 분쟁을 해결하고 손해 배상을 받을 수 있어.

2 헌법재판소를 통한 구제

(1) **헌법재판소** 헌법 질서를 ❶수호하고 국민의 기본권을 보장하는 국가 기관
(2) **구제 방법** 국가 기관 또는 지방 자치 단체에 의해 기본권을 침해당한 국민이 헌법 재판소에 헌법 소원 심판을 제기하여 침해된 기본권의 구제를 요청
└ 공권력의 행사 또는 불행사에 의해 기본권이 침해된 국민이 권리 구제를 요청하면 헌법재판소에서 이를 심판하는 제도야.

3 국가 인권 위원회를 통한 구제

(1) **국가 인권 위원회** 인권 침해나 차별 행위를 조사하여 구제하고, 일상생활에서 인권 침해의 소지가 있는 법이나 제도의 개선을 ❷권고하는 기관 └ 법적인 강제력은 없어.
(2) **구제 방법** 국가 기관 또는 제삼자로부터 기본권을 침해당한 국민이 침해 내용을 ❸진정하면 이에 대해 조사하여 해당 기관에 시정할 사항을 권고
└ 국민의 고충 민원을 처리하고 불합리한 행정 제도를 개선하는 기관이야.

4 그 외의 구제 방법

(1) **국민 권익 위원회를 통한 구제** └ 비용이 거의 들지 않고 절차도 간단해.
① 국가 기관의 잘못된 법 집행에 따른 피해를 입은 국민이 고충 ❹민원을 신청하면 이를 조사하여 잘못된 부분을 고치도록 조치
② 행정 기관의 잘못된 처분에 대해 ❺행정 심판을 제기하면 이를 조사하여 잘못된 처분을 바로잡음
(2) **언론 중재 위원회를 통한 구제** 잘못된 언론 보도에 따른 피해 구제
(3) **한국 소비자원을 통한 구제** 소비자의 권리 침해 구제
(4) **국회를 통한 구제** 입법 청원을 통한 구제 └ 특정 법의 제정·개정 또는 폐지를 문서로 요청하는 것을 말해.

2 헌법에 보장된 근로자의 권리

1 근로의 권리

(1) **의미** 일할 의사와 능력을 갖춘 사람이 일할 기회와 인간다운 생활의 보장을 요구할 권리
자료 2 (2) **보장 방법** 헌법에 근로의 권리를 기본권으로 보장

최저 임금제	국가가 낮은 임금의 ❻근로자를 보호하기 위해 법으로 임금의 최저액을 정하여 근로자의 생활을 보장
자료 3 · 근로 기준법	❼근로 조건의 최저 기준을 제시하여 근로자의 기본적인 생활을 보장

자료 1 기본권 침해 시 구제 방법

〈사례 1〉
Q: 집 근처 공항에서 도로와 시설을 확장하면서 발생하는 소음과 먼지 때문에 생활에 큰 불편을 겪고 있습니다.
A: 국민 권익 위원회에 고충 민원을 신청하거나 법원에서 재판을 진행하여 침해된 권리를 구제받을 수 있습니다.

〈사례 2〉
Q: 저는 입대를 앞두고 있습니다. 종교가 없는 사람이라 종교 행사에 참여하고 싶지 않은데 훈련소에서 무조건 참석해야 한다고 하면 어떻게 해야 할까요?
A: 국가 인권 위원회에 진정서를 제출하면 해당 내용을 조사하여 군부대에 개선을 권고할 수 있습니다. 다른 구제 절차를 거쳤는데도 해결이 되지 않는다면 헌법재판소에 헌법 소원 심판을 청구할 수 있습니다.

자료 2 헌법에 보장된 근로의 권리

제32조 ① 모든 국민은 근로의 권리를 가진다. 국가는 사회적·경제적 방법으로 근로자의 고용의 증진과 적정 임금의 보장에 노력하여야 하며, 법률이 정하는 바에 의하여 최저 임금제를 시행하여야 한다.
③ 근로 조건의 기준은 인간의 존엄성을 보장하도록 법률로 정한다.

우리 헌법은 근로자가 최소한의 인간다운 생활을 할 수 있도록 최저 임금제를 시행하고, 근로 조건의 기준을 법률로 정하도록 규정하고 있다.

자료 3 「근로 기준법」에 보장된 근로 조건

[임금] 최저 임금 이상의 금액을 원칙적으로 매달 1회 이상 일정한 날짜에 본인에게 직접 현금으로 지급해야 한다.

[근로 시간] 원칙적으로 휴식 시간을 제외하고 1일 8시간, 1주 40시간을 초과할 수 없다.

[휴식 시간] 원칙적으로 근로 시간이 4시간이면 30분 이상, 8시간이면 1시간 이상의 휴식 시간을 가져야 한다.

용어 풀이

❶ 수호: 지키고 보호함
❷ 권고: 어떤 조치를 취할 것을 권유하는 일
❸ 진정: 국가 또는 지방 공공 단체에 사정을 진술하고 어떤 조치를 희망하는 일
❹ 민원: 주민이 행정 기관에 대해 원하는 바를 요구하는 일
❺ 행정 심판: 행정 기관의 잘못된 처분 등으로 권리나 이익을 침해받은 국민이 행정 기관에 제기하는 권리 구제 절차
❻ 근로자: 자신의 노동력을 제공하여 사용자로부터 임금을 받는 사람
❼ 근로 조건: 근로 시간, 휴식 시간, 임금, 휴가 등 근로자가 노동력을 제공하는 조건

(1) **의미**　근로자가 ❶사용자와 대등한 위치에서 근로 조건을 협의하고 결정할 수 있도록 헌법이 보장하는 근로자의 권리

(2) **내용**

단결권	근로자가 근로 조건의 유지·개선을 위해 ❷노동조합을 조직 또는 가입하여 단결할 수 있는 권리
단체 ❸교섭권	근로자가 노동조합을 통해 사용자와 근로 조건을 협의할 수 있는 권리
단체 행동권	근로자가 단체 교섭권을 행사하여 사용자와 협의를 하였으나 협의가 원만하게 이루어지지 않을 경우 일정한 절차를 거쳐 ❹쟁의 행위를 할 수 있는 권리

▲ 단결권　　　▲ 단체 교섭권　　　▲ 단체 행동권

3 노동권 침해 시 대처 방안

1 노동권 침해
출제tip 노동권 침해 사례와 대처 방안을 묻는 문제가 자주 출제

부당 해고	정당한 이유나 절차 없이 근로자를 해고하는 행위 예 출산을 이유로 퇴직을 강요하는 것, 해고 계획을 30일 전에 서면으로 알리지 않는 것
부당 노동 행위	헌법으로 보장된 노동 3권을 침해 또는 방해하는 행위 예 노동조합을 결성했거나 노동조합에 가입했다는 이유로 불이익을 주는 것, 노동조합 탈퇴 강요, 정당한 이유 없이 단체 교섭을 거부하는 것
기타 노동권 침해	• 근로 계약서를 작성하지 않는 것 • 일하고도 임금을 받지 못하는 것(임금 ❺체불) • 법정 근로 시간을 초과하여 일하도록 강요받는 것

2 노동권 침해 시 대처
노동자와 사용자 간의 분쟁을 신속하고 공정하게 해결하기 위해 만들어진 곳으로, 관련 내용을 조사하여 근로자의 권리를 구제해 줘.

자료 4 부당 해고	❻노동 위원회에 구제를 신청하거나 법원에 해고 무효 확인 소송을 제기할 수 있음
부당 노동 행위	노동 위원회에 구제 신청을 하거나 법원에 재판을 청구할 수 있음
임금 체불	❼고용 노동부에 진정서를 제출하거나 법원에 재판을 청구할 수 있음

자료 5 3 노동권 침해에 대처하는 국가와 시민 사회의 노력

(1) 근로자의 권리 침해는 국가와 시민 사회가 함께 대처해야 하는 문제임을 알아야 함

(2) 노동 관련 제도 개선 활동을 하거나 관련 법을 정비하는 등 국가와 시민은 노동권 침해를 구제하기 위한 방법을 적극적으로 모색하여 대처해야 함

더알기 헌법에 보장된 노동 3권

> 제33조 ① 근로자는 근로 조건의 향상을 위하여 자주적인 단결권·단체 교섭권 및 단체 행동권을 가진다.

우리 헌법은 근로자의 권리와 이익 향상을 위해 근로자가 사용자와 대등한 위치에서 근로 조건을 협의하고 결정할 수 있도록 노동 3권을 보장하고 있다.

자료 4 부당 해고 시 대처 방안

30일 이전에 해고를 미리 서면으로 통보하지 않았다면 부당 해고에 해당한다. 부당 해고를 당했을 때는 노동 위원회에 구제 신청을 할 수 있다. 지방 노동 위원회의 결정에 불복하면 중앙 노동 위원회에 재심 신청을 할 수 있고, 중앙 노동 위원회의 결정에도 불복하면 행정 소송을 진행할 수 있다.

자료 5 노동권 침해 대처 노력

아파트나 상가의 경비 근로자가 입주민 등으로부터 부당한 지시를 받거나 열악한 근로 환경에서 일하고 있는 사례가 알려지면서 큰 논란이 되었다. 시민들은 경비 근로자가 부당한 대우를 받거나 정해진 범위 이상의 과도한 업무를 하는 사례를 널리 알리는 동시에, 이를 바로잡기 위한 서명도 받고 정부의 대책 마련도 촉구하였다. 이러한 노력에 따라 정부는 2021년부터 「공동 주택 관리법 시행령」 개정안을 시행하고 있다.

노동권 침해에 대처하려면 국가와 시민이 함께 노력해야 한다.

용어풀이

❶ 사용자: 근로자를 채용하거나 해고하고, 근로에 대해 지휘·감독할 책임을 지는 사람
❷ 노동조합: 노동자가 주체가 되어 근로 조건의 유지·개선 등을 목적으로 조직한 단체
❸ 교섭: 어떤 일을 이루기 위해 서로 의논하고 절충함
❹ 쟁의 행위: 특정한 목적을 이루고자 노동조합 또는 사용자가 파업·태업·직장 폐쇄 등을 통해 업무의 정상적 운영을 저해하는 행위
❺ 체불: 마땅히 지급하여야 할 것을 지급하지 못하고 미룸
❻ 노동 위원회: 노사 간의 분쟁을 조정하거나 판정하여 침해된 권리를 구제하는 기관
❼ 고용 노동부: 고용과 노동에 관한 사무를 관장하는 행정 기관

01 다음 설명에 해당하는 것을 보기 에서 골라 기호를 쓰시오.

> 보기
> ㄱ. 법원　　　　　　　　ㄴ. 헌법재판소
> ㄷ. 국가 인권 위원회

(1) 재판을 통해 침해된 권리를 구제하는 기관　（　　）
(2) 헌법 소원 심판을 통해 침해된 권리를 구제하는 기관
　　　　　　　　　　　　　　　　　　　　（　　）
(3) 인권 침해를 조사하여 구제하고, 인권 침해의 소지가 있는 제도의 개선을 권고하는 기관　（　　）

02 다음 설명이 맞으면 ○표, 틀리면 ×표 하시오.

(1) 우리 헌법에서는 근로 조건의 기준을 법으로 정하도록 하였다.　　　　　　　　　　　　　　（　　）
(2) 노동자와 사용자가 합의한다면 최저 임금 이하를 지급할 수 있다.　　　　　　　　　　　　（　　）

03 빈칸 ㉠에 들어갈 알맞은 말을 쓰시오.

> 우리 헌법은 (　㉠　)을/를 보장하고 있다. 이에 따라 근로자는 단결권, 단체 교섭권, 단체 행동권을 가진다.

04 노동 3권과 그 내용을 바르게 연결하시오.

(1) 단결권 •　　　　　　• ㄱ. 노동조합을 조직 또는 가입할 수 있는 권리

(2) 단체 교섭권 •　　　　• ㄴ. 일정한 절차를 거쳐 쟁의 행위를 할 수 있는 권리

(3) 단체 행동권 •　　　　• ㄷ. 노동조합을 통해 사용자와 근로 조건을 협의할 수 있는 권리

05 다음 중 알맞은 말에 ○표 하시오.

(1) 노동 3권을 침해 또는 방해하는 행위를 (부당 해고, 부당 노동 행위)라고 한다.
(2) 임금 체불의 경우 (법원, 고용 노동부)에 진정서를 제출하여 침해된 권리를 구제받을 수 있다.

중요

01 다음 설명에 해당하는 국가 기관으로 옳은 것은?

하

> 민사 재판, 형사 재판 등 재판을 통해 침해된 권리를 구제하는 기관이다.

① 법원　　　　　　　　② 헌법재판소
③ 국가 인권 위원회　　　④ 국민 권익 위원회
⑤ 언론 중재 위원회

같은 주제 다른 문제

01-1 빈칸 ㉠에 들어갈 말로 옳은 것은?

중

> 종교가 없는 A 씨는 육군 훈련소에서 개최되는 종교 행사에 참석하도록 강요하는 조치가 자신의 기본권을 침해한다고 생각하여 헌법재판소에 (　㉠　)을 청구하였다.

① 진정　　　② 민사 재판　　　③ 형사 재판
④ 고충 민원　　　⑤ 헌법 소원 심판

02 빈칸 ㉠, ㉡에 들어갈 말을 바르게 연결한 것은?

상

▼	과제 게시판	✕

◎ 다음 사례에 관한 의견을 작성해 봅시다.

> 집 근처 공항에서 도로와 시설을 확장하면서 발생하는 소음과 먼지 때문에 불편을 겪고 있습니다. 어떤 기관의 도움을 받을 수 있을까요?

↳학생 1: 법원에서 재판을 진행할 수 있습니다.
↳학생 2: (　㉠　)에 (　㉡　)하면 피해를 구제받을 수 있습니다.
↳교사: 두 학생 모두 적절한 판단을 내려 주었습니다.

	㉠	㉡
①	헌법재판소	진정서를 제출
②	헌법재판소	고충 민원을 제기
③	국민 권익 위원회	소장을 제출
④	국민 권익 위원회	고충 민원을 제기
⑤	국민 권익 위원회	헌법 소원 심판을 청구

03 근로자에 해당하는 사례가 <u>아닌</u> 것은?

① 전자 회사에 입사한 신입 사원
② 가사 노동을 전담하는 전업주부
③ 6개월만 근무하기로 한 계약직 직원
④ 공장에서 하루 4시간만 근무하는 대학생
⑤ 편의점에서 아르바이트를 하는 고등학생

04 밑줄 친 ㉠~㉣에 관한 설명으로 옳은 것을 보기 에서 고른 것은?

대한민국 헌법

제32조 ① 모든 국민은 ㉠ 근로의 권리를 가진다. 국가는 사회적·경제적 방법으로 ㉡ 근로자의 고용의 증진과 ㉢ 적정 임금의 보장에 노력하여야 하며, 법률이 정하는 바에 의하여 ㉣ 최저 임금제를 시행하여야 한다.

보기
ㄱ. ㉠은 참정권에 해당하는 권리이다.
ㄴ. ㉡에는 단기 아르바이트생이 포함된다.
ㄷ. ㉢의 목적은 기업의 이익을 보호하는 것이다.
ㄹ. ㉣은 청소년 근로자에게도 적용되는 제도이다.

① ㄱ, ㄴ   ② ㄱ, ㄷ   ③ ㄴ, ㄷ
④ ㄴ, ㄹ   ⑤ ㄷ, ㄹ

05 밑줄 친 (가) 들어갈 내용으로 옳은 것은?

근로 기준법

제1조(목적) 이 법은 헌법에 따라 근로 조건의 기준을 정함으로써 __________(가)__________ 시키며 균형 있는 국민 경제의 발전을 꾀하는 것을 목적으로 한다.
---

① 소비자의 경제생활을 보장, 향상
② 사용자의 노동 3권을 보장, 향상
③ 근로자 간 자유로운 경쟁을 강화
④ 근로자와 사용자 간의 대립을 강화
⑤ 근로자의 기본적 생활을 보장, 향상

06 빈칸 ㉠에 들어갈 말로 옳은 것은?

(㉠)의 내용

• 단결권   • 단체 교섭권   • 단체 행동권
---

① 노동 3권   ② 사용자 권리   ③ 근로 기준법
④ 최저 임금제   ⑤ 부당 노동 행위

같은 주제 다른 문제

06-1 자료에 관한 설명으로 옳은 것을 보기 에서 고른 것은?

노동 3권	정의
A	노동조합에 가입하여 활동할 수 있는 권리
B	(가)
C	절차를 거쳐 쟁의 행위를 할 수 있는 권리

보기
ㄱ. A와 달리 B, C는 사용자의 권리이다.
ㄴ. A는 단체 교섭권, B는 단체 행동권이다.
ㄷ. (가)에는 '근로 조건에 관하여 사용자와 협상할 수 있는 권리'가 들어갈 수 있다.
ㄹ. 우리 헌법은 근로자가 사용자와 대등한 위치에서 근로 조건을 협의할 수 있도록 A~C를 보장한다.

① ㄱ, ㄴ   ② ㄱ, ㄷ   ③ ㄴ, ㄷ
④ ㄴ, ㄹ   ⑤ ㄷ, ㄹ

07 밑줄 친 ㉠~㉤ 중 법으로 보장된 근로 조건을 충족시키지 <u>못한</u> 것은?

〈근로 계약서〉

㉠ 계약 기간: 2024년 7월 1일부터 2024년 8월 31일까지
㉡ 근로 시간: 13시~22시(휴게 시간: 17시~17시 30분)
㉢ 근무일: 매주 월요일부터 목요일까지
㉣ 임금: 시간당 10,000원
㉤ 업무 내용: 주차 안내 및 질서 유지
…(후략)…
---

*2024년 적용되는 최저 임금 수준은 시간당 9,860원임

① ㉠   ② ㉡   ③ ㉢   ④ ㉣   ⑤ ㉤

08 노동권 침해 사례에 해당하지 <u>않는</u> 것은?

① 정당한 이유 없이 해고하는 것
② 근로 계약서를 작성하지 않는 것
③ 일하고도 임금을 받지 못하는 것
④ 노동 3권을 침해 또는 방해하는 것
⑤ 청소년 근로자의 임금을 본인에게 지급하는 것

09 (가), (나)에 관한 설명으로 옳은 것을 보기 에서 고른 것은?

(가)　　　(나)

보기
ㄱ. (가)는 부당 해고에 해당한다.
ㄴ. (나)는 최저 임금 위반 사례이다.
ㄷ. (나)와 달리 (가)의 경우에는 법원에 소송을 제기할 수 없다.
ㄹ. (가)와 (나)의 근로자는 모두 노동 위원회에 구제 신청을 할 수 있다.

① ㄱ, ㄴ　　② ㄱ, ㄹ　　③ ㄴ, ㄷ
④ ㄴ, ㄹ　　⑤ ㄷ, ㄹ

10 노동권이 침해된 근로자의 권리 구제 방안으로 옳은 것을 보기 에서 고른 것은?

보기
ㄱ. 노동조합에 소송을 제기한다.
ㄴ. 노동 위원회에 구제를 신청한다.
ㄷ. 고용 노동부에 진정서를 제출한다.
ㄹ. 헌법재판소에 형사 재판을 청구한다.

① ㄱ, ㄴ　　② ㄱ, ㄷ　　③ ㄴ, ㄷ
④ ㄴ, ㄹ　　⑤ ㄷ, ㄹ

11 다음 사례에 관한 법적 조언으로 옳은 것을 보기 에서 고른 것은?

저는 ○○ 음식점에서 일했던 청소년입니다. 사장님은 제가 나이가 어려 근로 계약서를 작성할 수 없으며, 최저 임금보다 3천 원 적게 임금을 주겠다고 하셨어요. 2개월 전에 개인 사정으로 그만두었는데 아직 임금을 받지 못하고 있어요.

보기
ㄱ. 청소년도 최저 임금을 받아야 합니다.
ㄴ. 청소년은 근로 계약서를 작성하지 않아도 됩니다.
ㄷ. 부당 해고에 해당하므로 노동 위원회에 구제를 신청할 수 있습니다.
ㄹ. 고용 노동부에 진정서를 제출하면 받지 못한 임금을 받을 수 있습니다.

① ㄱ, ㄴ　　② ㄱ, ㄹ　　③ ㄴ, ㄷ
④ ㄴ, ㄹ　　⑤ ㄷ, ㄹ

12 다음 설명에 해당하는 기관으로 옳은 것은?

노동자와 사용자 간의 분쟁을 신속하고 공정하게 해결하기 위해 만들어진 곳으로, 부당 해고와 부당 노동 행위가 발생하면 구제 신청을 할 수 있는 기관이다.

① 국회　　　　② 노동조합　　　③ 노동 위원회
④ 헌법재판소　⑤ 한국 소비자원

13 다음 글의 주제로 가장 적절한 것은?

시민들은 경비 근로자의 열악한 근로 환경을 바로잡기 위해 정부의 대책 마련을 촉구하였다. 이에 정부는 2021년부터 「공동 주택 관리법 시행령」 개정안을 시행하고 있다.

① 참정권을 보장하기 위한 법 제정
② 청소년 근로자에 대한 특별한 보호
③ 노동 3권 침해에 대한 근로자의 대응
④ 고령층 일자리 확보를 위한 제도 마련
⑤ 노동권을 지키기 위한 시민 사회와 국가의 노력

01 다음 설명에 해당하는 국가 기관을 쓰시오.

> • 헌법 질서를 수호하고 국민의 기본권을 보장하는 기관
> • 헌법 소원 심판을 통해 침해된 국민의 기본권을 구제하는 기관

02 밑줄 친 '노동 3권'에 해당하는 권리를 <u>세 가지</u> 쓰시오.

> 우리 헌법은 근로자에게 <u>노동 3권</u>을 보장하고 있다.

03 밑줄 친 ㉠과 ㉡을 시행하는 이유를 서술하시오.

> 우리 헌법에서는 국가는 법률이 정하는 바에 의하여 ㉠ 최저 임금제를 시행해야 한다고 명시하고 있다. 또한 ㉡ 근로 조건의 기준을 법으로 정하도록 하고 있다.

04 빈칸 (가)에 들어갈 적절한 법적 조언을 <u>두 가지</u> 서술하시오.

05 A 씨가 침해된 노동권을 구제받을 수 있는 방법을 〔조건〕에 맞게 서술하시오.

> ○○ 회사 노동조합의 간부 A 씨는 정당한 절차를 거친 파업을 주도했다는 이유로 회사로부터 해고 통보를 받았다.

┌─ 조건 ─
① 헌법으로 보장된 노동 3권을 침해 또는 방해하는 행위를 뜻하는 말을 포함할 것
② 침해된 노동권을 구제하는 기관의 명칭을 포함할 것

01 인권 보장과 헌법

1 인권의 의미와 인권 침해

(1) 인권의 의미와 특징

의미	인간이 마땅히 누려야 할 기본적인 권리
특징	• (❶　　　　) 권리: 하늘이 부여하여 인간이 태어나면서 가지는 권리 • 자연적 권리: 국가가 법으로 보장하기 전에 인간에게 주어진 권리 • 보편적 권리: 모든 사람에게 차별 없이 부여되는 권리 • 불가침의 권리: 다른 사람이나 국가 기관이 함부로 침해할 수 없는 권리

(2) 인권 침해와 인권 감수성

인권 침해	인권을 제대로 보장받지 못하거나 침해당하는 것
일상생활 속 인권 침해	법과 제도를 통해 인권 보장을 위해 노력하지만 여전히 일상생활 속에서 인권 침해가 발생하고 있음
발생 원인	사회 구성원의 편견이나 고정 관념, 사회나 집단의 관습이나 관행, 국가의 잘못된 법률과 제도 등
인권 감수성	• 의미: 인권과 관련된 문제에 대해 민감하게 받아들이고 느끼는 것 • 필요성: 인권 침해를 방지하고 우리의 소중한 인권을 지키기 위함

2 우리 헌법이 보장하는 기본권

(1) 인권 보장과 기본권   대부분의 민주 국가에서는 국가의 최고법인 헌법을 통해 인권을 보장하고 있음 ➡ 헌법에 규정되어 있는 인권을 (❷　　　　)(이)라고 함

인권	국가가 보장하기 전부터 갖는 자연적인 권리
기본권	인권 중에서 헌법에 규정하여 보장하는 권리

(2) 기본권의 종류

① 인간의 존엄과 가치 및 행복 추구권

의미	모든 인간이 인간이라는 이유만으로 존중받으며 행복을 추구할 수 있는 권리
내용	• 헌법에 보장된 기본권의 토대 • 모든 기본권이 추구하는 궁극적 가치

② (❸　　　　)

의미	모든 국민이 부당하게 차별받지 않고 동등하게 대우받을 권리
내용	우리 헌법은 모든 국민이 법 앞에 평등하며, 누구든지 성별, 종교, 사회적 신분에 의해 차별받지 않는다고 규정함

③ 자유권

의미	개인의 자유로운 생활에 대해 국가의 간섭이나 침해를 받지 않을 권리
내용	신체의 자유, 종교의 자유, 표현의 자유, 사생활의 자유, 직업 선택의 자유, 재산권 등

④ 참정권

의미	국가 기관의 형성과 국가의 의사 결정에 참여할 수 있는 권리
내용	국민의 대표를 뽑는 (❹　　　　), 공직을 맡을 수 있는 공무 담임권, 국가의 중요 정책을 직접 결정할 수 있는 국민 투표권 등

⑤ 청구권

의미	국가에 대해 일정한 행위를 요구하거나 침해당한 기본권의 구제를 요청할 수 있는 수단적 성격의 적극적인 권리
내용	재판을 청구할 권리, 청원권, 공무원의 직무상 불법 행위로 인한 손해를 배상해 달라고 국가에 청구할 권리 등

⑥ 사회권

의미	국가에 인간다운 생활의 보장을 요구할 수 있는 적극적인 권리
내용	교육을 받을 권리, 근로의 권리, 사회 보장을 받을 권리, 건강하고 쾌적한 환경에서 생활할 권리 등

▲ 평등권   ▲ 자유권   ▲ 참정권

▲ 청구권   ▲ 사회권

02 기본권의 제한과 침해 구제

1 기본권 제한의 필요성

(1) 개인이 자신의 기본권을 행사하는 과정에서 다른 사람의 기본권과 충돌하는 경우가 발생하기도 하고, 사회 질서를 어지럽히거나 공동체의 이익을 해치는 경우가 발생할 수도 있음

(2) 헌법에 기본권 제한의 요건과 한계를 명시함으로써 국가 권력에 의한 과도한 기본권 제한을 방지하고자 함

2 기본권 제한의 요건과 한계

(1) 내용

제한의 목적	국가 안전 보장, 질서 유지, (❺　　　　)을/를 위한 목적 외에는 제한할 수 없음
제한의 정도	목적을 달성하기 위해 필요한 경우에 한하여 제한
제한의 형식	국회가 제정한 (❻　　　　)(으)로써 제한
제한의 한계	제한하는 경우에도 자유와 권리의 본질적인 내용은 침해할 수 없음

(2) 기본권 제한의 요건과 한계를 헌법에 명시한 이유   국가 권력의 남용을 방지하여 국민의 자유와 권리를 최대한 보장하기 위함

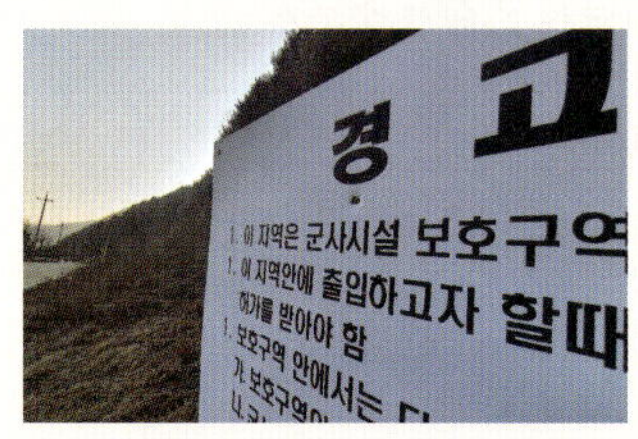
▲ 국가 안전 보장을 위해 군사 시설에는 개인의 통행이 제한될 수 있다.

▲ 교통질서 유지를 위해 개인 통행의 자유가 일부 제한될 수 있다.

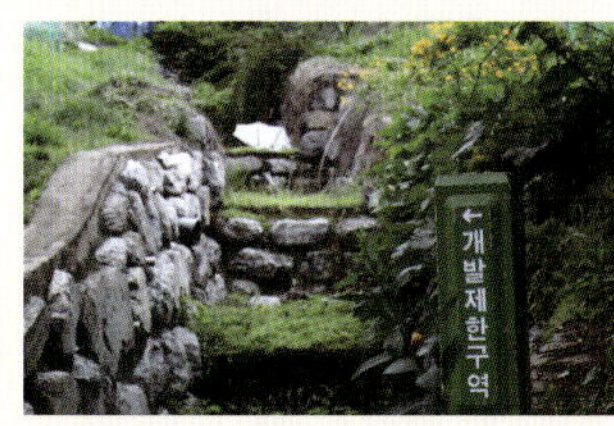
◀ 개발 제한 구역에서는 토지 소유의 권리가 일부 제한될 수 있다.

3 기본권 침해 시 구제 방법

법원을 통한 구제	• 법원: 재판을 통해 시민의 침해된 권리를 구제하는 기관 • 구제 방법: 권리를 침해당한 사람이 법원에 소를 제기하면 재판을 통해 침해된 권리 구제 예 민사 재판, 형사 재판
헌법재판소를 통한 구제	• 헌법재판소: 헌법 질서를 수호하고 국민의 기본권을 보장하는 국가 기관 • 구제 방법: 공권력에 의해 기본권을 침해당한 국민이 헌법재판소에 (❼　　　　)을/를 제기하여 구제를 요청
국가 인권 위원회를 통한 구제	• 국가 인권 위원회: 인권 침해나 차별 행위를 조사하여 구제하고, 일상생활에서 인권 침해의 소지가 있는 법이나 제도의 개선을 권고하는 기관 • 구제 방법: 국가 기관 또는 제삼자로부터 기본권을 침해당한 국민이 침해 내용을 진정하면 이에 대해 조사하여 해당 기관에 시정할 사항을 권고
그 외 구제 방법	• 국민 권익 위원회: 국가 기관의 잘못된 법 집행에 따른 피해를 입은 국민이 고충 민원을 신청하면 이를 조사하여 잘못된 부분을 고치도록 조치, 행정 기관의 잘못된 처분에 대해 행정 심판을 제기하면 이를 조사하여 잘못된 처분을 바로잡음 • 언론 중재 위원회: 잘못된 언론 보도에 따른 피해 구제 • 한국 소비자원: 소비자의 권리 침해 구제 • 국회: 입법 청원을 통한 구제

03 근로자에게 보장된 권리

1 헌법에 보장된 근로자의 권리

(1) **근로의 권리**　일할 기회와 인간다운 생활의 보장을 요구할 권리

(2) **보장 방법**　헌법에 근로의 권리를 기본권으로 보장

최저 임금제	국가가 낮은 임금의 근로자를 보호하기 위해 법으로 임금의 최저액을 정하여 근로자의 생활을 보장
근로 기준법	근로 조건의 최저 기준을 제시하여 근로자의 기본적인 생활을 보장

(3) **노동 3권**　근로자가 사용자와 대등한 위치에서 근로 조건을 협의하고 결정할 수 있도록 헌법이 보장하는 근로자의 권리

단결권	근로자가 근로 조건의 유지·개선을 위해 노동조합을 조직 또는 가입하여 단결할 수 있는 권리
단체 교섭권	근로자가 노동조합을 통해 사용자와 근로 조건을 협의할 수 있는 권리
(❽　　　)	근로자가 단체 교섭권을 행사하여 사용자와 협의를 진행하였으나 협의가 원만하게 이루어지지 않을 경우 일정한 절차를 거쳐 쟁의 행위를 할 수 있는 권리

2 노동권 침해 시 대처 방안

(1) 노동권 침해

부당 해고	정당한 이유나 절차 없이 근로자를 해고하는 행위 예 결혼 또는 출산을 이유로 퇴직을 강요하는 것, 30일 전에 해고 계획을 서면으로 알리지 않는 것
부당 노동 행위	헌법으로 보장된 (❾　　　)을/를 침해 또는 방해하는 행위 예 노동조합을 결성했거나 노동조합에 가입했다는 이유로 불이익을 주는 것, 노동조합 탈퇴 강요, 정당한 이유 없이 단체 교섭을 거부하는 것
기타 노동권 침해	• 근로 계약서를 작성하지 않는 것 • 일하고도 임금을 받지 못하는 것 • 법정 근로 시간을 초과하여 일하도록 강요받는 것

(2) 노동권 침해 시 대처

부당 해고	(❿　　　　)에 구제를 신청하거나 법원에 해고 무효 확인 소송을 제기할 수 있음
부당 노동 행위	노동 위원회에 구제 신청을 하거나 법원에 재판을 청구할 수 있음
임금 체불	고용 노동부에 진정서를 제출하거나 법원에 재판을 청구할 수 있음

(3) **노동권 침해에 대처하는 국가와 시민의 노력**　노동 관련 제도 개선 활동을 하거나 관련 법을 정비하는 등 국가와 시민은 노동권 침해를 구제하기 위한 방법을 적극적으로 모색하여 대처해야 함

대단원 실전 문제 

[01-02] 다음을 보고 물음에 답하시오.

> 인간이라면 마땅히 누려야 할 기본적인 권리를 (㉠)이라고 한다.

01 빈칸 ㉠에 들어갈 개념으로 옳은 것은?

① 주권　　　② 인권　　　③ 노동권
④ 단결권　　⑤ 청원권

02 빈칸 ㉠의 특징으로 옳은 것을 보기 에서 고른 것은?

> **보기**
> ㄱ. 하늘이 부여한 천부적 권리이다.
> ㄴ. 국가 기관이 함부로 침해할 수 없는 권리이다.
> ㄷ. 일정 연령 이상에 도달한 사람이 가지는 권리이다.
> ㄹ. 국가가 법으로 보장하여 인간에게 주어진 권리이다.

① ㄱ, ㄴ　　② ㄱ, ㄷ　　③ ㄴ, ㄷ
④ ㄴ, ㄹ　　⑤ ㄷ, ㄹ

03 자료에 관하여 옳은 설명을 한 사람을 보기 에서 고른 것은?

> **보기**
> 도진: 인권 침해 문제가 나타나고 있어.
> 영아: 이런 문제에 대응하기 위해 인권 감수성이 필요해.
> 아림: 다수의 이익을 위한 소수의 인권 침해는 받아들여야 해.
> 해원: 오늘날에는 장애인과 같은 특정 집단의 사람들에게만 인권 침해 문제가 발생해.

① 도진, 영아　② 도진, 아림　③ 영아, 아림
④ 영아, 해원　⑤ 아림, 해원

04 빈칸 ㉠, ㉡에 들어갈 말을 바르게 연결한 것은?

> 인권이 국가가 보장하기 전부터 갖는 (㉠)인 권리라면, 기본권은 (㉡)(으)로 보장하는 시민적 권리이다.

	㉠	㉡		㉠	㉡
①	자연적	명령	②	자연적	법률
③	자연적	헌법	④	제한적	헌법
⑤	제한적	법률			

05 다음 헌법 조항에 관한 설명으로 옳은 것을 보기 에서 고른 것은?

> 제10조 모든 국민은 인간으로서의 존엄과 가치를 가지며, 행복을 추구할 권리를 가진다. 국가는 개인이 가지는 불가침의 기본적 인권을 확인하고 이를 보장할 의무를 진다.

> **보기**
> ㄱ. 인권 보장의 의무가 개인에게 있음을 명시한다.
> ㄴ. 인간의 존엄과 가치 및 행복 추구권을 보장한다.
> ㄷ. 모든 기본권이 추구하는 궁극적인 가치를 제시한다.
> ㄹ. 개인의 권리보다 국가 전체의 이익이 우선함을 드러낸다.

① ㄱ, ㄴ　　② ㄱ, ㄷ　　③ ㄴ, ㄷ
④ ㄴ, ㄹ　　⑤ ㄷ, ㄹ

06 밑줄 친 부분과 관련한 기본권으로 옳은 것은?

> 채아: 우리 동네에 도둑이 나타났대! 범행 시간에 내가 근처에 있었는데 혹시 범인으로 오해를 받아 체포당하면 어쩌지?
> 준서: 걱정하지 마. 우리나라에서는 누구든지 법률에 의하지 아니하고는 체포나 구속을 당하지 않아.

① 평등권　　② 자유권　　③ 참정권
④ 사회권　　⑤ 청구권

07  다음은 기본권 A, B의 내용을 정리한 것이다. 이에 관한 설명으로 옳은 것을 보기 에서 고른 것은?

A	B
교육을 받을 권리 (㉠)	선거권 (㉡)

보기

ㄱ. ㉠에는 청원권이 들어갈 수 있다.
ㄴ. ㉡에는 공무 담임권이 들어갈 수 있다.
ㄷ. A는 부당하게 차별받지 않을 권리이다.
ㄹ. B는 국가의 의사 결정에 참여할 수 있는 권리이다.

① ㄱ, ㄴ ② ㄱ, ㄷ ③ ㄴ, ㄷ
④ ㄴ, ㄹ ⑤ ㄷ, ㄹ

08 다음 사례와 관련한 기본권에 관한 설명으로 옳은 것은?

소득이 없는 70세 노인 갑은 국가로부터 기초 연금을 받아 생활을 이어 나가고 있다.

① 부당하게 차별받지 않을 권리이다.
② 국가의 간섭이나 침해를 받지 않을 권리이다.
③ 국가의 의사 결정에 참여할 수 있는 권리이다.
④ 국가에 대해 인간다운 생활의 보장을 요구할 수 있는 권리이다.
⑤ 기본권 침해 시 국가에 대해 일정한 행위를 요구할 수 있는 권리이다.

09 빈칸 ㉠에 들어갈 기본권으로 옳은 것은?

국가 인권 위원회는 특별한 사유 없이 공군 사관 후보생 조종 장교의 지원 자격을 남성으로만 제한한 것을 (㉠) 침해의 차별 행위로 판단하였다.

① 평등권 ② 자유권 ③ 참정권
④ 사회권 ⑤ 청구권

10  다음은 기본권 제한의 요건과 한계를 명시한 헌법 조항의 내용이다. 밑줄 친 ㉠~㉤ 중 옳지 <u>않은</u> 것은?

제37조 ② 국민의 모든 자유와 권리는 ㉠ 국가 권력 강화·㉡ 질서 유지 또는 ㉢ 공공복리를 위하여 필요한 경우에 한하여 ㉣ 법률로써 제한할 수 있으며, 제한하는 경우에도 ㉤ 자유와 권리의 본질적인 내용을 침해할 수 없다.

① ㉠ ② ㉡ ③ ㉢
④ ㉣ ⑤ ㉤

11 다음 내용을 바르게 해석한 학생을 보기 에서 고른 것은?

도로에서 신호를 위반하거나 무단 횡단을 하면 「도로 교통법」에 따라 과태료나 범칙금을 내야 한다.

보기

경희: 개인의 자유권이 제한되는 사례야.
예나: 질서 유지를 위해 기본권을 제한하고 있어.
준영: 대통령의 명령에 근거하여 국민의 권리를 제한하고 있어.
현석: 공익을 위해 권리의 본질적인 내용까지 침해할 수 있어.

① 경희, 예나 ② 경희, 준영 ③ 예나, 준영
④ 예나, 현석 ⑤ 준영, 현석

12 헌법에서 기본권 제한의 요건과 한계를 명시하는 이유로 옳은 것을 보기 에서 고른 것은?

보기

ㄱ. 국가 경제 발전을 도모하기 위해
ㄴ. 국가 권력 남용을 방지하기 위해
ㄷ. 국가 정책을 신속하게 집행하기 위해
ㄹ. 국민의 자유와 권리를 최대한 보장하기 위해

① ㄱ, ㄴ ② ㄱ, ㄷ ③ ㄴ, ㄷ
④ ㄴ, ㄹ ⑤ ㄷ, ㄹ

13 빈칸 ㉠에 들어갈 기관으로 옳은 것은?

> (㉠)은/는 국가 기관 또는 제삼자로부터 기본권을 침해당했을 때 이를 구제하는 기관이다. 국민이 진정서를 제출하면 이를 조사하여 해당 기관에 시정할 사항을 권고한다.

① 법원
② 헌법재판소
③ 한국 소비자원
④ 국가 인권 위원회
⑤ 국민 권익 위원회

14 빈칸 ㉠, ㉡에 들어갈 개념을 바르게 연결한 것은?

> A 씨의 자녀는 지적 장애를 이유로 놀이기구 이용을 제한당하였다. 이에 A 씨는 (㉠)에 소를 제기하여 (㉡)을 통해 피해에 대한 배상을 받을 수 있었다.

	㉠	㉡		㉠	㉡
①	국회	재판	②	국회	진정
③	법원	재판	④	법원	진정
⑤	법원	고충 민원			

15 기본권을 침해당했을 때 구제받을 수 있는 방법으로 옳은 것을 보기 에서 고른 것은?

> 보기
> ㄱ. 법원에 고충 민원을 신청한다.
> ㄴ. 국민 권익 위원회에 재판을 청구한다.
> ㄷ. 국가 인권 위원회에 진정서를 제출한다.
> ㄹ. 헌법재판소에 헌법 소원 심판을 청구한다.

① ㄱ, ㄴ
② ㄱ, ㄷ
③ ㄴ, ㄷ
④ ㄴ, ㄹ
⑤ ㄷ, ㄹ

16 근로자에 해당하는 사례를 보기 에서 고른 것은?

> 보기
> ㄱ. 공장에서 1년만 근무하기로 한 대학생 A 씨
> ㄴ. 퇴직 후 유기견 봉사 활동을 하고 있는 B 씨
> ㄷ. 자신의 식당을 운영하며 직원을 고용한 C 씨
> ㄹ. 주말에 카페에서 아르바이트를 하는 고등학생 D 씨

① ㄱ, ㄴ
② ㄱ, ㄹ
③ ㄴ, ㄷ
④ ㄴ, ㄹ
⑤ ㄷ, ㄹ

17 밑줄 친 '이 법'에 관한 설명으로 옳은 것을 보기 에서 고른 것은?

> 제3조(근로 조건의 기준) 이 법에서 정하는 근로 조건은 최저 기준이므로 근로 관계 당사자는 이 기준을 이유로 근로 조건을 낮출 수 없다.

> 보기
> ㄱ. 근로 조건의 최저 기준을 제시한다.
> ㄴ. 사용자의 자율성을 확대하기 위한 것이다.
> ㄷ. 근로자의 기본적인 생활을 보장하고자 한다.
> ㄹ. 근로자가 동의하면 법에서 정한 것보다 근로 조건을 낮출 수 있다.

① ㄱ, ㄴ
② ㄱ, ㄷ
③ ㄴ, ㄷ
④ ㄴ, ㄹ
⑤ ㄷ, ㄹ

18 노동 3권에 관한 설명으로 옳지 <u>않은</u> 것은?

① 국회가 만든 법률을 통해서만 보장받는다.
② 노동조합을 만들 수 있는 권리는 단결권이다.
③ 근로자는 노동조합을 통해 근로 조건에 관하여 협상할 수 있다.
④ 근로자가 사용자와 대등한 위치에서 근로 조건을 협의할 수 있도록 보장하는 권리이다.
⑤ 근로자는 단체 교섭이 이루어지지 않았을 때 일정한 절차를 거쳐 쟁의 행위를 할 수 있다.

19 부당 노동 행위에 해당하는 사례를 보기 에서 고른 것은?

보기

ㄱ. 출산을 이유로 해고를 당한 경우
ㄴ. 최저 임금보다 적은 임금을 받은 경우
ㄷ. 정당한 이유 없이 단체 교섭을 거부하는 경우
ㄹ. 사용자가 노동조합의 결성 또는 가입을 방해하는 경우

① ㄱ, ㄴ ② ㄱ, ㄷ ③ ㄴ, ㄷ
④ ㄴ, ㄹ ⑤ ㄷ, ㄹ

20 다음 A 씨에게 한 법적 조언 중 그 내용이 옳지 <u>않은</u> 것은?

① 노동권 침해에 해당합니다.
② 법원에 소송을 제기할 수 있습니다.
③ 근로자의 노동 3권을 침해한 행위입니다.
④ 노동 위원회에 구제 신청을 할 수 있습니다.
⑤ 30일 전에 해고를 미리 서면으로 통보하지 않았다면 부당 해고입니다.

21 노동권 침해 시 대처에 관한 설명으로 옳지 <u>않은</u> 것은?

① 국가는 근로자의 권리 침해를 방지하는 제도를 마련해야 한다.
② 국가 경제를 위해 사용자의 이익을 우선하는 분위기를 조성해야 한다.
③ 근로자는 국가 기관의 도움을 받아 침해된 노동권을 구제받을 수 있다.
④ 국가와 시민은 노동권 침해를 구제하기 위한 방법을 적극적으로 모색해야 한다.
⑤ 시민은 노동권 침해가 예상될 경우 이를 방지하기 위한 법과 제도를 국가에 요구해야 한다.

22 (가)와 (나)에 해당하는 기본권을 쓰시오.

(가) 국가에 대해 인간다운 생활의 보장을 요구할 권리
(나) 모든 국민이 부당하게 차별받지 않고 동등하게 대우받을 권리

(가) ＿＿＿＿＿＿＿　　(나) ＿＿＿＿＿＿＿

23 다음 헌법 조항을 보고 물음에 답하시오.

제33조 ① 근로자는 근로 조건의 향상을 위하여 자주적인 단결권·(㉠) 및 단체 행동권을 가진다.

(1) 빈칸 ㉠에 들어갈 권리를 쓰시오.

＿＿＿＿＿＿＿＿＿＿＿＿＿＿＿＿＿

(2) 밑줄 친 내용을 포괄하는 권리를 쓰시오.

＿＿＿＿＿＿＿＿＿＿＿＿＿＿＿＿＿

24 다음 사례에서 침해당한 권리를 구제받을 수 있는 방안을 <u>두 가지</u> 서술하시오. (단, 권리를 구제할 수 있는 기관의 명칭을 포함하여 서술할 것)

저는 얼마 전까지 ○○ 아파트 공사 현장에서 일했던 대학생입니다. 방학 기간에 열심히 일을 하고 새로운 학기가 시작되면서 일을 그만두게 되었습니다. 고용 업체에서는 두 달간 일한 것에 대한 임금을 곧 주겠다고 하였는데 3개월이 지나도록 소식이 없습니다. 어떻게 하면 좋을까요?

＿＿＿＿＿＿＿＿＿＿＿＿＿＿＿＿＿＿＿＿＿＿＿＿＿＿＿

＿＿＿＿＿＿＿＿＿＿＿＿＿＿＿＿＿＿＿＿＿＿＿＿＿＿＿

메모

메모

내신과 수능의 빠른시작!
중학 국어 빠작 시리즈

비문학 독해 0~3단계

독해력과 어휘력을
함께 키우는
독해 기본서

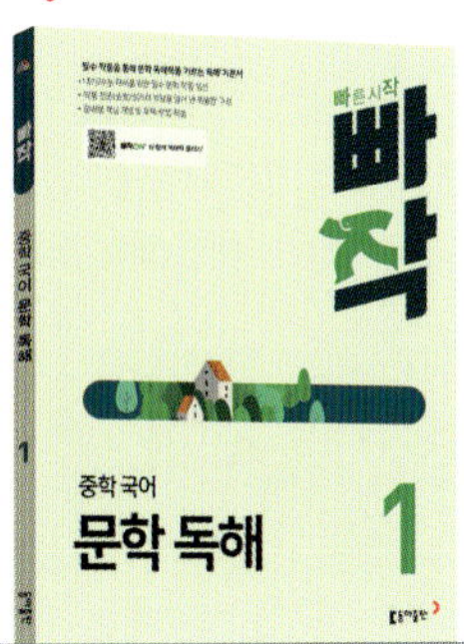

문학 독해 1~3단계

필수 작품을 통해
문학 독해력을 기르는
독해 기본서

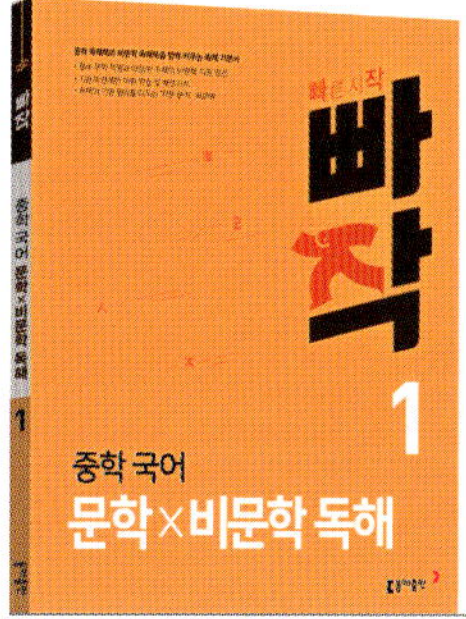

문학X비문학 독해 1~3단계

문학 독해력과
비문학 독해력을 함께 키우는
독해 기본서

고전 문학 독해

필수 작품을 통해
고전 문학 독해력을 기르는
독해 기본서

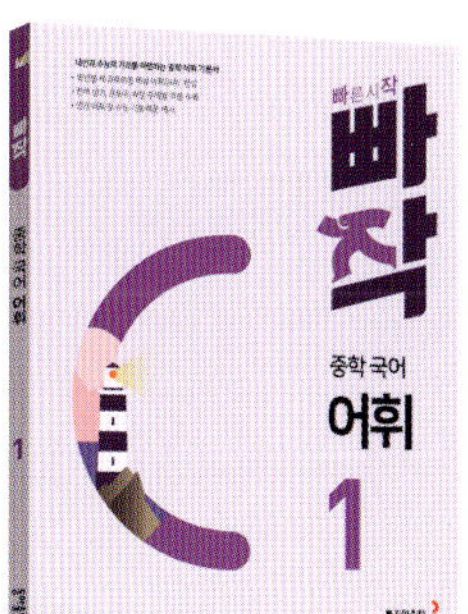

어휘 1~3단계

내신과 수능의
기초를 마련하는
중학 어휘 기본서

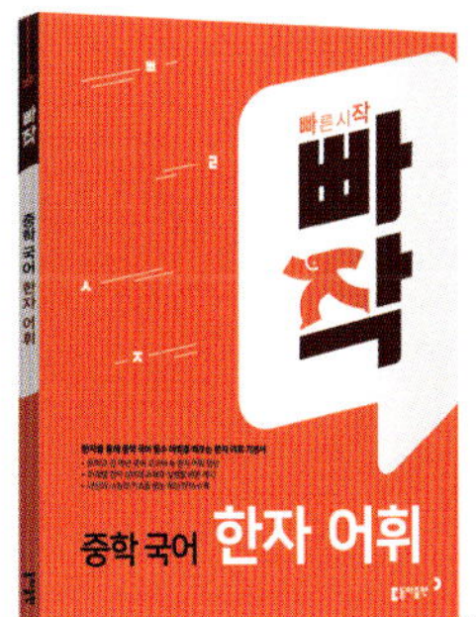

한자 어휘

중학 국어 필수 어휘를
배우는 한자 어휘 기본서

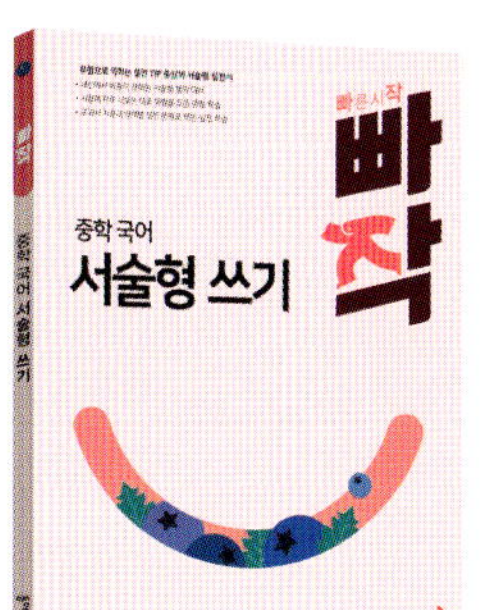

서술형 쓰기

유형으로 익히는
실전 TIP 중심의
서술형 실전서

첫 문법

중학 국어 문법을
쉽게 익히는 문법 입문서

문법

풍부한 문제로 문법 개념을
정리하는 문법서

중학 **사회** ① -2

개념 학습 정리책

올바른 사회 개념은 옳소, 완벽한 내신 대비서 올쏘!

올쏘

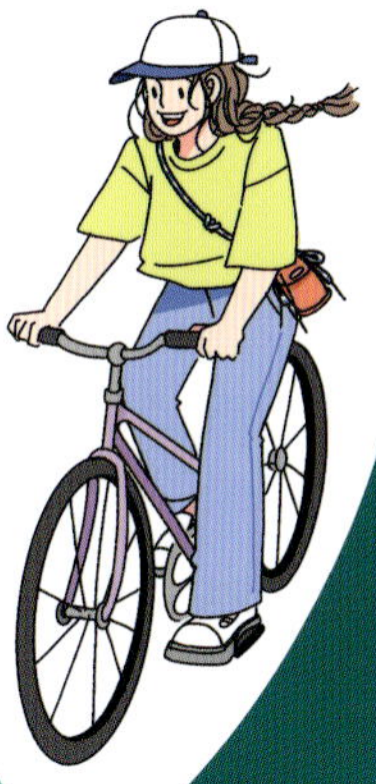

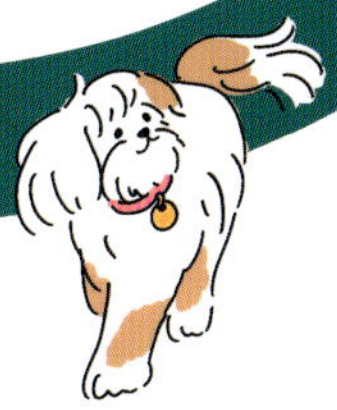

중학

사회 ①-2

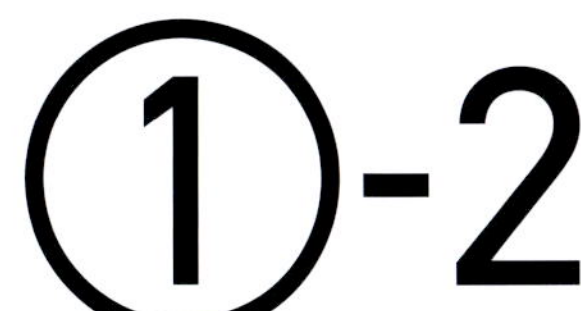

시험 대비 문제책

실력 확인 문제

문제로 복습하는
실력 확인

시험 빈출 문제

시험 빈출 문제로
실력 올리기

동아출판

중학 사회 ①-2

실력 확인 문제　**01** 사회화와 자아 정체성

1　사회화의 의미와 과정

1　사회화의 의미와 기능

(1) **의미**　자신이 속한 사회의 지식, 규범, 가치 등의 행동 양식을 학습하면서 사회적 존재로 성장해 나가는 과정

(2) **기능**

개인적 측면	• 개인의 고유한 ❶◻◻과/와 개성 형성 • 사회적 행동 양식을 습득함으로써 사회 구성원으로 성장
사회적 측면	• 그 사회의 문화를 다음 세대로 전달 • 사회 ❷◻◻ 및 발전

2　사회화의 과정

(1) **사회화 과정과 사회화 기관**

① 사회화 과정: 사회화는 평생에 걸쳐 이루어짐

② 사회화 기관: 가정, 또래 집단, 학교, 대중 매체 등 사회 구성원의 사회화를 담당하는 집단이나 기관

사회화 기관	특징	관련 시기
❸◻◻	언어 및 기본적 행동 양식 습득	유아기
또래 집단	놀이를 통해 공동체 생활의 규칙 및 질서 습득	아동기
❹◻◻	지식, 규범을 체계적으로 학습	청소년기
직장	업무에 필요한 지식, 기술 습득	성인기
❺◻◻◻◻	신문, 텔레비전, 인터넷 등을 통해 다양한 지식과 정보 전달	전 연령

(2) ❻◻◻◻◻　개인이 속한 집단이 바뀌거나 사회가 변화하여 지식, 생활 양식 등을 새롭게 습득하는 것 **예** 정보 사회로의 변화에 따라 정보 통신 기술을 배우는 것, 군대에 입대하여 신병 교육을 받는 것

2　사회화와 자아 정체성 형성

1　자아 정체성

의미	다른 사람과 구별되는 자신의 고유성을 이해하고 자신이 누구인지 명확하게 알고 있는 것
형성	자신의 고유한 특성에 대한 ❼◻◻ 노력, 사회화 과정에서의 다양한 상호 작용

2　자아 정체성 확립의 중요성

중요성	• 청소년기는 자아 정체성 확립에 중요한 시기임 • 긍정적인 자아 정체성을 형성하려는 노력이 필요함 • 청소년기에 형성되는 자아 정체성에 따라 성인기의 삶이 달라질 수 있음

정답 ❶ 자아　❷ 유지　❸ 가정　❹ 학교　❺ 대중 매체　❻ 재사회화　❼ 성찰

빈출

01 사회화된 행동의 사례로 옳은 것은?

중
① 졸릴 때 하품을 한다.
② 무더운 여름에 땀을 흘린다.
③ 감기에 걸려서 기침을 한다.
④ 배가 고플 때 꼬르륵 소리가 난다.
⑤ 알람을 맞추고 정해진 시간에 일어난다.

02 사회화에 관한 설명으로 옳은 것을 **보기**에서 고른 것은?

중

ㅣ보기ㅣ
ㄱ. 노년기에는 사회화가 필요하지 않다.
ㄴ. 사회의 문화를 공유하고 다음 세대로 전달한다.
ㄷ. 공식적인 교육 기관을 통해 이루어지는 과정이다.
ㄹ. 사회생활에 필요한 것을 학습하면서 사회적 존재로 성장하는 과정이다.

① ㄱ, ㄴ　　② ㄱ, ㄷ　　③ ㄴ, ㄷ
④ ㄴ, ㄹ　　⑤ ㄷ, ㄹ

03 다음 내용을 통해 알 수 있는 인간의 특징으로 가장 적절한 것은?

상

> 　프랑스의 어느 숲에서 늑대들과 함께 생활하던 소년이 발견되었다. 당시 이 소년은 말을 전혀 하지 못했고, 기어다니거나 으르렁대며 동물과 같은 행동을 보였다. 이후 이 소년은 체계적인 교육을 받으며 두 발로 걷고 간단한 문장을 말할 수 있게 되었다.

① 환경에 대한 적응력이 뛰어나다.
② 바람직한 자아 정체성을 형성해야 한다.
③ 본능에 따라 행동하는 동물적 존재이다.
④ 평생에 걸쳐 학습하고 성장하는 존재이다.
⑤ 사회 구성원과의 상호 작용을 통해 인간다운 인간으로 성장할 수 있다.

[04-05] 자료를 보고 물음에 답하시오.

04 빈칸 ㉠에 들어갈 말로 옳은 것은?

① 본능
② 사회화
③ 재사회화
④ 공동체 의식
⑤ 자아 정체성 확립

05 밑줄 친 ㉡에 관해 옳게 답변한 학생은?

① 갑: 재사회화를 경험했기 때문입니다.
② 을: 인간은 사회적 존재이기 때문입니다.
③ 병: 각자 사회적 지위와 역할이 다르기 때문입니다.
④ 정: 자신만의 독특한 개성과 자아 정체성을 가지고 있기 때문입니다.
⑤ 무: 각자 자신이 속한 사회의 고유한 규범과 문화를 익혔기 때문입니다.

06 빈칸 (가)에 들어갈 내용으로 옳은 것은?

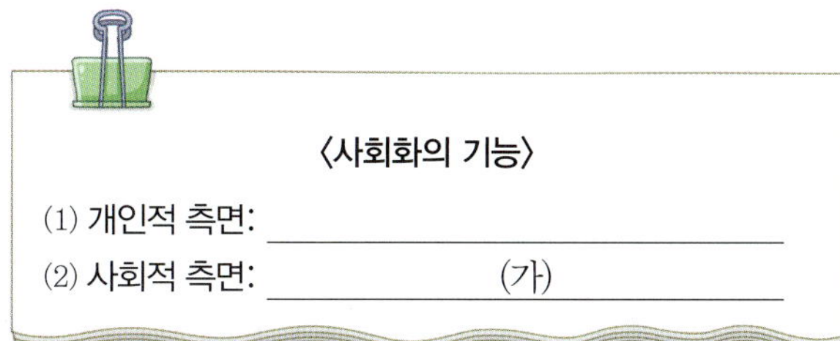

① 사회 변화에 적응한다.
② 다양한 역할 갈등을 해결한다.
③ 사회를 유지하고 발전시킨다.
④ 개성과 자아 정체성을 형성한다.
⑤ 자신이 속한 사회의 구성원으로 성장한다.

07 밑줄 친 '이곳'에 해당하는 사회화 기관으로 옳은 것은?

① 가정
② 직장
③ 학교
④ 동호회
⑤ 또래 집단

08 사회화 기관 (가)~(라)에 관한 설명으로 옳지 <u>않은</u> 것은?

① (가): 성인의 사회화에 중요한 역할을 담당한다.
② (가): 유아기에 기본 인성과 가치관을 형성하는 데 큰 영향을 미친다.
③ (나): 체계적인 교육이 일어나는 사회화 기관이다.
④ (다): 아동기에 큰 영향을 미치는 사회화 기관이다.
⑤ (라): 현대 사회에서 전 연령에 걸쳐 많은 영향을 끼친다.

09 재사회화의 사례로 옳지 <u>않은</u> 것은?

① 귀화한 외국인이 한국어를 학습한다.
② 이직한 회사의 새로운 업무를 배운다.
③ 중학생이 학교에서 다양한 지식을 배운다.
④ 퇴직 후 음식점을 차리기 위해 요리 학원에 다닌다.
⑤ 북한에서 이주한 새터민이 우리 사회의 문화를 익힌다.

10 학생들의 대화 내용에서 밑줄 친 ㉠, ㉡을 공통으로 설명할 수 있는 개념으로 옳은 것은?

① 사회화
② 또래 집단
③ 역할 갈등
④ 대중 매체
⑤ 자아 정체성

11 자아 정체성에 관한 설명으로 옳은 것을 **보기** 에서 고른 것은?

보기
ㄱ. 사회화 과정과 관련이 있다.
ㄴ. '나는 누구인가'에 대한 답이다.
ㄷ. 타인과 환경의 영향을 받지 않는다.
ㄹ. 같은 사회의 구성원은 모두 동일한 자아 정체성을 형성한다.

① ㄱ, ㄴ
② ㄱ, ㄷ
③ ㄴ, ㄷ
④ ㄴ, ㄹ
⑤ ㄷ, ㄹ

[12-13] 자료를 보고 물음에 답하시오.

사회가 급격하게 변화하는 오늘날에는 사회화가 특정 시기나 기간에만 한정되지 않고 평생에 걸쳐 이루어진다. 특히 개인이 속한 집단이 바뀌거나 사회가 변화하는 경우 이에 적응하기 위해 새로운 지식과 생활 양식 등을 습득해야 하는데, 이를 (㉠)(이)라고 한다.

12 빈칸 ㉠에 들어갈 개념을 쓰시오.

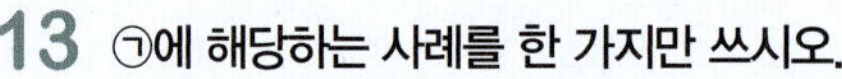

13 ㉠에 해당하는 사례를 한 가지만 쓰시오.

14 다음 설명에 해당하는 사회화 기관을 쓰시오.

텔레비전, 인터넷 등은 생활에 필요한 다양한 정보와 지식을 제공하는 사회화 기관으로, 현대 사회에서 큰 영향력을 행사하고 있다.

15 다음 내용이 사회화의 결과인지 아닌지 판단하고, 그렇게 생각한 이유를 서술하시오.

어젯밤에 잠을 못 잤더니 자꾸 하품이 났다.

실력 확인 문제   02 사회적 지위와 역할 ~ 03 우리 사회의 갈등과 차별

1 사회적 지위와 역할

1 사회적 지위와 역할의 의미

(1) **사회적 ❶**◻◻   한 개인이 사회 속에서 차지하는 위치

귀속 지위	개인의 의지나 노력과 상관없이 자연적으로 주어지는 지위 예 여성, 딸, 아들, 노인
❷◻◻◻◻	능력이나 노력을 통해 후천적으로 얻게 되는 지위 예 학생, 교사, 어머니, 아버지

(2) **❸**◻◻   사회적 지위에 따라 기대되는 행동 양식

(3) **❹**◻◻◻◻   개인이 실제로 역할을 수행하는 방식

2 역할 갈등의 의미와 대응 방안

(1) **❺**◻◻ ◻◻   한 개인이 가진 여러 지위에 따른 역할이 서로 충돌하여 갈등이 발생하는 상태

(2) **역할 갈등의 원인**   한 사람이 여러 개의 지위를 갖기 때문

(3) **역할 갈등의 해결 방법**   역할 갈등의 원인 분석 후 가치관이나 목표에 따라 우선순위를 정하여 순서대로 역할 수행, 사회적 제도나 법률 마련 등

2 우리 사회의 갈등과 차별

1 사회적 갈등과 차별

(1) **사회적 ❻**◻◻

의미	개인이나 집단 간 이해관계가 달라 부딪히며 충돌하는 현상
종류	성별 갈등, 지역 갈등, 노사 갈등, 계층 갈등, 세대 갈등
특징	자연스러운 현상이지만 적절히 대처하지 않으면 사회 불안정 초래, 원만하게 해결할 경우 사회 발전에 기여

(2) **사회적 ❼**◻◻

의미	개인이나 집단이 사회생활에서 불합리하게 대우받는 것
종류	성차별, 지역 차별, 인종 차별, 장애인 차별
문제점	• ❽◻◻ 침해 • 사회 통합과 발전 저해

2 갈등과 차별에 대한 시민적 대응

(1) **다양한 갈등에 대처하는 방안**   대화와 토론, 다양한 생활 방식 존중, 서로의 이익을 조금씩 양보

(2) **차별을 개선하기 위한 노력**

개인적 차원	다양성 존중, 차이를 인정하는 ❾◻◻의 자세, 타인의 권리 존중, 차별 개선을 위한 적극적인 시민 참여
사회적 차원	법과 제도 개선, 사회적 약자 보호·실질적 평등 실현을 위한 방안 마련

정답 ❶ 지위 ❷ 성취 지위 ❸ 역할 ❹ 역할 행동 ❺ 역할 갈등 ❻ 갈등 ❼ 차별 ❽ 인권 ❾ 관용

---

01 사회적 지위와 역할에 관한 설명으로 옳은 것을 보기 에서 고른 것은? 〈중〉

보기
ㄱ. 한 개인은 여러 개의 지위를 가지고 있다.
ㄴ. 역할은 태어날 때부터 자연스럽게 주어진다.
ㄷ. 모든 사회적 지위에는 기대되는 행동 양식이 있다.
ㄹ. 성인이 되지 않은 청소년들은 아직 사회적 지위가 없다.

① ㄱ, ㄴ　　② ㄱ, ㄷ　　③ ㄴ, ㄷ
④ ㄴ, ㄹ　　⑤ ㄷ, ㄹ

02 밑줄 친 ㉠~㉤ 중 사회적 지위의 유형이 같은 것끼리 짝지은 것은? 〈상〉

지영이의 장래 희망은 ㉠가수가 되는 것이다. 학교에서는 ㉡보컬 동아리 회장으로서 활동하고 있다. 요즘은 한 ㉢여성 가수의 노래에 푹 빠져서 열심히 연습 중이다. 집에서 어린 ㉣동생과 놀아 줄 때도 즐겁게 노래를 불러 준다. 지영이의 ㉤엄마도 노래를 매우 잘하신다.

① ㉠, ㉡, ㉢　　　　② ㉠, ㉡, ㉤
③ ㉡, ㉢, ㉣　　　　④ ㉡, ㉣, ㉤
⑤ ㉢, ㉣, ㉤

03 성취 지위의 사례로 옳은 것은? 〈하〉
① 딸　　　② 막내　　　③ 노인
④ 청소년　　⑤ 학급 회장

04 빈칸 ㉠에 해당하는 사례로 옳은 것은?

> 한 개인이 속한 사회에서 차지하는 위치를 사회적 지위라고 한다. (㉠   )은/는 개인의 의지와 상관없이 자연적으로 가지게 된 지위이다.

① 딸, 노인
② 학생, 선생님
③ 아들, 아버지
④ 여성, 대학생
⑤ 부모님, 청소년

05 밑줄 친 ㉠, ㉡의 공통점으로 옳은 것은?

> 저는 딸 하나를 둔 ㉠ 엄마이자 동아중학교에서 사회를 가르치고 있는 ㉡ 선생님입니다.

① 귀속 지위이다.
② 전통 사회에서 더욱 중시되었다.
③ 개인의 의지와 관계없이 주어지는 지위이다.
④ 현대 사회에서 그 종류가 더욱 다양해지고 있다.
⑤ 태어날 때부터 자연적으로 가지게 되는 지위이다.

06 사회적 지위와 관련하여 (가)~(다)에 관한 설명으로 옳지 <u>않은</u> 것은?

(가)	(나)	(다)
동아중학교 학생	딸	탁구부원

① (가)와 (나)는 사회적 지위의 유형이 같다.
② (나)는 자신의 의지와 관계없이 주어지는 지위이다.
③ (다)는 성취 지위이다.
④ (다)는 개인 의지에 따라 바뀔 수 있는 지위이다.
⑤ (가)~(다)는 한 개인이 사회적 관계 속에서 차지하고 있는 위치이다.

07 밑줄 친 ㉠에 해당하는 사례를 보기 에서 고른 것은?

> 한 개인이 속한 사회에서 차지하는 위치를 사회적 지위라고 한다. 사회적 지위에는 귀속 지위와 ㉠ 성취 지위가 있다.

보기

ㄱ. 군인
ㄴ. 남편
ㄷ. 남자
ㄹ. 아들

① ㄱ, ㄴ
② ㄱ, ㄷ
③ ㄴ, ㄷ
④ ㄴ, ㄹ
⑤ ㄷ, ㄹ

08 다음은 사회 공부를 하면서 모르는 용어를 인터넷에 검색한 결과이다. 빈칸 ㉠에 들어갈 검색어로 옳은 것은?

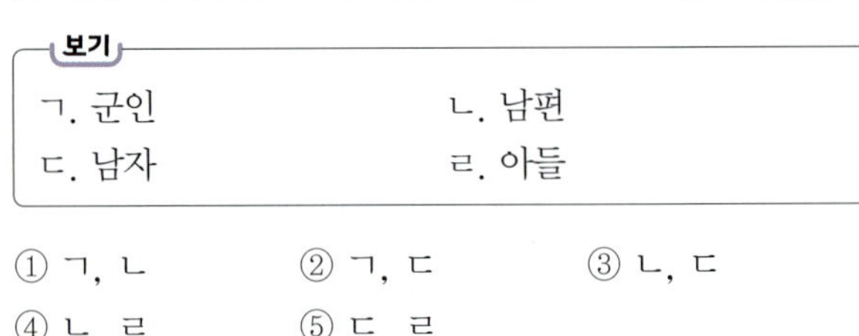

① 역할 갈등
② 역할 행동
③ 사회적 지위
④ 정체성 혼란
⑤ 사회적 관계

09 역할 갈등을 겪고 있는 사람으로 옳은 것은?

① 버스를 탈까 걸어갈까 고민하는 호석
② 콜라를 마실지 사이다를 마실지 고민하는 석진
③ 용돈으로 모자를 살까 가방을 살까 고민하는 지민
④ 사회 공부와 국어 공부 중에 무엇을 먼저 할까 고민하는 남준
⑤ 친구의 생일 파티에 가야 할지 시험공부를 해야 할지 고민하는 정국

10 역할 갈등에 관한 설명으로 옳은 것을 보기 에서 고른 것은?

> **보기**
> ㄱ. 가장 중요한 역할 하나를 선택해야만 해결할 수 있다.
> ㄴ. 다수가 경험하는 역할 갈등은 사회 제도적인 해결이 필요하다.
> ㄷ. 역할 행동에 대한 사회적 보상을 제대로 받지 못해서 발생한다.
> ㄹ. 현대 사회에서 개인의 사회적 지위가 많아지면서 역할 갈등도 증가하고 있다.

① ㄱ, ㄴ   ② ㄱ, ㄷ   ③ ㄴ, ㄷ
④ ㄴ, ㄹ   ⑤ ㄷ, ㄹ

11 자료에 나타난 상황에 관한 설명으로 옳지 <u>않은</u> 것은?

> 나열심 씨는 내일 회사에 중요한 회의가 있어 휴가를 내기 어려운 상황이다. 그런데 내일 어린이집 행사에 아빠가 꼭 와야 한다고 아들이 말하여서 어떻게 해야 할지 고민이다.

① 현대 사회에서 자주 발생하는 상황이다.
② 나열심 씨는 회사원, 아빠라는 성취 지위를 가진다.
③ 잘 해결되지 못하면 개인은 심리적 불안감을 느낄 수 있다.
④ 한 사람이 여러 개의 지위를 갖기 때문에 발생하는 상황이다.
⑤ 개인이 가진 여러 사회적 지위가 서로 충돌하여 갈등을 일으킨 상황이다.

12 (가), (나)와 같은 제도를 시행하는 목적으로 옳은 것은?

> (가) 국제 경기에서 국제 심판은 자기 나라 경기의 심판을 맡을 수 없다.
> (나) 법관이 사건의 당사자와 가족 관계에 있으면 그 사건을 담당할 수 없다.

① 사회적 차별을 해결하기 위해서
② 역할 갈등 상황을 방지하기 위해서
③ 성취 지위의 중요성을 강조하기 위해서
④ 자아 정체성의 혼란을 방지하기 위해서
⑤ 사회 변화에 적응하기 위한 재사회화를 위해서

13 다음 상황에 관한 설명으로 옳은 것은?

① 역할 갈등이 발생한 상황이다.
② 우리 사회에서 흔하게 나타나는 차별 상황이다.
③ 원만하게 해결하면 사회가 통합되고 발전할 수 있다.
④ 사회 집단에 대한 소속감이 부족하기 때문에 일어나는 현상이다.
⑤ 해결을 위해 실질적 평등을 실현할 수 있는 방안을 마련해야 한다.

14 (가), (나)에 관한 설명으로 옳은 것은?

> (가) 개인이 가진 특징들이 다르게 나타나 서로를 구분할 수 있는 객관적인 특성
> (나) 특정 사람이나 집단을 부당하게 대우하는 것

① (가)를 해결하기 위한 법과 제도가 필요하다.
② (가)를 인정하지 않아야 사회 발전에 도움이 된다.
③ (나)는 타고난 특성 때문에 발생한다.
④ (나)는 인간의 존엄한 가치를 침해하는 것이다.
⑤ (나)는 이익의 차이에 따른 자연스러운 현상이다.

[17-18] 자료를 보고 물음에 답하시오.

예서는 친구 동호와 함께 등교하였다.

예서는 엄마의 생신 카드와 선물을 준비하였다.

17 (가), (나)에 나타난 예서의 사회적 지위를 한 가지씩 쓰시오.

(가) ______________ (나) ______________

15 차별에 해당하는 사례로 옳은 것을 보기 에서 고른 것은?

> **보기**
> ㄱ. 여학생은 치마 형태의 교복만 입도록 교칙으로 정해져 있다.
> ㄴ. 남자는 국군 간호 사관 학교에 입학할 수 없도록 하는 규정이 있다.
> ㄷ. 월급의 일정 부분을 지급받으면서 자녀 양육을 목적으로 한 휴직을 할 수 있다.
> ㄹ. 장애인, 고령자, 부상자, 임산부, 영유아 동반자 등을 위한 교통 약자석을 지정하였다.

① ㄱ, ㄴ   ② ㄱ, ㄷ   ③ ㄴ, ㄷ
④ ㄴ, ㄹ   ⑤ ㄷ, ㄹ

18 (가), (나)에 나타난 예서의 사회적 지위를 지위 획득 방법을 중심으로 비교하여 서술하시오.

____

____

16 우리 사회의 차별을 해결하기 위한 방안으로 옳지 <u>않은</u> 것은?

① 실질적인 평등을 실현할 수 있는 방안을 마련한다.
② 우리 사회에서 소외되기 쉬운 사회적 약자를 보호한다.
③ 편견을 버리고 모든 인간을 존엄한 가치를 가진 존재로 대한다.
④ 나와 다른 사람이나 집단에 대한 차별을 당연한 것으로 인정한다.
⑤ 시민들이 차별을 해결하기 위한 방안을 제안하거나 제도 개선을 적극적으로 요구한다.

19 다음 법률의 공통적인 목적을 서술하시오.

> • 장애인 차별 금지 및 권리 구제 등에 관한 법률
> • 남녀 고용 평등과 일·가정 양립 지원에 관한 법률

____

____

실력 확인 문제 01 문화의 의미와 특징

1 문화의 의미와 특징

1 문화의 의미

(1) **문화** 한 사회의 구성원이 만들어 낸 공통의 ❶□□□□

(2) **문화인 것과 문화가 아닌 것**

문화인 것	• 인간이 주어진 ❷□□에 적응하면서 형성해 온 생활 양식 • 의식주, 기술, 법, 제도, 종교, 예술 등
문화가 아닌 것	• 개인적인 버릇이나 습관 • 생리적 현상이나 ❸□□에 따른 행동

2 문화의 특징

구분	문화의 ❹□□□	문화의 다양성
의미	어느 사회에서나 공통적인 문화 현상이 나타나는 것	각 사회마다 문화의 구체적 모습이 다르게 나타나는 것
이유	인간의 기본적 욕구나 사고방식이 비슷하기 때문에	인간이 서로 다른 환경에 적응하는 과정에서 나름의 문화를 만들어 왔기 때문에

2 문화의 속성

1 공유성

의미	한 사회의 구성원들이 공통된 문화를 공유하는 것
영향	특정 상황에서 상대방의 행동 예측 가능

2 학습성

의미	자신이 속한 사회의 문화를 ❺□□을/를 통해 후천적으로 습득함
영향	문화적 양육 환경에 따라 행동과 사고방식이 달라짐

3 축적성

의미	이전 세대의 문화가 다음 세대로 전달되면서 ❻□□됨
영향	새로운 내용이 더해져 문화가 더욱 풍부하고 다양해짐

4 변동성

의미	문화는 고정된 것이 아니라 시대에 따라 끊임없이 변화함
영향	사회적·시대적 상황에 따라 문화는 사라지거나 새로운 것이 나타나게 됨

5 전체성

의미	한 사회의 문화를 구성하는 여러 부분이 서로 긴밀하게 연결되어 ❼□□을/를 이룸
영향	문화 한 부분의 변동은 다른 부분에도 연쇄적 영향을 미침

❶ 생활 양식 ❷ 환경 ❸ 본능 ❹ 보편성 ❺ 학습 ❻ 축적 ❼ 전체

01 자료의 (가)에 들어갈 내용으로 옳지 **않은** 것은? 중

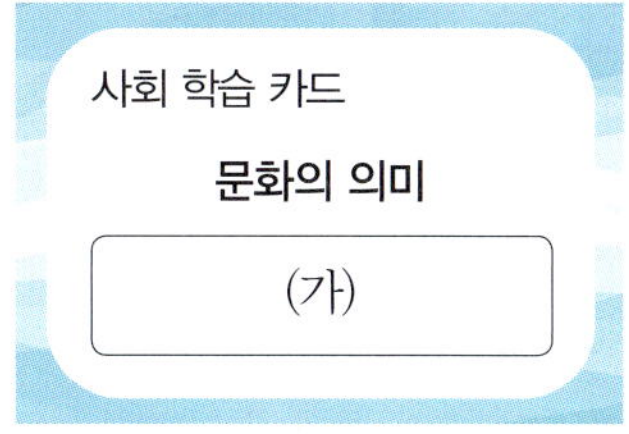

① 인간의 모든 행위는 문화에 해당한다.
② 개인적인 버릇이나 습관은 문화가 아니다.
③ 의식주, 기술, 제도, 종교, 법 등이 해당한다.
④ 한 사회의 구성원이 공유하는 생활 양식이다.
⑤ 인간이 환경에 적응하며 만들어 낸 산물이다.

02 대화의 밑줄 친 (가)에 들어갈 내용으로 옳은 것을 보기 에서 고른 것은? 중

> **보기**
> ㄱ. 피곤하면 하품이 나는 것
> ㄴ. 배가 고프면 꼬르륵 소리가 나는 것
> ㄷ. 공연장에서 가수의 콘서트를 관람하는 것
> ㄹ. 식사를 할 때 숟가락과 젓가락을 사용하는 것

① ㄱ, ㄴ   ② ㄱ, ㄷ   ③ ㄴ, ㄷ
④ ㄴ, ㄹ   ⑤ ㄷ, ㄹ

03 빈칸 ㉠, ㉡에 들어갈 말을 바르게 연결한 것은? 하

> 어느 사회에서나 공통적인 문화 현상이 나타나는데 이를 문화의 (㉠)(이)라고 하고, 각 사회마다 문화의 구체적인 모습이 다르게 나타나는 것을 문화의 (㉡)(이)라고 한다.

	㉠	㉡		㉠	㉡
①	보편성	다양성	②	보편성	전체성
③	변동성	다양성	④	변동성	축적성
⑤	상대성	공유성			

04 문화에 해당하지 <u>않는</u> 것은?

중

① 날씨가 추우면 몸이 떨린다.
② 중학교에 입학해서 교복을 입는다.
③ 웃어른을 만나면 공손하게 인사한다.
④ 공중 화장실에서 줄을 서서 기다린다.
⑤ 숟가락과 젓가락을 사용하여 음식을 먹는다.

05 자료에 나타난 문화의 특징에 관한 설명으로 옳은 것은?

상

> • 대부분의 사회에서 공통적인 문화가 나타난다.
> • 어느 사회에서나 아는 사람을 만나면 인사를 한다.

① 문화의 전체성에 해당한다.
② 각 사회마다 다양한 모습의 문화가 형성된다.
③ 인간의 기본적인 욕구나 사고방식이 비슷하기 때문에 나타난다.
④ 사회적 환경이나 시대적 상황의 차이에 따라 문화는 끊임없이 변화한다.
⑤ 문화의 한 부분이 변화하면 다른 부분에도 영향을 미치기 때문에 나타난다.

06 자료의 ㉠에 들어갈 문화의 속성으로 옳은 것은?

중

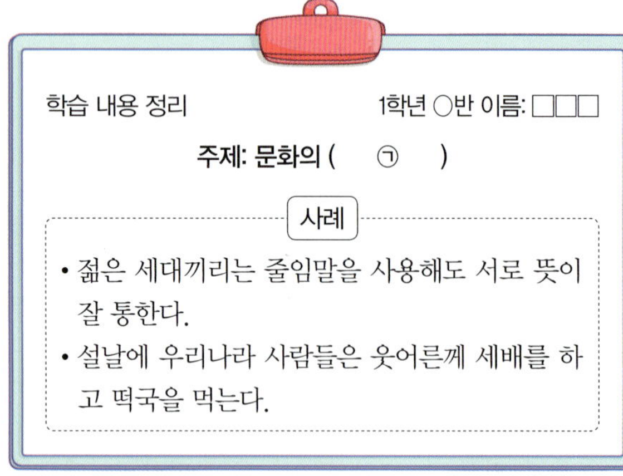

① 공유성　　② 축적성　　③ 학습성
④ 변동성　　⑤ 전체성

07 다음은 ㉠을 검색한 결과이다. ㉠에 들어갈 문화의 속성으로 옳은 것은?

중

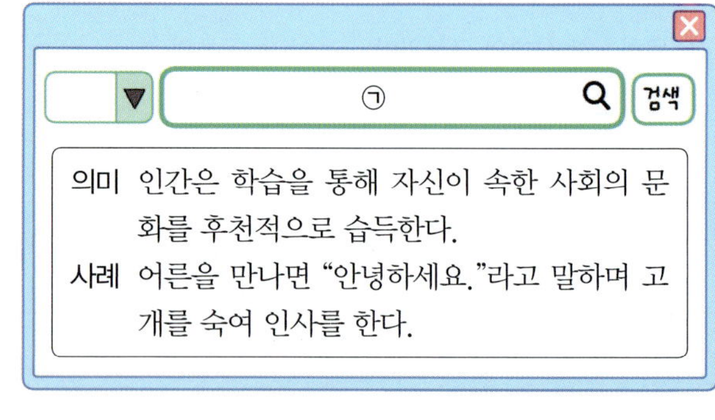

① 공유성　　② 축적성　　③ 학습성
④ 변동성　　⑤ 전체성

08 자료의 ㉠에 들어갈 문화의 속성으로 옳은 것은?

중

① 공유성　　② 보편성　　③ 학습성
④ 변동성　　⑤ 전체성

09 자료를 통해 알 수 있는 문화의 속성으로 옳은 것은?

상

① 공유성　　② 축적성　　③ 학습성
④ 변동성　　⑤ 전체성

빈출

10 (가), (나)에 해당하는 문화의 특징을 바르게 연결한 것은?

중

> (가) 어느 사회에서나 사람이 죽으면 장례를 치르는 풍
> 습이 있다.
> (나) 인도에서는 사람이 죽으면 화장을 한 후 유골을 갠
> 지스강에 뿌리고, 티베트에서는 독수리가 시신을
> 쪼아 먹게 한다. 이렇듯 사회마다 장례를 치르는 구
> 체적인 모습은 다르게 나타난다.

	(가)	(나)
①	보편성	다양성
②	보편성	전체성
③	변동성	다양성
④	변동성	축적성
⑤	상대성	공유성

11 다음 설명에 해당하는 문화의 속성으로 옳은 것은?

중

> 한 사회의 문화를 구성하는 여러 부분이 서로 긴밀하
> 게 연결되어 전체를 이룬다. 따라서 문화의 한 부분에 변
> 동이 생기면 다른 부분에도 연쇄적으로 영향을 미친다.

① 공유성 ② 축적성 ③ 학습성
④ 변동성 ⑤ 전체성

12 사례를 통해 파악할 수 있는 문화의 속성에 관한 설명으로 옳은
상 것은?

> 할아버지께서는 스마트폰 사용법을 배우기 위해 복지
> 관에서 강좌를 듣고 계신다.

① 언어와 문자를 통해 문화가 다음 세대로 전달된다.
② 특정 상황에서 상대방의 행동을 쉽게 예측할 수 있다.
③ 사회의 구성원들이 공통적인 생활 양식을 가지고 있다.
④ 문화의 각 요소는 서로 긴밀하게 연결되어 전체를 이
룬다.
⑤ 학습을 통해 자신이 속한 사회의 문화를 후천적으로
습득한다.

13 (가)~(다) 중 문화인 것의 기호를 쓰고, 그 이유를 서술하시오.

14 자료를 통해 알 수 있는 문화의 속성 두 가지를 그 근거와 함께
서술하시오.

실력 확인 문제 02 미디어와 문화 ~ 03 다양한 문화를 이해하는 태도

1 미디어의 의미와 특징

미디어		어떤 ❶□□을/를 한쪽에서 다른 쪽으로 전달하는 수단
종류	인쇄 매체	책이나 신문, 잡지와 같이 문자로 정보를 전달하는 매체
	영상 매체	텔레비전 방송, 영화 등 영상으로 정보를 전달하는 매체
	❷□□□□	정보 통신 기술의 발달로 등장한 인터넷, 스마트폰, 사회 관계망 서비스(SNS) 등
특성		• 다양한 정보를 수집·전달 • 콘텐츠 제공 • 사회적 쟁점에 대해 대중의 관심 고조 → 사회 문제 개선에 도움

2 미디어의 비판적 활용

필요성	• 사고방식과 행동의 획일화 • 지나친 상업성 추구로 인한 자극적·폭력적 콘텐츠 증가 • 편향되고 왜곡된 정보 확산 가능
태도	• ❸□□□□ □□□□: 미디어가 제공하는 문화와 정보에 대해 비판적으로 분석하는 능력 • 건강한 미디어 환경 조성을 위한 적극적 노력

3 다양한 문화를 이해하는 태도

1 여러 민족과 국가의 다양한 문화

다양한 문화	이유	문화는 한 사회의 구성원들이 주어진 환경에 적응하며 만든 그 사회 특유의 생활 양식이므로 집단마다 다르게 나타남
	현상	의식주, 언어, 종교, 풍습, 사고방식 등이 다양하게 나타남
우리나라의 다문화적 변화		• 세계화로 인한 국내 거주 ❹□□□ 증가 • 우리 문화의 내용이 더 풍부해지고 다양해짐 • 문화 차이로 인한 ❺□□ 발생 가능성이 커짐

2 문화를 이해하는 태도

(1) ❻□□□□ □□□□ 자신이 속한 사회의 문화만 우수하다고 여겨 다른 사회의 문화를 무시하는 태도

(2) ❼□□ □□□□ 다른 사회의 문화를 우수한 것으로 믿고 높게 평가하여 자기 문화를 낮게 평가하고 무시하는 태도

(3) **문화 상대주의** 문화의 ❽□□을/를 평가하지 않고 그 사회의 입장에서 문화를 이해하는 태도

---

01 다음 설명에 해당하는 매체로 옳은 것은? 〔중〕

• 쌍방향 소통이 가능하다.
• 정보 통신 기술의 발달로 등장하였다.

① 책, 영화 　　　　② 책, 신문
③ 신문, SNS 　　　④ 인터넷, 스마트폰
⑤ 영화, 텔레비전 방송

02 미디어 A~C에 관한 설명으로 옳은 것은? (단, A~C는 인쇄 매체, 영상 매체, 뉴 미디어 중 하나이다.) 〔상〕

내용 ＼ 미디어	A	B	C
쌍방향 소통이 가능한가?	아니요	아니요	예
책, 신문, 잡지 등이 해당하는가?	예	아니요	아니요

① A는 뉴 미디어이다.
② B는 문자로 정보를 전달한다.
③ C는 정보 통신 기술의 발달로 등장하였다.
④ A, B는 C에 비해 정보 전달이 신속하게 이루어진다.
⑤ C는 A, B에 비해 정보 전달이 일방적으로 이루어진다.

03 빈칸 ㉠에 해당하는 미디어로 옳은 것은? 〔중〕

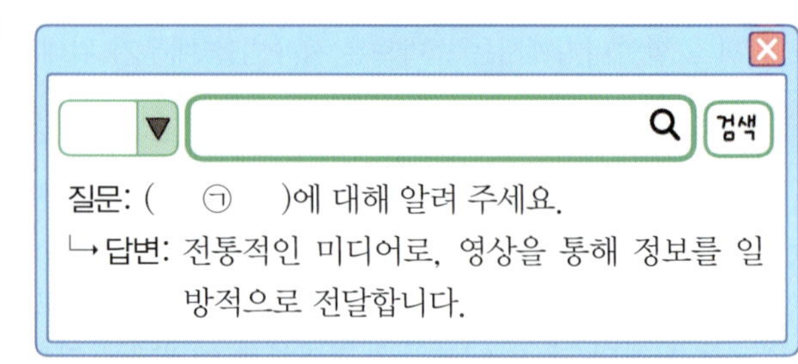

① 책, 신문 　　　　② 영화, 신문
③ 책, 스마트폰 　　④ 인터넷, SNS
⑤ 영화, 텔레비전 방송

04 자료의 A~C에 관한 설명으로 옳은 것은? (단, A~C는 인쇄 매체, 영상 매체, 뉴 미디어 중 하나이다.)

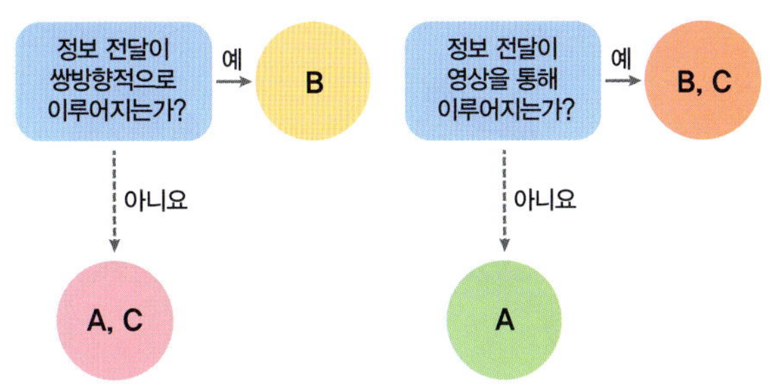

① A는 인터넷의 발달로 등장하였다.
② B에는 인터넷, 스마트폰 등이 해당된다.
③ C로 인해 사람들은 정보의 생산자로 성장하였다.
④ A, C는 정보 생산자와 소비자의 경계가 불분명하다.
⑤ 최근에는 B에 비해 A, C의 영향력이 더 커지고 있다.

05 밑줄 친 '이것'에 해당하는 미디어로 옳은 것은?

① 책, 영화
② 책, 신문
③ 신문, SNS
④ 인터넷, 스마트폰
⑤ 영화, 텔레비전 방송

06 자료의 A에 해당하는 미디어로 옳은 것은? (단, A는 인쇄 매체, 영상 매체, 뉴 미디어 중 하나이다.)

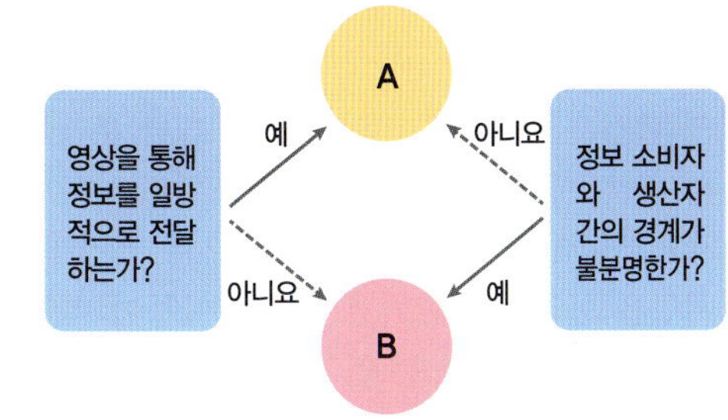

① 책, 영화
② 책, 신문
③ 신문, SNS
④ 인터넷, 스마트폰
⑤ 영화, 텔레비전 방송

07 빈칸 ⊙에 들어갈 대중 매체의 특성으로 옳은 것은?

① 상업성
② 편향성
③ 획일성
④ 오락성
⑤ 대중성

08 자료의 (가)에 들어갈 내용으로 옳은 것은?

① 영상 매체에는 책, 신문 등이 해당한다.
② 인쇄 매체의 등장으로 쌍방향 소통이 가능해졌다.
③ 뉴 미디어는 대중에게 정보를 일방적으로 전달한다.
④ 최근 일상생활에 미치는 미디어의 영향력이 줄어들었다.
⑤ 최근 미디어가 제공하는 콘텐츠의 수가 증가하고 있다.

09 미디어의 부정적 영향으로 옳은 것은?

① 다원화로 개인의 개성을 상실할 수 있다.
② 정보 생산자와 소비자 간의 경계가 뚜렷해진다.
③ 가짜 뉴스와 같은 잘못된 정보가 확산될 수 있다.
④ 지나친 상업성 추구로 자극적이고 폭력적인 콘텐츠가 감소한다.
⑤ 사회적 쟁점에 대해 대중의 관심을 끌어 사회 문제가 개선된다.

10 교사의 질문에 옳지 <u>않은</u> 답변을 한 학생은?

① 갑: 미디어 리터러시가 필요합니다.
② 을: 미디어를 비판적으로 활용하는 태도가 필요합니다.
③ 병: 건강한 미디어 환경을 조성하기 위해 노력해야 합니다.
④ 정: 미디어가 제공하는 정보를 비판적으로 검토해야 합니다.
⑤ 무: 미디어 속 다양한 문화와 정보를 그대로 수용해야 합니다.

11 여러 민족과 국가에서 다양한 문화가 나타나는 이유로 가장 적절한 것은?

① 문화는 어느 사회에서나 공통적으로 나타나기 때문에
② 인간의 기본적인 욕구나 사고방식이 비슷하기 때문에
③ 문화는 고정된 것이 아니라 끊임없이 변화하기 때문에
④ 문화의 한 부분이 변화하면 다른 부분도 변화하기 때문에
⑤ 문화는 사람들이 주어진 환경에 적응하는 과정에서 만든 그 사회 특유의 생활 양식이기 때문에

12 우리나라의 다문화적 상황에 관한 설명으로 옳지 <u>않은</u> 것은?

① 세계화로 국제 교류가 증가하고 있다.
② 우리 문화가 더욱 다양해지기도 한다.
③ 국내에 거주하는 외국인이 점차 줄어들고 있다.
④ 서로 다른 문화 차이로 갈등이 발생하기도 한다.
⑤ 과거에 비해 익숙하지 않은 문화를 접할 기회가 늘어나고 있다.

13 학생들의 대화 중 빈칸 ㉠에 들어갈 말로 옳은 것은?

① 문화 사대주의
② 문화 상대주의
③ 문화 제국주의
④ 문화 융합주의
⑤ 자문화 중심주의

14 밑줄 친 ㉠, ㉡에서 공통적으로 나타나는 문화 이해 태도로 가장 적절한 것은?

> 흔히 서구 사회가 갖고 있는 아랍 이슬람교도들의 이미지는 에드워드 사이드가 자신의 저서 ㉠『오리엔탈리즘』에서 지적한 것처럼, 지극히 공격적이고 광신도적이며 비합리적인 사람들이라는 것이다. 이러한 서구 사회의 편견은 전적으로 아랍 문화에 대한 무지에서 비롯된다. 한편 ㉡ 옥시덴탈리즘은 에드워드 사이드가 주창한 오리엔탈리즘에 대항하는 개념으로, 동양의 시선에서 서양을 물질주의와 기계 문명에 물들어 타락한 비인간적인 것으로 바라보는 인식을 말한다.

① 객관적 태도
② 문화 사대주의
③ 문화 상대주의
④ 자문화 중심주의
⑤ 극단적 문화 상대주의

주관식·서술형 문제

15 문화 이해 태도 A~C에 관한 설명으로 옳은 것은? (단, A~C
는 자문화 중심주의, 문화 사대주의, 문화 상대주의 중 하나
이다.)

구분	A	B	C
서로 다른 문화 사이에 우열이 있다고 여긴다.	예	예	아니요
다른 사회의 문화를 우수하게 여겨 자기 문화를 무시한다.	예	아니요	아니요

① A는 문화의 상대성을 인정한다.
② B는 다른 문화를 적극적으로 수용한다.
③ B는 자기 문화에 대한 정체성이 약하다.
④ C는 다른 문화 집단과의 갈등을 일으킬 수 있다.
⑤ C는 다른 문화를 그 사회의 맥락 속에서 이해한다.

16 대화에 나타난 문화 이해 태도에 관한 설명으로 가장 적절한
것은?

① 지수는 문화에 우열이 없다고 평가한다.
② 지수는 자기 문화를 부정적으로 평가한다.
③ 윤재는 다른 문화를 우수하게 여겨 숭상하고 있다.
④ 윤재는 자기 문화를 기준으로 다른 문화를 평가한다.
⑤ 윤재는 그 사회의 상황을 고려하여 문화를 이해한다.

17 자료를 통해 알 수 있는 미디어의 특징을 서술하시오.

뉴 미디어의 영향

대중은 정보의 소비자이자 생산자로서 정보를 생산·
전달하고 인터넷을 통해 언제 어디에서나 공동의 관심
사에 대해 활발하게 상호 작용을 할 수 있게 되었다.

18 다음 글에 나타난 문화 이해 태도를 쓰고, 그렇게 판단한 근거
를 서술하시오.

동아프리카의 어떤 부족은 상대의 손바닥에 침을 뱉
어 반가움을 표현한다. 일부 사람들은 이러한 문화에 대
해 더럽고 상대방을 배려하지 않는다고 생각하기도 하
지만 이러한 인사법은 물이 귀한 이 지역에서 수분을 함
께 나눈다는 뜻으로 이해할 수 있다. 또한 행운을 기원
한다는 의미도 포함되어 있다.

실력 확인 문제　01 정치와 민주주의 ~ 02 민주주의의 발전

1 정치와 민주주의

❶ ☐☐	사회 구성원 간의 대립과 갈등을 조정하여 문제를 해결하는 모든 활동
민주주의	다수의 시민에 의해 국가가 통치되는 정치 형태, 일상생활에서 발생하는 문제를 민주적으로 해결하려는 생활 방식

2 민주주의의 발전 과정

1 고대 아테네 민주주의

배경	소규모 도시 국가, 노예가 대부분의 노동 담당
특징	• 민주주의의 시작 • ❷ ☐☐☐☐☐☐ : 모든 시민이 정치에 직접 참여
한계	• 자유민인 성인 남성만 정치 참여 가능 • 여성, 노예, 외국인 등의 정치 참여 제한

2 근대 민주주의

배경	왕과 귀족에 저항한 근대 시민 혁명 발생
특징	• 의회를 중심으로 한 ❸ ☐☐☐☐☐☐ 실시 • 민주주의의 이념 확산
한계	• 성별, 재산에 따른 선거권 제한 ➡ 재산이 있는 성인 남성만 참여 • 여성, 노동자, 농민, 빈민 등은 참정권 제한

3 현대 민주주의

배경	참정권 확대 운동
특징	• ❹ ☐☐ 선거 제도를 기반으로 한 대의 민주주의 • 모든 사회 구성원의 정치 참여 보장

3 민주주의의 이념과 기본 원리

1 민주주의의 이념

인간의 존엄성	• 인간이라는 이유만으로 존중받아야 함 • 민주주의의 근본이념
❺ ☐☐	외부로부터 부당한 간섭을 받지 않는 것
평등	차별받지 않고 동등하게 대우받는 것

2 민주주의의 기본 원리

❻ ☐☐☐☐의 원리	주권이 국민에게 있다는 원리
국민 자치의 원리	주권을 가진 국민이 스스로 나라를 다스려야 한다는 원리
❼ ☐☐☐☐의 원리	헌법에 따라 국가 기관을 구성하고, 정치권력을 행사해야 한다는 원리
권력 분립의 원리	국가 권력을 독립된 기관이 나누어 맡아 견제와 균형을 이루어야 한다는 원리

정답 ❶ 정치　❷ 직접 민주주의　❸ 대의 민주주의　❹ 보통　❺ 자유　❻ 국민 주권　❼ 입헌주의

---

01 빈칸 ㉠에 들어갈 개념으로 옳은 것은?

〔하〕

> 　사회 구성원들의 다양한 의견과 이해관계를 조정하여 의사를 결정하고 공동체의 문제를 해결하는 과정을 (　㉠　)(이)라고 한다.

① 경제　　　　② 정치　　　　③ 주권
④ 대의제　　　⑤ 시민 혁명

02 자료 (가), (나)에 관한 설명으로 옳은 것을 〔보기〕에서 고른 것은?

〔상〕

(가) | (나)

▲ 국회 본회의

▲ 학급 회의

〔보기〕
ㄱ. (가)를 통해 사회 질서를 유지할 수 있다.
ㄴ. (나)는 정치권력을 행사하는 국가의 활동이다.
ㄷ. (나)와 달리 (가) 활동은 정치에 해당하지 않는다.
ㄹ. (가), (나)는 모두 사회 구성원 간의 대립과 갈등을 조정하여 문제를 해결해 나가는 활동이다.

① ㄱ, ㄴ　　　② ㄱ, ㄹ　　　③ ㄴ, ㄷ
④ ㄴ, ㄹ　　　⑤ ㄷ, ㄹ

03 정치의 역할에 관한 설명으로 옳은 것을 〔보기〕에서 고른 것은?

〔하〕

〔보기〕
ㄱ. 정치인의 정치권력을 강화한다.
ㄴ. 사회 통합을 이루고 사회 질서를 유지한다.
ㄷ. 사회 구성원 간의 대립과 갈등을 심화시킨다.
ㄹ. 공동체가 나아가야 할 방향에 대해 논의한다.

① ㄱ, ㄴ　　　② ㄱ, ㄷ　　　③ ㄴ, ㄷ
④ ㄴ, ㄹ　　　⑤ ㄷ, ㄹ

04 (가), (나)는 민주주의의 두 가지 의미를 나타낸 자료이다. 이에 관한 설명으로 옳은 것을 보기 에서 고른 것은?

(가)

(나)

보기
ㄱ. (가)에서는 국민이 투표를 통해 정치에 참여한다.
ㄴ. (가)에서는 대통령이 주권을 독점하여 시민을 지배한다.
ㄷ. (나)는 정치 형태로서의 민주주의가 나타난 사례이다.
ㄹ. (나)는 생활 속에서 민주주의의 가치를 존중하고 실천하는 것이다.

① ㄱ, ㄴ　　② ㄱ, ㄹ　　③ ㄴ, ㄷ
④ ㄴ, ㄹ　　⑤ ㄷ, ㄹ

05 고대 아테네 민주주의의 특징으로 옳은 것을 보기 에서 고른 것은?

보기
ㄱ. 민주주의가 시작되었다.
ㄴ. 직접 민주주의가 이루어졌다.
ㄷ. 의회를 중심으로 한 정치가 발달하였다.
ㄹ. 모든 사회 구성원이 정치에 참여할 수 있었다.

① ㄱ, ㄴ　　② ㄱ, ㄷ　　③ ㄴ, ㄷ
④ ㄴ, ㄹ　　⑤ ㄷ, ㄹ

06 다음 설명에 해당하는 시기의 민주주의의 특징으로 옳은 것을 보기 에서 고른 것은?

• 대의 민주주의가 이루어졌다.
• 성별, 재산 등에 따라 정치 참여가 제한되었다.

보기
ㄱ. 전자 민주주의가 확대되었다.
ㄴ. 시민들이 국가의 정책을 직접 결정하였다.
ㄷ. 여성, 노동자, 농민, 빈민은 참정권이 없었다.
ㄹ. 인간의 존엄성, 자유와 평등과 같은 민주주의의 이념이 확산되었다.

① ㄱ, ㄴ　　② ㄱ, ㄷ　　③ ㄴ, ㄷ
④ ㄴ, ㄹ　　⑤ ㄷ, ㄹ

07 다음 사건들이 발생하게 된 공통적인 배경으로 옳은 것은?

• 차티스트 운동　　• 여성 참정권 운동

① 보통 선거 제도의 한계가 드러났다.
② 왕과 귀족에 맞서 자유를 찾고자 하였다.
③ 직접 민주주의에 대한 요구가 확산되었다.
④ 정치적 무관심이 확대되는 문제가 나타났다.
⑤ 정치 참여가 제한되는 사회 구성원들이 있었다.

08 현대 민주주의에서 이루어지는 정치에 관한 설명으로 옳은 것을 보기 에서 고른 것은?

보기
ㄱ. 보통 선거 제도가 확립되었다.
ㄴ. 시민들은 추첨을 통해 공직을 맡는다.
ㄷ. 모든 사회 구성원이 정치에 참여할 수 있다.
ㄹ. 시민들은 민회에 모두 모여 중요한 일을 결정한다.

① ㄱ, ㄴ　　② ㄱ, ㄷ　　③ ㄴ, ㄷ
④ ㄴ, ㄹ　　⑤ ㄷ, ㄹ

09 다음 ㉠, ㉡에 들어갈 사건을 바르게 연결한 것은?
중

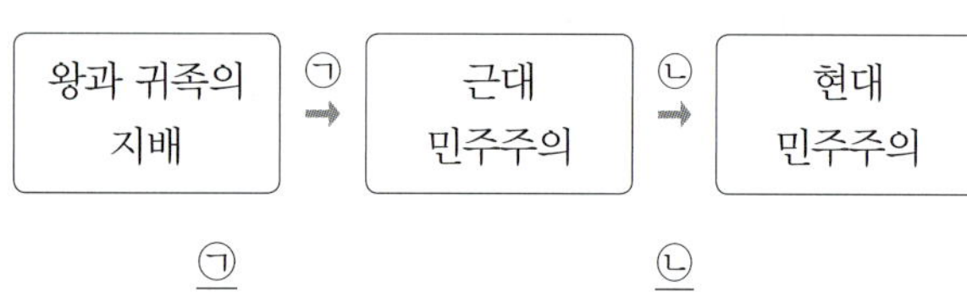

	㉠	㉡
①	프랑스 혁명	근대 시민 혁명
②	근대 시민 혁명	프랑스 혁명
③	근대 시민 혁명	참정권 확대 운동
④	참정권 확대 운동	프랑스 혁명
⑤	참정권 확대 운동	근대 시민 혁명

빈출
10 (가)~(다) 시기의 정치 형태에 관한 설명으로 옳은 것을 보기
상 에서 고른 것은? (단, (가)~(다)는 각각 고대 그리스 아테네, 근대, 현대 중 하나이다.)

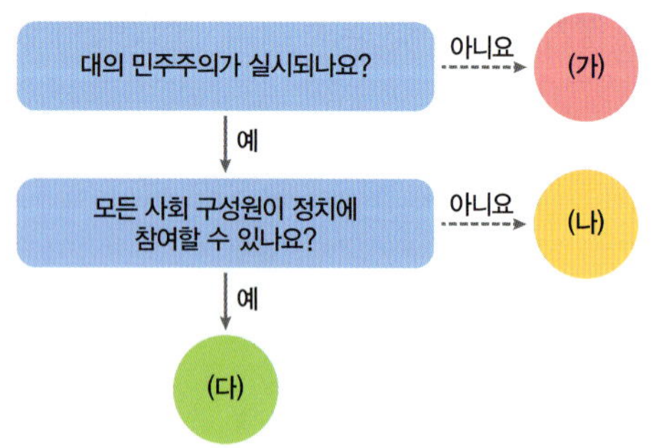

보기
ㄱ. (가)와 (다)에서는 보통 선거 제도가 확립되었다.
ㄴ. (가)에서는 (나)와 달리 직접 민주주의가 이루어졌다.
ㄷ. (나)에는 (다)와 달리 시민의 정치 참여에 제한을 두었다.
ㄹ. 민주주의는 (나) 이후 근대 시민 혁명으로 다시 등장하였다.

① ㄱ, ㄴ ② ㄱ, ㄷ ③ ㄴ, ㄷ
④ ㄴ, ㄹ ⑤ ㄷ, ㄹ

11 고대 아테네 민주주의와 근대 민주주의의 공통점으로 옳은 것
중 은?

① 대의 민주주의
② 직접 민주주의
③ 정치 참여의 제한
④ 민회를 통한 의사 결정
⑤ 추첨을 통한 공직 수행

빈출
12 인간의 존엄성에 관한 설명으로 옳은 것을 보기 에서 고른
중 것은?

보기
ㄱ. 민주주의가 추구하는 근본이념이다.
ㄴ. 일정 연령에 도달한 사람에게 부여된다.
ㄷ. 차티스트 운동 과정에서 처음 등장하였다.
ㄹ. 인간이라는 이유만으로 존중받을 자격이 있다는 것이다.

① ㄱ, ㄴ ② ㄱ, ㄹ ③ ㄴ, ㄷ
④ ㄴ, ㄹ ⑤ ㄷ, ㄹ

13 (가), (나)에 해당하는 민주주의의 이념을 바르게 연결한 것은?
하

(가) 외부의 간섭 없이 자기 뜻에 따라 결정하고 행동하는 것
(나) 모든 사람이 성별, 종교, 신분 등에 따라 차별받지 않고 동등하게 대우받는 것

	(가)	(나)		(가)	(나)
①	자유	평등	②	자유	타협
③	평등	자유	④	평등	타협
⑤	타협	자유			

빈출

14 민주주의의 기본 원리 (가), (나)에 관한 설명으로 옳은 것을 **상** 〈보기〉에서 고른 것은?

> (가) 주권을 가진 국민이 스스로 나라를 다스려야 한다
>   는 원리
> (나) 헌법에 따라 국가 기관을 구성하고 정치권력을 행
>   사해야 한다는 원리

보기
> ㄱ. 오늘날 간접 민주주의를 통해 (가)를 실현하고 있다.
> ㄴ. (나)의 실현을 위해 국가 권력을 하나의 기관이 모두
>   맡고 있다.
> ㄷ. 국가 권력을 강화하기 위해서는 (가), (나)와 같은 원
>   리가 필요하다.
> ㄹ. (가)는 국민 자치의 원리를, (나)는 입헌주의의 원리
>   를 설명하고 있다.

① ㄱ, ㄴ ② ㄱ, ㄹ ③ ㄴ, ㄷ
④ ㄴ, ㄹ ⑤ ㄷ, ㄹ

15 다음 헌법 조항에 나타난 민주주의의 기본 원리가 추구하는 목 **중** 적으로 가장 적절한 것은?

> 제40조 입법권은 국회에 속한다.
> 제66조 ④ 행정권은 대통령을 수반으로 하는 정부에 속
> 한다.
> 제101조 ① 사법권은 법관으로 구성된 법원에 속한다.

① 국가 권력 강화
② 신속한 정책 결정
③ 직접 민주주의 실현
④ 국가 권력의 남용 방지
⑤ 추첨을 통한 공직 수행

16 고대 아테네 민주주의의 한계를 서술하시오.

____

____

17 다음 사건으로 나타난 민주주의의 발전 내용을 선거 제도와 관련하여 서술하시오.

> • 차티스트 운동
> • 여성 참정권 운동
> • 흑인 참정권 운동

____

____

18 다음 헌법 조항에 나타난 민주 정치의 기본 원리를 쓰시오.

> 제1조 ② 대한민국의 주권은 국민에게 있고, 모든 권력은
> 국민으로부터 나온다.

____

실력 확인 문제 03 현대 민주주의의 특징과 발전 노력

1 현대 민주주의의 특징과 과제

1 현대 민주주의의 특징

❶□□□□ 민주주의 채택	• 배경: 영토와 인구 규모 ❷□□, 사회의 복잡화 • 국민의 ❸□□을/를 통해 선출된 대표가 시민들의 의사를 실현하는 방식 • 국민 ❹□□과/와 국민 자치의 원리를 실현할 수 있는 현실적 대안
❺□□ 민주주의 요소 부분적 도입	직접 민주주의 요소를 부분적으로 도입하여 대의 민주주의의 한계를 보완하고자 함

2 현대 민주주의의 한계

대의 민주주의의 한계	• 대표자의 결정이 시민의 의사와 완전히 일치하지 않을 수 있음 • 모든 직업, 지역, 계층, 세대별 의견을 고르게 대표하기 어려움 • 선거 외에 시민의 의사를 직접 표현할 수 있는 통로가 많지 않음
❻□□□ □□□ 확대	대표자에 대한 시민의 비판과 감시가 소홀해지고, 대표자의 정책에 대한 검증이 제대로 이루어지지 않을 수 있음
수준 낮은 참여 증가	공공의 이익이나 가치를 전혀 고려하지 않고 자신의 이익에만 집중

3 현대 민주주의의 과제 대의 민주주의의 한계를 보완하고 시민의 질 높은 정치 참여를 높이기 위한 노력 필요

2 민주주의의 발전을 위한 노력

1 민주주의의 발전을 위한 제도적 방안

(1) 직접 민주주의 요소 도입

❼□□□□	국가의 중요한 사항을 국민이 직접 투표로 결정하는 제도
국민 발안	일정 수의 국민이 헌법 개정안이나 법률안 등을 의회에 제출할 수 있는 제도
❽□□□□	선출된 국민의 대표를 임기가 끝나기 전에 국민의 뜻에 따라 파면시키는 제도

(2) 공론장의 활성화, 전자 민주주의의 확대, 숙의 민주주의의 활용

2 민주주의의 발전을 위한 시민의 역할 정치에 대한 관심과 참여, 국가 권력 감시, 공동체를 위한 정책을 제안하는 능동적 태도 등

개인적 참여	투표, 진정, 청원 등
집단적 참여	정당·이익 집단·시민 단체 활동 등

정답 ❶ 대의 ❷ 확대 ❸ 선거 ❹ 주권 ❺ 직접 ❻ 정치적 무관심 ❼ 국민 투표 ❽ 국민 소환

---

01 오늘날 간접 민주주의를 채택한 이유로 옳은 것을 보기 에서 고른 것은?

〔하〕

> **─보기─**
> ㄱ. 공론장의 활성화
> ㄴ. 정보 통신 기술의 발달
> ㄷ. 영토와 인구 규모의 확대
> ㄹ. 사회의 복잡화 및 전문화

① ㄱ, ㄴ ② ㄱ, ㄷ ③ ㄴ, ㄷ
④ ㄴ, ㄹ ⑤ ㄷ, ㄹ

02 빈칸 ㉠, ㉡에 들어갈 내용을 바르게 연결한 것은?

〔중〕

> 오늘날 대부분의 민주 국가에서는 (㉠) 민주주의를 채택하고 있다. 한편 이러한 형태의 민주주의에서 발생하는 한계를 보완하기 위해 (㉡) 요소를 부분적으로 도입하고 있다.

	㉠	㉡
①	직접	대의 민주주의
②	직접	간접 민주주의
③	직접	보통 선거 제도
④	간접	직접 민주주의
⑤	간접	보통 선거 제도

03 현대 민주주의의 한계에 관한 설명으로 옳지 않은 것은?

〔하〕

① 선거권이 차등적으로 부여된다.
② 대표자의 결정이 시민의 의사와 다를 수 있다.
③ 모든 직업, 계층, 세대별 의견을 고르게 반영하기가 어렵다.
④ 자신의 이익에만 집중하여 정치적 관심을 드러내는 경우가 있다.
⑤ 주권자인 국민이 정치에 관심을 보이지 않는 태도가 확대되었다.

[04-05] 자료를 보고 물음에 답하시오.

04 자료에서 확인할 수 있는 내용으로 옳은 것은?

하
① 보통 선거　　　　　② 실질적 평등
③ 전자 민주주의　　　④ 정치적 무관심
⑤ 권력 분립의 원리

빈출
05 자료와 같은 상황이 확대될 경우 나타날 수 있는 문제점을

중　보기 에서 고른 것은?

보기
ㄱ. 대표자에 대한 시민의 비판과 감시가 소홀해질 수 있다.
ㄴ. 정책에 대해 전문성을 갖춘 사람들이 필요하지 않을 수 있다.
ㄷ. 대표자의 정책에 대한 검증이 제대로 이루어지지 않을 수 있다.
ㄹ. 선거를 통해 뽑힌 대표자들이 정책을 결정할 때 많은 시간과 비용이 든다.

① ㄱ, ㄴ　　　② ㄱ, ㄷ　　　③ ㄴ, ㄷ
④ ㄴ, ㄹ　　　⑤ ㄷ, ㄹ

06 현대 민주주의의 과제로 옳은 것은?

하
① 대표자에게 모든 결정을 위임해야 한다.
② 자신의 이익에만 집중하여 정치에 참여해야 한다.
③ 효율적인 정책 결정을 위해 정치 참여를 제한해야 한다.
④ 시민의 다양한 의사를 폭넓게 반영할 수 있는 제도를 마련해야 한다.
⑤ 선거 비용 절약을 위해 선거에 대한 시민들의 관심을 자제시켜야 한다.

[07-08] 자료를 보고 물음에 답하시오.

(가) 일정 수의 국민이 헌법 개정안이나 법률안 등을 의회에 제출하는 제도
(나) 선출된 국민의 대표를 임기가 끝나기 전에 국민의 뜻에 따라 파면하는 제도

07 위의 (가), (나)에 해당하는 제도를 바르게 연결한 것은?

중
　　　(가)　　　　　　　(나)
① 국민 투표　　　　국민 발안
② 국민 투표　　　　국민 소환
③ 국민 발안　　　　국민 투표
④ 국민 발안　　　　국민 소환
⑤ 국민 소환　　　　국민 투표

08 위의 (가), (나)에 관한 설명으로 옳은 것을 보기 에서 고른

중　것은?

보기
ㄱ. 직접 민주주의 요소에 해당한다.
ㄴ. 대의제의 한계를 보완하기 위한 제도이다.
ㄷ. 정책 결정 과정에서 시민의 영향력을 축소시킨다.
ㄹ. 국민들의 정치적 무관심을 심화시키는 한계가 있다.

① ㄱ, ㄴ　　　② ㄱ, ㄷ　　　③ ㄴ, ㄷ
④ ㄴ, ㄹ　　　⑤ ㄷ, ㄹ

09 빈칸 (가)에 들어갈 내용으로 가장 적절한 것은?

중

① 추첨을 통한 공직자 선출
② 대의 민주주의 제도 공고화
③ 의회를 중심으로 한 정치 제도
④ 대표자의 정책 결정 권한 강화
⑤ 민주주의의 발전을 위한 제도적 방안

▶ 정답 및 해설 38쪽

10 다음 사례에 관한 설명으로 옳은 것을 보기 에서 고른 것은?

> ○○시는 쓰레기 소각장 건립 문제를 시민이 스스로 해결할 수 있도록 공론장을 마련하였다. 시민들은 공론장에 참여하여 소각장 건립에 따른 피해를 줄이고 쓰레기 감소를 위한 다양한 방안을 제안하였다. ○○시는 주민의 의견을 적극적으로 수용하여 관련 정책을 수립하였다.

보기
ㄱ. 국민 자치의 원리가 실현되는 사례이다.
ㄴ. 시민의 정치적 무관심이 확대되는 문제가 나타나고 있다.
ㄷ. 국가의 중대한 사항을 국민이 직접 투표로 결정하고 있다.
ㄹ. 정책 결정 과정에서 시민의 목소리를 반영하려는 노력을 보여 준다.

① ㄱ, ㄴ   ② ㄱ, ㄹ   ③ ㄴ, ㄷ
④ ㄴ, ㄹ   ⑤ ㄷ, ㄹ

11 빈칸 ㉠, ㉡에 들어갈 말을 바르게 연결한 것은?

> 최근에는 정보 통신 기술을 이용하여 시민이 시공간의 제약을 넘어 정치에 참여할 수 있는 (㉠) 민주주의가 확대되고 있다. 또한 사회적으로 중요한 문제에 대해 의사 결정을 할 때 여러 사람이 모여 깊이 생각하고 충분히 의논하여 결정하는 (㉡) 민주주의 방식도 활용되고 있다.

	㉠	㉡		㉠	㉡
①	숙의	대의	②	숙의	전자
③	전자	대의	④	전자	숙의
⑤	대의	전자			

12 다음 설명에 해당하는 직접 민주주의 요소를 쓰시오.

> 국가의 중요한 사항을 국민이 직접 투표로 결정하는 제도이다.

13 빈칸 ㉠에 공통으로 들어갈 개념을 쓰시오.

> • (㉠)(이)란 여러 사람이 함께 겪고 있는 일에 관하여 서로 의논하여 의견을 모을 수 있는 장소나 환경을 뜻한다.
> • 정책 결정 과정에서 시민의 다양한 목소리를 충분히 반영하고자 (㉠)을/를 활성화하려는 노력도 이루어지고 있다.

14 밑줄 친 (가)에 들어갈 민주주의의 발전을 위한 시민의 역할을 서술하시오.

> 대의 민주주의에서는 시민의 주권 행사가 대표를 통해 이루어지므로 시민은 _______________(가)_______________ .

실력확인문제 01 선거와 정치 참여 ~ 02 정치 주체와 정치 과정 (1)

1 선거의 기능과 기본 원칙

1 선거의 의미와 기능

의미	대의제에서 시민을 대신해 나라의 일을 담당할 ❶□□을/를 선출하는 과정
기능	대표자 선출, 대표자에게 ❷□□□ 부여, 정치권력 통제, 시민의 정치 참여

2 민주 선거의 기본 원칙

❸□□ 선거	일정 연령 이상이면 누구나 선거권을 가진다는 원칙
❹□□ 선거	모든 유권자가 동등한 가치의 투표권을 행사한다는 원칙
직접 선거	대리인을 거치지 않고 직접 투표해야 한다는 원칙
❺□□ 선거	어느 후보나 정당에 투표하였는지 다른 사람이 알지 못하도록 하는 원칙

2 선거 과정에서 유권자와 정당이 수행하는 활동

1 유권자의 의미와 활동

의미	대표자를 선출할 수 있는 권리를 가진 사람
활동	선거에 참여하여 주권을 행사, 정당의 정책이나 공약 파악, 선거 활동 감시 및 통제, 후보자의 공약과 자질을 비교하여 투표, ❻□□ 이행 감시 및 평가

2 ❼□□의 의미와 활동

의미	정치적 견해를 같이하는 사람들이 정치권력을 얻기 위해 조직한 단체
활동	선거에 후보자 공천 및 지원, 시민의 요구를 반영하여 공약 수립, 후보자에 관한 기본적인 정보 제공, 유권자들의 투표 참여 독려

3 다양한 정치 주체

시민	선거, 국민 투표 등을 통해 정치적 영향력 행사, 행정 기관에 청원이나 민원 제출, 정당·시민 단체·이익 집단 등에 가입하여 활동, 언론을 통해 자신의 생각 표출
국가 기관	헌법에 따라 공식적으로 정책을 결정하고 집행하는 국회, 정부, 법원
정당	여론 형성, 국민의 의견을 국회나 정부에 전달
❽□□	매체를 통해 정치에 관한 정보 제공, 정책에 대한 해설과 비판 제공, 여론 형성
시민 단체	공익을 실현하기 위해 시민들이 자발적으로 만든 단체
이익 집단	이해관계를 같이하는 사람들이 자신들의 특수한 이익을 실현하고자 결성한 단체

정답 ❶ 대표 ❷ 정당성 ❸ 보통 ❹ 평등 ❺ 비밀 ❻ 공약 ❼ 정당 ❽ 언론

01 선거에 관한 설명으로 옳지 **않은** 것은?

① 국정을 담당할 대표를 선출한다.
② 선거 결과는 시민의 뜻을 반영하는 것이다.
③ 대표자가 시민의 권력을 통제하는 기능을 한다.
④ 선출된 대표는 권위를 인정받아 정당성을 얻는다.
⑤ 시민이 정치적 의사를 표현하고 주권을 행사한다.

02 다음은 사회 시간에 정리한 내용이다. 수업 주제로 옳은 것은?

- 의미: 시민의 대표를 선출하는 과정
- 기능: 대표자에게 정당성 부여, 정치권력 통제
  ⋮

① 선거　　　　　② 정당
③ 정치 과정　　④ 지방 자치
⑤ 정치 주체

03 다음 내용과 관련한 선거의 기능으로 가장 적절한 것은?

> 만약 대표가 맡은 일을 제대로 수행하지 않을 경우 시민들은 다음 선거에서 그 책임을 물어 다른 대표로 교체할 수 있다.

① 여론 수렴
② 주권 행사 수단
③ 정치권력을 통제
④ 정치 참여 기회 제공
⑤ 정치권력에 정당성 부여

04 다음 설명에 해당하는 민주 선거의 원칙으로 옳은 것은?

[하]

> 모든 유권자에게 동등한 가치의 투표권을 주어야 한다.

① 보통 선거   ② 평등 선거
③ 직접 선거   ④ 비밀 선거
⑤ 제한 선거

05 공정한 선거를 위한 민주 선거의 기본 원칙을 지킨 사례로 옳은 것은?

[중]

① 만 18세 이상의 국민이면 누구나 선거권을 가진다.
② 세금을 많이 내는 사람들은 두 표를 행사하게 한다.
③ 학력이 낮은 사람들에게는 선거권을 부여하지 않는다.
④ 직접 투표를 할 수 없는 사람은 가족이 대신 투표할 수 있게 한다.
⑤ 선거 참여를 독려하기 위해 투표한 용지를 찍은 인증 사진을 SNS에 게시한다.

06 자료 (가), (나)에 나타난 민주 선거의 원칙을 바르게 연결한 것은?

[중]

	(가)	(나)
①	보통 선거	평등 선거
②	보통 선거	직접 선거
③	보통 선거	비밀 선거
④	평등 선거	보통 선거
⑤	평등 선거	직접 선거

07 다음 사례에서 위반하고 있는 민주 선거의 원칙은?

[중]

> 과거 벨기에에서는 한 선거구에 2년 이상 거주한 사람에게는 2표, 3년 이상 거주한 사람에게는 3표를 부여하였다. 이외에도 연령과 혼인 여부, 학력 등에 따라서도 표를 다르게 부여하였다.

① 보통 선거   ② 평등 선거
③ 직접 선거   ④ 비밀 선거
⑤ 차등 선거

08 선거 과정에서 유권자의 바람직한 활동에 관한 설명으로 옳지 않은 것은?

[하]

① 선거 제도를 이해하고 사회 문제에 관심을 가진다.
② 선거가 끝나면 정치 과정에 관심을 가질 필요가 없다.
③ 후보자를 추천하는 정당의 정책이나 공약을 파악한다.
④ 정당과 후보자의 불법적인 선거 활동을 감시하고 통제한다.
⑤ 지지하는 후보를 위해 다양한 방법으로 선거 운동에 참여한다.

09 선거 과정에서 정당이 수행하는 활동으로 옳지 않은 것은?

[상]

① 선거에 후보자를 추천한다.
② 후보자의 선거 운동을 지원한다.
③ 유권자들의 투표 참여를 독려한다.
④ 시민들의 요구를 반영한 정책을 결정한다.
⑤ 중요한 정치적 쟁점에 관한 정보를 제공한다.

10 다음 설명에 해당하는 정치 참여 주체로 옳은 것은?

> • 시민의 지지를 바탕으로 정치권력을 얻고자 한다.
> • 여론을 형성하고, 이를 국회나 정부에 전달하여 정책에 반영시키려고 노력한다.

① 정당 ② 국회 ③ 언론
④ 이익 집단 ⑤ 시민 단체

11 다음 자료에 나타난 정치 주체에 관한 설명으로 옳은 것은?

① 정치권력 획득을 목적으로 한다.
② 법률을 제정하여 정책을 마련한다.
③ 자신들의 특수한 이익을 실현하고자 한다.
④ 정책 결정 과정에 대한 정치적 책임을 진다.
⑤ 공익 실현을 위해 자발적으로 만든 단체이다.

12 자료의 내용에 해당하는 정치 주체로 옳은 것은?

> • **의미**: 시민들이 자발적으로 만든 단체
> • **목적**: 공익 실현
> • **기능**: 정부 활동 감시, 사회 문제 해결을 위한 대안 제시

① 국회 ② 법원 ③ 정당
④ 이익 집단 ⑤ 시민 단체

13 사진에 해당하는 정치 주체에 관한 설명으로 옳은 것은?

① 정치적 견해를 같이하는 사람들의 모임이다.
② 단체의 특수한 이익을 실현하기 위해 활동한다.
③ 공익을 실현하기 위해 자발적으로 만든 단체이다.
④ 재판을 통해 정책 집행 과정에서 발생한 갈등과 문제를 해결한다.
⑤ 시민의 의견을 모아 법률을 제정·개정하거나 폐지하는 역할을 한다.

14 다음 퀴즈의 정답으로 옳은 것은?

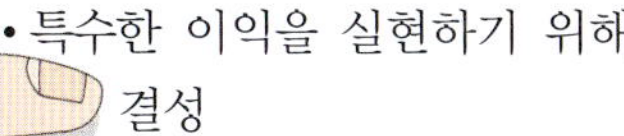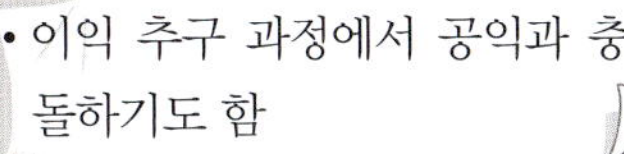

① 국회 ② 정당 ③ 정부
④ 이익 집단 ⑤ 시민 단체

15 언론에 관한 설명으로 옳은 것을 보기 에서 고른 것은?

보기
> ㄱ. 정치 전반에 관한 정보를 제공한다.
> ㄴ. 여론 형성하는 데 중요한 역할을 한다.
> ㄷ. 정부의 정책 실행을 뒷받침하고 지지한다.
> ㄹ. 특정 이익을 추구하는 과정에서 공익과 충돌하기도 한다.

① ㄱ, ㄴ ② ㄱ, ㄷ ③ ㄴ, ㄷ
④ ㄴ, ㄹ ⑤ ㄷ, ㄹ

16 다음과 같은 활동을 하는 정치 주체 (가), (나)에 관한 설명으로 옳지 않은 것은?

> (가) 고등학교 무상 교육의 근거를 명시한 「초·중등 교육법」 개정안이 표결에 참석한 의원 218명 중 144명의 찬성으로 통과되었다.

> (나) 교육부는 가계의 교육비 부담을 덜 수 있도록 고등학교 무상 교육을 단계적으로 확대하여 2021년부터 전면 실시한다고 밝혔다.

① (가)에 해당하는 정치 주체는 국회이다.
② (나)에 해당하는 정치 주체는 정부이다.
③ (가), (나)는 헌법에 따른 공식적 정치 주체이다.
④ (가), (나)는 정치 과정에서 핵심적인 역할을 한다.
⑤ (가), (나)는 공익 실현을 위해 자발적으로 만든 단체이다.

17 다음 정치 주체들의 공통점으로 옳은 것은?

> • 정당   • 시민 단체   • 이익 집단

① 정치권력 획득을 위해 만든 집단이다.
② 정책 결정과 집행에 영향력을 행사한다.
③ 자신들의 특수한 이익을 실현하고자 한다.
④ 헌법에 따라 공식적으로 정책을 결정하고 집행한다.
⑤ 정책에 대한 비판과 해설을 제공하여 여론 형성을 주도한다.

18 다음은 사회 선생님이 수업을 위해 수집한 자료이다. 수업의 주제로 가장 적절한 것은?

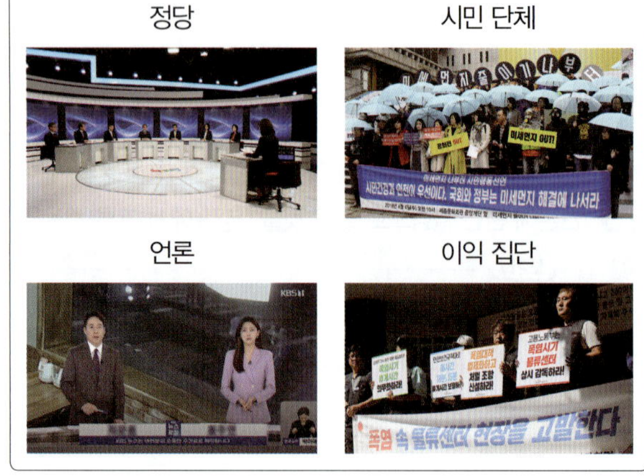

① 선거의 기능
② 유권자의 활동
③ 지방 자치 제도
④ 다양한 정치 주체
⑤ 국가 기관의 활동

19 빈칸 ㉠에 들어갈 민주 선거의 원칙을 쓰시오.

> 시민 혁명 이후 등장한 근대 민주 정치에서는 일정 정도의 재산을 소유한 남성들만 선거권이 보장되었다. 이후 차티스트 운동, 여성 참정권 운동과 같은 끊임없는 노력의 결과 20세기 중반에는 대부분의 민주 국가에서 (㉠)의 원칙이 확립되었다.

20 선거의 기능을 <u>세 가지</u> 서술하시오.

21 (가)에 해당하는 정치 주체의 명칭을 쓰고, 그 주체가 추구하는 목적을 서술하시오.

 실력확인 문제　02 정치 주체와 정치 과정 (2) ~ 03 지방 자치와 시민 참여

1 민주 사회의 정치 과정

1 정치 과정의 의미　다양하게 표출된 이익을 집약하여 정책으로 결정하고 집행하는 과정

2 정치 과정의 단계

이익 ❶□□	개인이나 집단이 다양한 요구 사항을 표출
이익 집약	정당이나 언론 등이 표출된 이익을 모아 여론을 형성하고 대안을 제시
❷□□ 결정	국회나 정부가 시민의 의견을 바탕으로 정책을 결정
정책 집행	결정된 정책을 정부가 시행
정책 평가	시민의 평가로 문제점 파악
환류(피드백)	평가에 따른 수정 및 보완

2 민주주의와 지방 자치

1 지방 자치의 의미와 중요성

의미	지역 주민들이 ❸□□□□□□을/를 구성하여 그 지역의 일을 자율적으로 처리하는 제도
중요성	주민들이 스스로 지역의 문제를 해결하며 민주주의를 직접 체험, 중앙 정부와 지방 정부 간의 권력 분립, 주민들에게 정치 참여의 기회 부여

2 지방 자치 단체의 구성과 역할

지방 의회	• ❹□□ 기관 • 지역 정책 결정 및 ❺□□ 제정·개정 및 폐지, 지역 예산안 심의 및 확정, 지방 자치 단체의 행정 업무 감사
지방 자치 단체장	• ❻□□ 기관 • 정책 집행에 필요한 규칙 제정, 지방의 각종 행정 사무 처리, 지역 재산을 관리하고 예산 집행

3 지역 사회의 문제 해결을 위한 시민 참여

❼□□□	중요 정책 결정을 위해 주민과 전문가를 모아 놓고 공식적으로 의견 청취
지방 선거	주민이 지역의 일을 담당할 지방 의회 의원과 지방 자치 단체장을 선출
주민 투표	지역의 중요한 문제를 주민의 투표로 결정
주민 ❽□□	주민이 요구 사항을 직접 지방 자치 단체에 제출
주민 조례 발안 제도	지방 의회에 조례의 제정·개정·폐지 요구
주민 참여 예산제	지방 자치 단체의 예산 편성 과정에 참여
주민 소환제	지방 의회 의원이나 지방 자치 단체장이 직무를 잘 수행하지 못할 때 주민 투표로 해임할 수 있는 제도
주민 감사 청구제	지방 자치 단체의 업무와 관련하여 감사를 청구

정답 ❶ 표출　❷ 정책　❸ 지방 자치 단체　❹ 의결　❺ 조례　❻ 집행　❼ 공청회　❽ 청원

---

01 빈칸 ㉠에 들어갈 용어로 옳은 것은?

〔하〕

> 시민들이 표출한 다양한 요구와 이익을 집약하여 정책으로 만들고 집행하는 과정을 (㉠)(이)라고 한다.

① 정치 과정　　　　　② 정치 주체
③ 지방 자치　　　　　④ 정치 참여
⑤ 정치 사회화

02 정치 과정에 관한 설명으로 옳은 것을 보기 에서 고른 것은?

〔중〕

> **보기**
> ㄱ. 갈등을 해결하고 사회를 통합한다.
> ㄴ. 전 과정이 정부를 중심으로 이루어진다.
> ㄷ. 구성원의 다양한 가치와 요구를 조정한다.
> ㄹ. 빠르게 정책을 결정하여 집행하는 절차이다.

① ㄱ, ㄴ　　　② ㄱ, ㄷ　　　③ ㄴ, ㄷ
④ ㄴ, ㄹ　　　⑤ ㄷ, ㄹ

03 정치 과정에 관한 설명으로 옳지 <u>않은</u> 것은?

〔중〕

① 사회의 다양한 가치와 이익을 조정한다.
② 모든 과정이 국가 기관에 의해 진행된다.
③ 다양한 요구를 정책으로 만들고 집행하는 과정이다.
④ 사회 갈등을 조정하고 문제를 해결해 나가는 과정이다.
⑤ 다양해진 사람들의 가치관과 이해관계를 조정하여 사회 혼란을 방지한다.

[04-06] 자료는 정치 과정의 단계를 나타낸다. 이를 보고 물음에 답하시오.

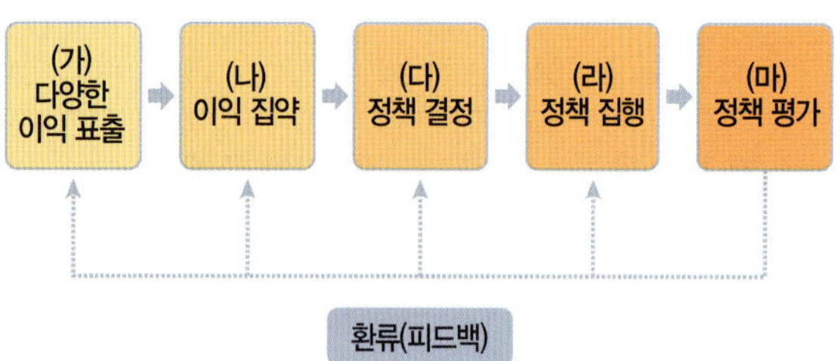

04 위 자료에 관한 설명으로 옳은 것은?

① (가)는 개인 또는 집단에 의해 이루어진다.
② (나) 단계에서 모아진 여론은 모두 정책으로 결정된다.
③ (다)는 시민이 주도한다.
④ (라)는 정당에 의해 이루어진다.
⑤ (마)는 다양한 사회 문제에 관한 논의가 시작되는 단계이다.

05 (가)~(마) 중 다음 상황과 관련한 정치 과정의 단계로 옳은 것은?

> • 여러 개인과 환경 단체가 일회용품의 사용을 규제하는 정책의 필요성을 제기하고 있다.
> • 카페, 식당 등을 운영하는 업주들은 일회용품 사용 규제는 현장 상황을 고려하지 않은 무리한 요구라고 주장하고 있다.

① (가)　　② (나)　　③ (다)
④ (라)　　⑤ (마)

06 (나) 단계에서 주로 영향력을 행사하는 정치 주체로 짝지어진 것은?

① 정당, 언론　　② 정부, 시민
③ 국회, 정부　　④ 정당, 이익 집단
⑤ 시민 단체, 이익 집단

07 (가)~(마)를 정치 과정의 단계에 따라 순서대로 나열한 것은?

> (가) 일회용품 사용 규제 필요성에 공감하는 여론이 보도되었다.
> (나) 환경 보호 단체가 일회용품 사용 규제를 요구하며 서명 운동을 하였다.
> (다) 국회에서 「자원의 절약과 재활용 촉진에 관한 법률」 개정안을 통과시켰다.
> (라) 자영업자들은 자원 순환 보증금 제도로 영업에 큰 차질이 생겼다고 주장하였다.
> (마) 정부는 자원 절약을 위해 일회용 컵을 사용할 경우 자원 순환 보증금을 내도록 하는 정책을 실시하였다.

① (가) - (나) - (다) - (마) - (라)
② (나) - (가) - (다) - (마) - (라)
③ (나) - (다) - (가) - (라) - (마)
④ (라) - (나) - (가) - (다) - (마)
⑤ (마) - (라) - (가) - (나) - (다)

08 지방 자치 제도에 관한 설명으로 옳은 것을 **보기**에서 고른 것은?

> **보기**
> ㄱ. 정책에 지역의 특성을 제대로 반영하기 어렵다.
> ㄴ. 원활한 운영을 위해 지역 주민의 참여가 요구된다.
> ㄷ. 중앙 정부의 정책을 신속하게 처리하기 위한 제도이다.
> ㄹ. 지역 주민이 민주주의를 직접 체험하고 배울 수 있는 기회를 제공한다.

① ㄱ, ㄴ　　② ㄱ, ㄷ　　③ ㄴ, ㄷ
④ ㄴ, ㄹ　　⑤ ㄷ, ㄹ

09 지방 의회의 역할로 옳은 것을 보기 에서 고른 것은?

보기
ㄱ. 정책 집행에 필요한 규칙을 제정한다.
ㄴ. 지역 정책을 결정하고 조례를 만든다.
ㄷ. 지역의 재산을 관리하고 예산을 집행한다.
ㄹ. 지방 자치 단체의 예산안을 심의하고 확정한다.

① ㄱ, ㄴ　　② ㄱ, ㄷ　　③ ㄴ, ㄷ
④ ㄴ, ㄹ　　⑤ ㄷ, ㄹ

10 다음 내용에 해당하는 정치 참여 방법으로 옳은 것은?

　A 신도시 주민들은 대규모 아파트 건설로 인구가 증가하면서 학교 부족에 시달리고 있다. 이에 주민들은 의견을 모아 새로운 중학교를 만들어 달라는 요청을 도 교육청에 서면으로 제출하였다.

① 주민 투표　　　　② 주민 청원
③ 지방 선거　　　　④ 주민 소환제
⑤ 공청회 참여

11 (가), (나)에 해당하는 주민 참여 방법을 바르게 연결한 것은?

(가) △△시와 □□군 통합에 직접 주민들의 의사를 물은 결과, 찬성률 79.0%로 두 지역의 통합이 급물살을 타게 되었다.
(나) ○○시 관계자가 도시 재생 활성화 계획을 설명하고, 전문가와 주민들의 다양한 의견을 들었다.

	(가)	(나)
①	지방 선거	공청회
②	지방 선거	주민 청원
③	지방 선거	주민 소환제
④	주민 투표	공청회
⑤	주민 투표	주민 청원

12 자료는 정치 과정의 단계를 나타낸다. ㉠ 단계에서 이루어지는 일을 정치 주체를 포함하여 서술하시오.

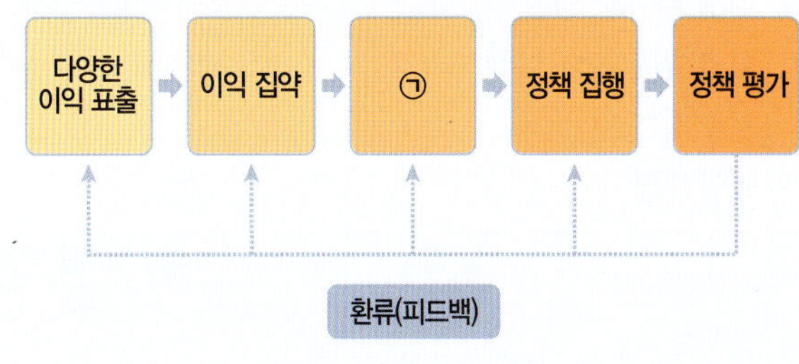

13 다음은 사회 시간에 공부한 내용을 정리한 것이다. 빈칸 ㉠, ㉡에 들어갈 알맞은 말을 쓰시오.

우리나라의 지방 자치 제도

1. (　㉠　)
• 의결 기관
• 지역 정책 결정 및 조례 제정
• 지역의 예산안 심의 및 확정
2. (　㉡　)
• 집행 기관
• 정책 집행에 필요한 규칙 제정
• 예산 집행

㉠ ______________　　㉡ ______________

실력확인문제 01 법의 의미와 목적 ~ 02 법의 종류

1 법의 특징과 목적

1 법의 의미와 특징

(1) **사회 규범으로서의 ❶□** 사회 구성원의 합의에 따라 국가가 제정한 사회 규범

(2) **법의 특징**

❷□□□	법을 위반할 경우 국가로부터 공식적인 제재를 받음
명확성	사회 구성원들이 지켜야 할 규범을 구체적이며 명확하게 규정하고 있음

2 법의 기능과 목적

(1) **법의 기능** 분쟁의 예방 및 해결, 사회 질서 유지, 개인의 권리 보호, 공공복리 추구

(2) **법의 목적** 모든 사람에게 각자 받아야 할 정당한 몫을 주어 ❸□□을/를 실현함

2 일상생활 속의 다양한 법

1 공법과 사법

(1) **공법**

의미	국가와 개인 또는 국가 기관 간의 공적인 생활 관계를 규율하는 법
종류	• ❹□□: 국민의 권리와 의무, 국가의 통치 구조와 운영 원리 등을 규정한 최고법 • ❺□□: 범죄의 종류, 형벌의 내용과 정도를 규정한 법

(2) **사법**

의미	개인과 개인 사이의 사적인 생활 관계를 규율하는 법
종류	• ❻□□: 개인의 재산 관계 및 가족 관계에 관한 권리와 의무 등을 규정한 법 • 상법: 기업에 관한 사항과 상거래와 관련된 경제생활 관계를 규정한 법

2 ❼□□□

(1) **의미** 사적 생활 영역에 국가가 개입하는 법

(2) **목적** 사회적·경제적 약자 보호, 모든 국민의 인간다운 생활 보장

(3) **내용**

노동법	노동자의 권리와 근로 조건을 규정하고, 노사 간의 이해관계를 조정하기 위한 법
경제법	기업의 자유로운 경쟁을 보장하고, 소비자의 권익을 보호하기 위한 법
❽□□□□□	빈곤, 질병, 장애, 고령 등으로 어려움을 겪고 있는 사람들을 돕기 위한 법

정답 ❶법 ❷강제성 ❸정의 ❹헌법 ❺형법 ❻민법 ❼사회법 ❽사회 보장법

---

01 사회 규범에 관한 설명으로 옳은 것을 보기 에서 고른 것은? 

하

> **보기**
> ㄱ. 사회 구성원들이 따라야 할 행동의 기준이다.
> ㄴ. 관습, 도덕, 법과 같이 다양한 형태로 존재한다.
> ㄷ. 법은 인간의 양심이나 행위의 동기를 중요시한다.
> ㄹ. 도덕은 관습과 달리 국가가 제정한 사회 규범이다.

① ㄱ, ㄴ ② ㄱ, ㄷ ③ ㄴ, ㄷ
④ ㄴ, ㄹ ⑤ ㄷ, ㄹ

빈출

02 빈칸 ㉠, ㉡에 들어갈 사회 규범을 바르게 연결한 것은? 

중

> 우리는 (㉠)에 따라 설날에 어른에게 세배를 하며, (㉡)에 따라 부모에게 효도해야 한다고 생각한다.

	㉠	㉡
①	법	관습
②	도덕	관습
③	도덕	법
④	관습	법
⑤	관습	도덕

03 빈칸 ㉠에 들어갈 법의 종류로 옳은 것은? 

상

> 학생: 선생님, 우리의 일상생활이 법과 밀접하게 관련되어 있다고 하는데 구체적인 사례가 궁금해요.
> 교사: 여러분들이 편의점에서 구입하는 삼각 김밥이나 우유의 포장지에는 소비 기한이 표시되어 있는데, 이는 (㉠)에 따른 것이에요.

① 학교 급식법 ② 식품 위생법
③ 학교 보건법 ④ 청소년 보호법
⑤ 초·중등 교육법

04 갑과 을에 관한 설명으로 옳은 것은 보기 에서 고른 것은?
(상)

보기

ㄱ. 갑은 착한 사마리아인 법에 찬성할 것이다.
ㄴ. 갑은 법과 도덕을 명확하게 구분해야 한다고 강조한다.
ㄷ. 을은 도덕의 준수 여부는 개인의 자율에 맡겨야 한다고 생각한다.
ㄹ. 을은 일생생활에서 법이 도덕보다 더욱 강조되어야 한다고 주장한다.

① ㄱ, ㄴ   ② ㄱ, ㄷ   ③ ㄴ, ㄷ
④ ㄴ, ㄹ   ⑤ ㄷ, ㄹ

05 자료는 형성 평가 답안지이다. (가)~(마) 중 답이 옳지 <u>않은</u> 것은?
(중)

※ 옳은 내용이면 ○표, 그렇지 않으면 ×표 하시오.

구분	내용	답
(가)	도덕은 행위의 결과를 규율한다.	×
(나)	법을 위반할 경우 처벌을 받는다.	○
(다)	도덕은 내용이 구체적이고 명확하다.	○
(라)	도덕은 인간 내면의 양심을 중시한다.	○
(마)	법은 개인이 자율적으로 지키도록 한다.	×

① (가)   ② (나)   ③ (다)
④ (라)   ⑤ (마)

06 빈칸 ㉠에 들어갈 용어에 관한 설명으로 옳은 것을 보기 에서 고른 것은?
(중)

법의 역할과 목적

1. 법의 역할
• 분쟁의 예방 및 해결
• 개인의 권리 보호
2. 법의 목적: (㉠)의 실현

보기

ㄱ. 모든 사람에게 각자 받아야 할 정당한 몫을 주는 일이다.
ㄴ. 같은 것은 다르게, 다른 것은 같게 대우하는 것을 말한다.
ㄷ. ㉠을 나타내는 상징물로는 정의의 여신상과 해태상이 있다.
ㄹ. ㉠에 따라 범죄의 종류에 상관없이 똑같은 벌을 받게 해야 한다.

① ㄱ, ㄴ   ② ㄱ, ㄷ   ③ ㄴ, ㄷ
④ ㄴ, ㄹ   ⑤ ㄷ, ㄹ

07 다음은 동영상을 제작하기 위한 계획서이다. (가)~(마)의 내용 중 적절하지 <u>않은</u> 것은?
(중)

• 기획 의도: 법이 필요한 이유를 다양한 사례로 제시한다.
• 동영상의 구성
(가) 개인의 권리를 보장해요.
(나) 법원의 권한을 강화해요.
(다) 사회의 질서를 유지해요.
(라) 분쟁을 예방하고 해결해요.
(마) 범죄를 저지른 사람을 처벌해요.

① (가)   ② (나)   ③ (다)
④ (라)   ⑤ (마)

08 공법의 적용을 받는 생활 영역으로 가장 적절한 것은?

① 일정한 연령의 국민은 선거권을 가진다.
② 남녀가 결혼하면 서로 부양 의무를 가진다.
③ 부모가 사망하면 자녀는 재산을 상속받는다.
④ 국가는 생활이 어려운 사람들에게 필요한 급여를 보조한다.
⑤ 하자가 있는 상품을 구입한 소비자는 피해를 보상받을 수 있다.

09 다음 조항을 규정하고 있는 법에 관한 설명으로 옳은 것을 보기에서 고른 것은?

> 제1조 ① 대한민국은 민주 공화국이다.
> ② 대한민국의 주권은 국민에게 있고, 모든 권력은 국민으로부터 나온다.
> 제2조 ① 대한민국의 국민이 되는 요건은 법률로 정한다.
> ② 국가는 법률이 정하는 바에 의하여 재외 국민을 보호할 의무를 진다.

> **보기**
> ㄱ. 우리나라의 최고법이다.
> ㄴ. 국민의 권리와 의무를 담고 있다.
> ㄷ. 범죄 종류와 처벌의 기준을 정한다.
> ㄹ. 사적인 생활 관계를 규율하는 법이다.

① ㄱ, ㄴ ② ㄱ, ㄷ ③ ㄴ, ㄷ
④ ㄴ, ㄹ ⑤ ㄷ, ㄹ

10 사법(私法)에 관한 설명으로 옳은 것은?

① 민법과 상법이 있다.
② 개인과 국가 간의 관계를 규율한다.
③ 국민의 최소한의 인간다운 삶을 보장하고자 한다.
④ 근대 자본주의의 문제점을 해결하기 위해 등장하였다.
⑤ 국가나 공공 단체 등이 공권력을 행사하는 것과 관련된다.

11 빈칸 ㉠, ㉡에 들어갈 법을 바르게 연결한 것은?

> 교사: 사법 영역에 속하는 법에는 어떤 것이 있는지 발표해 볼까요?
> 도윤: 선생님, (㉠)이 있어요.
> 서연: (㉡)도 사법에 속해요.
> 교사 : 맞아요. 도윤이가 말한 법은 개인의 재산 관계 및 가족 관계를 규정하고, 서연이가 말한 법은 기업에 관한 사항과 상거래 관계 등을 규정해요.

	㉠	㉡		㉠	㉡
①	헌법	형법	②	헌법	민법
③	민법	상법	④	민법	형법
⑤	상법	민법			

12 빈칸 ㉠에 들어갈 법으로 옳은 것은?

(㉠)에 따라 18세가 된 사람은 혼인할 수 있다.

① 민법 ② 상법 ③ 형법
④ 헌법 ⑤ 경제법

13 사회법에 관한 설명으로 옳은 것을 보기에서 고른 것은?

> **보기**
> ㄱ. 사법과 공법의 중간적 성격을 가진다.
> ㄴ. 사회적 약자를 보호하기 위해 등장하였다.
> ㄷ. 경제 활동에 국가의 개입을 최소화하고자 한다.
> ㄹ. 개인과 개인 사이의 사적 생활 관계를 규율한다.

① ㄱ, ㄴ ② ㄱ, ㄷ ③ ㄴ, ㄷ
④ ㄴ, ㄹ ⑤ ㄷ, ㄹ

14 (가), (나)에 나타난 사회 문제를 해결하기 위한 법을 바르게 연결한 것은?

> (가) 사회적·경제적 약자인 근로자는 열악한 조건에서 일하는 경우가 있다.
> (나) 장애인, 빈곤 계층, 노인 등은 경제적 능력이 없어 어려운 생활을 하고 있다.

	(가)	(나)
①	노동법	경제법
②	노동법	사회 보장법
③	경제법	사회 보장법
④	사회 보장법	경제법
⑤	사회 보장법	노동법

15 빈칸 ㉠에 들어갈 법으로 옳은 것은?

수 행 평 가 지

1학년 __반 __번 이름: _________

※ 다음 조건을 만족하는 법의 종류를 한 가지만 쓰시오.

> 개인 간의 생활 영역에 국가가 개입하여 사회적 약자를 보호하기 위해 등장한 법이다.

↓

> 기업의 자유로운 경쟁을 보장하고, 소비자의 권익을 보호하기 위한 법이다.

↓

> (　　　　㉠　　　　)

① 최저 임금법
② 국민 건강 보험법
③ 국민 기초 생활 보장법
④ 노동조합 및 노동관계 조정법
⑤ 독점 규제 및 공정 거래에 관한 법률

16 다음 내용에 해당하는 사회 규범을 쓰고, 그 기능을 <u>두 가지</u> 서술하시오.

> 사회 구성원의 합의에 따라 국가가 제정한 사회 규범을 말한다.

17 빈칸 ㉠에 들어갈 법을 쓰시오.

사법의 종류	
민법	개인의 재산 관계 및 가족 관계에 관한 권리와 의무를 규정한 법
(　㉠　)	기업의 설립과 활동, 상거래 등과 관련한 경제생활 관계를 규정한 법

18 자료를 보고 물음에 답하시오.

> (　㉠　)은/는 사회적·경제적 약자를 보호하고, 모든 국민의 인간다운 생활을 보장하는 것을 내용으로 한다. (　㉠　)은/는 크게 ㉡ <u>노동법</u>, 경제법, 사회 보장법으로 구분할 수 있다.

⑴ 빈칸 ㉠에 공통으로 들어갈 법을 쓰시오.

⑵ 밑줄 친 ㉡의 의미를 법 규정을 중심으로 서술하시오.

실력 확인 문제 03 재판의 종류와 공정한 재판

1 재판의 종류

1 재판의 의미와 기능
(1) **재판** ❶☐☐☐이/가 분쟁 사건에 관해 법적인 판단을 내리는 과정
(2) **기능** 분쟁의 예방과 해결, 사회 질서 유지, 개인의 권리 보호, 정의 실현

2 민사 재판과 형사 재판
(1) ❷☐☐☐☐

의미	개인과 개인 사이의 권리와 의무에 관한 분쟁을 해결하는 재판
절차	❸☐☐의 소장 제출 → 피고의 답변서 제출 → 원고와 피고의 변론 → 판사의 판결

(2) 형사 재판

의미	범죄가 발생했을 때 범죄 여부를 판단하고 형벌의 종류와 정도를 정하는 재판
절차	고소 또는 고발 → 검사의 ❹☐☐ → 검사의 신문, 변호인의 변론 → 판사의 판결

2 공정한 재판을 위한 제도

1 ❺☐☐☐의 독립
(1) **의미** 재판이 외부의 영향을 받지 않고 공정하게 이루어지도록 하는 것
(2) **실현 방법** 법원의 독립, 법관의 신분 보장

2 공개 재판주의와 증거 재판주의

공개 재판주의	재판의 심리와 판결을 일반 시민에게도 공개해야 한다는 원칙
❻☐☐ ☐☐☐	재판은 구체적이고 명확한 증거를 바탕으로 진행되어야 한다는 원칙

3 ❼☐☐☐☐
(1) **의미** 한 사건에 대해 급을 달리하는 법원에서 여러 번 재판을 받을 수 있게 한 제도
(2) **목적** 법관의 잘못된 판결로 발생할 수 있는 국민의 피해를 최소화하고, 공정한 재판을 통해 국민의 기본권을 보장함
(3) ❽☐☐ 재판 당사자가 하급 법원의 판결에 불만이 있을 경우 상급 법원에 재판을 다시 청구하는 것

❾☐☐	1심 판결에 불복하여 2심을 청구하는 것
상고	2심 판결에 불복하여 3심을 청구하는 것

정답 ❶ 법원 ❷ 민사 재판 ❸ 원고 ❹ 기소 ❺ 사법권 ❻ 증거 재판주의 ❼ 심급 제도 ❽ 상소 ❾ 항소

---

01 재판에 관한 설명으로 옳은 것은?
① 입법부인 국회에서 담당한다.
② 형사 재판은 개인 간 분쟁을 다룬다.
③ 민사 재판을 통해 범죄자에게 형벌을 부과한다.
④ 증거 재판주의와 공개 재판주의에 따라 재판이 진행된다.
⑤ 민사 재판과 형사 재판 모두 국민이 배심원으로 참여할 수 있다.

02 (가), (나)의 사건을 다루는 재판을 바르게 연결한 것은?

> (가) 갑은 자신이 살고 있는 아파트에서 최근 자전거가 잇따라 분실되자 경찰에 신고하였고, 수사 결과 범인이 밝혀졌다. 이에 검사는 범인을 기소하였다.
> (나) A 씨는 자신의 결혼식 전 과정을 영상으로 촬영하고자 영상 작가에게 계약금을 지불하고 예약하였다. 하지만 영상 작가의 실수로 결혼식이 제대로 촬영되지 않아 손해 배상을 청구하고자 한다.

	(가)	(나)
①	민사 재판	행정 재판
②	민사 재판	형사 재판
③	형사 재판	민사 재판
④	형사 재판	가사 재판
⑤	행정 재판	민사 재판

03 다음과 같은 분쟁 해결 방안이 가지는 장점을 보기 에서 고른 것은?

> 우리 사회에는 재판 대신 분쟁을 해결하는 방안으로 합의와 조정이 있다. 합의는 분쟁 당사자가 대화를 통해 자율적으로 문제를 해결하는 것이다. 하지만 합의가 이루어지지 않았다면 제삼자가 양측의 의견을 들어 보고, 합리적인 해결책을 제시하는 조정을 이용할 수 있다.

보기
ㄱ. 비용과 시간이 적게 든다.
ㄴ. 절차와 진행 방법이 비교적 간단하다.
ㄷ. 배심원이 참여하여 공정하게 이루어진다.
ㄹ. 강제성을 바탕으로 명확한 판단 기준을 제공한다.

① ㄱ, ㄴ   ② ㄱ, ㄷ   ③ ㄴ, ㄷ
④ ㄴ, ㄹ   ⑤ ㄷ, ㄹ

04 밑줄 친 '재판'에 참여할 수 <u>없는</u> 사람은?

> A 씨는 돈이 급하게 필요하다는 고향 친구 B 씨를 만났다. B 씨는 A 씨에게 2개월만 사용하겠다는 약속을 하고 돈을 빌려 달라고 사정하였다. 이에 A 씨는 B 씨에게 차용증을 받고 5천만 원을 빌려주었다. 하지만 B 씨는 10개월이 지나도록 연락을 끊고 돈을 갚지 않았다. 이에 A 씨는 B 씨에게 빌려준 돈을 받기 위해 <u>재판</u>을 청구하기로 하였다.

① 원고　　　　② 피고　　　　③ 판사
④ 변호사　　　⑤ 배심원

05 (가)~(라) 단계에 관한 설명으로 옳은 것을 보기 에서 고른 것은?

(가)	항공권을 구매한 갑은 비행시간이 8시간이나 지연되어 불편함을 겪었다.
(나)	갑은 항공사에 손해 배상을 요구했지만 거절당하자, 법원에 소송을 제기하였다.
(다)	재판에서 갑은 비행 지연으로 여행에 차질을 빚어 손해를 입었다고 주장하였다.
(라)	판사는 "피고는 원고에게 손해 배상액을 지급하라."라고 판결하였다.

보기
ㄱ. (가)의 발생으로 갑은 항공사를 상대로 고소할 수 있다.
ㄴ. (나)에 따라 민사 재판이 진행된다.
ㄷ. (다)에서 갑은 항공사의 비행시간 지연으로 입은 피해 상황을 입증해야 한다.
ㄹ. (라)에서 원고는 항공사, 피고는 갑이 된다.

① ㄱ, ㄴ　　　② ㄱ, ㄷ　　　③ ㄴ, ㄷ
④ ㄴ, ㄹ　　　⑤ ㄷ, ㄹ

06 형사 재판의 절차를 순서대로 바르게 나열한 것은?

> (가) 판사의 판결
> (나) 고소 또는 고발
> (다) 검사의 공소 제기
> (라) 검사의 신문과 변호인의 변론

① (나) − (가) − (다) − (라)
② (나) − (다) − (라) − (가)
③ (다) − (가) − (나) − (라)
④ (다) − (나) − (가) − (라)
⑤ (다) − (라) − (나) − (가)

07 밑줄 친 '재판'에 관한 설명으로 옳은 것은?

> A 씨는 사소한 말다툼 끝에 회사 동료인 B 씨를 때려 크게 다치게 하였다. B 씨는 자신이 폭행당한 사실을 경찰에 신고하였고, A 씨는 경찰에서 조사를 받은 후 검찰로 넘겨져 지방 법원에서 <u>재판</u>을 받게 되었다.

① A 씨는 재판에서 피고인 신분이 된다.
② A 씨의 신분 보장을 위해 비공개로 진행된다.
③ B 씨가 법원에 공소를 제기하여 재판이 시작되었다.
④ B 씨가 원한다면 재판에 배심원으로 참여할 수 있다.
⑤ A 씨와 B 씨 사이에 발생한 다툼을 해결하기 위한 민사 재판이다.

08 우리나라의 국민 참여 재판 제도에 관한 설명으로 옳지 <u>않은</u> 것은?

① 형사 사건을 대상으로 이루어진다.
② 피고인이 원하지 않으면 시행되지 않는다.
③ 배심원은 형량에 대한 의견을 제시할 수 있다.
④ 재판의 공정성과 투명성을 높이는 데 기여한다.
⑤ 법적 지식을 가진 국민이 배심원으로 선정된다.

▶ 정답 및 해설 42쪽

09 (가)~(라)에 관한 설명으로 옳은 것을 보기 에서 고른 것은?

(가) 심급 제도	(나) 사법권의 독립
(다) 공개 재판주의	(라) 증거 재판주의

보기

ㄱ. (가)에 따라 민사 재판에 한해 3심제가 운영된다.
ㄴ. (나)의 실현을 위해 법관의 신분을 보장하고 있다.
ㄷ. (다)를 위해 민사 및 형사 재판에서 국민을 배심원으로 참여하게 한다.
ㄹ. (라)에 따라 구체적이고 명확한 증거를 바탕으로 재판이 진행되어야 한다.

① ㄱ, ㄴ ② ㄱ, ㄷ ③ ㄴ, ㄷ
④ ㄴ, ㄹ ⑤ ㄷ, ㄹ

10 다음 제도의 목적으로 가장 적절한 것은?

> 법관은 지시나 명령을 받지 않고 헌법과 법률, 양심에 따라 독립하여 심판하여야 한다.

① 공정한 재판 실시
② 재판의 신속한 진행
③ 재판의 심리와 판결 공개
④ 재판에 대한 경제적 부담 감소
⑤ 재판 과정과 결과에 여론 반영

11 자료에 관한 설명으로 옳은 것을 보기 에서 모두 고른 것은?

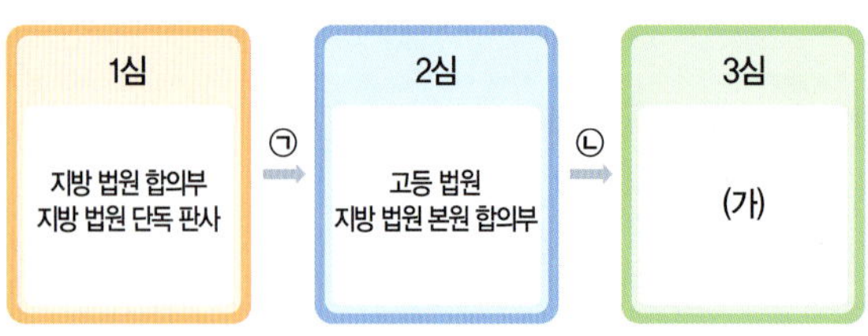

보기

ㄱ. ㉠은 상고, ㉡은 항소이다.
ㄴ. (가)는 최고 법원인 대법원이다.
ㄷ. 형사 재판과 민사 재판에 적용된다.
ㄹ. 억울한 사람에게 다시 재판을 받을 수 있는 기회를 제공한다.

① ㄱ, ㄴ ② ㄱ, ㄷ ③ ㄷ, ㄹ
④ ㄱ, ㄴ, ㄹ ⑤ ㄴ, ㄷ, ㄹ

12 그림을 보고 물음에 답하시오.

(1) 위 재판의 종류를 쓰시오.

____

(2) 위 재판에서 판결을 내리는 사람을 찾아 쓰고, 그 역할을 서술하시오.

____

13 다음 내용에 해당하는 재판의 원칙을 쓰시오.

> 사실의 인정은 반드시 그것을 증명할 수 있는 근거에 의해야 한다는 원칙이다. 특히 형사 재판에서 명확한 증거 없이 피고인의 자백만으로 유죄 판결을 받는다면, 죄 없는 사람이 억울한 누명을 쓸 수도 있기 때문이다.

____

14 자료에 나타난 사법 제도를 쓰고, 그 의미를 서술하시오.

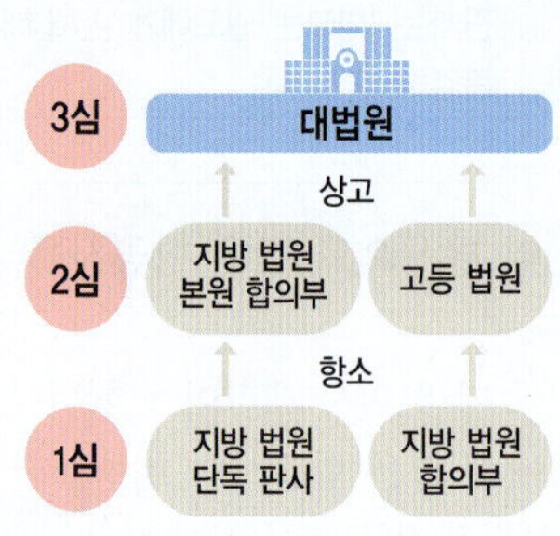

____

실력 확인 문제 01 인권 보장과 헌법 ~ 02 기본권의 제한과 침해 구제 (1)

1 인권의 의미와 인권 침해

1 ^①□□의 의미와 특징

의미	인간이 마땅히 누려야 할 기본적인 권리
특징	천부적 권리, 자연적 권리, 보편적 권리, 불가침의 권리

2 인권 침해와 인권 감수성 여전히 일상생활 속에서 편견이나 고정 관념, 관습이나 관행, 잘못된 법과 제도 등으로 인권 침해가 발생하고 있음 ➡ 인권 침해를 막기 위해 인권 보장을 지향하는 관점에서 인권 관련 문제를 민감하게 받아들이고 느끼면서 일상을 바라보려는 ^②□□□□□이/가 필요함

2 우리 헌법이 보장하는 기본권

1 헌법과 기본권 대부분의 민주 국가에서는 ^③□□을/를 통해 인권을 보장하고 있음 ➡ 인권 중에서 헌법에 규정하여 보장하는 기본적인 인권을 ^④□□□(이)라고 함

2 기본권의 종류

인간의 존엄과 가치 및 행복 추구권	• 인간이라는 이유만으로 존중받으며 행복을 추구할 수 있는 권리 • 모든 기본권이 추구하는 궁극적 가치
평등권	성별, 종교 등에 의해 부당하게 차별받지 않을 권리
자유권	국가의 간섭을 받지 않고 자유롭게 생활할 권리
^⑤□□□	국가의 의사 결정에 참여할 권리
^⑥□□□	국가에 대해 일정한 행위를 요구하거나 침해당한 기본권의 구제를 요청할 권리
사회권	국가에 대해 인간다운 생활의 보장을 요구할 권리

3 기본권의 제한

1 기본권 제한의 요건과 한계

목적	국가 안전 보장, ^⑦□□ □□, 공공복리를 위한 목적 외에는 제한할 수 없음
정도	목적을 달성하기 위해 필요한 경우에 한하여 제한
형식	국회가 제정한 ^⑧□□에 의거하여 제한
한계	제한하는 경우에도 자유와 권리의 본질적인 내용은 침해할 수 없음

2 기본권 제한의 요건과 한계를 헌법에 명시한 이유 국가 권력의 남용을 방지하여 국민의 자유와 권리를 최대한 보장하기 위함

정답 ① 인권 ② 인권 감수성 ③ 헌법 ④ 기본권 ⑤ 참정권 ⑥ 청구권 ⑦ 질서 유지 ⑧ 법률

빈출
01 인권에 관한 설명으로 옳은 것을 [보기] 에서 고른 것은?
중

[보기]
ㄱ. 인간이 태어날 때부터 가지는 권리이다.
ㄴ. 필요 시 자유롭게 침해할 수 있는 권리이다.
ㄷ. 국적에 따라 차등적으로 부여되는 권리이다.
ㄹ. 국가가 법으로 보장하기 이전에 주어진 권리이다.

① ㄱ, ㄴ   ② ㄱ, ㄹ   ③ ㄴ, ㄷ
④ ㄴ, ㄹ   ⑤ ㄷ, ㄹ

02 자료를 통해 알 수 있는 인권의 특징으로 옳은 것을 [보기] 에서 고른 것은?
하

세계 인권 선언
제1조 모든 사람은 태어날 때부터 자유롭고 존엄하며 평등하다.
제2조 모든 사람은 인종, 피부색, 성별, 언어, 종교 등 어떤 이유로도 차별받지 않으며, 이 선언에 나와 있는 모든 권리와 자유를 누릴 자격이 있다.

[보기]
ㄱ. 보편적 권리   ㄴ. 천부적 권리
ㄷ. 제한적 권리   ㄹ. 차등적 권리

① ㄱ, ㄴ   ② ㄱ, ㄷ   ③ ㄴ, ㄷ
④ ㄴ, ㄹ   ⑤ ㄷ, ㄹ

03 인권 침해의 사례에 해당하지 <u>않는</u> 것은?
하
① 피부색이 달라 친구들에게 놀림을 당했다.
② 휠체어를 탄 사람이 버스 탑승을 거부당했다.
③ 학생들의 중간 고사 성적이 교실 벽에 게시되었다.
④ 청소년이 청소년 관람 불가 영화를 관람하지 못했다.
⑤ 채용 과정에서 특정 지역 출신이라는 이유로 불이익을 받았다.

04 인권 침해에 관한 설명으로 옳은 것을 보기 에서 고른 것은?

보기

ㄱ. 물리적인 것과 정신적인 것이 모두 포함된다.
ㄴ. 인권 침해는 피해자가 개인적으로 해결해야 한다.
ㄷ. 인권 침해를 방지하기 위해 인권 감수성이 필요하다.
ㄹ. 개인과 달리 국가는 인권 침해의 주체가 되지 않는다.

① ㄱ, ㄴ 　　② ㄱ, ㄷ 　　③ ㄴ, ㄷ
④ ㄴ, ㄹ 　　⑤ ㄷ, ㄹ

05 헌법을 통해 인권을 보장하는 이유로 가장 적절한 것은?

① 기본권을 제한하지 않기 위해
② 인권을 효율적으로 제한하기 위해
③ 국가 경제 발전 및 물질적 풍요를 도모하기 위해
④ 국가로부터 국민의 자유와 권리를 지키고 보장하기 위해
⑤ 특정 집단의 권리를 다른 집단의 권리보다 우선하기 위해

06 빈칸 ㉠에 들어갈 기본권에 관한 설명으로 옳은 것은?

학생: 범인을 체포할 때 묵비권을 행사할 수 있고 변호사를 선임할 수 있는 권리 등이 있다는 것을 왜 말해 주어야 하나요?
교사: (　㉠　)을/를 보장하기 위해서입니다.

① 부당하게 차별받지 않을 권리
② 국가 권력의 간섭을 받지 않을 권리
③ 국가의 의사 결정에 참여할 수 있는 권리
④ 국가에 대해 인간다운 생활의 보장을 요구할 수 있는 권리
⑤ 기본권 침해 시 국가에 대해 일정한 행위를 요구할 수 있는 권리

07 밑줄 친 ㉠, ㉡에 관한 설명으로 옳은 것을 보기 에서 고른 것은?

㉠ 헌법

제10조 모든 국민은 ㉡ 인간으로서의 존엄과 가치를 가지며, 행복을 추구할 권리를 가진다. 국가는 개인이 가지는 불가침의 인권을 확인하고 이를 보장할 의무를 진다.

보기

ㄱ. ㉠은 우리나라의 최고법이다.
ㄴ. 인권과 달리 기본권은 ㉠에 의해 보장되지 않는다.
ㄷ. ㉡은 모든 기본권이 추구하는 궁극적 가치이다.
ㄹ. 사회 질서 유지를 위해 ㉡을 임의로 제한할 수 있다.

① ㄱ, ㄴ 　　② ㄱ, ㄷ 　　③ ㄴ, ㄷ
④ ㄴ, ㄹ 　　⑤ ㄷ, ㄹ

08 사회권에 해당하는 헌법 조항을 보기 에서 고른 것은?

보기

ㄱ. 제25조 모든 국민은 법률이 정하는 바에 의하여 공무 담임권을 가진다.
ㄴ. 제26조 ① 모든 국민은 법률이 정하는 바에 의하여 국가 기관에 문서로 청원할 권리를 가진다.
ㄷ. 제32조 ① 모든 국민은 근로의 권리를 가진다.
ㄹ. 제34조 ① 모든 국민은 인간다운 생활을 할 권리를 가진다.

① ㄱ, ㄴ 　　② ㄱ, ㄷ 　　③ ㄴ, ㄷ
④ ㄴ, ㄹ 　　⑤ ㄷ, ㄹ

09 (가), (나)에서 침해된 기본권을 바르게 연결한 것은?

(가) A 씨는 도청 장치로 다른 사람들의 대화를 몰래 녹음하였다.
(나) ○○ 대학교 간호학과는 B 씨가 남학생이라는 이유로 입학을 거부하였다.

	(가)	(나)		(가)	(나)
①	자유권	평등권	②	자유권	참정권
③	평등권	자유권	④	평등권	참정권
⑤	참정권	자유권			

10 다음 설명에 해당하는 권리로 옳은 것은?

물질적 풍요뿐만 아니라 정신적 만족을 추구할 수 있는 포괄적인 권리이다.

① 평등권 ② 자유권
③ 참정권 ④ 청구권
⑤ 행복 추구권

11 밑줄 친 ㉠을 통해 보장하려는 기본권에 관한 설명으로 옳은 것을 보기 에서 고른 것은?

국회는 코로나19 확진자와 자가 격리자의 투표를 보장하는 내용을 담은 ㉠「공직 선거법」개정안을 통과시켰다.

보기
ㄱ. 공무 담임권, 국민 투표권이 포함된다.
ㄴ. 국가에 인간다운 생활을 요구할 권리이다.
ㄷ. 국가의 의사 결정에 참여할 수 있는 권리이다.
ㄹ. 법관에 의하여 법률에 의한 재판을 받을 권리이다.

① ㄱ, ㄴ   ② ㄱ, ㄷ   ③ ㄴ, ㄷ
④ ㄴ, ㄹ   ⑤ ㄷ, ㄹ

12 청구권에 관한 설명으로 옳은 것을 보기 에서 고른 것은?

보기
ㄱ. 신체의 자유를 침해받지 않을 권리이다.
ㄴ. 다른 기본권 보장을 위한 수단적 성격을 지닌다.
ㄷ. 기본권의 토대이자 모든 기본권이 추구하는 궁극적 가치이다.
ㄹ. 청원권, 재판 청구권, 국가 배상 청구권 등의 권리가 이에 해당한다.

① ㄱ, ㄴ   ② ㄱ, ㄷ   ③ ㄴ, ㄷ
④ ㄴ, ㄹ   ⑤ ㄷ, ㄹ

[13-14] 자료를 보고 물음에 답하시오.

「국토의 계획 및 이용에 관한 법률」에 근거하여 ㉠ 개발 제한 구역의 토지 이용이 일부 제한된다. 이는 환경을 보호하고 공공의 이익을 위한 것이다.

13 밑줄 친 ㉠의 제한된 권리로 옳은 것은?

① 평등권   ② 자유권   ③ 참정권
④ 사회권   ⑤ 청구권

14 밑줄 친 ㉠에 관한 설명으로 옳은 것을 보기 에서 고른 것은?

보기
ㄱ. 공공복리를 목적으로 제한하고 있다.
ㄴ. 대통령의 명령에 근거하여 제한된다.
ㄷ. 권리의 본질적인 내용까지 침해할 수 없다.
ㄹ. 사유 재산을 전면적으로 부정하고 개인의 재산을 보상 없이 빼앗을 수 있다.

① ㄱ, ㄴ   ② ㄱ, ㄷ   ③ ㄴ, ㄷ
④ ㄴ, ㄹ   ⑤ ㄷ, ㄹ

▶ 정답 및 해설 43쪽

15 빈칸 ㉠에 들어갈 말로 가장 적절한 것은?
〈하〉

> (　㉠　)을/를 위해 군사 시설은 민간인의 출입이 금지될 수 있다.

① 사익 추구
② 경제 발전
③ 세계 평화
④ 국가 안전 보장
⑤ 국가 권력 강화

[16-17] 다음 헌법 조항을 보고 물음에 답하시오.

> 제37조 ② 국민의 모든 자유와 권리는 (　㉠　)·질서 유지 또는 (　㉡　)을/를 위하여 필요한 경우에 한하여 (　㉢　)(으)로써 제한할 수 있으며, 제한하는 경우에도 ______(가)

빈출
16 위 조항에 관한 설명으로 옳은 것을 보기 에서 고른 것은?
〈중〉

> **보기**
> ㄱ. ㉠에는 경제 발전이 들어갈 수 있다.
> ㄴ. ㉡에는 공공복리가 들어갈 수 있다.
> ㄷ. ㉢은 법률이다.
> ㄹ. (가)에는 '효율적 통치를 위해 대통령의 결정에 따른다.'가 들어간다.

① ㄱ, ㄴ
② ㄱ, ㄷ
③ ㄴ, ㄷ
④ ㄴ, ㄹ
⑤ ㄷ, ㄹ

17 위와 같이 헌법에서 기본권 제한의 요건과 한계를 명시한 이유로 옳은 것은?
〈중〉

① 국가의 발전을 도모하기 위해
② 경제적 효율성을 높이기 위해
③ 공익을 사익보다 우선하기 위해
④ 국민의 기본권을 보장하기 위해
⑤ 국가 정책의 신속한 집행을 위해

18 기본권의 의미를 서술하시오. (단, 인권과 국가 최고법의 명칭을 포함하여 서술할 것)

____

____

19 다음 설명에 해당하는 기본권의 종류를 쓰시오.

> • 기본권 침해 시 국가에 대해 일정한 행위를 요구할 수 있는 권리
> • 다른 기본권을 보장하기 위한 수단적 성격의 적극적인 권리

____

20 빈칸 (가)에 들어갈 기본권 제한의 목적을 세 가지 쓰시오.

> 우리나라 헌법은 ____________(가)____________을/를 목적으로 필요한 때에만 법률에 따라 기본권을 제한할 수 있도록 명시하고 있다.

____

실력 확인 문제 02 기본권의 제한과 침해 구제 (2) ~ 03 근로자에게 보장된 권리

1 기본권 침해 시 구제 방법

법원을 통한 구제	법원에 소를 제기하면 ❶□□을/를 통해 침해된 권리 구제
헌법재판소를 통한 구제	공권력의 행사 또는 불행사로 기본권을 침해당한 국민이 헌법재판소에 ❷□□ □□ 심판을 제기하여 기본권의 구제를 요청
국가 인권 위원회를 통한 구제	국민이 기본권 침해 내용을 진정하면 국가 인권 위원회가 이에 대해 조사하여 해당 기관에 시정할 사항을 권고
그 외 구제 방법	• 국민 권익 위원회: 고충 민원을 통한 구제 • 언론 중재 위원회: 잘못된 언론 보도에 따른 피해 구제 • 한국 소비자원: 소비자의 권리 침해 구제 • 국회: 입법 청원을 통한 구제

2 헌법에 보장된 근로자의 권리

1 근로의 권리 일할 기회와 인간다운 생활의 보장을 요구할 권리 ➡ 최저 임금 제도와 ❸□□ □□□을/를 통해 근로자의 기본적인 생활을 보장

2 노동 3권 근로자가 사용자와 대등한 위치에서 근로 조건을 협의하고 결정할 수 있도록 헌법이 보장하는 근로자의 권리

❹□□□	근로자가 노동조합을 조직 또는 가입하여 단결할 수 있는 권리
단체 교섭권	근로자가 노동조합을 통해 사용자와 근로 조건을 협의할 수 있는 권리
❺□□□□	단체 교섭이 원만하게 이루어지지 않을 경우 일정한 절차를 거쳐 쟁의 행위를 할 수 있는 권리

3 노동권 침해 시 대처 방안

1 노동권 침해 부당 해고(정당한 이유나 절차 없이 근로자 해고), ❻□□ □□□ □□(노동 3권을 침해 또는 방해하는 행위), 근로 계약서 미작성, 임금 체불, 법정 근로 시간 초과 등

2 노동권 침해 시 대응 방법

부당 해고	❼□□ □□□에 구제를 신청하거나 법원에 소송을 제기
부당 노동 행위	노동 위원회에 구제 신청을 하거나 ❽□□에 소송을 제기
임금 체불	❾□□ □□□에 진정서를 제출하거나 법원에 소송을 제기

정답 ❶ 재판 ❷ 헌법 소원 ❸ 근로 기준법 ❹ 단결권 ❺ 단체 행동권 ❻ 부당 노동 행위 ❼ 노동 위원회 ❽ 법원 ❾ 고용 노동부

---

01 법원에 관한 설명으로 옳은 것은?

중

① 고충 민원을 처리한다.
② 헌법 소원 심판을 담당한다.
③ 입법 청원을 받아 법률을 제정한다.
④ 재판을 통해 침해된 권리를 구제한다.
⑤ 인권 침해를 조사하고 잘못된 제도의 개선을 권고한다.

빈출

02 빈칸 ㉠에 들어갈 말로 옳은 것은?

중

> A 씨는 자신의 주민 등록 번호가 도용되었다는 것을 알게 되어 주민 등록 번호를 변경하고자 하였다. 하지만 구청에서는 「주민 등록법」에 주민 등록 변경에 관한 규정이 없다며 이를 거부하였다. A 씨는 현재의 「주민 등록법」이 개인 정보 자기 결정권을 침해한다고 생각하였다. 이에 A씨는 헌법재판소에 (㉠)을 청구하였다.

① 진정   ② 민사 재판   ③ 형사 재판
④ 고충 민원   ⑤ 헌법 소원 심판

03 침해된 기본권 구제 방법에 관한 설명으로 옳은 것을 **보기**에서 고른 것은?

중

> **보기**
> ㄱ. 국가 인권 위원회에 재판을 요청할 수 있다.
> ㄴ. 범죄 피해를 당했을 때 헌법 소원 심판을 청구할 수 있다.
> ㄷ. 소비자의 권리 침해 시 한국 소비자원에 도움을 청할 수 있다.
> ㄹ. 잘못된 언론 보도에 따른 피해는 언론 중재 위원회를 통해 구제받을 수 있다.

① ㄱ, ㄴ   ② ㄱ, ㄷ   ③ ㄴ, ㄷ
④ ㄴ, ㄹ   ⑤ ㄷ, ㄹ

[04-05] 다음 헌법 조항을 보고 물음에 답하시오.

> 제32조 ① 모든 국민은 (㉠)을/를 가진다. 국가는 사회적·경제적 방법으로 근로자의 고용의 증진과 적정 임금의 보장에 노력하여야 하며, 법률이 정하는 바에 의하여 ㉡ 최저 임금제를 시행하여야 한다.

04 빈칸 ㉠에 들어갈 권리로 옳은 것은?

하
① 선거권　　　② 청원권　　　③ 국민 투표권
④ 공무 담임권　　⑤ 근로의 권리

05 밑줄 친 ㉡에 관한 설명으로 옳은 것을 **보기** 에서 고른 것은?

중
> **보기**
> ㄱ. 청소년 근로자에게는 적용되지 않는다.
> ㄴ. 사용자의 자율성을 확대하기 위한 제도이다.
> ㄷ. 근로자의 인간다운 생활을 보장하기 위함이다.
> ㄹ. 국가가 정한 최저 수준 이상의 임금을 지급하도록 강제하는 제도이다.

① ㄱ, ㄴ　　　② ㄱ, ㄷ　　　③ ㄴ, ㄷ
④ ㄴ, ㄹ　　　⑤ ㄷ, ㄹ

06 노동 3권에 관한 설명으로 옳지 <u>않은</u> 것은?

중
① 노동조합에 가입할 수 있는 권리는 단결권이다.
② 근로자는 노동조합을 통해 사용자와 교섭할 권리를 가진다.
③ 근로자는 근로 조건을 개선하기 위해 노동조합을 만들 수 있다.
④ 노동 3권 중 근로자는 2개의 권리를, 사용자는 1개의 권리를 보장받는다.
⑤ 단체 교섭이 이루어지지 않을 경우 근로자는 일정한 절차를 거쳐 쟁의 행위를 할 수 있다.

07 헌법에서 노동 3권을 보장하는 이유로 가장 적절한 것은?

하
① 회사의 이익을 보호하기 위해
② 근로자의 참정권을 보장하기 위해
③ 사용자의 효율적인 회사 경영을 위해
④ 근로자를 특수한 신분으로 인정하여 경제적 특혜를 부여하기 위해
⑤ 근로자가 사용자와 대등한 위치에서 근로 조건을 협의할 수 있게 하기 위해

빈출

08 밑줄 친 ㉠, ㉡과 관련한 노동 3권의 내용을 바르게 연결한 것은?

중
> 엄마는 회사 노동자들과 함께 ㉠ 노동조합을 결성하였다. 그런데 최근 회사에서 새로운 근로 조건을 제시하였고, 직원들은 이를 부당하다고 느꼈다. 엄마는 노동조합의 대표로서 ㉡ 근로 조건을 개선하기 위해 회사와 협상하였다.

	㉠	㉡
①	단결권	단체 교섭권
②	단결권	단체 행동권
③	단체 교섭권	단결권
④	단체 교섭권	단체 행동권
⑤	단체 행동권	단체 교섭권

09 노동권 침해에 해당하는 사례를 **보기** 에서 고른 것은?

중
> **보기**
> ㄱ. 하루 전에 해고를 통보한 경우
> ㄴ. 근로 계약서를 작성하지 않는 경우
> ㄷ. 최저 임금 이상을 지급하기로 계약한 경우
> ㄹ. 휴식 시간을 근로 기준법에 제시된 것보다 많이 부여한 경우

① ㄱ, ㄴ　　　② ㄱ, ㄷ　　　③ ㄴ, ㄷ
④ ㄴ, ㄹ　　　⑤ ㄷ, ㄹ

[10-11] 자료를 보고 물음에 답하시오.

(가)

(나)

10 빈칸 ㉠, ㉡에 들어갈 개념을 바르게 연결한 것은?

중

> (가)는 (㉠)의 사례, (나)는 (㉡)의 사례에 해당한다.

	㉠	㉡
①	임금 체불	부당 해고
②	임금 체불	부당 노동 행위
③	부당 해고	임금 체불
④	부당 해고	부당 노동 행위
⑤	부당 노동 행위	부당 해고

11 (가)의 갑과 (나)의 을이 권리를 구제받을 수 있는 방법에 관한 설명으로 옳은 것을 보기 에서 고른 것은?

상

> **보기**
> ㄱ. 갑은 고용 노동부에 진정서를 제출할 수 있다.
> ㄴ. 을은 노동 위원회에 구제 신청을 할 수 있다.
> ㄷ. 갑과 달리 을은 법원에 소송을 제기할 수 있다.
> ㄹ. 갑과 을은 모두 법원에 해고 무효 확인 소송을 통해 권리를 구제받을 수 있다.

① ㄱ, ㄴ   ② ㄱ, ㄷ   ③ ㄴ, ㄷ
④ ㄴ, ㄹ   ⑤ ㄷ, ㄹ

12 빈칸 ㉠에 들어갈 권리 구제 기관을 쓰시오.

> (㉠)은/는 학교에서 우열반(성적 우수반과 보통반)을 운영하는 것은 학생의 평등권 침해라며 ○○ 교육감과 해당 학교장에게 시정을 권고하였다.

13 (가)의 국민이 (나)를 통해 기본권을 구제받을 수 있는 방법을 서술하시오. (단, (나)에서 설명하는 기관의 명칭을 포함할 것)

> (가) 공권력의 행사 또는 불행사로 기본권을 침해당한 국민
> (나) 헌법 질서를 수호하고 국민의 기본권을 보장하는 국가 기관

14 밑줄 친 ㉠과 관련 있는 노동 3권의 내용을 쓰시오.

> ○○ 회사는 근로자 인원을 감축하고 근로자에게 제공했던 복지 혜택을 줄이겠다고 발표하면서 근로자와 갈등을 빚었다. 노동조합과 회사 측은 여러 차례 교섭했지만 합의가 이루어지지 않았고, ㉠노동조합에서는 일정한 절차를 거쳐 총파업에 돌입하였다.

01 사회화된 행동으로 옳은 것을 [보기]에서 고른 것은?

> **보기**
> ㄱ. 과식을 해서 배가 아프다.
> ㄴ. 눈병에 걸려서 눈이 빨개졌다.
> ㄷ. 기침이 나와서 코와 입을 가렸다.
> ㄹ. 신호등을 보고 횡단보도를 건넜다.

① ㄱ, ㄴ　　　② ㄱ, ㄷ　　　③ ㄴ, ㄷ
④ ㄴ, ㄹ　　　⑤ ㄷ, ㄹ

02 사회화의 기능으로 옳은 것을 [보기]에서 고른 것은?

> **보기**
> ㄱ. 사회적 갈등을 유발한다.
> ㄴ. 사회를 유지하고 발전시킨다.
> ㄷ. 인간을 생물학적으로 성장시킨다.
> ㄹ. 자신만의 개성과 정체성을 형성한다.

① ㄱ, ㄴ　　　② ㄱ, ㄷ　　　③ ㄴ, ㄷ
④ ㄴ, ㄹ　　　⑤ ㄷ, ㄹ

03 밑줄 친 (가)에 들어갈 내용으로 옳지 않은 것은?

① 자아 정체성이 형성됩니다.
② 자신만의 개성을 형성합니다.
③ 해당 사회의 구성원으로 성장합니다.
④ 그 사회의 문화를 다음 세대로 전달합니다.
⑤ 자신이 속한 사회의 생활 양식을 학습합니다.

04 다음 조건을 모두 만족시키는 사회화 기관으로 옳은 것은?

> • 유아기에 큰 영향을 미친다.
> • 기초적인 규범과 사회적 행동을 습득한다.
> • 자연 발생적으로 만들어진 사회화 기관이다.

① 가정　　　　② 학교　　　　③ 회사
④ 또래 집단　　⑤ 대중 매체

05 빈칸 ㉠에 관한 설명으로 옳지 않은 것은?

> (㉠)은/는 자신이 누구인가를 명확하게 이해하는 것이다.

① ㉠은 자아 정체성이다.
② 자신만의 고유하고 독특한 모습이다.
③ 다른 사람들의 평가나 기대의 영향을 받는다.
④ ㉠의 형성 과정에서는 성인기가 가장 중요하다.
⑤ 다양한 사회화 기관과의 상호 작용 속에서 형성된다.

06 다음 자료에 관한 설명으로 적절하지 않은 것은?

① 재사회화의 사례이다.
② 현대 사회에서 중요성이 커지고 있다.
③ 노년기의 사회화를 보여 주는 사례이다.
④ 기초적인 생활 습관을 학습하는 것이다.
⑤ 급변하는 사회에 대응하기 위한 것이다.

07 역할에 관한 설명으로 옳은 것을 보기 에서 고른 것은?

보기
ㄱ. 역할을 수행하는 개인의 행동은 누구나 동일하게 나타난다.
ㄴ. 지위가 달라져도 개인에게 기대되는 역할은 변하지 않는다.
ㄷ. 기대되는 역할과 역할 행동이 일치하면 사회적 인정과 보상을 받는다.
ㄹ. 우리 사회에는 역할 갈등을 방지하는 여러 가지 사회 제도가 마련되어 있다.

① ㄱ, ㄴ ② ㄱ, ㄷ ③ ㄴ, ㄷ
④ ㄴ, ㄹ ⑤ ㄷ, ㄹ

08 밑줄 친 ㉠~㉣에 관한 설명으로 옳지 <u>않은</u> 것은?

〈추천서〉

추천 학생: ㉠ 동아중학교 1학년 한성실

위 학생은 1학기 ㉡학급 회장으로서 우수한 리더십과 책임감 있는 태도로 학급을 이끌었습니다. ㉢학생으로서 지켜야 할 ㉣교칙을 잘 준수하고 수업 태도가 매우 우수하여 다른 학생들에게 모범이 됩니다.

① ㉠은 청소년기에 주로 영향을 미친다.
② ㉠은 사회생활에 필요한 지식과 규범을 체계적으로 학습하는 사회화 기관이다.
③ ㉡은 성취 지위에 해당한다.
④ ㉢은 귀속 지위에 해당한다.
⑤ ㉣은 지위에 따른 역할을 잘 수행하여 사회적인 인정을 받은 것이다.

09 사회적 지위의 유형이 <u>다른</u> 하나는?

① 아빠 ② 남편 ③ 교사
④ 청소년 ⑤ 학급 회장

10 밑줄 친 ㉠~㉤에 관한 설명으로 옳지 <u>않은</u> 것은?

㉠ 변호사가 되고 싶은 은지는 로스쿨에 진학하여 공부를 하고 있지만, ㉡ 자신의 적성과 맞지 않는 것 같아서 고민이 되었다. 그래서 ㉢ 고등학교 때 진학 고민을 나누었던 담임 ㉣ 선생님을 찾아가서 상담을 하였다. 이후 은지는 자신의 새로운 진로를 찾기 위해 휴학하고 외국으로 유학을 떠났다. 현재는 ㉤ 새로운 나라의 언어를 익히고 문화에 적응하기 위해 노력 중이다.

① ㉠은 성취 지위에 해당한다.
② ㉡은 역할 갈등 상황이다.
③ ㉢은 사회화 기관이다.
④ ㉣ 성취 지위에 해당한다.
⑤ ㉤ 재사회화의 사례이다.

11 밑줄 친 ㉠과 같은 상황을 표현하는 개념을 쓰고, 이러한 현상이 발생하는 원인을 서술하시오.

▲ 레이튼 휴이트 선수

오스트레일리아 테니스 선수인 레이튼 휴이트는 마스터스 대회 출전을 앞두고 있었다. 그런데 ㉠ 아내의 출산 예정일이 대회 일정과 겹치자 그는 어떻게 해야 할지 고민하였고, 결국 대회 출전을 포기하였다.

12 밑줄 친 (가)에 들어갈 내용으로 옳은 것은?

① 졸리면 하품을 하는 것
② 초조할 때 손톱을 뜯는 것
③ 학교에서 교복을 착용하는 것
④ 감기에 걸려 재채기를 하는 것
⑤ 배가 고플 때 꼬르륵 소리가 나는 것

13 다음 사례에 나타난 문화의 특징에 관한 설명으로 옳은 것을 보기 에서 고른 것은?

> 각 사회마다 인사를 하는 방법과 결혼이나 장례를 치르는 구체적인 방법은 서로 다르게 나타난다.

보기

ㄱ. 문화의 다양성에 해당한다.
ㄴ. 각 사회마다 다양한 모습의 문화가 형성된다.
ㄷ. 문화는 고정된 것이 아니라 시대에 따라 끊임없이 변화한다.
ㄹ. 인간의 기본적인 욕구나 사고방식이 비슷하기 때문에 나타난다.

① ㄱ, ㄴ   ② ㄱ, ㄷ   ③ ㄴ, ㄷ
④ ㄴ, ㄹ   ⑤ ㄷ, ㄹ

14 다음 사례에 해당하는 문화의 속성으로 옳은 것은?

> 우리나라 사람들은 뜨거운 국물을 마시거나 따뜻한 물에 몸을 담글 때 속이 후련해지고 몸이 풀린다는 의미로 '시원하다'는 표현을 사용한다. 하지만 다른 나라 사람들은 이것을 이해하지 못한다.

① 공유성   ② 축적성   ③ 학습성
④ 변동성   ⑤ 전체성

15 빈칸 ㉠에 들어갈 문화의 속성으로 옳은 것은?

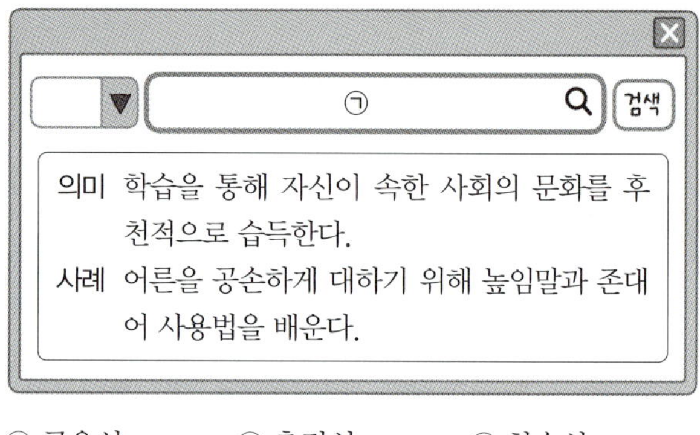

① 공유성   ② 축적성   ③ 학습성
④ 변동성   ⑤ 전체성

16 자료의 (가)에 들어갈 내용으로 옳은 것은? (단, A, B는 인쇄 매체, 영상 매체, 뉴 미디어 중 하나이다.)

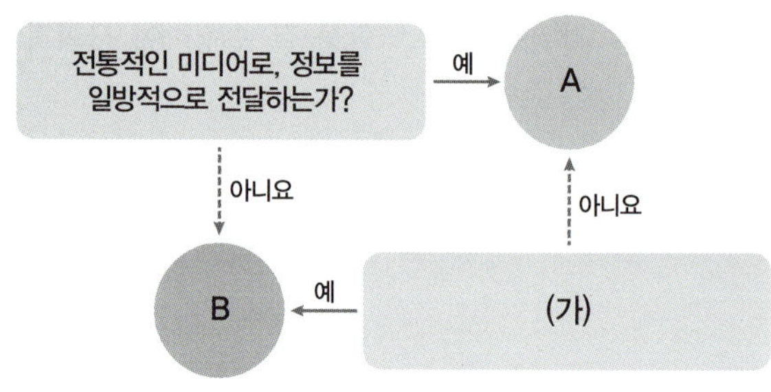

① 소수의 사람에게만 정보를 전달하는가?
② 사람들이 정보를 수동적으로 수용하는가?
③ 문자와 사진을 통해서만 정보가 전달되는가?
④ 정보 통신 기술의 발달로 등장한 미디어인가?
⑤ 정보 전달에 있어 시간과 공간의 제약을 받는가?

17 미디어의 특징에 관한 설명으로 옳은 것을 보기 에서 고른 것은?

> 보기
> ㄱ. 뉴 미디어는 시간과 공간의 제약을 받는다.
> ㄴ. 사회적 쟁점에 대한 대중의 관심을 고조시킨다.
> ㄷ. 최근에는 정보 전달이 일방향으로 주로 이루어지고 있다.
> ㄹ. 최근에는 미디어가 제공하는 콘텐츠의 수가 증가하고 있다.

① ㄱ, ㄴ ② ㄱ, ㄷ ③ ㄴ, ㄷ
④ ㄴ, ㄹ ⑤ ㄷ, ㄹ

18 다음과 같은 부작용을 방지하기 위한 미디어 이해의 태도로 옳지 <u>않은</u> 것은?

〈미디어의 부작용 사례〉
- 사람들의 사고방식과 행동의 획일화
- 한쪽 입장에 편향된 정보로 사회 갈등 유발
- 허위 정보 및 가짜 뉴스 확산으로 인한 사회적 혼란 발생
- 지나친 상업성 추구로 자극적이고 폭력적인 콘텐츠 증가

① 미디어 리터러시가 필요하다.
② 미디어를 비판적으로 활용하는 태도를 갖는다.
③ 건강한 미디어 환경을 조성하기 위해 노력한다.
④ 미디어가 제공하는 정보를 비판적으로 검토한다.
⑤ 미디어 속 다양한 문화와 정보를 그대로 수용한다.

19 다음 글에 나타난 문화 이해 태도로 옳은 것은?

> 천하도는 조선 시대에 제작된 세계 지도이다. 중국이 지도의 한가운데에 위치해 있으며 조선 등 주변국은 중국을 둘러싸고 있다. 이를 통해 그 당시 중국이 세상의 중심이라는 세계관이 우리나라에 널리 반영되어 있었음을 알 수 있다.

① 다문화주의 ② 문화 사대주의
③ 문화 상대주의 ④ 문화 편향주의
⑤ 자문화 중심주의

20 다문화 현상이 우리 사회에 미친 영향으로 가장 적절한 것은?

① 국내에 거주하는 외국인이 감소하게 된다.
② 우리 사회의 문화가 다양해지고 풍요로워진다.
③ 서로 다른 문화에 대한 차별로 인해 갈등이 줄어든다.
④ 자문화 중심주의적인 문화 이해 태도가 더욱 강조된다.
⑤ 다른 문화와의 상호 작용으로 우리 고유문화가 사라지게 된다.

21 문화 상대주의가 나타난 사례로 옳은 것은?

① 중국의 전족 풍습을 그 사회의 입장에서 이해한다.
② 손으로 음식을 먹는 사람들을 미개하다고 평가한다.
③ 우리말 대신 영어를 사용하는 것을 세련되게 여긴다.
④ 클래식 음악은 세련된 것으로, 국악은 촌스러운 것으로 여긴다.
⑤ 돼지고기를 먹지 않는 이슬람교도의 음식 문화를 그 사회의 맥락에서 이해한다.

22 자료에 나타난 문화 이해 태도를 쓰고, 그렇게 판단한 근거를 서술하시오.

23 (가), (나)에 관한 설명으로 옳은 것을 보기 에서 고른 것은?

> (가) 체험 학습 장소를 정하기 위한 학급 회의
> (나) 기후 위기 대응 법률을 제정하는 국회 본회의

> 보기
> ㄱ. (가)와 달리 (나)는 정치에 해당하지 않는다.
> ㄴ. (나)와 달리 (가)는 정치권력을 행사하는 활동이다.
> ㄷ. (가), (나)를 통해 구성원의 이해관계를 조정하여 공동체의 문제를 해결할 수 있다.
> ㄹ. (가), (나)에서 정당한 의사 결정이 이루어지면 구성원들은 그 결정을 따르게 된다.

① ㄱ, ㄴ ② ㄱ, ㄹ ③ ㄴ, ㄷ
④ ㄴ, ㄹ ⑤ ㄷ, ㄹ

24 다음 사례에 나타난 정치의 역할로 가장 적절한 것은?

> 나은이네 학급은 체육 행사에서 입을 단체복에 대한 다양한 의견으로 갈등이 있었지만, 학급 회의를 거쳐 합의를 이끌어 냈다. 덕분에 체육 행사를 즐겁게 마칠 수 있었다.

① 집단 간의 의견 차이를 극대화시킨다.
② 전체의 이익을 위해 개인의 권리를 침해한다.
③ 회의를 이끄는 권력자의 뜻대로 문제를 해결한다.
④ 구성원의 의견을 무시하여 사회 혼란을 일으킨다.
⑤ 사회 구성원 간의 대립과 갈등을 조정하여 사회 통합을 이룬다.

25 민주주의에 관한 설명으로 옳은 것을 보기 에서 고른 것은?

> 보기
> ㄱ. 개인의 자유와 권리를 침해한다.
> ㄴ. 최고 권력인 주권이 국민에게 있다.
> ㄷ. 한 사람이 권력을 독점할 수 있도록 한다.
> ㄹ. 오늘날에는 생활 양식으로 자리 잡게 되었다.

① ㄱ, ㄴ ② ㄱ, ㄷ ③ ㄴ, ㄷ
④ ㄴ, ㄹ ⑤ ㄷ, ㄹ

26 다음 글을 통해 알 수 있는 고대 아테네 민주주의의 특징을 보기 에서 고른 것은?

> 고대 그리스 아테네에서는 시민권을 가진 성인 남자들이 국가의 중요한 정책들을 직접 결정하였다.

> 보기
> ㄱ. 직접 민주주의 ㄴ. 간접 민주주의
> ㄷ. 대의 민주주의 ㄹ. 정치 참여 제한

① ㄱ, ㄴ ② ㄱ, ㄹ ③ ㄴ, ㄷ
④ ㄴ, ㄹ ⑤ ㄷ, ㄹ

27 다음 사건들을 통해 등장한 민주주의의 특징으로 옳은 것은?

> • 영국 명예혁명 • 미국 독립 혁명 • 프랑스 혁명

① 전자 민주주의가 확대되었다.
② 의회를 중심으로 한 정치가 이루어졌다.
③ 왕과 귀족이 절대적인 권력을 갖게 되었다.
④ 국가의 정책들을 민회에서 직접 결정하였다.
⑤ 직접 민주 정치 요소를 부분적으로 도입하였다.

28 빈칸 ㉠에 들어갈 개념으로 옳은 것은?

> 근대 시민 혁명 이후에도 여전히 정치에 참여할 수 없었던 노동자, 여성, 흑인 등을 중심으로 참정권 확대 운동이 일어났다. 그 결과 20세기 중반 이후 대부분의 민주 국가에서 (㉠)가 확립되었다.

① 간접 민주주의
② 직접 민주주의
③ 전자 민주주의
④ 보통 선거 제도
⑤ 권력 분립의 원리

29 A~C에 관한 설명으로 옳은 것을 **보기** 에서 고른 것은? (단, A~C는 각각 고대 아테네 민주주의, 근대 민주주의, 현대 민주주의 중 하나이다.)

> 직접 민주주의가 발달한 한 A와 달리 B와 C는 국가의 의사 결정을 대표에게 맡기는 형태를 취하였다. 한편 B는 재산이 있는 성인 남성만이 선거에 참여할 수 있었다.

보기

ㄱ. A는 민주주의의 시작이라는 데 의의가 있다.
ㄴ. A에서는 B와 달리 여성도 정치에 참여할 수 있었다.
ㄷ. A와 B는 정치 참여에 제한이 있었다는 한계가 있다.
ㄹ. C는 A와 달리 시민들이 추첨을 통해 공직을 맡았다.

① ㄱ, ㄴ　　② ㄱ, ㄷ　　③ ㄴ, ㄷ
④ ㄴ, ㄹ　　⑤ ㄷ, ㄹ

30 민주주의의 이념 (가)~(다)에 관한 설명으로 옳은 것을 **보기** 에서 고른 것은?

> (가) 외부의 간섭을 받지 않고 자기 뜻대로 결정하고 행동하는 것
> (나) 성별, 종교 등에 따라 차별받지 않고 동등하게 대우받는 것
> (다) 모든 인간은 인간이라는 그 자체로 존중받을 가치와 권리가 있다는 것

보기

ㄱ. (가)는 민주주의의 근본이념이다.
ㄴ. 오늘날에는 (가)와 관련하여 정부 정책 결정에 참여할 자유도 중시된다.
ㄷ. 현대에는 (나)를 실현하기 위해 개인의 선천적·후천적 차이를 고려하지 않는다.
ㄹ. (다)를 실현하기 위해서는 (가)와 (나)가 보장되어야 한다.

① ㄱ, ㄴ　　② ㄱ, ㄷ　　③ ㄴ, ㄷ
④ ㄴ, ㄹ　　⑤ ㄷ, ㄹ

31 현대 민주주의에 관한 설명으로 옳지 <u>않은</u> 것은?

① 대의 민주주의를 실시하고 있다.
② 직접 민주주의 요소를 부분적으로 도입하고 있다.
③ 대표자의 결정이 시민의 의사와 일치하지 않을 수 있다.
④ 선거 외에 시민의 의사를 직접 표현할 수 있는 통로가 많지 않다는 한계가 있다.
⑤ 정치에 대한 시민의 과도한 참여로 정책 결정의 신속성이 떨어진다는 문제가 있다.

32 자료에 관한 설명으로 옳은 것은? (단, ㉠과 ㉡은 각각 국민 투표와 주민 소환 중 하나이다.)

㉠	국가의 중요한 사항을 국민이 직접 투표로 결정하는 제도
㉡	(가)

① ㉠은 주민 소환이다.
② ㉡은 간접 민주주의 요소이다.
③ ㉠과 ㉡은 정치적 무관심 문제를 확대할 수 있다.
④ ㉠과 ㉡은 시민의 의사를 직접 반영하기 위한 제도적 방안이다.
⑤ (가)에는 '필요한 조례를 주민이 제안할 수 있는 제도'가 들어갈 수 있다.

33 근대 민주주의와 현대 민주주의의 공통점과 차이점을 서술하시오.

01 빈칸 ㉠에 해당하는 정치 참여 방법으로 옳은 것은?

① 선거   ② 공청회   ③ 국민 투표
④ 주민 청원   ⑤ 정당 가입

02 선거에 관한 설명으로 옳은 것을 보기 에서 고른 것은?

> **보기**
> ㄱ. 대표자를 정치적으로 통제할 수 있다.
> ㄴ. 유권자는 선거 운동에 참여할 수 없다.
> ㄷ. 국가의 중요한 사항을 국민들이 직접 결정한다.
> ㄹ. 시민의 의견을 대신하여 실천할 대표자를 선출한다.

① ㄱ, ㄴ   ② ㄱ, ㄹ   ③ ㄴ, ㄷ
④ ㄴ, ㄹ   ⑤ ㄷ, ㄹ

03 다음은 학생 자치회의 회의 모습이다. 갑, 을이 위반한 민주 선거의 원칙을 바르게 연결한 것은?

	갑	을
①	평등 선거	보통 선거
②	평등 선거	비밀 선거
③	보통 선거	평등 선거
④	보통 선거	비밀 선거
⑤	보통 선거	직접 선거

04 다음 글과 관련한 민주 선거의 원칙으로 옳은 것은?

> 사우디아라비아에서는 여성의 선거권이 2015년 12월에서야 처음으로 부여되었다. 일정 연령이 되면 누구나 선거권을 갖는 것이 우리에게는 당연하게 여겨지지만 이는 많은 사람들이 노력한 대가이다.

① 보통 선거   ② 평등 선거
③ 직접 선거   ④ 비밀 선거
⑤ 제한 선거

05 사회 공부를 하면서 인터넷 검색을 한 결과이다. 검색어 ㉠으로 옳은 것은?

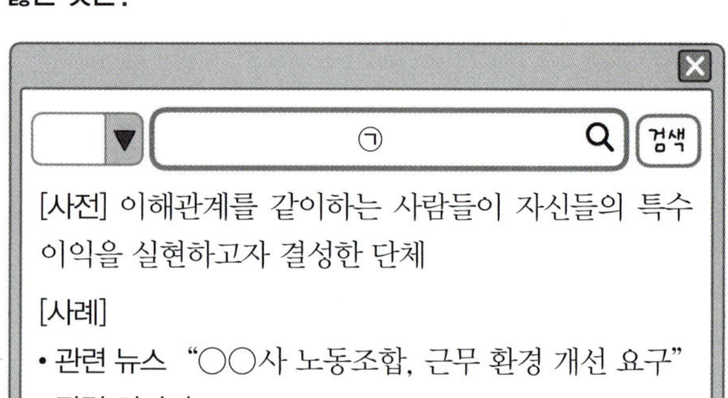

① 언론   ② 국회   ③ 정당
④ 시민 단체   ⑤ 이익 집단

06 정치 주체에 관한 설명으로 옳지 <u>않은</u> 것은?

① 정책 결정과 집행에 영향력을 행사한다.
② 정당은 국가 기관으로서 정책을 결정한다.
③ 언론은 정책에 대한 해설과 비판을 제공한다.
④ 이익 집단은 전문성을 바탕으로 정책 결정에 도움을 준다.
⑤ 시민은 다양한 방법을 통해 정치 과정에 참여하는 기본적인 정체 주체이다.

[07 - 08] 정치 과정의 단계를 보고 물음에 답하시오.

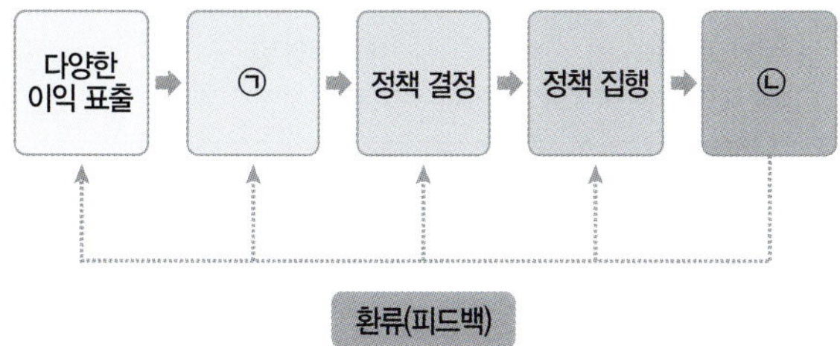

07 ㉠ 단계에 관한 설명으로 옳은 것은?

① 언론, 정당 등을 통해 이루어진다.
② 시민들이 다양한 요구를 여러 방법으로 드러낸다.
③ 국가 기관에 의해 의사 결정이 이루어지는 단계이다.
④ 시민들의 반응을 통해 새로운 요구가 정책에 반영된다.
⑤ 사회적 쟁점이나 문제가 해결되고 통합이 이루어지는 단계이다.

08 ㉡ 단계에 해당하는 사례로 옳은 것은?

① 국회에서 「식품 등의 표시·광고에 관한 법률」을 개정하였다.
② 정부는 내년부터 소비 기한 표시 제도를 실시한다고 발표하였다.
③ 환경 단체에서는 자원 낭비를 최소화하고자 소비 기한 표시제 도입을 주장하였다.
④ ○○ 신문이 실시한 설문 조사에서 소비 기한 표시제 도입에 67.2%가 찬성하였다.
⑤ 소비 기한 표시 제도에 대한 정책 홍보가 부족하다는 지적에 개선 방안이 논의되고 있다.

09 우리나라의 지방 자치 제도에 관한 설명으로 옳은 것은?

① 국가 권력을 중앙 정부에 집중시킨다.
② 지방 의회는 조례 안에서 규칙을 제정한다.
③ 지방 자치 단체장은 해당 지역의 의결 기관이다.
④ 지방 의회는 지역의 예산안을 계획하고 집행한다.
⑤ 지방 의회 의원과 지방 자치 단체장은 지방 선거를 통해 선출된다.

10 빈칸 ㉠에 들어갈 지역 주민의 참여 방법으로 옳은 것은?

① 공청회
② 주민 청원
③ 주민 투표
④ 주민 소환
⑤ 주민 조례 발안

11 (가), (나)에 해당하는 정치 주체를 쓰고, (가)와 (나)의 특징을 두 집단이 추구하는 목적을 중심으로 비교하여 서술하시오.

(가)

(나)

12 다음과 같은 사회 규범에 따라 행동하고 있는 사람은?

> 한 사회에서 오랫동안 지켜져 내려와 그 사회 구성원들이 널리 인정하는 행동 양식이나 풍습을 말한다.

① 신호등을 지켜 거리를 걷는 학생
② 일요일에 예배를 드리는 기독교인
③ 아이가 태어나 출생 신고를 하는 부모
④ 명절날 고향을 방문하여 성묘를 하는 가족
⑤ 버스에서 어르신에게 자리를 양보하는 청년

13 사회 규범 (가), (나)에 관한 설명으로 옳은 것은?

> (가) 인간이 마땅히 지켜야 할 바람직한 행동의 기준이다.
> (나) 사회 구성원의 합의에 따라 국가가 제정한 규범이다.

① (가)는 행위의 결과를 중시한다.
② (나)는 인간 내면의 양심을 규율한다.
③ (가)는 법, (나)는 도덕이다.
④ (가)는 (나)와 달리 내용이 명확하다.
⑤ (나)는 (가)와 달리 강제성을 가진다.

14 다음 내용과 관련한 법의 기능으로 가장 적절한 것은?

> 「주택 임대차 보호법」에서는 전세입자의 안정적인 주거 생활을 위해 임대차 계약 기간을 2년간 보장하고 있다.

① 범죄 행위를 처벌한다.
② 국민의 자유로운 생활을 규제한다.
③ 사회·경제적 약자의 권리를 보호한다.
④ 사회 질서를 어지럽힌 사람을 제재한다.
⑤ 개인과 국가 기관 간의 분쟁을 해결한다.

15 (가), (나)에 관한 설명으로 옳은 것을 **보기** 에서 고른 것은?

> (가) 헌법　　　　　　　　(나) 형법

> **보기**
> ㄱ. (가)는 혼인, 친족 등의 가족 관계를 규정한다.
> ㄴ. (나)는 범죄 사건을 예방 및 해결하고자 한다.
> ㄷ. (가)는 최하위법으로, (나)에 비해 지위가 낮다.
> ㄹ. (가), (나)는 모두 공적인 생활 관계를 규율한다.

① ㄱ, ㄴ　　　② ㄱ, ㄷ　　　③ ㄴ, ㄷ
④ ㄴ, ㄹ　　　⑤ ㄷ, ㄹ

16 다음과 같은 생활 관계를 규율하는 법으로 옳은 것은?

> • 돌아가신 할아버지의 재산을 상속받았다.
> • 집을 장만하여 소유권 이전 등기를 하였다.

① 민법　　　　② 상법　　　　③ 헌법
④ 형법　　　　⑤ 경제법

17 (가), (나) 법에 관한 설명으로 옳은 것을 **보기** 에서 고른 것은?

> **(가)**
> 제1조(목적) 이 법은 생활이 어려운 사람에게 필요한 급여를 실시하여 이들의 최저 생활을 보장하고 자활을 돕는 것을 목적으로 한다.

> **(나)**
> 제1조(목적) 이 법은 헌법에 따라 근로 조건의 기준을 정함으로써 … (중략) … 균형 있는 국민 경제의 발전을 꾀하는 것을 목적으로 한다.

> **보기**
> ㄱ. (가)는 노동법, (나)는 사회 보장법에 속한다.
> ㄴ. (가)는 저소득층, (나)는 노동자의 권리를 보호하기 위한 법이다.
> ㄷ. (가)와 (나)는 현대 복지 국가에서 그 중요성이 강조되고 있다.
> ㄹ. (가)와 (나)는 개인의 자유를 최대한 보장하기 위해 등장하였다.

① ㄱ, ㄴ　　　② ㄱ, ㄷ　　　③ ㄴ, ㄷ
④ ㄴ, ㄹ　　　⑤ ㄷ, ㄹ

18 (가)~(라)를 민사 재판의 순서대로 바르게 나열한 것은?

(가)

(나)

(다)

(라)

① (가) – (라) – (나) – (다)
② (나) – (가) – (라) – (다)
③ (나) – (다) – (라) – (가)
④ (다) – (가) – (나) – (라)
⑤ (다) – (나) – (라) – (가)

19 빈칸 ㉠에 들어갈 내용으로 옳지 <u>않은</u> 것은?

> 검사는 (㉠)에 대해 공소를 제기하였다. 검사는 증거를 제시하고 판사에게 엄중한 형벌을 요구하였다. 이에 대해 변호인의 변론과 피고인의 최후 진술이 이루어졌다.

① 회사 동료를 폭행한 A
② 배우자와의 이혼을 거부한 B
③ 자동차로 사람을 치고 달아난 C
④ 인터넷에 허위 사실을 유포한 D
⑤ 다른 사람의 집에서 금품을 훔친 E

20 빈칸 ㉠, ㉡에 들어갈 말을 바르게 연결한 것은?

구분	청구자	상대방
민사 재판	원고	(㉠)
형사 재판	(㉡)	피고인

	㉠	㉡
①	피고	검사
②	피고	변호인
③	피의자	변호인
④	피의자	검사
⑤	피의자	피고

21 그림에 관한 설명으로 옳은 것은?

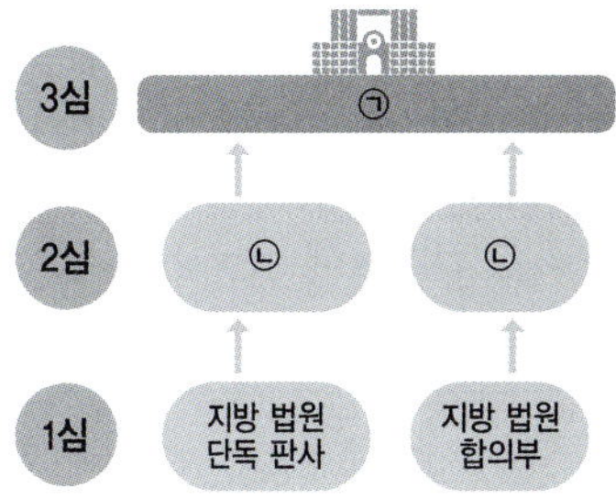

① ㉠은 고등 법원이다.
② 대법원은 ㉡에 해당한다.
③ 민사 재판과 형사 재판에 적용된다.
④ 1심에서 2심으로의 재판 청구를 상고라고 한다.
⑤ 2심에서 3심으로의 재판 청구를 항소라고 한다.

22 그림에 나타난 재판의 원칙을 쓰고, 그 의미를 서술하시오.

23 인권에 관한 설명으로 옳지 <u>않은</u> 것은?

① 모든 사람에게 주어지는 권리이다.
② 인간이 태어나면서 가지는 권리이다.
③ 국가 기관이 함부로 침해할 수 없는 권리이다.
④ 국가가 법으로 보장한 이후에 주어진 권리이다.
⑤ 인간이라면 마땅히 누려야 할 기본적인 권리이다.

24 인권 침해에 관해 옳게 말한 학생 수는?

> 학생 1: 일상에서 여전히 발생하고 있습니다.
> 학생 2: 인종 차별은 인권 침해에 해당하지 않습니다.
> 학생 3: 인권 침해를 방지하기 위해서는 인권 감수성이
> 필요합니다.
> 학생 4: 사회 구성원의 편견이나 국가의 잘못된 법률이
> 원인이 되기도 합니다.

① 0명　　　　② 1명　　　　③ 2명
④ 3명　　　　⑤ 4명

25 인권과 헌법에 관한 설명으로 옳은 것을 보기 에서 고른 것은?

> **보기**
> ㄱ. 인권 중 헌법에 규정하여 보장하는 권리를 주권이라
> 한다.
> ㄴ. 헌법은 국가의 최고법으로, 모든 법과 제도의 기초
> 가 된다.
> ㄷ. 대부분의 민주 국가에서는 헌법을 통해 인권을 보장
> 한다.
> ㄹ. 헌법에 인권을 규정해 둠으로써 인권을 자유롭게 제
> 한할 수 있다.

① ㄱ, ㄴ　　　② ㄱ, ㄷ　　　③ ㄴ, ㄷ
④ ㄴ, ㄹ　　　⑤ ㄷ, ㄹ

[26-27] 자료를 보고 물음에 답하시오.

> (가) 국가의 의사 결정에 참여할 수 있는 권리
> (나) 부당하게 차별받지 않고 동등하게 대우받을 권리
> (다) 국가에 대해 인간다운 생활의 보장을 요구할 수 있는 권리
> (라) 개인의 자유로운 생활에 대해 국가의 간섭을 받지 않을
> 권리
> (마) 기본권 침해 시 국가에 대해 일정한 행위를 요구할 수 있
> 는 권리

26 (가)~(마)에서 설명하는 기본권을 바르게 연결한 것은?

① (가) - 청구권　　　　② (나) - 자유권
③ (다) - 사회권　　　　④ (라) - 참정권
⑤ (마) - 평등권

27 (가)~(마) 중 다음 사례와 관련한 기본권으로 가장 적절한 것은?

> A 씨는 자신의 능력을 펼쳐 국가의 일을 이끌어 나가
> 고자 대통령 선거 후보자로 등록하였다.

① (가)　　　　② (나)　　　　③ (다)
④ (라)　　　　⑤ (마)

28 표는 기본권 A~C를 질문과 답변으로 구분한 것이다. 이에 관한 설명으로 옳은 것을 보기 에서 고른 것은? (단, A~C는 각각 자유권, 사회권, 청구권 중 하나이다.)

질문	A	B	C
다른 기본권을 보장하기 위한 수단적 성격의 기본권인가?	○	×	×
(가)	×	○	×

(＊질문에 대한 옳은 답변은 ○, 틀린 답변은 ×로 표시함)

> **보기**
> ㄱ. A는 자유권이다.
> ㄴ. B는 청구권이 아니다.
> ㄷ. C가 사회권이라면 (가)에는 '교육을 받을 권리가 포
> 함되는가?'가 들어갈 수 있다.
> ㄹ. (가)에 '국가 권력으로부터 간섭을 받지 않을 권리인
> 가?'가 들어가면, B는 자유권이다.

① ㄱ, ㄴ　　　② ㄱ, ㄷ　　　③ ㄴ, ㄷ
④ ㄴ, ㄹ　　　⑤ ㄷ, ㄹ

29 밑줄 친 ㉠에 관한 설명으로 옳은 것을 【보기】에서 고른 것은?

> 「군사 기지 및 군사 시설 보호법」에 따라 군사 시설 보호 구역에서는 ㉠개인의 출입이나 촬영 등이 일부 제한된다.

【보기】
ㄱ. 개인의 참정권이 제한된다.
ㄴ. 국가 안전 보장을 위한 것이다.
ㄷ. 군대 장교의 명령에 근거하여 제한된다.
ㄹ. 제한하더라도 권리의 본질적인 내용을 침해해서는 안 된다.

① ㄱ, ㄴ ② ㄱ, ㄷ ③ ㄴ, ㄷ
④ ㄴ, ㄹ ⑤ ㄷ, ㄹ

30 빈칸 ㉠에 들어갈 국가 기관으로 옳은 것은?

> ○○ 고등학교는 3학년 학생들을 대상으로 매일 점심시간이 끝나기 10분 전에 영어 듣기 학습을 의무적으로 실시하였다. 학생들은 휴식권을 침해받고 있다며 (㉠)에 진정을 신청하였다. (㉠)은/는 이와 같은 학습이 학생들의 휴식권 침해라고 판단하여 중지할 것을 학교에 권고하였다.

① 법원 ② 헌법재판소
③ 한국 소비자원 ④ 국가 인권 위원회
⑤ 언론 중재 위원회

31 밑줄 친 ㉠~㉢에 관한 설명으로 옳은 것을 【보기】에서 고른 것은?

> ○○ 회사 ㉠노동조합은 ㉡임금 인상과 근무 환경 개선을 위해 사용자와 협상하였다. 하지만 협의 과정에서 임금에 대한 의견이 좁혀지지 않아 ○○ 회사 노동조합은 협상 결렬을 선언하고 향후 ㉢파업 절차에 돌입하겠다고 밝혔다.

【보기】
ㄱ. ㉠을 조직할 수 있는 권리는 단결권이다.
ㄴ. ㉡을 통해 최저 임금보다 높은 수준의 임금은 요구할 수 없다.
ㄷ. ㉢과 관련된 권리는 단체 교섭권이다.
ㄹ. 정당한 ㉢의 참여를 이유로 불이익을 주는 것은 부당 노동 행위에 해당한다.

① ㄱ, ㄴ ② ㄱ, ㄹ ③ ㄴ, ㄷ
④ ㄴ, ㄹ ⑤ ㄷ, ㄹ

32 부당 해고에 관한 설명으로 옳지 <u>않은</u> 것은?
① 정당한 이유 없이 해고하는 것이다.
② 사용자가 근로자의 노동 3권을 침해하는 행위이다.
③ 임신을 이유로 해고한 것은 부당 해고의 사례이다.
④ 노동 위원회에 구제 신청을 하여 구제받을 수 있다.
⑤ 법원에 해고 무효 확인 소송을 제기하여 구제받을 수 있다.

33 우리 헌법에서 노동 3권을 보장하고 있는 이유를 서술하시오.

____

____

메모

메모

올쏘

중학 **사회** ① -2

시험 대비 문제책

중학 **사회** ① -2

정답 및 해설

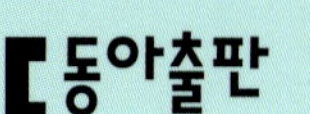

정답 및 해설

중학 사회 ①-2

개념 학습 정리책 · 02

시험 대비 문제책 · 32

개념 학습 정리책

7 인간과 사회생활

01 사회화와 자아 정체성

01 사회화는 인간이 한 사회의 구성원으로서 사회생활에 필요한 것을 학습하면서 사회적 존재로 성장해 나가는 과정이다. 이를 통해 개인은 자아와 개성을 형성한다. 또한 사회화는 사회의 규범과 가치를 다음 세대로 전달함으로써 사회를 유지하는 기능을 한다. 사회화는 특정 시기에만 한정되지 않고 평생에 걸쳐 이루어진다.

02 목이 말라서 물을 마시고 배가 고프면 먹을 것을 찾는 행동은 본능에 의한 것이다. (가)는 사회화에 관한 설명으로, 그 사회의 문화를 후천적으로 습득한 행동만이 사회화된 행동이다.

03 생물학적 존재로 태어나 본능에 따라 행동하는 인간은 사회 구성원과의 지속적인 상호 작용을 통해 인간다운 인간으로 성장한다.

04 (가)에 들어갈 개념은 사회화이다. 목이 마르면 물을 찾는 것은 본능이지만, 컵에 물을 따라서 마시는 행동은 사회화된 행동이다.

> **왜 틀렸지?** ①, ④는 생리적인 현상, ②, ⑤는 본능에 따른 행동이다.

04-1 인간은 다른 사람과의 상호 작용을 통해 자신이 속한 사회의 생활 양식을 학습하면서 사회적 존재로 성장한다.

> **왜 틀렸지?** ㄱ. 인간의 모든 행동이 사회화의 결과는 아니다. ㄷ. 각 사회마다 사회화의 내용과 형식은 다르다.

05 신문, 텔레비전, 인터넷 등과 같이 다수의 사람에게 정보를 동시에 제공하는 대중 매체는 현대 사회에서 전 연령대의 사회화에 큰 영향을 끼치고 있다.

알려 줄게! 사회화 기관

가정	• 가장 기초적인 사회화 기관 • 가족을 통해 예절, 언어, 기본적인 생활 습관 등을 배움
또래 집단	놀이를 통해 공동체 생활에 필요한 규칙과 질서를 배움
학교	사회생활에 필요한 지식과 규범 등을 체계적으로 배움
직장	업무 수행을 위한 지식과 행동 양식 등을 배움
대중 매체	다양한 지식과 정보를 제공

06 인간의 사회화는 여러 사회화 기관을 통해 평생에 걸쳐 이루어진다. 유아기에는 주로 가정에서 기초 생활 습관을 습득하고, 아동기에는 또래 집단을 통해 규칙을 배우며, 청소년기에는 학교에서 전문적 지식과 규범을 습득한다.

알려 줄게! 사회화 과정

유아기	가정에서 기본적인 생활 습관과 언어 등을 학습
아동기	또래 집단과의 놀이를 통해 규칙이나 공동체 의식 습득
청소년기	학교에서 사회생활에 필요한 지식과 규범 습득
성인기	직장에서 업무에 필요한 지식과 정보 습득
노년기	빠르게 변화하는 사회에 적응하기 위해 새로운 지식과 기술 등을 익힘

07 현대 사회에서는 대중 매체를 통해 생활에 필요한 다양한 정보와 지식을 제공받는다.

> **왜 틀렸지?** ①은 가정, ②는 또래 집단, ③은 직장, ④는 학교에 대한 설명이다.

08 청소년기에는 학교에서 사회생활에 필요한 지식, 기술, 규범, 가치 등을 체계적으로 배운다.

09 변화된 환경에 적응하기 위해 새로운 지식, 기술, 가치 등을 배우는 재사회화에 대한 설명이다. ② 온라인 동영상으로 악기 연주를 익히는 것은 현대 사회에서 영향력이 커진 인터넷 등의 대중 매체를 통한 일반적인 사회화의 사례이다.

10 노인들이 정보 사회로의 변화에 맞추어 디지털 매체 활용법을 배우는 것을 재사회화의 사례이다. 재사회화란 개인이 속한 집단이 바뀌거나 사회가 변하면서 새로운 지식, 기술, 가치, 생활 양식 등을 습득하는 것을 말한다.

10-1 현대 사회는 변화 속도가 빠르기 때문에 이에 적용하기 위한 재사회화의 필요성이 더욱 커지고 있다.

11 자아 정체성이란 자신의 고유성을 깨닫고 자신이 누구인가를 명확하게 이해하는 것이다.

12 자아 정체성은 자아를 찾으려는 자신의 노력과 타인과의 상호 작용 속에서 형성된다. 청소년기는 사회화 과정에서 자아 정체성이 형성되는 중요한 시기이다.

> **왜 틀렸지?** ㄱ. 자아 정체성은 가족, 또래 집단, 학교, 대중 매체 등 다양한 사회화 기관에서의 상호 작용을 통해 형성된다. ㄴ. 자아 정체성은 성인이 되어서도 변할 수 있다.

13 자아 정체성은 자신에 대한 진지한 고민과 다른 사람과의 상호 작용을 통해 형성된다. 다른 사람이 바라보는 나의 모습과 내가 보는 나의 모습이 적절히 조화를 이루어야 바람직한 자아 정체성을 형성할 수 있다.

STEP 3 주관식·서술형
015쪽

01 **예시 답안** ㉠: 자신이 속한 사회에 적응하고, 자신만의 고유한 자아 정체성을 형성한다. ㉡: 자신이 속한 사회의 문화를 다음 세대에 전달하여 사회를 유지하고 발전시킨다.

채점 기준	
상	사회화의 기능을 개인적 측면과 사회적 측면에서 모두 서술한 경우
하	사회화의 기능을 개인적 또는 사회적 측면 중 한 가지만 서술한 경우

02 **예시 답안** 인간은 다른 사람들과 상호 작용하면서 사회화 과정을 거쳐야 인간답게 성장할 수 있는 사회적 존재이다.

채점 기준	
상	인간이 사회화를 통해 인간답게 생활할 수 있다는 내용을 정확하게 서술한 경우
중	사회화와 관련된 내용을 일부 포함하여 서술한 경우
하	사회화와 관련된 내용을 포함하지 않고 서술한 경우

03 가정

04 자아 정체성

05 **예시 답안** 재사회화, 현대 사회는 사회가 급격하게 변하기 때문에 이에 적응하기 위해 새로운 지식과 생활 양식을 습득해야 한다.

채점 기준	
상	재사회화 개념을 쓰고, 급격한 사회 변동에 적응하기 위한 내용을 정확하게 서술한 경우
중	재사회화 개념을 쓰고, 재사회화가 필요한 이유를 일부 서술한 경우
하	재사회화는 썼으나, 필요한 이유에 대한 서술이 미흡한 경우

02 사회적 지위와 역할
~03 우리 사회의 갈등과 차별

STEP 1 개념 확인
018쪽

01 (1) × (2) ○ (3) × (4) ○　**02** (1) 사회적 지위 (2) 성취 지위 (3) 역할 갈등 (4) 우선순위 (5) 차별　**03** (1) 귀속 지위 (2) 제재 (3) 갈등　**04** ㄴ, ㄷ

STEP 2 대표 문제
018~020쪽

01 ④　**02** ③　**03** ①　**04** ⑤　**05** ①　**06** ⑤　**07** ④　**08** ②　**09** ②　**09-1** ③　**10** ②　**11** ⑤　**12** ②　**13** ③　**14** ⑤　**15** ②

01 사회에서 개인이 차지하고 있는 위치를 사회적 지위라고 한다.

02 '동생'은 개인의 의지나 노력과 관계없이 태어나면서부터 주어지는 귀속 지위이고, '아빠'와 '친구'는 개인의 의지나 노력에 따라 후천적으로 얻게 되는 성취 지위이다.

알려 줄게! 귀속 지위와 성취 지위

구분	귀속 지위	성취 지위
의미	개인의 의지나 노력과 상관없이 자연적으로 가지게 되는 지위	개인의 노력을 통해 후천적으로 얻게 되는 지위
특징	전통 사회에서 중시	현대 사회에서 중시
예	남자, 여자, 아들, 딸 등	교사, 의사, 어머니, 아버지 등

03 '학생'과 '야구부원'은 개인의 의지와 노력으로 얻는 성취 지위이다. '아들'과 '형'은 개인의 의지와 상관없이 자연적으로 가지게 되는 귀속 지위이다.

04 지위에 따른 역할을 잘 수행하는 경우에는 사회로부터 칭찬이나 보상을 받을 수 있지만, 역할을 제대로 수행하지 않을 때에는 비난이나 제재를 받기도 한다.

> **왜 틀렸지?** ① 사람들은 여러 지위에 따른 다양한 역할을 수행한다. ② 현대 사회가 복잡해지고 다양한 사회적 관계가 형성되면서 사람들은 많은 지위를 가지게 되었고, 그만큼 많은 역할 갈등을 겪고 있다. ③ 현대 사회에서는 성취 지위의 중요성이 커지고 있다. ④ 역할이 같더라도 역할을 수행하는 방식은 개인마다 다를 수 있다.

05 막내는 태어날 때부터 자연스럽게 주어지는 귀속 지위이다.

> **왜 틀렸지?** ② 엄마, ③ 중학생, ④ 회사원, ⑤ 인기 유튜버는 성취 지위에 해당한다.

06 ㉠은 귀속 지위, ㉡, ㉢은 성취 지위로, ㉠~㉢은 모두 개인이 갖는 사회적 지위이다.

> **왜 틀렸지?** ① ㉠은 귀속 지위, ㉡, ㉢은 성취 지위이다. ② 현대 사회에서 중요성이 줄어들고 있는 것은 귀속 지위이다. ③ 자신의 의지와 관계없이 얻게 되는 지위는 귀속 지위이다. ④ 노력을 통해 후천적으로 얻게 되는 지위는 성취 지위이다.

07 역할은 개인이 갖는 사회적 지위에 따라 사회에서 기대하는 일정한 행동 양식이다. 역할 행동은 개인이 실제로 역할을 수행하는 방식이다. 역할 행동은 개인마다 다르게 나타난다. 지위에 따른 역할을 충실하게 수행하면 보상이 따르지만, 제대로 수행하지 못하면 사회적 비난과 제재가 따른다.

08 (가)는 사회적 지위, (나)는 역할이다.

> **왜 틀렸지?** ㄴ. 주로 혈통이나 신분에 따라 사회적 지위가 결정되는 것은 전통 사회이다. ㄹ. 역할을 충실하게 수행하면 칭찬과 같은 보상을 받는다.

09 한 사람이 가진 여러 개의 역할이 서로 충돌하는 역할 갈등의 상황이다.

> **알려 줄게! 역할 갈등**
>
> | 의미 | 한 사람이 가진 여러 지위에 따른 역할이 서로 충돌하여 갈등이 발생하는 상태 |
> | --- | --- |
> | 문제점 | • 개인적 차원: 심리적 불안감, 사회적 관계 및 경제적 측면에서의 불안정성 경험
• 사회적 차원: 사회적 혼란, 사회 문제 발생 |
> | 대응 방안 | • 개인적 차원: 우선순위를 정하여 순서대로 수행, 여러 역할 중 하나를 선택
• 사회적 차원: 적절한 제도 도입 및 법률 제정 |

09-1 역할 갈등은 한 개인이 가진 여러 지위에 따른 역할들이 동시에 요구되면서 발생한다.

10 역할 갈등을 해결하지 못하면 개인은 불안을 겪고 사회는 불안정해질 수 있다. 역할 갈등을 해결하려면 개인은 역할의 우선순위를 정해야 한다. 만약 구성원들이 비슷한 역할 갈등을 겪는다면 사회적 차원의 제도를 마련해야 한다.

11 역할 갈등의 상황에서 개인은 합리적인 분석을 통해 갈등의 원인을 파악한 후, 더 중요한 역할이 무엇인지 우선순위를 정해야 한다.

12 사회적 갈등은 개인이나 서로 다른 집단 사이에 이해관계나 처지가 달라 서로 부딪히며 충돌하는 현상이다. 갈등은 자연스러운 현상이지만 적절하게 대처하지 않으면 사회 안정과 발전에 어려움이 발생할 수 있다.

> **왜 틀렸지?** ㄴ, ㄷ은 차별에 관한 설명이다.

13 차별은 인간의 존엄성을 침해하며, 사회 갈등과 대립을 심화시켜 사회 통합과 발전을 어렵게 한다.

> **알려 줄게! 차별**
>
> | 의미 | 차이를 이유로 특정 집단이나 개인을 부당하게 대우하는 것 |
> | --- | --- |
> | 유형 | 성차별, 장애인 차별, 학력 차별, 나이 차별 등 |
> | 원인 | 다른 사람에 대한 편견과 고정 관념 때문 |
> | 문제점 | 인간 존엄성 훼손, 인권 침해, 사회 통합과 발전 저해 |

14 장애로 인한 차별의 사례이다. 차별은 인간의 존엄성을 해치는 것으로 해결되어야 할 사회 문제이다.

15 ㉠은 임금 인상을 둘러싼 노사 갈등, ㉡은 임금 지급과 관련된 부당한 차별의 사례이다.

STEP 3 주관식·서술형   021쪽

01 (중)학생, 펜싱 선수

02 **예시 답안** (가)는 귀속 지위로, 개인의 노력과 상관없이 태어나면서부터 자연적으로 가지게 되는 지위이다. (나)는 성취 지위이며 개인의 노력이나 능력을 통해 후천적으로 얻게 되는 지위이다.

채점 기준	
상	사회적 지위의 유형을 쓰고, 의미를 정확하게 서술한 경우
중	사회적 지위의 유형을 쓰고, 의미를 한 가지만 맞게 서술한 경우
하	사회적 지위의 유형만 쓴 경우

03 ㉠ 갈등, ㉡ 차별

04 (1) 역할 갈등

(2) **예시 답안** 댄스 동아리 회장으로서 연습에 참여해야 하는 역할과 동생으로서 언니의 생일을 축하하는 자리에 참석해야 할 역할이 서로 충돌하기 때문에 역할 갈등이 발생하였다.

채점 기준	
상	두 가지 사회적 지위와 그에 따른 역할을 포함하여 역할 간의 충돌 상황을 서술한 경우
중	두 가지 사회적 지위와 그에 따른 역할을 서술하였으나 역할 간의 충돌 상황을 미흡하게 서술한 경우
하	두 가지 사회적 지위만 맞게 서술한 경우 또는 역할 간 충돌 상황만 표현한 경우

05 [예시 답안] 차별을 해결하기 위해 개인적 측면에서는 차이를 인정하고 다양성을 존중하는 태도를 지녀야 한다. 사회적 측면에서는 사회적 약자를 보호하고 실질적 평등을 실현할 수 있도록 법과 제도를 마련해야 한다.

채점 기준	
상	차별의 해결 방안을 개인적 측면과 사회적 측면 모두 정확하게 서술한 경우
중	두 가지 측면을 모두 서술하였으나 옳지 않은 내용이 일부 포함되어 있는 경우
하	한 가지 측면만 서술한 경우

대단원 **한눈에** 정리하기   022~023쪽

❶ 자아 **❷** 또래 집단 **❸** 대중 매체 **❹** 재사회화 **❺** 자아 정체성 **❻** 귀속 지위 **❼** 성취 지위 **❽** 우선순위 **❾** 갈등 **❿** 차별

대단원 **실전** 문제   024~027쪽

01 ①	02 ⑤	03 ⑤	04 ⑤	05 ④	06 ②	07 ②
08 ②	09 ②	10 ②	11 ④	12 ⑤	13 ②	14 ①
15 ⑤	16 ①	17 ⑤	18 ②	19 ⑤	20 ③	21 ②
22 해설 참조		23 역할 갈등		24 해설 참조		

01 사회화에 대한 설명이다. 인간은 사회화를 통해 인간다운 인간으로 성장할 수 있다.

02 인사를 하고, 줄을 서고, 손가락으로 하트라는 상징을 만들어 사용하는 행동들은 모두 사회화의 결과이다.

[왜 틀렸지?] ㉢, ㉤은 인간에게서 자연스럽게 일어나는 생리적인 현상이다.

[알려 줄게!] **사회화**

인간이라면 배고픔, 반가움 등의 본능적인 욕구와 감정을 갖는다. 그러나 이를 표현하는 방식은 자신이 속한 사회에서 익힌 관습과 규범 등을 따른다. 이와 같이 한 사회의 구성원으로서 사회생활에 필요한 것을 학습하면서 사회적 존재로 성장해 나가는 것을 사회화라고 한다.

03 인간은 태어나면서부터 죽을 때까지 다른 사람과 관계를 맺으며 자신이 속한 사회에서 성장한다.

04 사회적 측면에서 사회화는 사회 구성원들이 그 사회의 문화를 익히고 공유하여 다음 세대에 문화를 전달함으로써 사회를 안정적으로 유지하고 발전하는 데 기여한다.

[왜 틀렸지?] ㄱ, ㄴ. 사회화를 통해 개인은 자신이 속한 사회에 적응하고, 자신만의 독특한 개성과 자아 정체성을 형성한다.

05 사회마다 사회화의 구체적인 내용과 방식은 다르다. 한 사회 안에서도 모두가 똑같은 생활 방식을 갖게 되는 것은 아니다.

[알려 줄게!] **사회화의 기능**

개인적 측면	• 개인의 고유한 자아와 개성 형성 • 사회적 구성원으로 성장
사회적 측면	• 사회의 규범과 가치를 다음 세대로 전달 • 사회를 유지하고 발전시킴

06 가정은 가장 기초적인 사회화 기관으로, 기초 생활 습관과 언어 학습을 담당한다.

[왜 틀렸지?] ㄴ. 인간이 태어나 처음으로 접하는 사회화 기관은 가정이다. ㄹ. 빠르게 변화하는 사회에 필요한 지식과 정보를 제공하는 사회화 기관은 대중 매체이다.

07 대중 매체는 신문, 텔레비전, 인터넷 등으로, 정보와 지식을 제공하는 사회화 기관이며 현대 사회에서 큰 영향력을 행사한다.

[왜 틀렸지?] ㄴ. 놀이를 통해 집단생활의 규칙과 질서를 습득하는 사회화 기관은 또래 집단이다. ㄷ. 인간이 태어나서 처음으로 접하는 사회화 기관은 가정이다.

08 재사회화는 소속된 집단이 바뀌거나 사회가 변화하는 경우에 새로운 지식이나 행동 양식을 익히는 것이다. 직장이 바뀌면서 새로운 기술과 지식을 익히는 것, 정보 사회로의 변화에 따라 새로운 정보 통신 기술을 배우는 것, 군대에 입대하여 새롭게 소속된 집단에서 적응하기 위해 신병 교육을 받는 것 등은 재사회화의 사례이다. ② 유치원생이 언어를 익히는 것은 사회화의 사례이다.

09 개인이 소속된 집단이 바뀌거나 사회가 빠르게 변화하면 재사회화가 요구된다.

[왜 틀렸지?] ① 사회화란 인간이 한 사회의 구성원으로서 사회생활에 필요한 것을 학습하면서 사회적 존재로 성장해 나가는 과정이다. ③ 역할 갈등은 한 사람이 가진 여러 지위에 따른 역할이 서로 충돌하여 갈등이 발생하는 상태를 말한다. ④ 자아 정체성은 다른 사람과 구별되는 자신의 고유성을 이해하고 자신이 누구인지를 명확하게 알고 있는 것을 말한다. ⑤ 사회화 기관이란 사회 구성원의 사회화를 담당하는 집단이나 기관으로, 가정, 또래 집단, 학교 등이 있다.

10 자아 정체성은 다른 사람들과 구별되는 자신의 고유성을 이해하고 자신이 누구인지를 명확하게 알고 있는 것은 말한다. 자아 정체성은 사회화 과정에서 형성되는데, 사회화는 평생에 걸쳐 진행되기 때문에 자아 정체성은 성인이 되어서도 변화할 수 있다.

11 바람직한 자아 정체성을 형성하려면 내가 생각하는 나와, 타인이 바라보는 나의 모습이 적절히 조화를 이루어야 한다. 자신의 고유한 특성을 성찰하기 위해 다양한 사회화 기관의 도움을 받을 수도 있다.

> **왜 틀렸지?** ㄱ. 자신이 원하는 미래의 모습은 무엇인지 충분히 고민하고 탐색해야 한다. ㄷ. 타인의 평가를 그대로 받아들이는 것은 자아 정체성 형성을 위한 노력으로 바람직하지 않다.

> **알려 줄게!** **바람직한 자아 정체성 형성을 위한 노력**
>
> 진정한 자아 정체성을 형성하려면 자신의 고유한 특성에 대해 성찰하는 것이 중요하다. 이를 위해 다양한 사회화 기관의 도움을 받으면서 자신의 내면적 갈등을 해결하고, 자신을 긍정적으로 바라보고 존중할 수 있어야 한다. 또한 미래에 어떤 삶을 살고 싶은지에 대한 깊이 있는 고민도 필요하다.

12 역할 행동은 개인에 따라 다르게 나타날 수 있다.

> **왜 틀렸지?** ① 전통 사회에서는 귀속 지위가 중요했지만 현대 사회에서는 성취 지위의 중요성이 더 커지고 있다. ② 하나의 지위에 여러 가지 역할이 요구되기도 한다. ③ 현대 사회에서는 사회가 복잡해짐에 따라 사람들이 가지는 지위가 더 많아져 그만큼 개인이 경험하는 역할 갈등도 증가하고 있다. ④ 지위에 따라 기대되는 역할은 시대나 사회에 따라 변하기도 한다.

13 사회적 지위에는 귀속 지위와 성취 지위가 있다. 귀속 지위는 개인의 의지나 노력과 상관없이 태어나면서부터 자연적으로 가지게 되는 지위이다. 노인은 귀속 지위에 해당한다. 성취 지위는 개인의 노력이나 능력, 선택을 통해 후천적으로 얻게 되는 지위이다. 남편, 의사, 아버지, 축구 선수는 성취 지위에 해당한다.

14 형, 아들은 귀속 지위이고 남편, 아버지는 성취 지위이다. 귀속 지위는 신분제가 있던 전통 사회에서 중시하던 지위이고, 성취 지위는 현대 사회에서 중요성이 더 커지고 있다.

15 학생이라는 지위에 기대되는 행동을 성실하게 수행하지 않아서 꾸지람을 듣는 것처럼 역할을 제대로 수행하지 않으면 사회적 제재를 받게 된다. 반면에 지위에 따른 역할을 잘 수행하는 경우에는 사회로부터 칭찬이나 보상을 받을 수 있다.

16 역할에 대한 설명이다.

17 역할 갈등 상황은 여러 지위에 따른 역할들이 서로 충돌하기 때문에 발생한다.

18 역할 갈등은 개인이 가진 여러 개의 지위에 따른 역할들이 서로 충돌하여 갈등을 일으키는 것이다. 유진이는 친구라는 지위에 따른 역할과 동아리 부원이라는 지위에 따른 역할이 서로 충돌하는 역할 갈등 상황에 처해 있다.

19 차별은 고정 관념이나 편견으로 인해 상대방을 부당하게 대하는 것을 말한다. 수능을 치를 때 시각 장애인들에게 시간을 더 주는 것은 실질적인 평등을 실현하기 위한 방안이지 차별이 아니다.

> **왜 틀렸지?** ①은 인종 차별, ②는 성차별 또는 임금 차별, ③은 임금 차별 또는 외국인에 대한 차별, ④는 장애인 차별에 해당한다.

20 주어진 사례는 차별을 개선하기 위한 사회적 측면의 노력이다.

> **알려 줄게!** **차별 개선을 위한 노력**
>
> | 개인적 차원 | • 다양성을 존중하는 태도
• 차이를 인정하는 관용의 자세
• 편견과 고정 관념을 버리고 타인의 권리 존중
• 적극적인 시민 참여 |
> |---|---|
> | 사회적 차원 | • 법과 제도 개선
• 사회적 약자 보호, 실질적 평등 실현을 위한 방안 마련 |

21 개인이나 집단이 갖는 고유한 가치나 삶의 모습은 서로 다를 수밖에 없다. 차이를 인정하지 않고 부정적으로 바라보는 것이 문제이다.

22 **예시 답안** (가): 또래 집단 (나): 공식적인 기관에서 사회생활에 필요한 지식, 행동 양식 등을 체계적으로 학습함 (다): 업무에 필요한 지식, 기술, 규칙 등을 습득함

채점 기준	
상	(가)에 해당하는 사회화 기관을 옳게 쓰고 (나)와 (다)를 모두 정확하게 서술한 경우
중	(가)를 옳게 쓰고 (나)와 (다) 중 한 가지만 정확하게 서술한 경우
하	(가)만 옳게 쓴 경우

24 **예시 답안** 귀속 지위는 남자, 아들 등과 같이 개인의 의지나 노력과 상관없이 자연적으로 가지게 되는 지위이다. 이에 반해 성취 지위는 학생, 교사 등과 같이 개인의 노력을 통해 후천적으로 얻게 되는 지위이다.

채점 기준	
상	각각의 사례를 들고 지위 획득 방법의 차이를 정확하게 비교하여 서술한 경우
중	각각을 사례를 포함하여 서술하였으나, 지위 획득 방법의 차이를 서술하지 않은 경우
하	각각의 사례만 쓴 경우

문화의 보편성	• 어느 사회에서나 공통적으로 나타나는 문화 현상 • 인간의 기본적인 욕구, 사고방식이 비슷하기 때문에 나타남
문화의 다양성	• 나라와 지역에 따라 다양하게 나타나는 문화 현상 • 각 사회가 처한 환경과 이에 적응하는 방식이 달라서 나타남

8 다양한 문화의 이해

01 문화의 의미와 특징

STEP 1 개념 확인   032쪽

01 (1) 문화 (2) 보편성 (3) 공유성 (4) 학습성 (5) 변동성 **02** (1) ○ (2) ○ (3) × **03** 전체성 **04** ㉠ 보편성 ㉡ 다양성(특수성)

STEP 2 대표 문제   032~034쪽

01 ① **02** ⑤ **03** ④ **04** ② **05** ① **06** ① **07** ③ **08** ① **09** ④ **10** ② **11** ③ **12** ① **13** ⑤ **13-1** ④ **14** ①

01 인간이 사는 곳이라면 어디나 문화가 존재한다. 하지만 인간의 모든 행위가 문화인 것은 아니다. 인간의 행위 중 개인적인 습관이나 본능에 따른 행동은 문화라고 할 수 없다.

02 문화란 한 사회의 구성원이 만들어 낸 공통의 생활 양식을 말한다. 기술, 법, 제도, 종교, 예술 등과 같이 인간이 만들어 낸 산물이라면 모두 문화라고 할 수 있다.

> **왜 틀렸지?** ㄱ, ㄴ은 생리적 현상이나 본능에 따른 행동이므로 문화에 해당하지 않는다.

알려 줄게! 문화인 것과 문화가 아닌 것

문화인 것	문화가 아닌 것
• 사회 구성원의 공통된 특성 • 인간이 주어진 환경에 적응하면서 형성해 온 생활 양식 • 기술, 법, 종교, 예술 등	• 개인적인 버릇이나 습관 • 인간의 본능과 같은 자연적인 현상 • 생리적 현상이나 본능에 따른 행동

03 문화는 한 사회의 구성원이 만들어 낸 공통의 생활 양식으로, 개인적인 버릇이나 생리적 현상, 자연 현상은 문화에 해당하지 않는다. 공공장소에서 줄을 서는 것, 학교에서 교복을 착용하는 것, 설날에 웃어른께 세배하는 것은 문화에 해당한다.

> **왜 틀렸지?** 졸리면 하품을 하는 것, 여름철에 태풍이 발생하는 것은 문화에 해당하지 않는다.

04 자료에 나타난 문화의 특징은 문화의 보편성이다.

> **왜 틀렸지?** ㄴ은 문화의 다양성, ㄹ은 문화의 변동성에 관한 설명이다.

05 (가)는 어느 사회에서나 공통적인 문화 현상이 나타나는 것이므로 문화의 보편성에, (나)는 각 사회마다 문화의 구체적인 모습이 다르게 나타나는 것이므로 문화의 다양성에 해당한다.

06 문화에는 다양한 속성이 있다. ②는 문화의 학습성, ③은 문화의 전체성, ④는 문화의 공유성, ⑤는 문화의 축적성에 관한 설명이다.

알려 줄게! 문화의 속성

구분	의미
공유성	한 사회의 구성원은 공통된 생활 양식을 공유함
학습성	문화는 후천적으로 학습되는 것임
축적성	문화는 언어나 문자 등을 통해 다음 세대로 전달되면서 축적됨
변동성	문화는 시간이 흐름에 따라 끊임없이 변화함
전체성	문화 요소들이 밀접한 관련을 가지고 유기적으로 연결됨

07 자신이 속한 사회의 문화를 학습을 통해 후천적으로 습득하는 것은 문화의 학습성에 해당한다.

08 자료에 나타난 문화의 속성은 한 사회의 구성원들이 그 사회의 공통된 생활 양식을 공유하는 것을 의미하는 문화의 공유성에 해당한다.

09 사례를 통해 문화는 고정된 것이 아니라 시대에 따라 변화하고 있음을 알 수 있으며, 이는 문화의 변동성에 해당한다.

10 사회마다 문화의 구체적인 모습이 다르게 나타나는 것은 문화의 다양성에 해당한다.

11 인간은 학습을 통해 자신이 속한 사회의 문화를 후천적으로 습득하게 되는데, 이를 문화의 학습성이라고 한다.

> **왜 틀렸지?** ② 문화의 전체성에 해당한다. ④ 문화의 변동성에 해당한다. ⑤ 문화의 축적성에 해당한다.

12 각 사회의 문화는 고유한 특징을 가지며 서로 다른 모습으로 나타나는데, 이를 문화의 다양성이라고 한다.

13 그림은 정보 통신 기술의 발달이 우리 생활 전반에 영향을 미치고 있음을 보여 주고 있으므로 문화의 전체성에 해당한다.

13-1 그림을 통해 파악할 수 있는 문화의 속성은 전체성이다.

14 설날에 떡국을 먹고 웃어른께 세배하는 것은 우리나라 사람들이 설날이라는 명절에 공유하고 있는 공통의 생활 양식이므로 사례는 공유성에 해당한다.

STEP **3** 주관식·서술형   035쪽

01 예시 답안 (가), 문화는 한 사회 구성원이 만들어 낸 공통의 생활 양식으로, 개인적인 버릇이나 본능에 의한 행동은 문화에 해당하지 않는다.

채점 기준	
상	기호를 옳게 쓰고 그것이 문화에 해당하는 이유를 바르게 서술한 경우
중	기호는 옳게 썼지만, 그것이 문화에 해당하는 이유를 미흡하게 서술한 경우
하	기호만 옳게 쓴 경우

02 다양성(특수성)

03 보편성

04 예시 답안 문화는 고정된 것이 아니라 변화한다는 점에서 문화의 변동성을, 문화는 세대를 통해 전승되고 축적되면서 그 내용이 더욱 풍부하고 다양해진다는 점에서 문화의 축적성을 알 수 있다.

채점 기준	
상	문화의 속성 두 가지를 옳게 쓰고, 그 근거를 바르게 서술한 경우
중	문화의 속성 중 한 가지만 쓰고, 그 근거를 바르게 서술한 경우
하	문화의 속성 두 가지를 썼으나 그 근거에 대한 서술이 미흡한 경우

05 전체성

---

02 미디어와 문화
~03 다양한 문화를 이해하는 태도

STEP **1** 개념 확인   038쪽

01 (1) 획일화 (2) 다르게 (3) 다양하게 (4) 자문화 중심주의 (5) 문화 상대주의   **02** (1) ㄱ (2) ㄴ (3) ㄷ   **03** 일방향 → 쌍방향   **04** 자문화 중심주의

STEP **2** 대표 문제   038~040쪽

01 ④   **02** ③   **03** ②   **04** ③   **05** ①   **06** ⑤   **07** ⑤   **08** ④   **09** ⑤   **10** ⑤   **10-1** ④   **11** ②   **12** ⑤   **13** ⑤

01 자료의 ㉠에 들어갈 매체는 뉴 미디어이다. SNS, 인터넷, 스마트폰은 뉴 미디어에 해당하고 책과 신문은 인쇄 매체, 영화와 텔레비전 방송은 영상 매체에 해당한다.

알려 줄게! **미디어의 종류**

인쇄 매체	책이나 신문, 잡지와 같이 문자로 정보를 전달하는 매체
영상 매체	텔레비전 방송, 영화 등 영상으로 정보를 전달하는 매체
뉴 미디어	정보 통신 기술의 발달로 등장한 인터넷, 스마트폰, 사회 관계망 서비스(SNS) 등

02 영상과 소리를 통한 정보 전달이 가능한 것은 영상 매체와 뉴 미디어이고, 두 가지 매체 중 쌍방향 소통이 가능한 것은 뉴 미디어이다. 따라서 A는 인쇄 매체, B는 영상 매체, C는 뉴 미디어에 해당한다.

왜 틀렸지? ① 인터넷의 발달로 등장한 것은 뉴 미디어이다. ② 책, 신문, 잡지 등은 인쇄 매체에 해당한다. ④ 정보 생산자와 소비자의 경계가 불분명한 것은 뉴 미디어이다. ⑤ 최근에는 인쇄 매체나 영상 매체에 비해 뉴 미디어의 영향력이 더 커지고 있다.

03 자료에 해당하는 미디어는 인쇄 매체로, 책, 신문, 잡지 등이 이에 해당한다.

왜 틀렸지? 영화, 텔레비전 방송은 영상 매체이고, 인터넷, 스마트폰, SNS는 뉴 미디어이다.

04 자료는 미디어의 지나친 상업성 추구로 인한 문제 사례를 제시하고 있다.

05 미디어는 세계 곳곳에서 일어난 사건과 사고, 다양한 정보를 전달한다. 또한 사람들에게 즐거움과 휴식을 제공하고, 사회적인 쟁점에 많은 사람의 관심을 불러일으켜 사회 문제를 개

선하는 데 도움을 주기도 한다.

왜 틀렸지? ㄷ. 뉴 미디어는 쌍방향적인 소통이 가능하다. ㄹ. 최근에는 미디어가 제공하는 콘텐츠의 수가 증가하고 있다.

06 사회적 쟁점에 대해 대중의 관심을 끌어 사회 문제를 개선하는 것은 미디어의 긍정적 영향에 해당한다.

07 뉴 미디어는 쌍방향 소통을 가능하게 하고 시공간의 제약 없이 다양한 콘텐츠를 즐길 수 있게 한다.

왜 틀렸지? ㄱ. 책과 신문, 잡지 등은 인쇄 매체에 해당한다. ㄴ. 뉴 미디어는 정보 제공자와 정보 수용자 간의 쌍방향 소통을 가능하게 한다.

08 미디어의 영향력이 증대됨에 따라 대중은 미디어를 통해 경험하는 다양한 문화와 정보들을 비판적으로 검토하는 태도를 가져야 한다.

알려 줄게! 미디어 리터러시

미디어 리터러시란 미디어에서 접하는 정보를 분석하여 평가하고 활용하며, 나아가 정보를 창조하고 소통하는 능력이다.

09 문화 사대주의는 타 문화에 대한 맹목적인 동경심으로 자문화의 가치를 열등하다고 본다.

왜 틀렸지? ① 자문화 중심주의에 대한 설명이다. ② 자문화 중심주의에 대한 설명이다. ③ 문화 상대주의에 대한 설명이다. ④ 문화 상대주의에 대한 설명이다.

알려 줄게! 문화 이해 태도

자문화 중심주의	• 자신이 속한 사회의 문화만 우수하다고 여겨 다른 사회의 문화를 무시하는 태도 • 자기 문화에 대한 자부심을 높이고 구성원의 결속력을 강화함 • 다른 집단과의 갈등을 초래함
문화 사대주의	• 다른 사회의 문화를 우수한 것으로 믿고 높게 평가하여 자기 문화를 낮게 평가하고 무시하는 태도 • 자기 문화를 발전시킬 수 있음 • 문화의 고유성과 주체성 상실 가능
문화 상대주의	• 문화의 우열을 평가하지 않고, 그 사회의 입장에서 문화를 이해하는 태도 • 문화 공존의 기틀 마련 가능

10 시우는 자문화 중심주의, 지아는 문화 상대주의적인 태도를 보이고 있다.

10-1 '서로 다른 문화 사이에 우열이 있다고 여긴다.'는 문항에 대해 '아니요'라고 답한 C는 문화 상대주의에 해당한다. '자신이 속한 사회의 문화를 우수하게 여겨 다른 문화를 무시한다.'는 문항에 대해 '예'라고 답한 A는 자문화 중심주의, '아니요'라고 답한 B는 문화 사대주의에 해당한다.

왜 틀렸지? ①, ⑤는 문화 사대주의, ②, ③은 자문화 중심주의에 해당하는 설명이다.

11 자료는 우리나라의 다문화적 상황을 보여 준다. 세계화로 인해 국내에 거주하는 외국인이 증가하며 다문화적 변화가 나타나고 있다.

알려 줄게! 다문화 사회

다문화 사회란 다양한 인종과 민족의 문화가 함께 공존하는 사회를 말한다. 우리나라도 다문화 사회가 되어감에 따라 언어, 종교, 민족 등 배경이 서로 다른 집단의 사람을 주변에서 쉽게 만날 수 있게 되었다.

12 (가)는 자문화 중심주의, (나)는 문화 사대주의에 관한 설명이다.

13 문화 상대주의는 문화의 우열을 평가하지 않고 그 사회의 입장에서 문화를 이해하는 태도이다.

왜 틀렸지? ① 자문화 중심주의의 사례이다. ② 문화 사대주의의 사례이다. ③ 인간의 존엄성과 같은 보편적 가치를 무시하는 문화는 문화 상대주의의 적용 대상이 아니다. ④ 자문화 중심주의의 사례이다.

STEP 3 주관식·서술형 041쪽

01 미디어

02 예시답안 정보 제공자와 수용자 간의 쌍방향 소통을 가능하게 한다. 사람들은 시간과 공간의 제약 없이 실시간으로 소통한다.

채점 기준	
상	자료의 내용을 해석하여 뉴 미디어의 특징을 바르게 서술한 경우
중	자료의 내용과 관련 없는 뉴 미디어의 특징을 서술한 경우
하	뉴 미디어의 특징을 바르게 서술하지 못한 경우

03 미디어 리터러시

04 갑은 문화 상대주의, 을은 자문화 중심주의, 병은 문화 사대주의에 해당한다.

05 문화 상대주의

06 **예시 답안** 자문화 중심주의, 자기가 속한 사회의 문화를 우수하게 여겨 다른 사회의 문화를 낮게 평가하고 무시하기 때문이다.

채점 기준	
상	문화 이해 태도를 옳게 쓰고 그 근거를 바르게 서술한 경우
중	문화 이해 태도를 옳게 썼으나 그 근거에 관한 서술이 미흡한 경우
하	문화 이해 태도를 옳게 쓰지 못하고 근거에 관한 서술도 미흡한 경우

대단원 한눈에 정리하기　　　　　042~043쪽

❶ 생활 양식　❷ 본능　❸ 보편성　❹ 학습　❺ 변화　❻ 뉴 미디어　❼ 콘텐츠　❽ 자문화 중심주의　❾ 문화 사대주의　❿ 문화 상대주의

대단원 실전 문제　　　　　044~047쪽

01 ⑤	02 ⑤	03 ①	04 ④	05 ③	06 ①	07 ③
08 ④	09 ④	10 ②	11 ⑤	12 ④	13 ③	14 ①
15 ②	16 ⑤	17 ④	18 ⑤	19 ⑤	20 ③	21 ④
22 ②	23 해설 참조		24 해설 참조			

01 문화는 사회 구성원의 공통된 생활 양식이다.

왜 틀렸지? ㄱ. 인간의 행위 중 개인적인 습관이나 본능에 따른 행동은 문화라고 할 수 없다. ㄴ. 개인적인 습관이나 본능에 따른 행동, 자연 현상 등은 사회 구성원이 환경에 적응하며 공유한 것이 아니므로 문화가 아니다.

02 문화는 인간이 주어진 환경에 적응하면서 형성해 온 생활 양식이다.

왜 틀렸지? ①, ②, ③은 생리적 현상이나 본능에 따른 행동, ④는 자연 현상이므로 문화에 해당하지 않는다.

03 인간의 기본적인 욕구나 사고방식이 비슷하기 때문에 어느 사회에서나 공통적인 문화가 나타난다.

04 문화는 고정된 것이 아니라 사회 내부에서 새로운 문화 요소가 발명되거나 다른 문화와 접촉하는 과정을 통해 시대에 따라 끊임없이 변화하는데, 이를 문화의 변동성이라고 한다.

05 (가)는 어느 사회에서나 공통적인 문화 현상이 나타나는 것이므로 문화의 보편성에, (나)는 지역마다 문화의 구체적인 모습이 다르게 나타나는 것이므로 문화의 다양성에 해당한다.

06 학습을 통해 자신이 속한 사회의 문화를 후천적으로 습득하는 것은 문화의 학습성에 해당한다.

07 글을 통해 파악할 수 있는 문화의 속성은 공유성이다.

왜 틀렸지? ①은 축적성, ②는 다양성, ④는 전체성 ⑤는 학습성에 관한 설명이다.

08 전통적인 미디어 중 영상과 소리로 정보를 전달하는 미디어는 영상 매체이다.

왜 틀렸지? SNS, 동영상 공유 플랫폼, 웹 게시판 등은 뉴 미디어에 해당하고, 책과 신문은 인쇄 매체에, 영화와 텔레비전 방송은 영상 매체에 해당한다.

09 자료의 내용에 해당하는 미디어는 뉴 미디어로, 인터넷, 스마트폰, SNS 등이 이에 해당한다.

10 (가)는 인쇄 매체, (나)는 영상 매체, (다)는 뉴 미디어에 해당한다.

11 OTT 서비스를 통해 사용자는 다양한 콘텐츠를 원하는 시간에 장소의 제약 없이 즐길 수 있게 되었다.

12 미디어의 영향력이 증대됨에 따라 대중은 미디어를 통해 경험하는 다양한 문화와 정보들을 비판적으로 검토하는 태도를 가져야 한다. 미디어를 활용할 때에는 미디어가 제공하는 문화와 정보가 실제 사실과 다르거나 의도적으로 조작된 것은 아닌지, 숨겨진 의도를 담고 있는 것은 아닌지 등의 판단 기준을 설정하여 검토해야 한다. 또한 건강한 미디어 환경을 만들기 위해 적극적으로 문제점을 지적하고, 이를 개선하는 과정에 참여해야 한다.

13 뉴 미디어는 정보 제공자와 수용자 간의 쌍방향 소통을 가능하게 하였다.

14 미디어는 사람들의 사고방식과 행동을 획일화할 수 있고 문화가 소비되는 과정에서 상업성을 띠기 쉽다. 또한 한쪽의 입장에 치우치거나 거짓된 정보가 생산되어 사회적인 혼란과 갈등을 심화시키기도 한다.

왜 틀렸지? ㄷ. 미디어의 지나친 상업성 추구로 자극적인 콘텐츠가 증가하고 있다. ㄹ. 사회적 쟁점에 관한 대중의 관심을 끌어 사회 문제가 개선되는 것은 미디어의 긍정적 영향이다.

15 자료는 미디어의 지나친 상업성 추구로 인한 문제 사례이다.

16 설명에 해당하는 미디어는 영상 매체로, 영화, 텔레비전 방송 등이 이에 해당한다.

17 우리나라에서 과거에 비해 익숙하지 않은 문화를 접할 기회가 늘어나고 있다. 이는 세계화로 다른 나라에서 이주해 온 사람들이 많아지면서 다양한 문화적 배경을 지닌 구성원이 증가하였기 때문이다.

18 문화 사대주의는 자기 문화를 열등하다고 평가하고 다른 사
회의 문화를 우월하다며 추종하는 태도이다.

왜 틀렸지? ②와 ④는 자문화 중심주의, ①과 ③는 문화 상대주의에
대한 설명이다.

19 ㉠은 자문화 중심주의, ㉡은 문화 사대주의, ㉢은 문화 상대
주의이다. 문화 상대주의는 다양한 문화를 존중하므로 문화
적 다양성에 기여한다.

왜 틀렸지? ① 자문화 중심주의는 자기 문화를 일반화하려는 경향
이 강하다. ② 다른 문화를 배척하여 갈등을 초래할 수 있는 것은 자
문화 중심주의이다. ③ 인간의 존엄성과 같은 보편적 가치를 무시하
는 문화에 대해서는 문화 상대주의 적용을 경계해야 한다. ④ 다른
문화에 대한 객관적인 이해를 가능하게 하는 것은 문화 상대주의
이다.

20 진우는 자문화 중심주의, 서아는 문화 상대주의적인 태도를
보이고 있다.

21 사례에 나타난 문화 이해 태도는 문화 상대주의에 해당한다.
문화 상대주의는 문화의 우열을 평가하지 않고 그 사회의 맥
락에서 문화를 이해하는 태도이다.

22 다른 문화를 이해하는 데 있어서 총체적으로 바라보기, 다른
문화와 비교하여 이해하기, 상대성을 인정하고 특수성을 존
중하기 등의 태도를 가져야 한다.

왜 틀렸지? ㄴ. 각 사회의 문화는 고유성과 상대성을 가지고 있으므
로 절대적인 기준에 의해 평가할 수 없다. ㄷ. 자기 문화를 다른 문
화와 비교하여 문화의 보편성과 특수성을 이해해야 한다.

23 **예시 답안** (가)와 (나), 문화는 한 사회의 구성원이 만들어 낸 공
통의 생활 양식이기 때문이다. 개인적인 버릇이나 본능에 의
한 행동, 자연 현상은 문화에 해당하지 않는다.

채점 기준	
상	기호를 옳게 쓰고 그것이 문화에 해당하는 이유를 바르게 서술한 경우
중	기호는 옳게 썼지만, 그것이 문화에 해당하는 이유를 미흡하게 서술한 경우
하	기호를 옳지 않게 쓴 경우

24 **예시 답안** 문화 사대주의, 다른 나라(중국)의 문화를 우수하게
여겨 자신이 속한 사회(조선)의 문화를 낮게 평가하고 무시하
기 때문이다.

채점 기준	
상	문화 이해 태도를 옳게 쓰고 그 근거를 바르게 서술한 경우
중	문화 이해 태도를 옳게 썼으나 그 근거에 관한 서술이 미흡한 경우
하	문화 이해 태도를 옳게 쓰지 못하고 근거에 관한 서술도 미흡한 경우

9 민주주의와 시민

01 정치와 민주주의
~02 민주주의의 발전

STEP 1 개념 확인 052쪽

01 (1) 정치 (2) 대의 민주주의 (3) 인간의 존엄성 **02** (1) × (2) ○
(3) × **03** ㉠ 직접 민주주의 ㉡ 모든 사회 구성원 **04** (1) 근대 시
민 혁명 (2) 보통 선거 **05** (1) ㄷ (2) ㄱ (3) ㄴ

STEP 2 대표 문제 052~054쪽

01 ⑤ **02** ② **03** ① **04** ② **05** ④ **06** ① **07** ② **08** ③
09 ⑤ **10** ⑤ **11** ① **11-1** ④ **12** ② **13** ④ **13-1** ③

01 정치는 사회 구성원 간의 대립과 갈등을 조정하여 문제를 해
결하는 모든 활동이다. ⑤ 교재 구입은 경제 활동에 해당한다.

02 태완이는 넓은 의미의 정치를, 나연이는 좁은 의미의 정치를
말하고 있다.

왜 틀렸지? ㄴ. 좁은 의미의 정치에서는 정치권력을 획득하고 유지
하며 행사하는 활동만을 정치로 보기 때문에 학급 회의는 정치로
보지 않는다. ㄷ. 태완이는 나연이보다 정치의 의미를 넓게 정의하
고 있다.

알려 줄게! 정치의 의미

좁은 의미	정치권력을 획득하고 행사하는 활동 **예** 국회의 법률 제정, 정부의 정책 집행
넓은 의미	사회 구성원 간의 대립과 갈등을 조정하여 문제를 해결하는 모든 활동 **예** 체험 학습 장소를 결정하기 위한 학급 회의, 지역 문제를 해결하기 위한 주민 회의

03 정치는 사회 구성원 간의 대립과 갈등을 조정하여 사회를 통
합하고 질서를 유지하는 역할을 한다.

04 정치 형태로서의 민주주의에서는 주권이 국민에게 있고 다수
의 주권자가 자유롭고 평등하게 의사 결정에 참여할 수 있다
고 본다. 생활 양식으로서의 민주주의는 대화와 타협, 타인에
대한 배려와 관용 등을 실천하며 생활 속 문제를 해결해 나가
는 모습을 말한다.

왜 틀렸지? ㄴ. 정치 형태로서의 민주주의는 권력을 가진 한 사람이
나 특정 집단의 지배가 아니라 다수의 시민에 의해 국가가 통치되
는 정치 형태이다. ㄹ. 오늘날에는 민주주의의 의미가 정치 형태를
넘어 생활 양식으로 확대되었다.

정치 형태로서의 민주주의	• 권력을 가진 한 사람이나 특정 집단에 의한 지배가 아니라 다수의 시민에 의해 국가가 통치되는 정치 형태 • 주권을 가진 국민이 정치에 참여하여 공동체의 문제를 해결하는 모습으로 나타남
생활 양식으로서의 민주주의	대화와 타협, 타인에 대한 배려와 관용, 다수결의 원칙, 소수 의견 존중 등을 실천하며 생활 속의 문제를 해결해 가는 모습

05 민주주의가 이루어지지 않았던 사회와 달리 민주주의 사회에서는 개인의 자유와 권리가 보장되고 있다. 민주주의는 모든 시민이 공동체의 의사 결정에 참여할 수 있도록 보장함으로써 개인의 자유와 권리를 보호한다.

06 고대 그리스 아테네에서는 직접 민주주의가 발달하였다.

배경	소규모 도시 국가, 생산 활동의 대부분을 노예가 담당
정치 형태	직접 민주주의
한계	여성, 노예, 외국인은 정치에 참여할 수 없었음

07 고대 아네테에서는 시민이 직접 정치에 참여하는 직접 민주주의가 발달하였다. 시민들은 추첨을 통하거나 돌아가며 공직을 맡았다.

왜 틀렸지? ㄴ. 보통 선거 제도의 확립은 현대 민주주의의 특징이다. ㄷ. 대의 민주주의에 관한 설명이다.

08 고대 아테네 이후 사라졌던 민주주의는 근대 시민 혁명을 통해 다시 등장하였다. 고대 아테네와 달리 근대에는 대의 민주주의가 이루어졌다.

왜 틀렸지? ①, ②, ⑤ 차티스트 운동은 영국의 노동자들이 주체가 되어 선거권 획득을 요구한 민중 운동이다. 직접 민주주의는 모든 시민이 국가의 중요한 일을 직접 결정하는 것이다. ④ 전자 민주주의는 정보 통신 기술을 이용하여 시민이 시공간의 제약을 넘어 정치에 참여하는 것이다.

09 근대 민주주의에서는 의회를 중심으로 하는 대의 민주주의가 이루어졌다. 하지만 선거권은 부를 축적한 도시의 상공업자에게만 주어졌다는 한계가 있다.

10 참정권 확대 운동의 결과 대부분의 민주 국가에서 보통 선거 제도가 확립되었다. 이에 따라 모든 사회 구성원이 정치에 참여하는 현대 민주주의가 시작되었다.

왜 틀렸지? ①, ③은 근대 민주주의에 관한 설명이다. ② 근대 시민 혁명의 결과 의회를 중심으로 한 대의 민주주의가 이루어졌다. ④는 고대 아테네 민주주의에 대한 설명이다.

11 고대 아테네에서는 직접 민주주의가 이루어졌다.

구분	고대 아테네	근대	현대
정치 형태	직접 민주주의	대의 민주주의	대의 민주주의
시민 범위	자유민인 성인 남성	부를 축적한 도시 상공업자	모든 사회 구성원
한계	정치 참여 자격의 제한		정치적 무관심

11-1 고대 아테네 민주주의와 근대 민주주의는 정치 참여 자격에 제한을 두었다는 공통점이 있고, 근대 민주주의와 현대 민주주의는 대의 민주주의를 실시했다는 공통점이 있다.

12 ㉠은 인간의 존엄성, ㉡은 평등이다. 오늘날에는 개인의 선천적·후천적 차이를 고려한 실질적 평등이 이루어지도록 노력하고 있다.

왜 틀렸지? ㄴ. 인간의 존엄성은 함부로 침해할 수 없다. ㄷ. 민주주의의 이념은 근대 시민 혁명 과정에서 확산되었다.

인간의 존엄성	모든 인간은 인간이라는 이유만으로 존중받을 가치와 권리가 있음
자유	외부의 간섭 없이 자기 뜻에 따라 결정하고 행동하는 것
평등	모든 사람이 성별, 종교, 신분 등에 따라 차별받지 않고 동등하게 대우받는 것

13 (가)는 국민 자치의 원리, (나)는 권력 분립의 원리이다.

국민 주권의 원리	국가의 의사를 결정하는 최고의 권력인 주권이 국민에게 있다는 원리
국민 자치의 원리	주권을 가진 국민이 스스로 나라를 다스려야 한다는 원리
입헌주의의 원리	헌법에 따라 국가 기관을 구성하고, 정치권력을 행사해야 한다는 원리
권력 분립의 원리	국가 권력을 입법부, 사법부, 행정부와 같은 서로 독립된 기관이 나누어 맡도록 하는 원리

13-1 국가 최고의 권력인 주권이 국민에게 있다는 국민 주권의 원리를 나타내는 헌법 조항이다.

01 예시 답안 체험 학습 장소를 정하기 위한 학급 회의, 지역 문제를 해결하기 위한 주민 회의

채점 기준	
상	일상생활 속에서 볼 수 있는 넓은 의미의 정치 사례 두 가지를 바르게 서술한 경우
중	일상생활 속에서 볼 수 있는 넓은 의미의 정치 사례 한 가지를 바르게 서술한 경우
하	일상생활 속에서 볼 수 있는 넓은 의미의 정치 사례에 관한 서술이 미흡한 경우

02 보통 선거 제도

03 인간의 존엄성

04 (1) 대의 민주주의(간접 민주주의)

(2) 예시 답안 근대 민주주의에서는 재산이 있는 성인 남성만 정치에 참여할 수 있었지만, 현대 민주주의에서는 모든 사회 구성원이 정치에 참여할 수 있다.

채점 기준	
상	정치에 참여할 수 있는 시민의 범위와 관련하여 근대 민주주의와 현대 민주주의의 차이점을 바르게 비교한 경우
중	근대 민주주의와 현대 민주주의의 시민의 범위 중 한 가지만 바르게 서술한 경우
하	근대 민주주의와 현대 민주주의의 시민의 범위에 관한 서술이 미흡한 경우

05 (1) (가) 입헌주의의 원리, (나) 권력 분립의 원리

(2) 예시 답안 국가 권력 남용을 방지하고 국민의 자유와 권리를 보장하고자 한다.

채점 기준	
상	민주주의의 기본 원리가 추구하는 목적을 바르게 서술한 경우
중	민주주의의 기본 원리가 추구하는 목적에 관한 서술이 미흡한 경우
하	민주주의의 기본 원리가 추구하는 목적에 관해 서술하지 못한 경우

03 현대 민주주의의 특징과 발전 노력

01 (1) 간접 (2) 전자   **02** ㄴ, ㄷ   **03** (1) × (2) ○   **04** (1) ㄷ (2) ㄱ (3) ㄴ   **05** (1) 정치적 무관심 (2) 공론장

01 ①   **02** ②   **03** ⑤   **04** ①   **04-1** ⑤   **05** ④   **06** ①   **06-1** ①   **07** ②   **08** ⑤   **09** ②   **10** ④   **11** ②   **12** ⑤   **13** ④

01 현대 사회에는 영토와 인구 규모가 확대되어 모든 시민이 한자리에 모이기 어려우며 사회가 복잡해지고 전문화됨에 따라 전문적인 지식을 가진 사람이 필요해져 간접 민주주의를 채택하게 되었다.

알려 줄게! **간접 민주주의를 채택하는 이유**

- 영토와 인구 규모가 확대되어 모든 시민이 한자리에 모이기 어렵다.
- 시민의 직접 참여에 의한 토론과 결정에 많은 시간과 비용이 든다.
- 사회가 복잡해지고 전문화됨에 따라 전문적인 지식을 가진 사람이 필요해졌다.

02 현대에는 영토와 인구 규모 확대, 사회 구성원의 이해관계 복잡화, 정책 결정의 전문성 필요 등의 이유로 대의 민주주의를 실시하고 있다.

왜 틀렸지? ㄴ. 현대에는 사회 구성원의 이해관계나 요구가 복잡해졌다. ㄹ. 현대에는 영토와 인구 규모가 확대되어 모든 시민이 모여 국가의 중요한 일을 결정하기가 어려워졌다.

03 제시된 내용은 현대 민주주의의 한계에 관한 것이다.

04 국회 의원 선거 투표율이 전반적으로 낮은 것을 통해 국민이 정치에 관심을 보이지 않는 정치적 무관심이 나타나고 있음을 알 수 있다.

알려 줄게! **정치적 무관심**

정치적 무관심이란 주권자인 시민이 정치에 부정적이고 정치 문제와 현상에 관심을 보이지 않는 것을 의미한다. 시민이 정치에 무관심할 경우 대표자에 대한 시민의 비판과 감시가 소홀해지고, 대표자의 정책에 대한 검증이 제대로 이루어지지 않을 수 있다.

04-1 한국의 투표율이 OECD 국가들의 평균에 비해 저조한 것을 통해 정치적 무관심 문제가 나타나고 있음을 알 수 있다.

왜 틀렸지? ㄱ. 선거 운영 비용 증가와 관련된 내용은 제시되어 있지 않다. ㄷ. 자료는 시민들이 정치에 참여하지 않는 문제를 보여 주고 있다.

05 현대 민주주의에서는 대의제의 한계, 정치적 무관심 문제 등이 나타나므로 대의제의 한계를 보완하고 시민들의 정치 참여를 높이기 위해 노력해야 한다.

06 우리나라에서는 대의 민주주의 제도를 보완하기 위해 국민 투표, 주민 발안, 주민 소환 제도를 도입하고 있다.

왜 틀렸지? ㄷ, ㄹ은 대의 민주주의 요소이다.

국민 투표	국가의 중요한 사항을 국민이 직접 투표로 결정하는 제도
국민 발안	일정 수의 국민이 헌법 개정안이나 법률안 등을 의회에 제출하는 제도
국민 소환	선출된 국민의 대표를 임기가 끝나기 전에 국민의 뜻에 따라 파면하는 제도
주민 발안	필요한 조례를 국민이 제안할 수 있는 제도
주민 소환	주민 대표로 선출된 공직자가 업무 수행에 문제를 일으킬 경우 투표를 통해 해임할 수 있는 제도

06-1 국민 투표에 관한 설명이다.

07 주민 발안의 사례이다. 이를 통해 대의 민주주의의 한계를 보완할 수 있다.

왜 틀렸지? ㄴ. 주민 발안은 대의 민주주의의 한계를 보완하기 위한 직접 민주주의 요소이다. ㄷ. 주민 발안은 시민이 자신의 의사를 직접 제안하는 방식이다.

08 ㉠은 전자 민주주의이다. 최근에는 정보 통신 기술을 이용하여 시민이 시공간의 제약을 넘어 정치에 참여할 수 있는 전자 민주주의가 확대되고 있다. 이를 통해 정책 결정 과정에 시민의 의사를 직접 전달할 수 있다.

왜 틀렸지? ㄴ. 주민 소환에 관한 설명이다.

> 정보 통신 기술을 이용하여 시민이 시공간의 제약을 넘어 정치에 참여할 수 있는 전자 민주주의가 확대되고 있다. 시민은 다양한 정보 매체를 통해 정책 결정자와 의사소통을 함으로써 정책 결정에 영향을 미치고 권력을 통제하여 국민 주권과 민주주의 이념을 실현할 수 있게 된다.

09 권위주의는 어떤 일에 있어 권위를 내세우거나 권위에 순종하는 사고방식으로, 민주주의의 발전을 저해할 수 있다.

> 최근에는 사회적으로 충분한 합의가 요구되는 중요한 문제에 대해 의사 결정을 할 때 다양한 분야의 여러 사람이 모여 그에 대해 깊이 생각하고 충분히 의논하여 결정하는 숙의 민주주의 방식이 활용되고 있다.

10 공론장이란 시민이 합리적 토론을 통해 공공의 문제에 관한 사회적 합의를 만들어 가는 자리이다.

왜 틀렸지? ㄱ. 공론장은 전문가가 독단적으로 결정하는 곳이 아니라 여러 사람이 충분히 의논하여 결정하는 장이다. ㄷ. 합의를 이끌어 내기 위해 충분한 설득과 토론의 과정이 필요하다.

11 정보 통신 기술을 활용한 '국민 생각함'은 전자 민주주의를 통

해 국민의 의사를 반영하려는 노력을 보여 준다. 정책 결정 과정에 시민의 의사를 반영함으로써 국민이 스스로 나라를 다스려야 한다는 국민 자치의 원리를 실현할 수 있다.

왜 틀렸지? ㄴ. 대표자에게 의사 결정을 모두 위임하는 것이 아니라 주권자인 시민의 의사를 직접 들어 이를 의사 결정에 반영하고자 한다. ㄷ. 정책 결정 과정에서 시민의 영향력이 커질 수 있다.

12 민주주의의 발전을 위해서는 정책 결정 및 집행 과정을 감시하고, 문제가 발생할 경우 그에 관한 개선을 요구하는 비판적 태도가 필요하다.

13 민주주의의 발전을 위해 시민은 정책의 결정 및 집행 과정을 감시하고, 문제가 발생할 경우 이에 대한 개선을 요구해야 한다. 또한 시민 단체에서 활동하거나 공론장에 참여하여 의견을 제시하는 등 다양한 정치 참여를 통해 정책을 제안하는 능동적인 태도를 가져야 한다.

왜 틀렸지? ㄱ, ㄷ. 대표가 시민의 뜻을 잘 반영하는지 비판적 태도로 감시해야 한다.

STEP 3 주관식·서술형 061쪽

01 간접 민주주의(대의 민주주의)

02 **예시 답안** 대표자의 결정이 국민의 의사와 완전히 일치하지 않을 수 있다. 모든 직업, 지역, 계층별 의견을 고르게 대표하기 어렵다. 정치적 무관심이 확대되는 문제가 나타난다.

채점 기준	
상	현대 민주주의의 한계 두 가지를 바르게 서술한 경우
중	현대 민주주의의 한계 한 가지를 바르게 서술한 경우
하	현대 민주주의의 한계에 관한 서술이 미흡한 경우

03 전자 민주주의

04 정치적 무관심

05 **예시 답안** 대표자에 관한 시민의 비판과 감시가 소홀해질 수 있다. 대표자의 정책에 관한 검증이 제대로 이루어지지 않을 수 있다.

채점 기준	
상	정치적 무관심의 문제점 두 가지를 바르게 서술한 경우
중	정치적 무관심의 문제점 한 가지를 바르게 서술한 경우
하	정치적 무관심의 문제점에 관해 서술하지 못한 경우

 (1) ㉠ 국민 투표, ㉡ 국민 발안, ㉢ 국민 소환

(2) **예시 답안** 시민의 의사를 직접 반영하여 대의 민주주의의 한계를 보완하고자 한다.

채점 기준	
상	직접 민주주의 요소를 도입한 이유를 대의 민주주의의 한계와 관련하여 서술한 경우
중	대의 민주주의의 한계에 관한 언급 없이 직접 민주주의 요소를 도입한 이유를 서술한 경우
하	직접 민주주의 요소를 도입한 이유에 관한 서술이 미흡한 경우

대단원 **한눈에** 정리하기   062~063쪽

❶ 직접 민주주의 ❷ 대의 민주주의 ❸ 보통 선거 제도 ❹ 인간의 존엄성 ❺ 평등 ❻ 입헌주의 ❼ 권력 분립 ❽ 직접 민주주의 ❾ 정치적 무관심 ❿ 국민 투표

대단원 **실전** 문제   064~067쪽

01 ⑤	02 ②	03 ③	04 ③	05 ②	06 ②	07 ②
08 ③	09 ②	10 ②	11 ①	12 ④	13 ②	14 ①
15 ①	16 ⑤	17 ④	18 ⑤	19 ②	20 ④	21 ⑤

22 정치 23 ㉠ 인간의 존엄성 ㉡ 자유 ㉢ 평등 24 해설 참조

01 정치는 정치권력을 획득하고 행사하는 활동뿐만 아니라 사회 구성원 간의 대립과 갈등을 조정하여 문제를 해결하는 모든 활동을 말한다. 따라서 학급의 문제를 해결하기 위한 학급 회의도 정치에 해당한다.

왜 틀렸지? ① 정치는 우리의 일상생활에서 흔히 나타난다. ② 정치는 사회 구성원 간의 대립과 갈등을 조정하여 합의를 이루게 하는 과정이다. ③ 정치권력을 획득하고 행사하는 활동은 정치를 좁은 의미로 사용한 것이다. 넓은 의미의 정치는 일상생활에서 발생하는 사회 구성원 간의 대립과 갈등을 조정하여 해결해 나가는 모든 활동을 의미한다. ④ 선거에 참여하여 대표자를 뽑는 것은 정치에 해당한다.

02 좁은 의미의 정치는 정치권력을 획득하고 행사하는 활동을 말한다.

왜 틀렸지? ㄴ, ㄷ은 넓은 의미의 정치에 해당한다.

03 학급 회의라는 정치를 통해 사회 구성원 간의 대립과 갈등을 해결하고 사회 통합과 질서를 이룬 사례이다.

04 민주주의는 다수에 의한 통치로, 최고 권력인 주권은 국민에게 있으며 국민의 자유와 권리를 보장하기 위해 국가 권력은 독립된 기관이 나누어 맡는다.

05 독재 정치는 개인의 자유와 권리를 침해하고 개인의 고유성과 다양성을 존중하지 못한다.

왜 틀렸지? ㄴ. 사례에서는 히틀러 한 사람이 국가의 권력을 독점하고 있다. ㄹ. 사례에서는 정치적 무관심에 관한 내용이 제시되어 있지 않다.

06 고대 그리스 아네테에서는 직접 민주주의가 발달하였으나 여성, 노예, 외국인 등은 정치에 참여할 수 없었다.

왜 틀렸지? ㄴ. 보통 선거 제도는 일정한 나이 이상의 모든 사회 구성원이 정치에 참여할 수 있게 되는 것으로, 현대 민주주의의 특징이다. ㄷ. 대의 민주주의는 근대 민주주의와 현대 민주주의의 특징이다.

07 근대 시민 혁명 중 하나인 프랑스 혁명과 관련한 자료이다. 시민 혁명을 통해 인간의 존엄성, 자유, 평등과 같은 민주주의의 이념이 확산되고 대의 민주주의가 이루어졌다.

왜 틀렸지? ㄴ. 민주주의는 고대 그리스 아테네에서 시작되었다. ㄹ. 성별, 재산 등에 따라 선거권을 제한하여 모든 사람에게 선거권이 주어지지 못했다는 한계가 있다.

08 참정권 확대 운동의 결과 보통 선거 제도가 확립되어 현대 민주주의에서는 모든 사회 구성원이 정치에 참여할 수 있게 되었다.

왜 틀렸지? ① 현대 민주주의는 일반적으로 대의 민주주의의 형태를 띤다. ② 시민들은 선거를 통해 대표자를 선출한다. ④ 선거를 통해 뽑힌 대표자가 정책 결정을 한다. ⑤ 부를 축적한 상공업자에게만 선거권이 주어진 때는 근대이다.

09 (가)는 고대 아테네 민주주의, (나)는 현대 민주주의, (다)는 근대 민주주의에 관한 설명이다.

알려 줄게! 민주주의의 발달 과정

시대	정치 형태	시민의 범위
고대 아테네	직접 민주주의	자유민인 성인 남자
근대	대의 민주주의	성별, 재산 등의 자격을 갖춘 사람
현대	대의 민주주의	모든 사회 구성원

10 근대 민주주의와 현대 민주주의는 모두 대의 민주주의를 실시했다는 공통점이 있다.

11 직접 민주주의가 이루어졌는지 묻는 질문에서 ○라고 답을 한 B는 고대 그리스 아테네 민주주의이다. 보통 선거 제도가 확립이 되었는지 묻는 질문에서 ○라고 답을 한 C는 현대 민주주의이다. A는 근대 민주주의이다.

왜 틀렸지? ㄷ. 고대 아테네 민주주의에 관한 설명이다. ㄹ. 현대 민주주의와 근대 민주주의는 모두 대표자를 뽑는 대의 민주주의를 실시한다는 공통점이 있다.

12 민주주의의 역사는 인간으로서 존엄한 가치를 지닌 시민들이 공동체의 주인으로서 평등하게 누려야 할 자유와 권리가 확대되어 온 과정이다. 역사적 사건들을 통해 이러한 자유와 권리는 그냥 주어진 것이 아니라 시민들의 희생과 끊임없는 노력으로 이루어졌다는 것을 알 수 있다.

13 인간의 존엄성은 인간이라는 이유로 존중받을 가치가 있다는 의미로, 민주주의의 근본이념이다. 이를 실현하기 위해서는 자유와 평등의 보장이 필요하다.

왜 틀렸지? ㄴ. 인간의 존엄성에 대한 설명이다. ㄷ. 평등은 모든 사람이 성별, 종교, 신분 등에 따라 차별받지 않고 동등하게 대우받는 것을 의미한다. 현대에는 모든 사람에게 균등하게 기회를 부여하는 것뿐만 아니라 개인의 선천적·후천적인 차이를 고려한 실질적인 평등이 이루어지도록 노력하고 있다.

14 실질적 평등은 개인의 선천적·후천적인 차이를 고려한 것이다.

왜 틀렸지? ㄷ. 차별의 사례이다. ㄹ. 모든 사람을 동등하게 대하는 형식적 평등의 사례이다.

15 민주주의의 기본 원리에는 국민 주권의 원리, 국민 자치의 원리, 입헌주의의 원리, 권력 분립의 원리가 있다.

16 국가 권력을 입법부, 행정부, 사법부와 같은 서로 독립된 기관이 나누어 맡도록 하는 것은 권력 분립의 원리와 관련이 있다. 이는 권력 간 상호 견제와 균형을 통해 권력 남용을 막고 국민의 자유와 권리를 보장하기 위함이다.

알려 줄게! 권력 분립의 원리

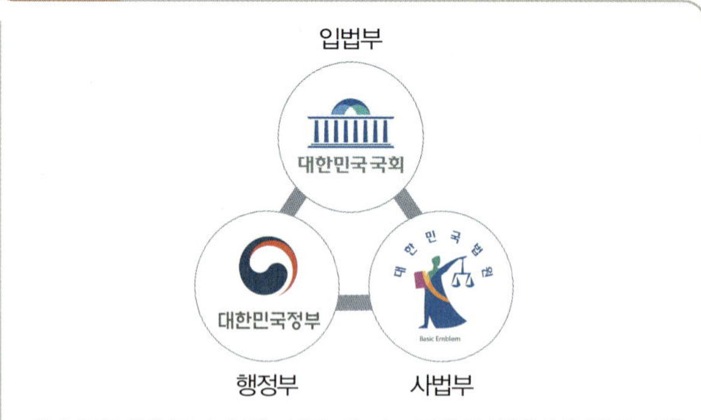

대부분의 민주 국가에서는 법을 만드는 권한은 입법부에, 법을 집행하는 권한은 행정부에, 법을 해석하고 적용하는 권한은 사법부에 두고 있다.

17 간접 민주주의는 오늘날과 같이 복잡하고 거대하여 정책 결정의 전문성이 요구되는 사회에서 실제로 정책을 결정할 때 국민 주권과 국민 자치의 원리를 실현할 수 있는 현실적인 대안이 되고 있다.

18 선거에 관심을 갖지 않는 정치적 무관심 현상이 나타나고 있다. 정치적 무관심이 확대될 경우 선출된 대표가 시민의 의사를 충실히 반영하지 못할 수 있다.

왜 틀렸지? ㄱ. 수준 낮은 참여 증가에 관한 내용은 사례에 제시되어 있지 않다. ㄴ. 사례에 나타난 선거 제도는 직접 민주주의가 아닌 대의 민주주의 요소이다.

19 민주주의의 발전을 위한 제도적 방안에는 직접 민주주의 요소 도입, 공론장의 활성화, 전자 민주주의의 확대, 숙의 민주주의의 활용 등이 있다.

왜 틀렸지? ㄴ. 공론장을 통해 시민의 다양한 요구와 뜻이 정책 결정 과정에 충분히 전달될 수 있으므로 국가 기관은 공론장을 제도적으로 활성화하고 시민은 공론장에 적극적으로 참여하여 서로 존중하면서 사익과 공익을 조화시키려고 노력해야 한다. ㄷ. 사회적으로 중요한 문제에 관한 의사 결정을 할 때 여러 사람이 모여 그에 대해 깊게 생각하고 충분히 의논하여 결정하는 숙의 민주주의를 활용할 수 있다.

20 (가)는 주민 발안, (나)는 주민 소환에 관한 설명이다. 국민 투표는 국가의 중요한 사항을 국민이 직접 투표로 결정하는 제도이다.

21 민주주의의 발전을 위해 시민들은 정치에 관심을 두고 적극적으로 참여하려는 자세와 문제 해결을 위한 합리적인 의사 결정 능력을 길러야 한다. 정부의 정책 집행 과정을 감시하고, 문제가 발생할 경우 그에 관한 개선을 요구해야 한다. 또한 시민이 직접 중요한 문제에 대해 논의하고 사회적 합의를 도출할 수 있도록 공론장에 참여하는 등 능동적인 태도를 가져야 한다.

왜 틀렸지? ㄱ과 ㄴ은 민주주의의 발전을 위한 제도적 방안에 해당한다.

24 **예시 답안** 정치적 무관심의 확대로 시민의 비판과 감시가 소홀해지고, 대표자의 정책에 대한 검증이 제대로 이루어지지 않을 수 있다.

채점 기준	
상	자료를 통해 파악할 수 있는 현대 민주주의의 한계와 문제점을 바르게 서술한 경우
중	자료를 통해 파악할 수 있는 현대 민주주의의 한계와 문제점에 관한 서술이 미흡한 경우
하	자료를 통해 파악할 수 있는 현대 민주주의의 한계와 문제점을 서술하지 못한 경우

10 정치 과정과 시민 참여

01 선거와 정치 참여
~02 정치 주체와 정치 과정 (1)

STEP 1 개념 확인   072쪽

01 직접 민주제 → 대의제(간접 민주제)   **02** (1) 평등 선거 (2) 직접 선거 (3) 보통 선거 (4) 비밀 선거   **03** 유권자   **04** (1) ○ (2) ○ (3) ○ (4) ×   **05** 정당

STEP 2 대표 문제   072~074쪽

01 ② **02** ④ **03** ④ **04** ① **04-1** ③ **05** ④ **06** ③ **07** ⑤ **08** ② **09** ② **09-1** ② **10** ③ **11** ③ **12** ④ **13** ②

01 주권은 시민에게 있으며, 선거를 통해 대표자에게 넘어가지 않는다.

02 선거는 시민의 뜻에 따라 국정을 담당할 대표를 선출하는 기능을 한다. 또한 시민의 지지와 동의를 얻어 선출된 대표는 권위를 인정받아 정당성을 얻게 된다. 시민들은 선거를 통해 정치적 의사를 표현하고 주권을 행사하면서 국가의 주인이라는 인식을 확립하게 된다.

> **왜 틀렸지?** ㄷ. 선거는 대의제에서 시민을 대신하여 나라의 일을 담당할 대표를 선출하는 과정이다.

03 지방 자치 단체장과 지방 의회 의원을 선출하는 지방 선거와 시·도 교육청의 장인 교육감을 선출하는 교육감 선거는 모두 4년을 주기로 이루어진다.

> **왜 틀렸지?** ① 대통령 선거 주기는 5년이다. ② 국회 의원 선거는 4년마다 실시된다. ③ 지방 선거에서는 지방 자치 단체장과 지방 의회 의원을 선출한다. 지역구 국회 의원은 국회 의원 선거에서 선출한다. ⑤ 교육감 선거에서는 시·도 교육청의 장인 교육감을 선출한다.

04 일정한 연령에 도달한 시민이라면 누구나 투표할 수 있다는 원칙은 보통 선거의 원칙이다.

> **왜 틀렸지?** ② 평등 선거의 원칙에 따라 모든 유권자는 동등한 가치의 투표권을 행사할 수 있다. ③ 직접 선거의 원칙에 의해 유권자는 대리인을 거치지 않고 직접 투표해야 한다. ④ 비밀 선거의 원칙에 의해 어느 후보나 정당에 투표하였는지 다른 사람이 알지 못하도록 하고 있다. ⑤ 대리 선거는 직접 선거와 반대되는 개념이다.

04-1 보통 선거의 원칙에 관한 설명이다. 제한 선거는 보통 선거와 반대되는 개념이고, 대리 선거는 직접 선거와 반대된다.

05 A국에서는 투표자가 누구에게 투표했는지 알 수 없도록 하는 비밀 선거의 원칙이 지켜지지 않고 있다.

06 유권자는 선거에 참여할 권리를 가진 사람으로, 우리나라에서는 18세 이상의 시민이 유권자가 된다.

> **알려 줄게!** 우리나라의 선거 연령
>
> 우리나라에서는 18세 이상이면 선거에 참여할 수 있는 권리, 즉 선거권을 행사할 수 있다. 2019년까지는 선거권 연령이 19세 이상이었으나 「공직 선거법」이 개정되면서 바뀌었다. 한편 2022년부터 18세 이상이면 국회 의원 선거와 지방 선거에 출마할 수 있고, 16세 이상의 청소년이 정당에 가입할 수 있게 되면서 청소년이 정치 과정에 참여할 수 있는 기회가 늘어났다.

07 선출된 대표의 공약 이행을 감시·평가하는 유권자의 활동 내용이다. 유권자는 선거가 끝난 후에도 계속 관심을 두면서 선출된 대표가 공약을 얼마나 성실히 이해하고 있는지 감시하고 평가하는 역할을 한다.

08 ㄱ. 정당은 정치권력 획득을 목적으로 하기 때문에 각종 선거에 후보자를 공천하여 대표자로 당선시키고자 노력한다. ㄷ. 선거 과정에서 정당은 많은 유권자들의 지지를 얻기 위해 시민의 요구가 무엇인지를 파악하고, 자신들의 정치적 견해와 시민의 요구를 바탕으로 공약을 개발한다.

> **왜 틀렸지?** ㄴ. 국가 기관이 수행하는 활동이다. ㄹ. 법원의 활동 내용이다.

09 학생은 언론이 수행하는 역할에 관해 설명하고 있다.

09-1 언론은 공정하고 객관적인 보도를 위해 노력해야 하는 역할을 지닌다.

> **왜 틀렸지?** ① 적합한 후보자를 공천하는 것은 정당의 역할이다. ③ 공정한 재판을 통해 분쟁을 해결하는 것은 국가 기관 중 법원의 역할이다. ④ 시민의 의견을 반영하여 법률을 제정·개정하는 것은 국가 기관 중 국회의 역할이다. ⑤ 정치권력을 획득하여 정치적 목적을 실현하려는 정치 주체는 정당이다.

10 선거에서 대표자를 당선시켜 정치권력을 획득하고자 하는 정당의 활동 내용이다.

11 그림과 같은 역할을 수행하는 정치 주체는 이익 집단이다. 이익 집단은 이해관계를 같이하는 사람들이 자신들의 특수한 이익을 실현하고자 결성한 단체이다. 이익 집단은 전문성을 바탕으로 정책 결정에 도움을 주기도 한다.

> **왜 틀렸지?** ㄱ. 헌법에 따라 공식적으로 정책을 결정하고 집행하는 정치 주체는 국가 기관이다. ㄹ. 공익을 실현하기 위해 시민들이 자발적으로 만든 단체는 시민 단체이다. 환경, 노동, 인권 등의 영역에서 활동하는 시민 단체는 시민의 정치 참여를 유도하고 여론을 형성하며, 정부 활동을 감시하고 문제 해결을 위한 대안을 제시하기도 한다.

12 국회는 헌법 제정에 관한 권한이 없으며 탄핵을 소추할 수 있을 뿐이다.

13 선거는 대의제를 기반으로 하는 현대 민주주의에서 매우 중요한 정치 참여 방법이다.

01 예시답안 대표가 맡은 일을 제대로 수행하지 않을 경우 다음 선거에서 대표자를 교체함으로써 정치권력을 통제하는 기능이 있다.

채점 기준	
상	정치권력 통제 또는 교체 등의 핵심 키워드를 사용하여 제시문과 관련된 선거의 기능을 서술한 경우
중	제시문과 관련한 선거의 기능을 서술하였으나 핵심 키워드를 활용하지 못한 경우
하	선거의 기능에 관한 서술이 미흡한 경우

02 ㉠ 국회, ㉡ 정부

03 예시답안 평등 선거의 원칙, 모든 유권자가 동등한 가치의 투표권을 가져야 한다는 원칙이다.

채점 기준	
상	평등 선거를 쓰고, 동등한 가치의 투표권이라는 핵심 개념을 담아 서술한 경우
중	동등한 가치의 투표권이라는 핵심 개념을 서술하였으나 평등 선거라고 정확하게 쓰지 못한 경우
하	평등 선거를 썼으나 동등한 가치의 투표권이라는 핵심 개념을 담지 못하고 미흡하게 서술한 경우

04 (1) (가) 이익 집단, (나) 시민 단체
(2) 예시답안 (가)는 자신들의 특수한 이익 실현을 목적으로 하며, (나)는 사회 전체의 공익 실현을 목적으로 한다.

채점 기준	
상	특수한 이익 실현과 공익 실현이라는 목적 측면의 차이점을 핵심 키워드를 활용하여 정확히 서술한 경우
중	이익 집단과 시민 단체의 차이점을 서술하였으나 목적 측면에서 핵심 키워드를 포함하여 서술하지 못한 경우
하	이익 집단과 시민 단체의 목적 측면에서의 차이점에 관한 서술이 미흡한 경우

05 예시답안 각종 선거에 후보자를 공천하여 대표자로 당선시키고자 노력한다.

채점 기준	
상	선거와 공천이라는 키워드를 사용하여 제시문과 관련 있는 정당의 역할을 서술한 경우
중	선거와 관련한 정당의 역할을 서술하였으나 후보자를 공천한다는 핵심 키워드를 담아 서술하지 못한 경우
하	선거에 후보자를 공천한다는 정당의 역할에 대한 서술이 미흡한 경우

02 정치 주체와 정치 과정 (2)
~03 지방 자치와 시민 참여

01 이익 집약　**02** 지방 자치　**03** (1) 의 (2) 단 (3) 의 (4) 단
04 (1) ✕ (2) ○ (3) ○ (4) ○　**05** 주민 조례 발안 제도

01 ④　**02** ⑤　**03** ③　**04** ③　**04-1** ①　**05** ⑤　**06** ④　**07** ⑤
08 ⑤　**09** ①　**10** ②　**11** ⑤　**12** ⑤　**13** ①　**13-1** ①　**14** ②

01 다양하게 표출된 이익을 집약하여 정책으로 결정하고 집행하는 과정을 정치 과정이라고 한다.

왜 틀렸지? ① 입법은 법을 만들거나 고치는 것, 폐지하는 것을 말한다. ② 법을 해석하고 적용하여 판단하는 국가의 활동을 사법이라고 한다. ③ 행정이란 법 아래에서 법의 규제를 받으면서 국가의 목적 또는 공익을 실현하기 위해 행하는 능동적이고 적극적인 국가 작용이다.

02 다원화된 현대 사회에서 갈등이 해결되지 못할 경우 사회 혼란이 발생할 수 있기 때문에 정치 과정이 필요하다.

왜 틀렸지? ① 정치 과정을 통해 사람들의 다양한 생각을 반영하여 정책을 결정하고 집행한다. 이 과정은 강제적으로 이루어지지 않는다. ② 정치 과정을 통해 다양한 이익이 표출된다. ③ 정치 과정은 간접 민주주의를 시행할 때에도 이루어진다. ④ 정치 과정에서는 공식적 정책 결정 주체뿐만 아니라 언론, 정당, 시민 단체, 이익 집단 등도 영향력을 행사한다.

03 정당과 언론 등이 표출된 이익을 모아 여론을 형성하고 대안을 제시하기도 한다. 이는 정치 과정 중 이익 집약 단계에 해당한다.

왜 틀렸지? ① 이미 시행되고 있는 정책이라도 시민의 평가를 받아 수정되거나 보완되는 환류가 이루어진다. ② 정치 과정에서 개인이나 집단이 다양한 요구 사항을 자유롭게 표출한다. ④, ⑤ 국가 기관은 시민의 다양한 요구를 바탕으로 정책을 결정하여 집행한다.

04 개인이나 집단의 이익 표출 활동에 관한 사례이다. ○○당, 시민 단체, 협동조합은 친환경 정책 확대라는 요구 사항을 표출하고 있다.

04-1 민주주의 사회에서는 정치 과정에서 개인이나 집단이 다양한 요구 사항을 자유롭게 표출하는데, 이는 이익 표출 단계에 해당한다.

05 이익 표출 → 이익 집약 → 정책 결정 → 정책 집행 → 정책 평가의 순서로 정치 과정이 이루어진다.

06 정책 집행의 주체는 정부이다.

07 우리나라의 지방 자치 단체는 의결 기관인 지방 의회와 집행 기관인 지방 자치 단체장으로 구성된다. 지방 의회 의원과 지방 자치 단체장은 지역 주민이 지방 선거를 통해 직접 선출한다.

08 광역 자치 단체의 의결 기관에는 시·도 의회, 기초 자치 단체의 집행 기관에는 시장, 군수, 구청장이 포함된다.

09 ㄱ, ㄴ. 지방 의회는 지역 정책을 결정하며, 법률과 명령의 범위 안에서 조례를 제정·개정 및 폐지한다. 또한 지역의 살림살이 계획인 예산안을 심의하고 확정한다.

> **왜 틀렸지?** ㄷ은 지방 자치 단체장, ㄹ은 법원의 역할이다.

> **알려 줄게!** **지방 자치 단체장의 역할**
>
> 지방 자치 단체장은 지방 의회의 의결 사항을 실행하며, 법령과 조례의 범위 안에서 규칙을 제정한다. 그리고 지방의 각종 사무를 처리하며, 그 지역의 재산을 관리하고 예산을 집행한다.

10 지방 자치는 주민들이 지역의 문제를 스스로 해결한다는 점에서 지역 주민의 적극적인 참여가 요구된다. 따라서 지역 주민의 정치적 무관심이 허용될 것이라는 승현이의 설명은 옳지 않다.

11 지방 자치 단체의 집행 기관은 지방 자치 단체장이다.

> **왜 틀렸지?** ① 교육감은 시·도 교육청의 장이다. ② 광역 의회는 광역 자치 단체의 의결 기관이다. ③ 기초 의회는 기초 자치 단체의 의결 기관이다. ④ 국회 의원은 지방 자치 단체가 아닌 국회를 구성한다.

> **알려 줄게!** **우리나라 지방 자치 단체의 구성**

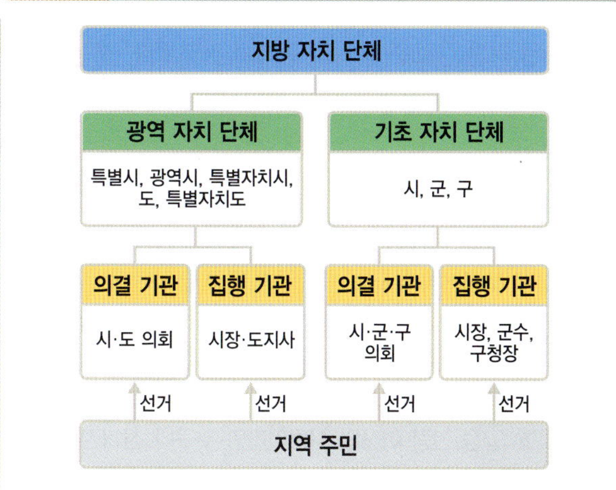

> 우리나라의 지방 자치 단체는 광역 자치 단체와 기초 자치 단체로 나뉘며, 각 단체는 의결 기관과 집행 기관으로 구분된다.

12 다양한 방법으로 지역 사회의 문제에 관한 의사를 표시하고 의견을 제시하는 것이 지역 사회 문제 해결을 위한 바람직한 태도이다.

13 지역구 국회 의원은 국회 의원 선거에서 선출된다. 주민 투표는 지역의 중요한 사안이나 정책에 관해 직접 의사 표시를 하는 것이다.

13-1 정책을 결정하기 전에 전문가나 이해관계인 등을 모아 의견을 듣는 공청회에 관한 설명이다.

> **왜 틀렸지?** ② 주민 청원은 지역 행정에 관한 요구 사항을 문서로 직접 제출하는 것을 말한다. ③ 지방 선거는 주민이 지역의 일을 담당할 지방 의회 의원과 지방 자치 단체장을 뽑는 선거이다. ④ 주민 투표는 지역 사회의 중요한 사항이나 정책을 주민의 투표로 직접 결정하는 것이다.

14 (가)는 주민 소환제, (나)는 주민 조례 발안 제도에 관한 설명이다. 이는 지역 사회의 문제를 해결하기 위해 시민이 참여할 수 있는 방법이다.

> **왜 틀렸지?** ①, ③ 주민 감사 청구제는 지방 자치 단체의 업무와 관련하여 감사를 청구할 수 있는 제도이다. ④, ⑤ 주민 참여 예산제는 주민이 지역의 예산 편성 과정에 참여하여 주민의 의견이 반영되도록 함으로써 예산 편성의 투명성과 민주성, 공정성을 높이기 위한 제도이다.

> **알려 줄게!** **주민 소환제와 주민 조례 발안 제도**
>
> 주민 소환제는 지방 의회 의원(비례 대표 제외)이나 지방 자치 단체장 및 교육감이 직무를 잘 수행하지 못할 때 주민들의 투표를 통해 지역의 공직자를 해임할 수 있도록 하는 제도이다. 또한 주민 조례 발안 제도는 지역 주민이 직접 지방 의회에 조례 입법안을 청구할 수 있는 제도이다.

STEP 3 주관식·서술형 081쪽

01 정치 과정

02 **예시 답안** 이익 집약, 정당과 언론 등이 표출된 이익을 모아 여론을 형성한다.

채점 기준	
상	이익 집약을 쓰고, 정당 또는 언론 등의 정치 주체를 포함하여 이익을 모은다는 이익 집약 단계의 정치 모습을 서술한 경우
중	이익 집약을 쓰고, 정치 주체나 이익 집약 단계의 정치 모습을 한 가지만 서술한 경우
하	이익 집약을 쓰지 못하고, 정치 주체와 이익 집약의 정치 모습을 모두 서술하지 못한 경우

03 **예시 답안** 지방 자치 단체에 민원 또는 청원을 제기한다. 공청회나 주민 설명회 등에 참가한다. 주민 투표, 주민 조례 발안 제도, 주민 참여 예산제, 주민 소환제, 주민 감사 청구제 등의 제도를 활용한다.

<table>
<tr><th colspan="2">채점 기준</th></tr>
<tr><td>상</td><td>시민의 지역 사회 정치 참여 방법을 두 가지 모두 바르게 서술한 경우</td></tr>
<tr><td>중</td><td>시민의 지역 사회 정치 참여 방법을 한 가지만 바르게 서술한 경우</td></tr>
<tr><td>하</td><td>시민의 지역 사회 정치 참여 방법을 서술하지 못한 경우</td></tr>
</table>

04 예시답안 지방 의회, 지역 정책을 결정하며 법률과 명령의 범위 안에서 조례를 제정한다.

<table>
<tr><th colspan="2">채점 기준</th></tr>
<tr><td>상</td><td>지방 의회를 쓰고, 지방 의회의 역할을 두 가지 모두 바르게 서술한 경우</td></tr>
<tr><td>중</td><td>지방 의회를 쓰고, 지방 의회의 역할을 한 가지만 바르게 서술한 경우</td></tr>
<tr><td>하</td><td>지방 의회를 썼으나, 지방 의회의 역할에 관한 서술이 미흡한 경우</td></tr>
</table>

05 (1) 지방 자치

(2) 예시답안 집중되는 것을 막아 중앙 정부와 지방 정부 간의 권력 분립에 이바지한다.

<table>
<tr><th colspan="2">채점 기준</th></tr>
<tr><td>상</td><td>중앙 정부와 지방 정부 간 권력 분립에 이바지한다는 의미로 서술한 경우</td></tr>
<tr><td>중</td><td>권력 분립으로서의 중요성을 설명하였으나 권력 분립이라는 정확한 용어를 활용하지 않은 경우</td></tr>
<tr><td>하</td><td>권력 분립으로서의 지방 자치의 중요성에 대해 서술하지 못한 경우</td></tr>
</table>

대단원 한눈에 정리하기　082~083쪽

❶ 대표　❷ 정당성　❸ 비밀　❹ 정부　❺ 이익 집단　❻ 이익 집약
❼ 지방 자치　❽ 조례　❾ 지방 자치 단체장　❿ 주민 청원

대단원 실전 문제　084~087쪽

01 ②	02 ②	03 ②	04 ⑤	05 ③	06 ④	07 ②
08 ②	09 ①	10 ⑤	11 ③	12 ③	13 ④	14 ③
15 ④	16 ③	17 ③	18 ③	19 ②	20 ③	21 ③

22 해설 참조　　23 해설 참조
24 ㉠: 지방 의회, ㉡: 지방 자치 단체장

01 직접 민주제를 시행하기 어려운 현대 민주주의 국가들은 대부분 대의제를 채택하고 있다. 선거는 이러한 대의제에서 더욱 중요한 역할을 한다.

02 나윤이는 대표에게 정당성을 부여하는 기능에 관해 설명하고 있다. 시민의 지지와 동의를 얻어 선출된 대표는 권위를 인정받아 정당성을 얻게 된다.

왜 틀렸지? ① 대표 선출, ④ 정치 참여 통로, ⑤ 정치권력 통제는 선거의 기능에 해당하지만 나윤이가 설명한 내용에 가장 적절하게 맞는 기능은 아니다.

03 우리 헌법에는 보통 선거, 평등 선거, 직접 선거, 비밀 선거가 규정되어 있다. ② 제한 선거는 일정한 재산, 교육, 종교, 성별 등의 제한을 선거인의 자격 요건으로 하는 것으로, 보통 선거와 대조되는 개념이다.

04 지방 선거는 지역의 일을 담당할 주민의 대표를 선출하는 시민 참여 방법이다. 지방 선거를 통해 지방 의회 의원과 지방 자치 단체장을 선출한다.

왜 틀렸지? ①, ③ (가) 대통령 선거는 5년마다, (나) 국회 의원 선거는 4년마다, (다) 지방 선거는 4년마다 실시된다. ② 국회 의원 선거는 국회를 구성하는 지역구 국회 의원과 비례 대표 국회 의원을 선출하는 선거이다. ④ 지방 선거는 지방 자치 단체에 속하는 지방 의회 의원과 지방 자치 단체장을 선출하는 것이다.

05 모든 유권자에게 동등한 가치의 투표권을 주어야 한다는 평등 선거의 원칙이 나타나 있다.

왜 틀렸지? ① 제한 선거는 일정한 재산, 교육, 종교, 성별 등의 제한을 선거인의 자격 요건으로 하는 것으로, 민주 선거의 기본 원칙에 어긋난다. ② 보통 선거의 원칙에 따라 일정한 연령 이상의 시민이라면 성별, 재산, 학력 등에 상관없이 누구나 선거권을 가지게 된다. ④ 직접 선거의 원칙에 의해 유권자는 대리인을 거치지 않고 직접 투표해야 한다. ⑤ 대리 선거는 대리인이 투표하는 것으로, 민주 선거의 기본 원칙에 어긋난다.

06 제시된 의견은 보통 선거의 원칙에 위배된다. 보통 선거의 원칙에 따라 일정 연령 이상의 시민이라면 누구나 선거권을 가져야 한다.

왜 틀렸지? ① 유권자 자신이 직접 선거하는 것은 선거의 기본 원칙에 위배되는 내용이 아니며, 흥민이의 의견도 해당 내용과 거리가 멀다. ② 누구에게 투표했는지 알지 못하게 하는 것은 선거의 기본 원칙에 위배되는 내용이 아니며, 흥민이의 의견도 해당 내용과 거리가 멀다. ③ 동등한 가치를 가진 투표권을 주는 것은 선거의 기본 원칙에 위배되는 내용이 아니며, 흥민이의 의견도 해당 내용과 거리가 멀다. ⑤ 일정 연령 이상의 시민이라면 누구나 선거권을 가지게 된다는 것은 선거의 기본 원칙에 위배되는 내용이 아니다. 흥민이는 자격에 따라 일부 시민에게는 선거권을 주지 않아야 한다는 점에서 이와 반대되는 의견을 제시하고 있다.

07 정당은 정치적 견해를 같이하는 사람들이 정치권력을 얻기 위해 조직한 단체이다. 따라서 정당은 선거에서 대표자로 당선될 가능성이 높은 후보자를 공천한다.

08 국회는 시민의 의견을 반영하여 법률을 제정·개정 및 폐지하며, 법원은 법률이나 정책과 관련된 분쟁을 해결함으로써 정책의 결정 및 집행에 영향을 준다.

> **왜 틀렸지?** ①, ③, ④ 정부는 법률을 기반으로 정책을 수립하고 집행한다.

09 언론의 역할에 관한 설명이다. 언론은 시민이 올바른 시각을 가지고 정책을 판단할 수 있도록 공정하고 객관적으로 보도해야 한다.

> **왜 틀렸지?** ② 정당은 정치적 의견이 같은 사람들이 정치권력을 획득하기 위해 만든 집단이다. ③ 정부는 법률을 기반으로 정책을 수립하고 집행하는 국가 기관이다. ④ 국회는 시민의 의견을 반영하여 법률을 제정·개정 및 폐지하는 국가 기관이다. ⑤ 이익 집단은 이해관계를 같이하는 사람들이 자신들의 특수한 이익을 실현하고자 결성한 단체이다.

10 시민 단체는 공익을 실현하기 위해 시민들이 자발적으로 만든 단체이다. 환경, 노동, 인권 등의 영역에서 활동하는 시민 단체는 시민의 정치 참여를 유도하고 여론을 형성하며, 정부 활동을 감시하고 문제 해결을 위한 대안을 제시하기도 한다.

> **왜 틀렸지?** ㄱ. 정치권력 획득에 목적을 두는 정치 주체는 정당이다. ㄴ. 법률을 기반으로 정책을 수립하고 집행하는 정치 주체는 정부이다.

11 법률에 따라 정책을 결정하고 집행하는 정치 주체는 정부이다.

12 개인이나 집단의 다양한 이익과 요구가 표출되는 이익 표출 단계에 관한 사례이다.

13 입법부, 행정부, 사법부와 같은 국가 기관 이외에도 시민 단체, 이익 집단, 정당, 언론 등 여러 정치 주체가 정치 과정에 영향력을 행사한다.

14 정치 과정에서 정책 결정 단계에 영향력을 행사하는 정치 주체는 국회와 정부이다.

> **왜 틀렸지?** ㄱ. 정당은 표출된 이익을 모아 대안을 제시하기도 하면서 정치 과정에 영향을 미친다. ㄹ. 정치 과정에서 시민 단체는 다양한 요구 사항을 자유롭게 표출한다.

15 지방 자치에 관한 설명이다. 우리나라에서는 지역 주민이 지방 자치 단체를 구성하여 자기 지역의 일을 자율적으로 처리

할 수 있도록 지방 자치 제도를 실시하고 있다.

> **왜 틀렸지?** ① 공청회는 문제 해결을 위해 마련한 정책이나 대안을 공개적으로 설명하고, 그와 관련된 사람들의 다양한 의견을 듣는 것을 말한다. ② 정치 과정은 다양하게 표출된 이익을 집약하여 정책으로 결정하고 집행하는 과정을 말한다. ③ 주민 투표는 지역의 중요한 사항이나 정책을 주민의 투표로 직접 결정하는 것이다. ⑤ 주민 소환제는 지방 의회 의원(비례 대표 제외)이나 지방 자치 단체장 및 교육감이 직무를 잘 수행하지 못할 때 주민들의 투표를 통해 지역의 공직자를 해임할 수 있도록 하는 제도이다.

16 특별시 의회, 도 의회는 모두 지방 의회에 해당한다.

> **왜 틀렸지?** ① (가) 지방 의회는 의결 기관, (나) 지방 자치 단체장은 집행 기관이다. ② 도지사는 (나)에 해당한다. ④ 특별시장은 (나)에 해당한다. ⑤ (가), (나) 모두 주민이 지방 선거를 통해 직접 선출한다.

17 지역 예산안을 심의·확정하는 것은 지방 의회의 역할이다.

18 지방 자치는 중앙 정부로 권력이 집중되는 것을 막고 중앙 정부와 지방 정부 간 권력 분립에 이바지한다.

19 시장, 군수, 구청장은 기초 자치 단체의 집행 기관이다.

20 주민들의 투표를 통해 지역의 공직자를 해임할 수 있도록 하는 주민 소환제의 사례이다.

> **왜 틀렸지?** ① 공청회는 문제 해결을 위해 마련한 정책이나 대안을 공개적으로 설명하고, 그와 관련된 사람들의 다양한 의견을 듣는 것을 말한다. ② 지방 선거는 지역의 일을 담당할 주민의 대표를 선출하는 것이다. ④ 주민 참여 예산제는 지방 자치 단체의 예산 편성 과정에 주민이 직접 참여하는 것이다. ⑤ 주민 감사 청구제는 지방 자치 단체의 업무와 관련하여 감사를 청구할 수 있는 제도이다.

21 주민 감사 청구제는 지방 자치 단체의 업무와 관련하여 감사를 청구하는 제도이고, 주민 조례 발안 제도는 지방 의회에 조례의 제정 및 개정 또는 폐지를 청구하는 제도이다.

22 **예시 답안** (가): 나라의 일을 담당할 대표를 선출하는 과정이다. (나): 대표에게 정당성을 부여한다. 국정을 담당할 대표를 선출하는 기능을 한다. 정치권력을 통제하는 기능이 있다.

채점 기준	
상	선거의 의미와 기능을 모두 바르게 서술한 경우
중	선거의 의미와 기능 중 한 가지만 바르게 서술한 경우
하	선거의 의미와 기능에 관한 서술이 미흡한 경우

23 **예시 답안** 시민의 다양한 의견을 모아 여론을 형성한다. 국회, 정부에 여론을 전달하여 정책에 반영시키기 위해 노력한다. 정부의 정책을 평가하고 대안을 제시한다.

채점 기준	
상	정당의 역할을 정확하게 서술한 경우
중	정당의 역할을 서술하였으나 다소 미흡한 경우
하	정당의 역할을 서술하지 못한 경우

11 일상생활과 법

01 법의 의미와 목적
~02 법의 종류

STEP 1 개념 확인 092쪽

01 (1) × (2) ○ (3) × (4) ×　**02** 법　**03** (1) − ㄷ (2) − ㄱ (3) − ㄴ
04 사회법　**05** (1) 강제성 (2) 공법 (3) 민법 (4) 사회 보장법

STEP 2 대표 문제 092~094쪽

01 ③　**02** ②　**02-1** ②　**03** ③　**04** ①　**05** ①　**06** ④　**07** ①
07-1 ⑤　**08** ④　**09** ③　**10** ④　**11** ②　**11-1** ①　**12** ⑤

01 도로 교통법은 도로에서 일어나는 모든 위험과 장애를 방지하거나 제거하여 안전하고 원활한 교통을 확보하도록 만든 법률을 말한다.

02 (가)는 법, (나)는 도덕에 대한 설명이다.

> **알려 줄게! 사회 규범**
>
> | 관습 | 한 사회에서 오랫동안 지켜져 내려온 풍습 |
> |---|---|
> | 종교 규범 | 특정 종교에서 지키도록 정해 놓은 교리나 계율 |
> | 도덕 | 인간이 마땅히 지켜야 할 도리 |
> | 법 | 사회 구성원의 합의에 따라 국가가 정한 규범 |

02-1 (가), (나) 모두 사람들이 사회생활을 하면서 따라야 할 행동의 기준인 사회 규범에 해당한다.

03 법을 지키지 않을 경우 국가의 제재를 받는다는 점에서 법은 강제성을 가진다.

> **왜 틀렸지?** ① 법은 강제성을 가진다. ② 도덕은 인간의 내면을 규율한다. ④ 법은 겉으로 드러나는 행위와 그 결과를 중시하고, 도덕은 인간 내면의 양심이나 동기를 중요시한다. ⑤ 사회 구성원들이 널리 인정하는 풍습은 관습이다.

> **알려 줄게! 법과 도덕의 특징**
>
> | 구분 | 법 | 도덕 |
> |---|---|---|
> | 규율 대상 | 행위의 결과 | 행위의 동기 |
> | 특성 | 강제성 | 자율성 |
> | 위반하는 경우 | 국가에 의한 제재 | 양심의 가책, 사회적 비난 |
> | 목적 | 정의의 실현 | 선의 실현 |

04 자료를 통해 층간 소음으로 인한 분쟁이 관련 법에 따라 해결될 수 있음을 알 수 있다.

> **알려 줄게! 법의 기능**
>
> 사람들 사이에 분쟁이 발생하면 문제를 해결하기 위해 옳고 그름을 가릴 수 있는 판단 기준이 필요하다. 이때 법은 사회 구성원이 지켜야 할 행위나 판단의 기준을 제시함으로써 분쟁을 해결하고 예방하는 역할을 한다. 또한 법에는 개인에게 어떠한 권리가 있는지, 개인의 권리가 침해되었을 때 어떻게 구제받을 수 있는지 규정되어 있다. 이처럼 법은 개인의 권리를 명시하고 이를 침해하는 행위를 제재함으로써 개인의 권리를 보호해 준다.

05 제시된 내용은 정의에 대한 설명이다. 법은 정의 실현을 궁극적인 목적으로 한다.

> **알려 줄게! 법의 목적**
>
> 사회에 존재하는 다양한 법은 저마다 다른 내용을 담고 있지만, 정의를 추구한다는 점에서 공통점이 있다. 정의란 모든 사람에게 각자가 받아야 할 정당한 몫을 주는 것으로, 법이 추구하는 궁극적인 목적이다.

06 정의 실현은 무조건 똑같이 대한다고 이루어지는 것이 아니다. 범죄자에게 그가 저지른 죄의 크기만큼의 형벌을 받도록 하는 것이 정의를 실현하는 것이다.

07 공법은 국가와 개인 또는 국가 기관 간의 관계를 규율한다.

> **왜 틀렸지?** ②와 ④는 사법, ③과 ⑤는 사회법에 대한 설명이다.

07-1 헌법과 형법은 공법에 해당한다.

> **왜 틀렸지?** ㄱ, ㄴ. 민법과 상법은 사법에 해당한다.

> **알려 줄게! 법의 종류**
>
> 법은 규율하는 생활 영역에 따라 공법, 사법, 사회법으로 구분할 수 있다. 공법은 국가와 개인 또는 국가 기관 간의 관계를 규율하는 법으로, 대표적으로 헌법과 형법이 있다. 사법은 개인 간의 사적인 관계를 규율하는 법으로, 대표적으로 민법이 있다. 사회법은 개인 간의 생활 영역에 국가가 개입하기 때문에 사법과 공법의 중간적인 성격을 가진다. 사회법은 크게 노동법, 경제법, 사회 보장법으로 구분할 수 있다.

08 제시된 법 조항은 형법의 일부이다. 형법은 범죄의 종류와 그에 따른 형벌의 정도를 규정한 법이다.

> **왜 틀렸지?** ① 형법은 공법에 해당한다. ② 우리나라의 최고법은 헌법이다. 헌법은 공법에 해당한다. ③ 국가 운영의 원리를 담고 있는 법은 헌법이다. ⑤ 사회적 약자를 보호하는 것을 목적으로 하는 것은 사회법이다.

09 (가)는 민법에 해당한다. 민법은 주로 개인의 가족 및 친족 관계, 재산 및 거래 관계, 손해 배상 등을 다룬다.

> **왜 틀렸지?** ㄱ. 형벌의 정도를 규정하는 것은 공법 중 형법이다. ㄹ. 국가의 통치 구조를 규정하는 것은 공법 중 헌법이다.

10 사회법은 사적인 생활 영역에 국가가 개입하여 만들어진 새로운 유형의 법이다.

11 제시문은 사회법의 등장 배경에 관한 것이다. 사회법은 사법과 공법의 중간 영역으로서 모든 사람의 인간다운 생활을 보장하는 것을 목적으로 한다.

왜 틀렸지? ① 민법, 상법은 사법에 속한다. ③ 개인과 국가 간의 공적 생활 관계를 규율하는 것은 공법이다. ④ 범죄의 종류와 형벌을 정하여 사회 질서를 유지하는 것은 공법 중 형법이다. ⑤ 가족 관계, 재산 관계 등과 관련한 개인의 권리와 의무를 다루는 것은 사법 중 민법이다.

11-1 사회법은 노동법(근로 기준법, 최저 임금법), 경제법(소비자 기본법), 사회 보장법(국민연금법)으로 구분된다. ①은 사법 영역에 속한다.

알려 줄게! 사회법의 종류

노동법	근로 기준법, 최저 임금법 등
경제법	소비자 기본법, 독점 규제 및 공정 거래에 관한 법률 등
사회 보장법	국민 기초 생활 보장법, 국민 건강 보험법, 국민 연금법 등

12 경제법에는 소비자 기본법, 독점 규제 및 공정 거래에 관한 법률 등이 있다.

왜 틀렸지? ① 노동법에 해당한다. ② 사회 보장법에 해당한다. ③ 사회 보장법에 해당하는 법이다. ④ 노동법에 해당하는 법이다.

---

01 **예시 답안** ㉠은 도덕, ㉡은 법이다. 도덕은 인간 내면의 양심이나 동기를 중시하지만, 법은 행위와 그 결과를 중시한다. 도덕을 위반할 경우 양심의 가책이나 사회적 비난을 받지만, 법을 어겼을 경우 국가에 의한 제재를 받는다.

채점 기준	
상	㉠은 도덕, ㉡은 법이라고 쓰고 그 차이점을 두 가지 이상 바르게 서술한 경우
중	㉠은 도덕, ㉡은 법이라고 쓰고 그 차이점을 한 가지만 서술한 경우
하	㉠은 도덕, ㉡은 법이라고만 쓴 경우

02 정의

03 ㉠: 사법, ㉡: 공법

---

04 **예시 답안** 형법, 범죄의 종류와 그에 따른 형벌의 내용과 정도를 규정한 법이다.

채점 기준	
상	형법이라고 쓰고, 그 의미를 옳게 서술한 경우
중	형법이라고 쓰고 그 의미에 관한 서술이 미흡한 경우
하	형법이라고만 쓴 경우

05 (1) 사회법

(2) **예시 답안** 사회법은 개인 간의 생활 영역에 국가가 개입하는 법이다. 사회법은 사회적·경제적 약자를 보호하고 모든 국민의 인간다운 생활을 보장하는 것을 목적으로 한다.

채점 기준	
상	사회법의 의미와 목적을 구체적으로 바르게 서술한 경우
중	사회법의 의미와 목적 중 한 가지만 바르게 서술한 경우
하	사회법의 의미와 목적을 제대로 서술하지 못한 경우

알려 줄게! 사회법의 등장 배경과 필요성

근대 시민 사회에서는 개인의 자유로운 경제 활동을 최대한 보장하기 위해 국가의 간섭이나 개입을 최소화하였다. 그러나 자본주의가 발달하면서 빈부 격차, 노사 갈등과 같은 여러 가지 사회 문제가 나타나 기본적인 생활조차 유지하기 어려운 사람들이 생겨났다. 이러한 상황에서 국가가 사회적 약자를 보호하여 모든 국민의 최소한의 인간다운 생활을 보장하도록 하는 사회법이 등장하였다. 사회법은 개인 간의 생활 영역에 국가가 개입하기 때문에 사법과 공법의 중간적인 성격을 가진다. 이러한 사회법은 현대 복지 국가에서 그 중요성이 더욱 커지고 있다.

---

03 재판의 종류와 공정한 재판

01 재판　**02** (1) 민 (2) 형 (3) 형 (4) 민　**03** (1) 형사 재판 (2) 원고 (3) 공개 재판주의　**04** 심급 제도　**05** ㉠: 항소, ㉡: 상고

01 ①　**02** ④　**03** ②　**04** ③　**05** ①　**05-1** ④　**06** ③　**07** ⑤
08 ⑤　**09** ②　**10** ①　**11** ④　**12** ⑤　**13** ③　**13-1** ③

01 ㄱ. 재판에는 대표적으로 민사 재판과 형사 재판이 있으며 이 외에도 가사 재판, 행정 재판 등이 있다. ㄴ. 재판은 분쟁의 예방과 해결, 사회 질서 유지, 개인의 권리 보호, 정의 실현의 기능을 한다.

02 ㄴ. 재판은 강제성이 있으므로 합의에 비해 분쟁을 확실하게 해결할 수 있는 방법이다. ㄹ. 합의는 분쟁 당사자가 대화를 통해 자율적으로 문제를 해결하는 것으로, 절차가 복잡한 재판에 비해 분쟁을 신속하게 해결할 수 있다.

03 ②는 뺑소니 범죄에 해당하므로 형사 재판에서 다루어져야 할 내용이다. ①, ③, ④, ⑤는 모두 개인 간의 관계에서 발생한 분쟁에 해당하므로 민사 재판으로 해결할 수 있다.

04 민사 재판은 피해를 입었다고 생각하는 사람이 원고가 되어 소장을 법원에 제출함으로써 시작된다.

알려 줄게! 민사 재판과 형사 재판

민사 재판	• 개인과 개인 사이에 일어난 분쟁을 해결하기 위한 재판이다. • 소송을 제기한 원고와 소송을 당한 피고로 재판이 이루어지며 이들은 소송 대리인(변호사)의 도움을 받을 수 있다.
형사 재판	• 사회 질서를 위협하는 범죄 사건에 적용되는 재판이다. • 검사는 피의자를 대상으로 공소를 제기하고, 피고인은 변호인의 도움을 받을 수 있다.

05 그림은 형사 재판정의 모습이다. ㄱ. 형사 재판에서는 범죄 사실을 밝히고 형벌의 종류와 정도가 결정된다. ㄴ. 형사 재판에서 범죄 사실의 증명은 적법한 절차에 따라 수집한 증거를 바탕으로 이루어져야 한다.

05-1 ④ 손해 배상 청구 사건은 민사 재판에서 다루어진다.

06 자료에 나타난 재판은 민사 재판이다. ③ 피고인의 유무죄 및 형벌, 형량을 결정하는 재판은 형사 재판이다.

07 형사 재판은 범죄 사건을 담당하는 검사의 공소 제기로 시작된다. 법정에서 검사는 증거를 제시하면서 피고인의 범죄 사실을 밝히고, 피고인은 변호인과 함께 자신의 입장을 변론한다. 판사는 관련된 법 조항을 적용하여 범죄의 유무와 형벌의 정도에 대한 판결을 내린다.

08 ⑤ 피의자는 형사 사건으로 수사를 받고 있지만, 아직 법원에

공소 제기를 당하지 않은 상태의 사람을 말한다. 검사의 공소 제기를 당한 후에는 형사 재판에서 피고인으로 불린다.

09 제시된 제도들은 모두 공정한 재판을 통해 국민의 권리를 최대한 보호하기 위해 실시하고 있는 것들이다.

알려 줄게! 공정한 재판을 위한 제도

사법권의 독립	• 법관이 헌법과 법률에 의해 그 양심에 따라 심판할 것을 규정하고 있으며, 법관의 임기를 정하여 신분을 보장하고 있다. • 법원의 조직과 운영에 대해 입법부, 행정부와 같은 다른 국가 기관의 간섭이나 영향을 받지 않도록 하여 법원의 독립이 유지되도록 하고 있다.
공개 재판주의	재판 당사자 이외에 일반 시민에게도 재판의 심리와 판결을 공개한다.
증거 재판주의	법원이 구체적인 증거를 바탕으로 판결해야 한다는 원칙이다.
심급 제도	한 사건에 대해 급이 다른 법원에서 여러 번 재판을 받을 수 있는 제도이다.

10 법관은 선거를 통해 선출되지 않고, 그 자격이 법률로 정해져 있다.

11 국민 참여 재판이란 일반 국민이 형사 재판에 배심원으로 참여할 수 있게 하는 제도이며, 법 전문가가 아닌 일반 국민이 재판에 참여함으로써 재판의 공정성과 투명성을 높일 수 있다는 데 의의가 있다.

12 제시문은 증거 재판주의에 대한 설명이다. 위법한 절차로 수집된 증거는 증거 재판주의에 따라 증거 능력이 인정되지 않는다.

13 제시된 그림은 심급 제도를 나타낸 것이다. 심급 제도란 급을 달리하는 법원에서 한 사건에 관해 여러 번 재판을 받을 수 있는 제도이다.

13-1 심급 제도는 법관의 잘못된 판결로 발생할 수 있는 국민의 피해를 최소화하고 공정한 재판이 이루어지도록 하려는 것이다. 이를 통해 국민의 기본권을 보장할 수 있다.

결에 불만이 있을 경우 상급 법원에 다시 재판을 청구할 수 있는 제도이다.

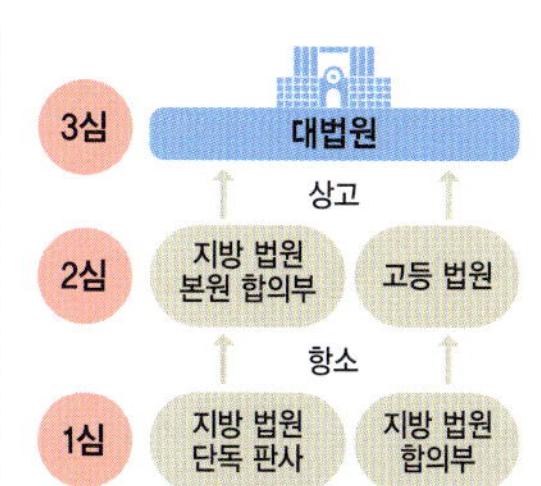

우리나라는 3심제를 원칙으로 한다. 따라서 재판의 당사자는 하급 법원의 판결에 불만이 있을 경우 상급 법원에 다시 재판을 청구할 수 있는데, 이를 상소라고 한다. 상소에는 1심 법원의 판결에 불복하여 2심을 청구하는 항소와 2심 법원의 판결에 불복하여 3심을 청구하는 상고가 있다.

STEP 3 주관식·서술형　　101쪽

01 (1) 재판

(2) **예시 답안** 소송을 위한 절차와 진행 방법이 복잡하다는 것이다. 최종 판결까지 오랜 기간이 필요하다는 것이다. 변호사를 선임할 경우 비용이 발생하여 분쟁 당사자에게 부담이 될 수 있다는 것이다.

채점 기준	
상	재판의 단점을 세 가지 이상 서술한 경우
중	재판의 단점을 두 가지만 서술한 경우
하	재판의 단점을 한 가지만 서술한 경우

02 **예시 답안** (가)는 민사 재판, (나)는 형사 재판이다. 민사 재판은 개인과 개인 사이의 권리와 의무에 관한 분쟁을 해결한다. 형사 재판은 범죄가 발생했을 때 범죄 여부를 판단하고 형벌의 종류와 정도를 정한다.

채점 기준	
상	(가), (나)에 해당하는 재판을 쓰고, 그 차이점을 바르게 서술한 경우
중	(가), (나)에 해당하는 재판을 썼으나, 차이점에 대한 서술이 미흡한 경우
하	(가), (나)에 해당하는 재판만 쓴 경우

03 사법권의 독립

04 공개 재판주의

05 (1) ㉠: 상고, ㉡: 항소

(2) **예시 답안** 심급 제도, 법관의 잘못된 판결로 발생할 수 있는 국민의 피해를 최소화한다. 공정한 재판을 실현하여 국민의 기본권을 보장한다.

채점 기준	
상	심급 제도를 쓰고, 그 목적을 두 가지 이상 서술한 경우
중	심급 제도를 쓰고, 그 목적을 한 가지만 서술한 경우
하	심급 제도만 쓴 경우

대단원 한눈에 정리하기　　102~103쪽

❶ 법　❷ 정의　❸ 헌법　❹ 민법　❺ 경제법　❻ 형사 재판
❼ 원고　❽ 검사　❾ 공개 재판주의　❿ 상소

대단원 실전 문제　　104~107쪽

01 ②	02 ④	03 ③	04 ②	05 ①	06 ③	07 ①
08 ④	09 ①	10 ①	11 ④	12 ④	13 ④	14 ②
15 ④	16 ⑤	17 ⑤	18 ④	19 ④	20 ④	21 ④
22 해설 참조		23 사회법		24 해설 참조		

01 제시문은 관습에 대한 설명이다.

왜 틀렸지? ①, ③은 종교 규범, ④, ⑤는 법의 사례이다.

02 노약자에게 자리를 양보하는 것은 법에서 정한 행동이 아니라 인간이라면 마땅히 지켜야 할 도리인 도덕에 따른 행동이다.

03 법은 행위의 결과를 중시하고, 강제성이 있기 때문에 법을 지키지 않으면 국가로부터 제재를 받는다.

왜 틀렸지? ㄱ. 법만이 아닌 모든 사회 규범의 특징에 해당한다. ㄹ. 인간 내면의 양심과 행동의 동기를 중요시하는 것은 사회 규범 중 도덕의 특징이다.

04 법은 행위의 결과를 규율 대상으로 하며 국가의 강제성에 따른다. 반면에 도덕은 행위의 동기를 규율 대상으로 하며 개인의 자율성에 따른다.

왜 틀렸지? ㄴ. 사회 구성원의 합의에 따라 국가가 정하는 사회 규범은 법이다. ㄹ. 법은 도덕에 비해 공정하고 객관적인 판단 기준을 제공한다.

05 법은 개인의 권리를 보호하고 분쟁을 해결함으로써 사회의 질서를 유지한다.

06 자료는 정의의 여신상을 나타낸다. ㄴ. 사회에 존재하는 다양한 법은 저마다 다른 내용을 담고 있지만 공통적으로 정의 실현을 궁극적인 목적으로 한다. 정의의 여신상은 정의를 나타내는 대표적인 상징물이다. ㄷ. 정의의 여신상이 들고 있는 양팔 저울은 모든 사람에게 공평하게 판결하겠다는 것이다.

왜 틀렸지? ㄱ. 칼은 법의 강제성을 나타낸다. ㄹ. 눈을 감은 것은 공정한 판단을 의미한다.

07 검색창 (가)에 들어갈 법은 헌법이다. 헌법은 우리나라의 최고법이다.

왜 틀렸지? ② 형법은 범죄의 종류와 그에 따른 형벌을 정한 법으로, 범죄를 예방하고 국민의 권리를 보호하는 역할을 한다. ③ 민법은 개인의 재산 관계 및 가족 관계에 관한 권리와 의무 등을 다루는 법이다. ④ 상법은 기업의 설립과 활동 등 기업에 관한 사항과 상거

래와 관련된 경제생활 관계를 규정한 법이다. ⑤ 사회 보장법은 빈곤, 질병, 장애, 고령 등으로 어려움을 겪고 있는 사람들을 돕고 모든 국민의 인간다운 생활을 보장하기 위한 법이다.

08 그림은 경찰이 형법에 따라 절도 혐의가 있는 피의자를 체포하고 있는 모습이다.

09 사적인 생활 관계를 규율하는 법 영역은 사법이다. 사법에 속하는 법에는 민법, 상법 등이 있다.

왜 틀렸지? ② 헌법은 국가와 개인 또는 국가 기관 간의 공적인 생활 관계를 규율하는 공법에 속한다. ③ 형법과 소송법은 공법에 속한다. ④ 행정법은 공법에 속한다. 노동법은 사적인 생활 영역에 국가가 개입하는 사회법에 속한다. ⑤ 경제법과 사회 보장법은 사회법에 속한다.

10 사법 영역 중 민법은 가족 관계 및 재산 관계 등을 규정한다. ㄱ. 18세가 되어 혼인할 수 있는 것, ㄴ. 부동산을 사고팔 때 계약서를 작성하는 것은 가족 관계나 개인의 재산 관계에 관한 내용이므로 사법에 속하는 민법이 적용된다.

왜 틀렸지? ㄷ. 공법 영역에 해당한다. ㄹ. 사회법 영역에 해당한다.

11 사회법은 사법과 공법의 중간적인 성격을 가진 영역으로, 국민들의 인간다운 생활을 보장하기 위해 등장하였다.

왜 틀렸지? ① 헌법, 형법은 국가와 개인 또는 국가 기관 간의 공적인 생활 관계를 규율하는 공법에 속한다. ② 사회법은 개인의 자유로운 경제 활동을 최대한 보장하기 위해 국가의 간섭이나 개입을 최소화했던 근대 사회에서 나타난 문제점을 해결하고자 등장한 법이다. ③ 국가 기관 간의 공적 생활 관계를 규율하는 것은 공법이다. ⑤ 가족 관계, 재산, 거래 등과 관련한 개인의 권리와 의무를 다루는 법은 민법이며, 민법은 사법에 속한다.

12 ㄴ. 헌법, 형법은 공법에 속한다. ㄹ. 사회법은 개인 간의 생활 영역에 국가가 개입하는 법이다.

왜 틀렸지? ㄱ. 사회법에 대한 설명이다. ㄷ. 현대 복지 사회에서 사회법은 그 중요성이 점차 강조되고 있다.

13 제시된 법들은 사회법에 해당한다는 공통점이 있다. 국가가 사회적 약자를 보호하여 모든 국민의 최소한의 인간다운 생활을 보장하도록 하고자 사회법이 등장하였다. 사회법은 개인 간의 생활 영역에 국가가 개입하기 때문에 사법과 공법의 중간적인 성격을 가진다. 이러한 사회법은 현대 복지 국가에서 그 중요성이 더욱 커지고 있다.

14 근대 시민 사회에서 국가가 개인의 자유와 권리를 최대한 보장한 결과 여러 문제점이 발생하였다. 이러한 문제를 해결하기 위해 국가가 개인의 사적인 생활 영역에 적극적으로 개입함으로써 나타난 법 영역이 사회법이다.

15 재판을 통해 분쟁이 해결되기까지 시간과 비용이 많이 들고, 절차가 복잡하다는 단점이 있다.

16 밑줄 친 '재판'은 민사 재판에 해당한다. 재판은 공개 재판주의에 따라 진행된다.

17 ㄷ. 형사 재판은 공개 재판주의와 증거 재판주의에 따라 진행된다. ㄹ. 형사 재판에서 판사는 관련된 법 조항을 적용하여 범죄의 유무와 형벌의 정도에 대한 판결을 내린다.

왜 틀렸지? ㄱ. 형사 재판은 검사가 피의자를 대상으로 공소를 제기하면서 시작된다. ㄴ. 개인 간의 권리와 의무에 관한 다툼을 해결하기 위한 재판은 민사 재판이다. 형사 재판은 사회 질서를 위협하는 범죄 사건에 적용되는 재판이다.

18 (가)는 민사 재판, (나)는 형사 재판을 나타낸다. 국민 참여 재판은 살인, 강도 등 죄가 무거운 형사 사건을 대상으로 이루어진다.

19 공정한 재판을 위해 공개 재판주의에 따라 재판의 과정과 결과를 일반 국민에게 공개하도록 한다. 재판이 공정하게 진행되지 않는다면 국민의 자유와 권리는 제대로 보장되기 어려울 것이다. 따라서 우리나라에서는 재판이 공정하게 이루어지도록 사법권의 독립, 공개 재판주의와 증거 재판주의, 심급 제도가 적용되고 있다.

20 사법권의 독립이 보장되도록 법관이 헌법과 법률에 의하여 그 양심에 따라 심판할 것을 규정하고 있으며, 법관의 임기를 정하여 신분을 보장하고 있다. 또한 법원의 조직과 운영에 대해 다른 국가 기관의 간섭이나 영향을 받지 않도록 하여 법원의 독립이 유지되도록 하고 있다.

21 그림은 심급 제도를 나타낸다.

왜 틀렸지? ㄱ. ㉠은 대법원이다. ㄷ. 민사 재판과 형사 재판 모두 3심제로 운영한다.

22 **예시 답안** 정의, 모든 사람에게 각자 받아야 할 정당한 몫을 주는 것이다.

채점 기준	
상	정의라고 쓰고, 그 의미를 옳게 서술한 경우
중	정의라고 쓰고, 그 의미를 정의 실현의 구체적인 사례만으로 제시한 경우
하	정의라고만 쓴 경우

24 (1) 민사 재판

(2) **예시 답안** 원고: 갑, 피고: 을, 갑이 소송을 제기한 사람이므로 원고가 되고, 소송의 상대방인 을이 피고가 된다.

채점 기준	
상	원고와 피고를 모두 쓰고, 그 이유를 옳게 서술한 경우
중	원고와 피고를 모두 쓰고, 그 이유로 원고 또는 피고에 대한 내용만 서술한 경우
하	원고와 피고만 쓴 경우

12 인권과 기본권

01 인권 보장과 헌법
~02 기본권의 제한과 침해 구제 (1)

STEP 1 개념 확인   112쪽

01 (1) 인권 (2) 헌법 (3) 자유권 **02** (1) ㄴ (2) ㄷ (3) ㄱ **03** 국가
안전 보장, 법률, 없다 **04** ㄴ, ㄷ **05** (1) × (2) ×

STEP 2 대표 문제   112~114쪽

01 ② **01-1** ② **02** ① **03** ⑤ **04** ② **05** ① **06** ⑤ **07** ③
07-1 ⑤ **08** ② **09** ② **10** ④ **11** ③ **12** ① **13** ①

01 인권은 인간이 태어나면서부터 갖게 되는 권리이다.

왜 틀렸지? ① 타인에게 양도하거나 빼앗길 수 없다. ③ 국적, 나이
등과 상관없이 모든 사람에게 주어지는 권리이다. ④ 국가가 법으로
보장하기 이전에 인간에게 주어진 권리이다. ⑤ 다른 사람이나 국가
기관이 함부로 침해할 수 없다.

01-1 ㉠은 인권이다. 인권은 천부적 권리, 자연적 권리, 보편적
권리, 불가침의 권리라는 특징을 가지고 있다.

02 ㄱ과 ㄴ은 부당한 차별이 이루어지고 있는 경우로, 인권 침해
에 해당한다.

왜 틀렸지? ㄷ은 질서 유지, ㄹ은 청소년 보호라는 정당한 목적을
위한 것이므로 인권 침해라고 볼 수 없다.

03 인권 침해는 사회 구성원의 편견이나 고정 관념, 사회의 관
습, 국가의 잘못된 법률과 제도 등의 영향으로 발생한다.

왜 틀렸지? ① 인권 침해는 물리적이거나 정신적인 것이 모두 포함
된다. ② 인권 침해의 주체는 개인이나 단체, 국가 기관 모두가 될
수 있다. ③ 인권 감수성은 인권과 관련된 문제를 민감하게 받아
들이는 것으로, 이를 통해 인권 침해 문제를 해결하고 예방할 수
있다. ④ 현대 민주주의 국가에서도 여전히 인권 침해가 나타나고
있다.

04 사라 헨드렌은 인권과 관련한 문제를 민감하게 받아들이는
인권 감수성을 발휘하여 장애인 픽토그램이 가진 인권 침해
적 요소를 개선하려고 하였다.

왜 틀렸지? ㄴ. 참정권은 국가의 의사 결정에 참여할 수 있는 권리
로, 사례와 관련이 없다. ㄹ. 픽토그램에 담긴 장애인에 관한 부정적
표현을 개선한 새로운 픽토그램을 만든 것으로 보아 이를 인권 침
해 문제로 여겼다고 볼 수 있다.

05 기본권은 인권 중에서 헌법에 규정하여 보장하는 권리이다.

왜 틀렸지? ② 기본권은 일정한 요건과 한계 내에서 제한할 수 있

다. ③ 인권이 자연적 권리라면 기본권은 시민적 권리이다. ④ 인권
은 국가가 법으로 보장하기 이전에 인간에게 주어진 권리이다. ⑤
인권은 모든 인간에게 주어지는 권리이고 기본권은 모든 국민에게
주어지는 권리이다.

06 오늘날 민주 국가에서는 헌법을 통해 기본적인 인권을 보장
한다.

07 (가)는 국가 배상 청구권으로 청구권이 보장되는 사례, (나)
는 인간다운 생활을 할 권리인 사회권이 보장되는 사례이다.

07-1 기후 위기 대책 마련을 위한 집회를 보여 주는 자료이다.
자유권 중 하나인 집회의 자유가 포함된 헌법 조항은 ⑤이다.

왜 틀렸지? ①은 평등권, ②는 근로의 권리, ③은 인간다운 생활을
할 권리 ④는 선거권과 관련한 조항이다.

알려 줄게! 우리 헌법이 보장하는 기본권

인간의 존엄과 가치 및 행복 추구권	모든 인간이 인간이라는 이유만으로 존중받으며 행복을 추구할 수 있는 권리
평등권	모든 국민이 정치적·경제적·사회적·문화적 생활의 모든 영역에서 부당하게 차별받지 않고 동등하게 대우받을 권리
자유권	개인의 자유로운 생활에 대해 국가의 간섭이나 침해를 받지 않을 권리
참정권	국민이 국가 기관의 형성과 국가의 정치적 의사 결정에 참여할 수 있는 권리
청구권	국가에 대하여 일정한 행위를 요구하거나 침해당한 기본권의 구제를 요청할 수 있는 수단적 성격의 적극적인 권리
사회권	국가에 대해 인간다운 생활의 보장을 요구할 수 있는 적극적인 권리

08 헌법 제10조에는 인간의 존엄과 가치 및 행복 추구권이 제시
되어 있다. 이는 헌법에 보장된 기본권의 토대가 되며, 모든
기본권이 추구하는 궁극적 가치이다.

왜 틀렸지? ㄴ. 기본권이 침해되거나 침해될 우려가 있을 때 국가에
대하여 일정한 행위를 요구할 수 있는 수단적 성격의 권리는 청구
권이다. ㄹ. 기본권은 국가 최고법인 헌법을 통해 보장한다.

09 침해당한 기본권의 구제를 청구할 수 있는 권리는 청구권이
다. 청구권의 내용에는 재판 청구권, 청원권, 국가 배상 청구
권 등이 있다.

왜 틀렸지? ㄴ은 참정권, ㄹ은 사회권에 해당한다.

10 사회권과 관련한 헌법 조항이다.

왜 틀렸지? ①은 평등권, ②는 자유권, ③은 참정권, ⑤는 청구권에
관한 설명이다.

11 기본권을 제한하는 경우에도 자유와 권리의 본질적인 내용은 침해할 수 없다.

왜 틀렸지? ① 법률로써 제한할 수 있다. ② 국가 안전 보장, 질서 유지, 공공복리를 위해 필요한 경우에 한해 제한할 수 있다. ④ 기본권 제한의 요건과 한계가 존재한다. ⑤ 제한의 한계를 정한 것은 국가 권력의 남용을 방지하여 국민의 자유와 권리를 최대한 보장하기 위함이다.

12 우리 헌법에 따르면 국가 안전 보장, 질서 유지, 공공복리를 위해 필요한 경우에 한하여 기본권을 제한할 수 있다.

13 강제 격리 조치는 감염병의 확산을 막고 국민 건강을 보호하기 위해 「감염병의 예방 및 관리에 관한 법률」에 근거하여 시행되고 있다.

왜 틀렸지? ㄷ. 기본권을 제한하는 경우에도 자유와 권리의 본질적인 내용을 침해할 수 없다. ㄹ. 개인의 자유권을 제한하는 내용을 담고 있다.

STEP 3 주관식·서술형   115쪽

01 (1) 인권

(2) **예시 답안** 인간이 태어나면서부터 갖게 되는 권리이다. 국가가 법으로 보장하기 전에 이미 인간에게 주어진 권리이다. 모든 사람에게 차별 없이 부여되는 보편적인 권리이다. 다른 사람이나 국가 기관이 함부로 침해할 수 없는 권리이다.

채점 기준	
상	인권의 특징 두 가지를 바르게 서술한 경우
중	인권의 특징 한 가지를 바르게 서술한 경우
하	인권의 특징을 바르게 서술하지 못한 경우

02 ㉠: 헌법, ㉡: 기본권

03 **예시 답안** 사회권, 사회권은 국가에 대해 인간다운 생활의 보장을 요구할 수 있는 권리이다.

채점 기준	
상	제시된 헌법 조항과 관련한 기본권을 쓰고, 그 의미를 바르게 서술한 경우
중	제시된 헌법 조항과 관련한 기본권을 썼으나, 그 의미에 관한 서술이 미흡한 경우
하	제시된 헌법 조항과 관련한 기본권을 바르게 쓰지 못하고, 그 의미도 바르게 서술하지 못한 경우

04 청구권

05 (1) 참정권

(2) 선거권, 공무 담임권, 국민 투표권

06 (1) 법률

(2) **예시 답안** 국가 권력의 남용을 방지하여 국민의 자유와 권리를 최대한 보장하기 위함이다.

채점 기준	
상	기본권 제한의 요건과 한계를 헌법에 명시하고 있는 이유에 관해 바르게 서술한 경우
중	기본권 제한의 요건과 한계를 헌법에 명시하고 있는 이유에 관한 서술이 미흡한 경우
하	기본권 제한의 요건과 한계를 헌법에 명시하고 있는 이유에 관해 바르게 서술하지 못한 경우

02 기본권의 제한과 침해 구제 (2)
~ 03 근로자에게 보장된 권리

STEP 1 개념 확인   118쪽

01 (1) ㄱ (2) ㄴ (3) ㄷ   **02** (1) ○ (2) ×   **03** 노동 3권   **04** (1) ㄱ (2) ㄷ (3) ㄴ   **05** (1) 부당 노동 행위 (2) 고용 노동부

STEP 2 대표 문제   118~120쪽

01 ①   **01-1** ⑤   **02** ④   **03** ②   **04** ④   **05** ⑤   **06** ①
06-1 ⑤   **07** ②   **08** ⑤   **09** ②   **10** ③   **11** ②   **12** ③   **13** ⑤

01 재판을 통해 침해된 권리를 구제하는 기관은 법원이다.

왜 틀렸지? ②는 헌법 소원 심판을 통해 권리를 구제하는 기관, ③은 진정을 통해 권리 구제 요청을 받거나 인권을 침해할 우려가 있는 법이나 제도의 문제점을 찾아 개선을 권고하는 기관, ④는 국민의 고충 민원을 처리하는 기관, ⑤는 잘못된 언론 보도로 피해가 발생했을 때 이를 구제하는 기관이다.

01-1 공권력의 행사 또는 불행사에 의해 기본권이 침해된 국민은 헌법재판소에 헌법 소원 심판을 청구할 수 있다.

왜 틀렸지? ①은 국가 인권 위원회, ②와 ③은 법원, ④는 국민 권익 위원회에 청구할 수 있다.

02 국민 권익 위원회에 고충 민원을 제기하여 침해된 권리를 구제받을 수 있다.

왜 틀렸지? ①, ② 헌법재판소는 헌법 소원 심판을 담당한다.

알려 줄게! **기본권 침해 시 구제 방법**

- 법원은 재판을 통해 시민의 침해된 기본권을 구제한다. 시민은 법원에 소장을 제출하여 재판을 통해 침해된 기본권을 구제받을 수 있다.
- 헌법재판소는 국가 기관 또는 지방 자치 단체에 의해 침해당한 기본권을 구제한다. 기본권이 침해된 국민이 직접 헌법 소원 심판을 제기하여 구제를 요청할 수 있다.
- 국가 인권 위원회는 국가 기관 또는 제삼자로부터 기본권을 침해당했을 때 이를 구제한다. 국민이 침해 내용을 진정하면 조사하여 이에 대해 해당 기관에 시정할 사항을 권고한다.

03 근로자는 자신의 노동력을 제공하여 사용자로부터 임금을 받는 사람이다.

04 ㄴ. 근로자는 자신의 노동력을 제공하여 사용자로부터 임금을 받는 사람으로, 단기 아르바이트생도 포함된다. ㄹ. 최저 임금제는 청소년 근로자에게도 적용된다.

왜 틀렸지? ㄱ. 근로의 권리는 사회권에 해당하는 권리이다. ㄷ. 근로자의 기본적인 생활을 보장하기 위함이다.

05 근로 기준법은 근로자의 기본적 생활을 보장하고 향상시키기 위해 근로 조건의 기준을 규정한 법이다.

06 노동 3권에는 단결권, 단체 교섭권, 단체 행동권이 있다.

06-1 우리 헌법은 근로자가 사용자와 대등한 위치에서 근로 조건을 협의할 수 있도록 노동 3권을 보장하고 있다.

왜 틀렸지? ㄱ. 노동 3권은 근로자에게 주어진 권리이다. ㄴ. A는 단결권, B는 단체 교섭권, C는 단체 행동권이다.

알려 줄게! **노동 3권**

단결권	근로자가 근로 조건의 유지·개선을 위해 노동조합을 조직하거나 가입하여 단결할 수 있는 권리
단체 교섭권	근로자가 노동조합을 통해 사용자와 근로 조건을 협의할 수 있는 권리
단체 행동권	근로자가 단체 교섭권을 행사하여 사용자와 협의를 진행하였으나 협의가 원만하게 이루어지지 않았을 때 일정한 절차를 거쳐 쟁의 행위를 할 수 있는 권리

07 원칙적으로 근로 시간은 휴식 시간을 제외하고 1일 8시간, 1주 40시간을 초과할 수 없다. 또한 근로 시간이 4시간이면 30분 이상, 8시간이면 1시간 이상의 휴식 시간을 가져야 한다.

08 임금은 본인에게 직접 지급해야 한다.

09 ㄱ. (가)는 부당 해고에 해당한다. ㄹ. 부당 해고와 부당 노동 행위로 권리를 침해당한 근로자는 노동 위원회에 구제를 신청할 수 있다.

왜 틀렸지? ㄴ. (나)는 부당 노동 행위에 해당한다. ㄷ. 부당 해고를 당한 경우 법원에 소송을 제기하여 권리를 구제받을 수 있다.

알려 줄게! **부당 해고와 부당 노동 행위**

부당 해고	정당한 이유가 없는 해고를 의미하며, 적어도 30일 전에 해고 계획을 서면으로 알리지 않는 경우도 부당 해고에 해당한다.
부당 노동 행위	사용자가 근로자의 노동 3권을 침해하는 행위를 의미한다.

10 노동권이 침해된 근로자는 고용 노동부에 진정서를 제출하거나 노동 위원회에 구제를 신청할 수 있다.

왜 틀렸지? ㄱ. 법원에 소송을 제기할 수 있다. ㄹ. 형사 재판은 법원에서 담당한다.

11 근로 계약서 미작성과 최저 임금보다 적게 임금을 지급하는 것은 노동권 침해에 해당한다. 임금 체불 시 고용 노동부에 진정서를 제출하면 밀린 임금을 받을 수 있다.

왜 틀렸지? ㄴ. 청소년도 근로 계약서를 작성해야 한다. ㄷ. 부당 해고는 정당한 이유나 절차 없이 근로자를 해고하는 행위로, 사례에는 부당 해고에 관한 내용이 제시되어 있지 않다.

12 노동 위원회에 관한 설명이다. ③ 노동 위원회는 노사 간의 분쟁을 조정하거나 판정하여 침해된 권리를 구제하는 기관이다.

왜 틀렸지? ① 국회는 국가 정책의 바탕이 되는 법률을 만드는 입법 기관이다. ② 노동조합은 노동자가 주체가 되어 근로 조건의 유지·개선 등을 목적으로 조직한 단체이다. ④ 헌법재판소는 법률이 국가의 최고법인 헌법에 어긋나거나 국가 권력이 헌법과 다르게 행사되어 국민의 기본권을 침해할 때에 헌법 재판을 진행하는 국가 기관이다. ⑤ 한국 소비자원은 소비자의 권익을 증진하고, 소비 생활의 향상을 도모하기 위한 공공 기관이다.

13 경비 근로자의 근로 환경을 개선하기 위해 시민 사회와 국가가 함께 노력하고 있는 모습을 보여 주는 글이다.

STEP 3 주관식·서술형   121쪽

01 헌법재판소

02 단결권, 단체 교섭권, 단체 행동권

03 **예시 답안** 근로자의 인간다운 생활을 보장하기 위함이다.

	채점 기준
상	헌법에 국가의 적정 임금 보장 책임을 명시하고 근로 기준법을 시행하는 이유를 바르게 서술한 경우
중	헌법에 국가의 적정 임금 보장 책임을 명시하고 근로 기준법을 시행하는 이유에 관한 서술이 미흡한 경우
하	헌법에 국가의 적정 임금 보장 책임을 명시하고 근로 기준법을 시행하는 이유를 바르게 서술하지 못한 경우

04 **예시 답안** 최저 임금을 모두 받을 수 있습니다. 임금은 본인이 직접 받아야 합니다.

	채점 기준
상	사례에 적용할 수 있는 적절한 법적 조언 두 가지를 바르게 서술한 경우
중	사례에 적용할 수 있는 적절한 법적 조언 한 가지를 바르게 서술한 경우
하	사례에 적용할 수 있는 적절한 법적 조언을 바르게 서술하지 못한 경우

05 예시답안 A 씨의 해고는 부당 노동 행위에 해당한다. 이 경우 노동 위원회에 구제 신청을 하거나 법원에 재판을 청구할 수 있다.

채점 기준	
상	부당 노동 행위 개념을 쓰고, 권리 구제 방법을 바르게 서술한 경우
중	부당 노동 행위 개념과 권리 구제 방법 중 한 가지만 바르게 서술한 경우
하	부당 노동 행위 개념과 권리 구제 방법을 모두 바르게 서술하지 못한 경우

대단원 한눈에 정리하기 122~123쪽

❶ 천부적 ❷ 기본권 ❸ 평등권 ❹ 선거권 ❺ 공공복리
❻ 법률 ❼ 헌법 소원 심판 ❽ 단체 행동권 ❾ 노동 3권
❿ 노동 위원회

대단원 실전문제 124~127쪽

01 ②	02 ①	03 ①	04 ③	05 ③	06 ②	07 ④
08 ④	09 ①	10 ①	11 ①	12 ④	13 ④	14 ③
15 ⑤	16 ②	17 ②	18 ①	19 ⑤	20 ③	21 ②

22 (가): 사회권, (나): 평등권 **23** (1) 단체 교섭권 (2) 노동 3권
24 해설 참조

01 인권은 인간이라면 마땅히 누려야 할 기본적인 권리이다.

02 인권은 천부적·자연적·보편적·불가침의 권리라는 특징을 가지고 있다.

왜 틀렸지? ㄷ. 국적, 성별, 인종, 나이 등과 상관없이 모든 사람에게 주어지는 보편적 권리이다. ㄹ. 국가가 법으로 보장하기 이전에 인간에게 주어진 자연적 권리이다.

03 자료는 인권 침해 사례들이다. 이에 대응하기 위해서는 인권 감수성이 필요하다. 인권은 모두에게 보장되어야 하며 인권 침해는 누구에게나 일어날 수 있다.

04 인권은 국가가 보장하기 전부터 갖는 자연적인 권리이고, 기본권은 헌법으로 보장되는 권리이다.

05 인간의 존엄과 가치 및 행복 추구권에 관한 내용이다. 이는 모든 기본권이 추구하는 궁극적인 가치이다.

왜 틀렸지? ㄱ, ㄹ. 국가는 개인이 가지는 불가침의 기본적 인권을 확인하고 이를 보장할 의무가 있음을 명시하고 있다.

06 신체의 자유를 보장하기 위해 누구든지 법률에 의하지 아니하고는 체포·구속을 당하지 않는다.

왜 틀렸지? ① 모든 국민이 정치적·경제적·사회적·문화적 생활의 모든 영역에서 부당하게 차별받지 않고 동등하게 대우받을 권리이다. ③ 국민이 국가 기관의 형성과 국가의 정치적 의사 결정에 참여할 수 있는 권리이다. ④ 국가에 대해 인간다운 생활의 보장을 요구할 수 있는 적극적인 권리이다. ⑤ 국가에 대해 일정한 행위를 요구하거나 침해당한 기본권의 구제를 요청할 수 있는 수단적 성격의 적극적인 권리이다.

07 A는 사회권, B는 참정권이다. ㉠에는 근로의 권리 등 사회권에 해당하는 권리, ㉡에는 공무 담임권 등 참정권에 해당하는 권리가 들어갈 수 있다.

왜 틀렸지? ㄱ. 청원권은 청구권에 해당하는 권리이다. ㄷ. 부당하게 차별받지 않을 권리는 평등권이다.

08 사회권이 보장되는 사례이다.

왜 틀렸지? ①은 평등권, ②는 자유권, ③은 참정권, ⑤는 청구권에 관한 설명이다.

09 합리적인 이유 없이 여성을 차별하는 것이므로 평등권 침해이다.

10 ㉠은 국가 안전 보장이다.

11 질서 유지를 위해 개인의 자유권을 제한하고 있다.

왜 틀렸지? 준영: 법률에 근거하여 제한하고 있다. 현석: 기본권을 제한하는 경우에도 자유와 권리의 본질적인 내용까지 침해할 수는 없다.

12 우리 헌법에서 기본권 제한의 요건과 한계를 명시하는 이유는 국가 권력의 남용을 방지하여 국민의 자유와 권리를 최대한 보장하기 위해서이다.

13 국가 인권 위원회에 관한 설명이다.

왜 틀렸지? ①은 재판을 통해 침해된 권리를 구제받을 수 있는 기관, ②는 공권력의 행사 또는 불행사로 기본권을 침해당한 국민이 헌법 소원 심판을 청구하면 침해된 기본권을 구제하는 기관, ③은 소비자의 권리가 침해되었을 때 도움을 받을 수 있는 기관, ⑤는 고충 민원을 처리하는 기관이다.

14 법원에 소를 제기하면 재판을 통해 침해된 권리를 구제받을 수 있다.

15 기본권이 침해된 경우 국가 인권 위원회에 진정서를 제출하여 권리를 구제받을 수 있다. 공권력의 행사 또는 불행사에 의해 기본권이 침해된 국민은 헌법재판소에 헌법 소원 심판을 청구할 수 있다.

왜 틀렸지? ㄱ. 법원은 재판을 통해 침해된 권리를 구제한다. ㄴ. 국민 권익 위원회는 고충 민원을 처리한다.

16 근로자는 자신의 노동력을 제공하여 사용자로부터 임금을 받는 사람이다.

17 밑줄 친 '이 법'은 근로 기준법이다. 근로 기준법은 근로 조건의 최저 기준을 제시하여 근로자의 기본적인 생활을 보장하고자 한다.

18 근로자는 헌법을 통해 노동 3권을 보장받는다.

19 부당 노동 행위는 노동 3권을 침해 또는 방해하는 행위이다.

20 A 씨의 경우 부당 해고 사례이다. 부당 해고를 당했을 때 노동 위원회에 구제를 신청하거나 법원에 소송을 제기할 수 있다. ③ 근로자의 노동 3권을 침해했다는 내용은 제시되어 있지 않다.

21 근로자는 사용자보다 불리한 위치에 있기 때문에 근로자의 권리 보호를 위한 방법을 적극적으로 모색해야 한다.

24 **예시 답안** 고용 노동부에 진정서를 제출한다. 법원에 소송을 제기한다.

채점 기준	
상	임금 체불 시 구제 방안 두 가지를 기관의 명칭을 포함하여 바르게 서술한 경우
중	임금 체불 시 구제 방안 한 가지를 기관의 명칭을 포함하여 바르게 서술한 경우
하	임금 체불 시 구제 방안을 바르게 서술하지 못한 경우

시험 대비 문제책

7 인간과 사회생활

01 사회화와 자아 정체성

01 사회화는 후천적인 학습의 결과로, 본능적인 행동이나 생리적 현상과 구분된다. 알람을 맞추어서 일과에 맞게 정해진 시간에 일어나는 것은 사회화된 행동이다.

왜 틀렸지? ①, ②, ③, ④는 생리적인 현상이나 본능에 의한 행동이다.

알려 줄게! **본능 vs 사회화된 행동**

배고픔, 기침 등은 본능적인 것으로, 사회화의 결과로 볼 수 없다. 그러나 언어를 사용하고 식사 예절을 익히는 것은 사회화의 결과이다. 이처럼 생물학적 존재로서 인간이 타고나는 본능적인 행동이 아닌 후천적으로 그 사회에서 학습하여 습득한 행동만이 사회화된 행동이다.

02 개인적 측면에서 사회화는 자신이 속한 사회의 생활 양식을 학습하여 사회 구성원으로 성장하는 과정이다. 사회적 측면에서는 사회의 규범과 가치를 다음 세대로 전달함으로써 사회를 유지하는 기능을 한다.

왜 틀렸지? ㄱ. 사회화는 평생에 걸쳐 이루어진다. ㄷ. 사회화는 학교와 같은 공식적인 사회화 기관 외에도 가정이나 또래 집단 등 비공식적인 기관을 통해서도 이루어진다.

03 야생에서 자란 소년은 다른 사람과의 상호 작용이 없었기 때문에 사회화를 경험하지 못하였고, 인간다운 모습으로 성장하지 못하였다.

알려 줄게! **사회화의 중요성**

태어나자마자 야생 동물과 함께 살아온 아이들은 동물처럼 소리를 내고 동물과 같은 행동을 하였다. 이는 인간이 사회화 과정을 겪지 못했을 때 어떤 일이 일어날 수 있는지를 보여 주는 사례이다. 이를 통해 인간은 사회 속에서 다른 사람들과 상호 작용을 하면서 사회화 과정을 거쳐야만 비로소 인간답게 살아갈 수 있는 사회적 존재임을 알 수 있다.

04 인사하는 행동은 후천적으로 학습한 사회화의 결과이다.

05 어느 사회에서나 사회화는 일어나지만 사회마다 사회화의 내용과 방법은 다르다.

06 사회적 측면에서 사회화는 사회 구성원들에게 그 사회의 문화를 익히게 하고, 이를 다음 세대에 전달하여 사회를 유지하고 발전시키는 기능을 한다.

왜 틀렸지? ④, ⑤는 개인적 측면에서 사회화의 기능을 설명한 것이다.

07 청소년기에는 학교에서 사회생활에 필요한 지식이나 기술, 규범과 가치 등을 체계적으로 배운다.

08 (가) 가정, (나) 학교, (다) 또래 집단, (라) 대중 매체이다. ① 직장에 관한 설명이다.

알려 줄게! **사회화 기관의 구분**

사회화 기관	내용
1차적 사회화 기관	• 자연 발생적 • 대면적, 인격적 인간관계
2차적 사회화 기관	• 특정 목적 달성을 위해 인위적으로 형성 • 형식적, 공식적 인간관계

09 재사회화는 소속 집단의 변화나 사회의 변화에 적응하기 위해 새로운 지식, 기술, 가치 등을 배우는 것이다. ③은 사회화의 사례이다.

알려 줄게! **사회화와 재사회화**

사회화는 인간이 한 사회의 구성원으로서 필요한 것을 학습하면서 사회적 존재로 성장해 나가는 과정이다. 재사회화는 개인이 속한 집단이 변화하거나 사회가 변화하는 경우 이에 적응하기 위해 지식, 기술, 가치 등을 새롭게 학습하는 것이다.

10 자신의 성격, 가치관, 능력, 목표 등을 명확히 이해한 상태를 자아 정체성이라고 한다.

왜 틀렸지? ③ 역할 갈등이란 한 사람이 가진 여러 지위에 따른 역할이 서로 충돌하여 갈등이 발생하는 상태를 말한다.

11 자아 정체성은 자아를 찾으려는 개인의 노력과 더불어 다양한 사회화 과정에서 다른 사람들과 상호 작용하면서 형성된다.

왜 틀렸지? ㄷ. 자아 정체성을 형성하는 과정에서 사람들은 타인이나 사회 환경의 영향을 받는다. ㄹ. 같은 사회의 구성원이라도 형성되는 자아 정체성은 다르다.

13 예시 답안 정보화 시대에 뒤떨어지지 않기 위해 노인들이 인터넷 사용법을 배운다. 우리나라로 귀화한 외국인이 우리나라의 언어와 문화를 배운다.

채점 기준	
상	재사회화의 사례를 개인이 속한 집단이 바뀌거나 사회 변화로 인한 것이라는 원인이 정확하게 드러나도록 서술한 경우
중	재사회화의 사례를 서술하였으나 원인이 정확하게 드러나지 않게 서술한 경우
하	재사회화의 사례를 미흡하게 서술한 경우

15 **예시 답안** 사회화의 결과가 아니다. 사회화란 다른 사람들과 상호 작용하면서 사회생활에 필요한 행동 양식을 배워 나가는 것이다. 하품을 하는 것은 인간의 생물학적 특성으로, 본능적인 행동이다.

채점 기준	
상	사회화의 결과가 아니라고 판단하고 사회화가 무엇인지에 대한 내용을 포함하여 서술한 경우
중	사회화의 결과가 아니라고 판단하였으나 그렇게 생각한 이유에 관한 서술이 미흡한 경우
하	사회화의 결과가 아니라고 판단하였으나 그렇게 생각한 이유를 서술하지 못한 경우

02 사회적 지위와 역할
~03 우리 사회의 갈등과 차별

실력 확인 문제
05~08쪽

01 ② **02** ② **03** ⑤ **04** ① **05** ④ **06** ① **07** ① **08** ①
09 ⑤ **10** ④ **11** ⑤ **12** ② **13** ③ **14** ④ **15** ① **16** ④
17 (가) 친구 또는 학생, (나) 딸(자녀) **18** 해설 참조 **19** 해설 참조

01 한 개인이 속한 집단이나 사회적 관계에서 차지하는 위치를 사회적 지위라고 한다. 개인은 사회에서 여러 개의 사회적 지위를 차지하고 있다. 개인이 갖는 사회적 지위에 따라 사회에서 기대하는 일정한 행동 양식이 있는데, 이를 역할이라고 한다.

왜 틀렸지? ㄴ. 태어날 때부터 자연스럽게 주어지는 것은 귀속 지위이다. ㄹ. 청소년들도 학생과 같은 지위를 갖는다.

02 귀속 지위는 개인의 의지나 노력과 상관없이 자연적으로 가지게 되는 지위이고, 성취 지위는 개인의 노력을 통해 후천적으로 얻게 되는 지위이다. 가수, 동아리 회장, 엄마는 성취 지위이고 여성, 동생은 귀속 지위이다.

03 학급 회장은 개인이 노력을 통하여 후천적으로 얻는 성취 지위이다. 딸, 막내, 노인, 청소년은 자연적으로 가지게 되는 귀속 지위이다.

04 ㉠은 귀속 지위이다. 딸, 노인, 아들, 여성, 청소년은 귀속 지위이고 학생, 선생님, 아버지, 대학생, 부모님은 성취 지위이다.

05 현대 사회가 복잡해지면서 구성원들의 성취 지위가 다양해지고 있다.

왜 틀렸지? ① ㉠, ㉡은 모두 성취 지위이다. ② 성취 지위는 현대 사회에서 중요성이 커지고 있다. ③, ⑤ 귀속 지위에 관한 설명이다.

06 (가), (다)는 성취 지위, (나)는 귀속 지위이다.

07 군인, 남편은 성취 지위이고 남자, 아들은 귀속 지위이다.

08 한 개인이 가진 여러 지위에 따른 역할들이 서로 충돌하여 갈등이 발생한 상태를 역할 갈등이라고 한다. 최근에는 직장인으로서 주어지는 역할과 양육자로서의 역할이 충돌하는 경우가 빈번하게 발생하고 있다.

알려 줄게! 역할 갈등의 사회적 해결 노력

가족 돌봄 휴가, 직장 내 어린이집 운영, 유급 육아 휴직 제도, 유연 근무나 단축 근무 등과 같이 직장인의 지위에 따른 역할과 부모의 지위에 따른 역할 간에 갈등을 겪는 맞벌이 부부를 위한 제도가 마련되고 있다.

09 역할 갈등은 개인의 사회적 지위에 따른 역할들끼리 충돌하는 상태를 말한다.

10 ㄴ. 여러 사람이 비슷한 역할 갈등을 겪는다면 사회적 차원에서의 제도 변화가 필요하다. ㄹ. 역할 갈등은 사회가 복잡해지고 다양한 사회적 관계가 형성되는 현대 사회에서 자주 발생한다.

왜 틀렸지? ㄱ. 역할 갈등을 해결하기 위해 역할 하나를 선택할 수도 있지만 가치관이나 목표에 따라 우선순위를 정해서 역할을 순서대로 수행할 수도 있다. ㄷ. 역할 행동을 잘 수행하면 사회적 인정과 보상이 따르지만, 역할 갈등과는 관계없는 내용이다.

11 지위가 충돌하는 것이 아니라 지위에 따라 요구되는 역할 사이에 충돌이 일어난 역할 갈등 상황이다.

12 역할 갈등이 일어나는 것을 방지하는 데에 도움이 되는 사회 제도들이다.

13 사용자와 노동자의 이해관계가 달라서 발생하는 갈등 상황이다. 갈등을 잘 해결하면 사회 통합과 발전의 계기가 된다.

14 (가)는 차이, (나)는 차별에 대한 설명이다. 차별은 인간의 존엄성을 침해하고 사회 통합을 저해한다.

 ① 차별을 해결하기 위한 법과 제도가 필요하다. ② 차이를 인정해야 하고, 차별에 적절하게 대처하지 않으면 사회 안정과 발전에 어려움이 발생할 수 있다. ③ 타고난 특성 때문에 발생하는 것은 차이이다. ⑤ 이익의 차이에 따른 자연스러운 현상은 갈등이다.

15 치마와 바지를 본인 의사에 따라 선택할 수 없는 것과 성별에 따른 입학 자격 제한은 성차별에 해당한다.

 ㄷ, ㄹ은 사회적 약자 보호, 실질적 평등을 실현할 수 있는 방안에 해당한다.

16 차이를 당연한 것으로 인정해야 한다. 차별은 해결해야 하는 사회 문제이다.

18 예시 답안 (가)에 나타난 지위는 자신의 능력과 노력으로 획득하는 성취 지위이고, (나)에 나타난 지위는 자신의 능력이나 의지와 상관없이 자연적으로 얻게 되는 귀속 지위이다.

채점 기준	
상	성취 지위와 귀속 지위를 구분하고 그 차이점을 바르게 서술한 경우
중	귀속 지위와 성취 지위의 차이점을 서술하였지만 미흡한 경우
하	귀속 지위와 성취 지위만 바르게 구분한 경우

19 예시 답안 사회적 차별을 금지하고 사회적 약자를 보호하기 위한 법률이다.

채점 기준	
상	사회적 차별 해결, 사회적 약자 보호의 측면에서 정확하게 서술한 경우
중	사회적 차별 해결의 측면에서만 서술한 경우
하	다양성 존중, 차이 인정 등 유사한 방향으로 서술한 경우

8 다양한 문화의 이해

01 문화의 의미와 특징

실력 확인 문제　　　　　　　　　　　09~11쪽

01 ①	**02** ⑤	**03** ①	**04** ①	**05** ③	**06** ①	**07** ③	**08** ④
09 ②	**10** ①	**11** ⑤	**12** ⑤	**13** 해설 참조	**14** 해설 참조		

01 인간의 행위 중 개인적인 습관이나 본능에 따른 행동은 문화가 아니다.

02 ㄱ과 ㄴ은 생리적 현상이나 인간의 본능에 따른 행동이므로 문화에 해당하지 않는다.

03 어느 사회에서나 공통적인 문화 현상이 나타나는 것은 문화의 보편성, 그 구체적 모습이 사회마다 다르게 나타나는 것은 문화의 다양성이다.

04 인간의 행위 중 개인적인 습관이나 본능에 따른 행동 등은 문화가 아니다.

05 자료에 나타난 문화의 특징은 문화의 보편성에 해당한다. 이는 인간의 기본적인 욕구나 사고방식이 비슷하기 때문에 나타난다.

 ② 문화의 다양성에 대한 설명이다. ④ 문화의 변동성에 대한 설명이다. ⑤ 문화의 전체성에 대한 설명이다.

06 한 사회의 구성원들이 그 사회의 문화를 공유하는 것을 문화의 공유성이라고 한다.

07 자료에 나타난 문화의 속성은 학습을 통해 문화를 후천적으로 습득하는 것이므로 문화의 학습성이다.

08 자료에 나타난 문화의 속성은 문화의 변동성이다.

09 자료에서 문화가 다음 세대로 전달되며 축적되어 그 내용이 더욱 풍부해지고 다양해진다는 것을 알 수 있다. 이는 문화의 축적성에 해당한다.

10 (가)는 어느 사회에서나 공통적인 문화 현상이 나타나는 것이므로 문화의 보편성에, (나)는 사회마다 문화의 구체적인 모습이 다르게 나타나는 것이므로 문화의 다양성에 해당한다.

11 자료에 나타난 문화의 속성은 문화의 전체성이다.

12 자료를 통해 파악할 수 있는 문화의 속성은 학습성이다.

 ①은 축적성, ②, ③은 공유성, ④는 전체성에 관한 설명이다.

13 예시 답안 (나), (다) / 문화는 한 사회의 구성원이 만들어 낸 공통의 생활 양식이다. 생리적 현상, 인간의 본능에 의한 행동 등은 문화에 해당하지 않는다.

채점 기준	
상	문화에 해당하는 것의 기호를 옳게 쓰고, 그것이 문화에 해당하는 이유를 바르게 서술한 경우
중	문화에 해당하는 것의 기호는 옳게 썼지만, 그 이유를 미흡하게 서술한 경우
하	문화에 해당하는 것의 기호를 옳지 않게 쓴 경우

14 예시 답안 문화는 고정된 것이 아니라 변화한다는 점에서 문화의 변동성을, 문화가 세대 간 전승하며 축적되면서 그 내용이 더욱 풍부하고 다양해진다는 점에서 문화의 축적성을 알 수 있다.

상	자료를 통해 알 수 있는 문화의 속성 두 가지와 그 근거를 모두 서술한 경우
중	자료를 통해 알 수 있는 문화의 속성 한 가지와 그 근거를 서술한 경우
하	자료를 통해 알 수 있는 문화의 속성을 옳게 쓰지 못하고 그 근거도 제대로 서술하지 못한 경우

02 미디어와 문화
~03 다양한 문화를 이해하는 태도

실력 확인 문제
12~15쪽

01 ④ 02 ③ 03 ⑤ 04 ② 05 ② 06 ⑤ 07 ① 08 ⑤
09 ③ 10 ⑤ 11 ⑤ 12 ③ 13 ① 14 ④ 15 ⑤ 16 ⑤
17 해설 참조 18 해설 참조

01 설명에 해당하는 매체는 뉴 미디어이다. SNS, 인터넷, 스마트폰은 뉴 미디어, 책과 신문은 인쇄 매체, 영화와 텔레비전 방송은 영상 매체에 해당한다.

02 A는 인쇄 매체, B는 영상 매체, C는 뉴 미디어이다.

왜 틀렸지? ④ 정보 전달이 신속하게 이루어지는 것은 뉴 미디어이다. ⑤ 뉴 미디어는 정보 전달이 쌍방향으로 이루어진다.

03 ㉠에 해당하는 미디어는 영상 매체이다. 책이나 신문 등은 인쇄 매체, 영화나 텔레비전 방송 등은 영상 매체, 인터넷, 스마트폰, SNS 등은 뉴 미디어에 해당한다.

04 A는 인쇄 매체, B는 뉴 미디어, C는 영상 매체이다. 인터넷의 발달로 등장한 것은 뉴 미디어이고 책, 신문, 잡지 등은 인쇄 매체에 해당한다.

왜 틀렸지? ① 인터넷의 발달로 등장한 것은 뉴 미디어이다. ③ 뉴 미디어로 인해 사람들은 정보의 생산자로 성장하였다. ④ 뉴 미디어는 정보 생산자와 소비자의 경계가 불분명하다. ⑤ 최근에는 뉴 미디어의 영향력이 커지고 있다.

05 '이것'은 인쇄 매체로, 책, 신문, 잡지 등이 해당한다.

06 A는 영상 매체이다. 영화, 텔레비전 방송 등이 영상 매체에 해당한다.

07 자료는 미디어의 지나친 상업성 추구로 인한 문제 사례를 제시하고 있다.

08 채점 결과가 2점이므로 미디어의 두 가지 특징이 옳게 서술되어야 한다. 첫 번째는 옳은 서술이지만 두 번째는 틀린 서술이다. 따라서 마지막에는 옳은 서술이 들어가야 한다. ⑤ 최근 미디어가 제공하는 콘텐츠의 수가 증가하면서 일상생활에 미치는 미디어의 영향력이 커지고 있다.

왜 틀렸지? ① 책, 신문은 인쇄 매체에 해당한다. ② 뉴 미디어의 등장으로 쌍방향 소통이 가능해졌다. ③ 뉴 미디어는 정보를 쌍방향으로 전달한다. ④ 오늘날 미디어는 단순히 정보 전달 수단에 그치지 않고 사회적·문화적으로 많은 영향을 미치고 있다.

09 가짜 뉴스의 확산, 지나친 상업성 추구로 인한 자극적인 콘텐츠 증가, 왜곡된 정보 확산, 획일화로 인한 개성 상실 등이 미디어의 부정적 영향에 해당한다.

왜 틀렸지? ① 사람들의 사고방식과 행동을 획일화할 수 있다. ④ 지나친 상업성 추구로 자극적이고 폭력적인 콘텐츠가 증가한다. ⑤ 는 미디어의 긍정적 영향이다.

10 미디어의 영향력이 증대됨에 따라 대중은 미디어를 통해 경험하는 다양한 문화와 정보들을 비판적으로 검토하는 태도가 필요하다.

11 여러 집단에서 다양한 문화가 나타나는 이유는 문화는 사람들이 주어진 환경에 적응하는 과정에서 만든 그 사회 특유의 생활 양식이기 때문이다.

12 우리나라는 세계화로 국내에 거주하는 외국인이 증가하면서 다문화적 변화가 나타나고 있다.

13 학생들의 대화에 나타난 문화 이해 태도는 문화 사대주의이다. 문화 사대주의란 다른 사회의 문화를 우수하고 더 좋은 것으로 여기고 자신이 속한 사회의 문화를 열등하게 생각하는 문화 이해 태도이다.

14 오리엔탈리즘과 옥시덴탈리즘은 주체와 대상만 다를 뿐 모두 자문화 중심주의에 해당한다. 오리엔탈리즘은 서양의 관점에서 동양 문화를 비합리적인 것으로 판단한 것이고, 옥시덴탈리즘은 동양의 관점에서 서양 문화를 물질적이라고 비판하는 태도이다.

15 A는 문화 사대주의, B는 자문화 중심주의, C는 문화 상대주의에 해당한다. ⑤ 문화의 상대성을 인정하고 다른 문화를 그 사회의 맥락 속에서 이해하는 것은 문화 상대주의에 대한 설명이다.

왜 틀렸지? ① 문화 상대주의에 대한 설명이다. ②, ③ 문화 사대주의에 대한 설명이다. ④ 자문화 중심주의에 대한 설명이다.

16 지수는 자문화 중심주의, 윤재는 문화 상대주의적인 태도를 보이고 있다. 자문화 중심주의란 자신이 속한 사회의 문화만 우수하다고 여겨 다른 사회의 문화를 무시하는 태도이다. 문화 상대주의적 태도는 문화를 이해할 때 문화가 형성된 상황이나 맥락을 고려하는 문화 이해 태도이다.

 ① 자문화 중심주의는 문화에 우열이 있다고 평가한다. ② 자문화 중심주의는 자기 문화를 긍정적으로 평가한다. ③ 다른 문화를 우수하게 여겨 숭상하는 문화 이해 태도는 문화 사대주의이다. ④ 자기 문화를 기준으로 다른 문화를 평가하는 문화 이해 태도는 자문화 중심주의이다.

17 예시 답안 정보 제공자와 수용자 간의 쌍방향 소통을 가능하게 한다. 사람들이 시간과 공간의 제약 없이 실시간으로 소통할 수 있다.

채점 기준	
상	자료를 통해 알 수 있는 미디어의 특징을 명확하게 서술한 경우
중	자료를 통해 알 수 있는 미디어의 특징을 서술하였으나 그 내용이 미흡한 경우
하	자료와 관련 없는 미디어의 특징을 서술한 경우

18 예시 답안 문화 상대주의, 다른 사회의 문화를 그 사회의 상황(맥락)을 고려하여 이해하기 때문이다.

채점 기준	
상	문화 이해 태도를 옳게 쓰고 그렇게 판단한 근거를 바르게 서술한 경우
중	문화 이해 태도는 옳게 썼으나 그렇게 판단한 근거에 대한 서술이 미흡한 경우
하	문화 이해 태도는 옳게 썼으나 그렇게 판단한 근거를 서술하지 못한 경우

9 민주주의와 시민

01 정치와 민주주의
~02 민주주의의 발전

실력 확인 문제   16~19쪽

01 ②　**02** ②　**03** ④　**04** ②　**05** ①　**06** ⑤　**07** ⑤　**08** ②
09 ③　**10** ③　**11** ③　**12** ②　**13** ①　**14** ②　**15** ④
16 해설 참조　**17** 해설 참조　**18** 국민 주권의 원리

01 다양한 의견과 이해관계를 조정하여 의사를 결정하고 공동체의 문제를 해결하는 과정을 정치라고 한다.

02 (가)는 좁은 의미의 정치, (나)는 넓은 의미의 정치에 해당한다. 정치는 사회 구성원 간의 대립과 갈등을 조정하여 문제를 해결해 나가는 모든 활동을 의미한다. 이를 통해 사회를 통합하고 질서를 유지할 수 있다.

 ㄴ. 정치권력을 행사하는 국가의 활동은 (가)에 해당한다. ㄷ. (가), (나) 모두 정치에 해당한다.

 정치의 의미

▲ 국회 본회의　　　　▲ 학급 회의

정치란 사회 구성원 간의 대립과 갈등을 조정하여 공동체의 문제를 해결해 나가는 모든 활동을 의미한다. 따라서 정치인들이 국가의 법률이나 정책을 결정하여 집행하는 활동뿐만 아니라 학급 회의, 주민 회의 등도 모두 정치라고 할 수 있다.

03 정치는 사회 구성원 간의 대립과 갈등을 조정하여 사회 질서 유지와 사회 통합에 이바지한다. 정치를 통해 여러 사회 문제를 해결하는 과정에서 공동체가 나아가야 할 방향을 합의할 수 있으며 이는 사회 발전의 계기가 된다.

04 (가)는 정치 형태로서의 민주주의, (나)는 생활 양식으로서의 민주주의를 보여 주는 자료이다. 정치 형태로서의 민주주의는 주권을 가진 국민이 정치에 참여하여 공동체의 문제를 해결하는 모습으로 나타난다. 생활 양식으로서의 민주주의는 생활 속에서 대화와 타협, 배려와 관용, 다수결의 원칙과 소수 의견 존중 등 민주주의의 가치를 존중하고 실천하는 모습으로 나타난다.

 ㄴ. (가)에서는 권력을 가진 한 사람이나 특정 집단의 지배가 아니라 다수의 시민에 의해 국가가 통치된다. ㄷ. (나)는 생활 양식으로서의 민주주의가 나타난 사례이다.

05 민주주의는 고대 그리스 아테네에서 시작되었다. 작은 도시 국가였던 아테네는 직접 민주주의가 발전할 수 있었다.

 ㄷ은 근대와 현대 민주주의, ㄹ은 현대 민주주의의 특징에 해당한다.

06 근대 민주주의에 관한 설명이다. 근대 시민 혁명을 통해 민주주의의 이념이 확산되었고 대의 민주주의가 이루어졌으나 재산이 있는 성인 남성에게만 선거권이 부여되었다는 한계가 있다.

07 근대 시민 혁명 이후에도 여전히 정치에 참여할 수 없었던 노동자, 여성, 흑인 등은 참정권 확대 운동을 통해 점차 선거권을 획득하였다.

알려 줄게! 영국의 선거권 범위 확대 과정

연도	새로 선거권을 얻은 사람
1832년	산업 자본가
1867년	도시 소농민, 노동자
1884년	농촌과 광산의 노동자
1918년	21세 이상의 남성, 30세 이상의 여성
1928년	21세 이상의 모든 성인

08 ㄱ. 참정권 확대 운동으로 현대에는 보통 선거 제도가 확립되었다. ㄷ. 현대 민주주의에서는 모든 사회 구성원이 정치에 참여할 수 있다.

09 고대 아테네 이후 사라졌던 민주주의는 근대 시민 혁명을 통해 다시 등장하였다. 근대 시민 혁명 이후에도 여전히 정치에 참여할 수 없었던 노동자, 여성, 흑인 등은 참정권 확대 운동을 통해 점차 선거권을 획득해 나가 20세기 중반에는 대부분의 국가에서 보통 선거 제도가 확립되었다.

알려 줄게! 근대 시민 혁명

근대 시민 혁명은 천부 인권 사상, 사회 계약설 등의 영향을 받아 일어났다. 대표적으로 왕의 전제 정치에 저항하여 의회가 중심이 되어 일으킨 영국 명예혁명, 영국의 식민지에서 벗어나 국민이 주권을 가지고 정부를 구성했던 미국 독립 혁명, 불평등한 사회 구조에 대항한 프랑스 혁명 등이 있다.

10 (가)는 고대 그리스 아테네, (나)는 근대, (다)는 현대이다. ㄴ. 고대 그리스 아테네에서는 근대와 달리 직접 민주주의가 이루어졌다. ㄷ. 근대에는 현대와는 달리 시민의 정치 참여에 제한을 두었다.

11 고대 아테네 민주주의와 근대 민주주의의 공통점은 정치 참여에 제한을 두었다는 점이다.

12 인간의 존엄성이란 인간이라는 이유만으로 존중받을 자격이 있다는 것으로, 민주주의가 추구하는 근본이념이다.

13 (가)는 자유, (나)는 평등에 관한 설명이다.

알려 줄게! 민주주의의 이념

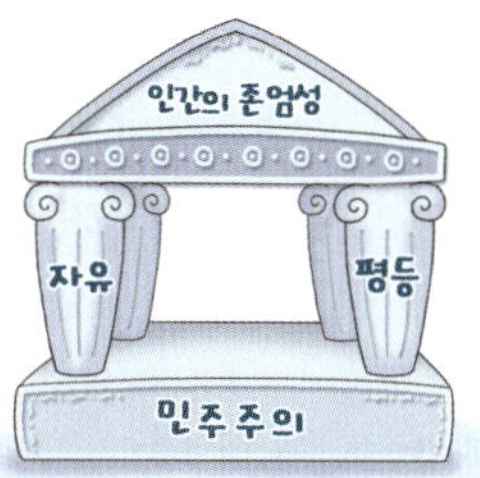

민주주의는 인간의 존엄성을 근본이념으로 한다. 인간의 존엄성이 실현되기 위해서는 개인의 자유와 평등이 보장되어야 한다.

14 (가)는 국민 자치의 원리, (나)는 입헌주의의 원리이다. 간접 민주주의는 오늘날과 같은 사회에서 국민 주권과 국민 자치의 원리를 실현할 수 있는 현실적 대안이 되고 있다.

15 국가 권력을 서로 독립된 기관이 나누어 맡도록 하는 권력 분립의 원리에 관한 내용이다. 이는 국가 기관 간의 상호 견제와 균형을 통해 권력의 남용과 횡포를 막아 국민의 자유와 권리를 보장하기 위함이다.

16 예시 답안 성인 남성만 시민의 자격을 부여받았다. 여성, 노예, 외국인 등은 정치에 참여할 수 없었다. 정치 참여에 제한이 있었다.

채점 기준	
상	고대 아테네 민주주의의 한계를 바르게 서술한 경우
중	고대 아테네 민주주의의 한계에 관한 서술이 미흡한 경우
하	고대 아테네 민주주의의 한계에 관해 서술하지 못한 경우

17 예시 답안 일정한 나이 이상의 모든 사회 구성원이 선거에 참여할 수 있는 보통 선거 제도가 확립되었다.

채점 기준	
상	참정권 확대 운동의 결과로 나타난 보통 선거 제도를 바르게 서술한 경우
중	참정권 확대 운동의 결과로 나타난 보통 선거 제도에 관한 서술이 미흡한 경우
하	참정권 확대 운동의 결과로 나타난 보통 선거 제도에 관해 서술하지 못한 경우

실력 확인 문제 20~22쪽

| 01 ⑤ | 02 ④ | 03 ① | 04 ④ | 05 ② | 06 ④ | 07 ④ | 08 ① |
| 09 ⑤ | 10 ② | 11 ④ | 12 국민 투표 | 13 공론장 | 14 해설 참조 |

01 오늘날 영토와 인구 규모의 확대, 사회의 복잡화 및 전문화로 간접 민주주의를 채택하게 되었다.

알려 줄게! 오늘날 간접 민주주의를 채택하는 이유

오늘날 영토와 인구 규모가 확대되어 모든 시민이 한자리에 모이기가 어렵고, 사회가 복잡해지고 전문화되면서 전문적인 지식을 가진 사람이 필요해졌다. 그래서 대부분의 국가에서는 간접 민주주의를 실시하고 있다.
간접 민주주의에서는 국민이 대표자를 선출하는 과정에 영향력을 행사하여 국가 권력을 형성한다는 점에서 국민을 위한 정치가 가능하다.

02 오늘날 대부분의 민주 국가에서는 간접 민주주의를 채택하고 있다. 이에 따른 한계를 보완하기 위해 직접 민주주의 요소를 부분적으로 도입하고 있다.

03 현대 민주주의에서는 일정 나이에 도달한 국민이면 누구나 선거에 참여할 수 있는 보통 선거 제도가 실시된다.

04 자료는 국민들이 정치에 관심을 갖지 않는 정치적 무관심이 나타나고 있음을 보여 주고 있다.

05 시민이 정치에 무관심할 경우 대표자에 대한 시민의 비판과 감시가 소홀해지고, 대표자의 정책에 대한 검증이 제대로 이루어지지 않을 수 있다.

06 현대 민주주의의 발전을 위해서는 대의 민주주의의 한계를 보완하여 시민의 다양한 의사를 더욱 폭넓게 반영하고, 정치에 대한 시민의 관심과 참여를 높이기 위해 노력해야 한다.

알려 줄게! 현대 민주주의의 과제

- 대의 민주주의는 선거를 통해 뽑힌 대표자에게 정책 결정을 위임하는 방식이므로 선거 외에 시민의 의사를 직접 표현할 수 있는 통로가 많지 않다.
- 오늘날 사회가 복잡해지고 사람들의 관심을 끄는 것이 많아짐에 따라 시민의 정치적 무관심이 확대되고 있다.
- 개인이나 집단이 자신의 이익을 얻기 위해서만 정치적 관심을 드러내는 경우도 있다.

07 (가)는 국민 발안, (나)는 국민 소환에 대한 설명이다. 국민 투표는 국가의 중요한 사항을 국민이 직접 투표로 결정하는 제도이다.

08 국민 발안과 국민 소환은 대의제의 한계를 보완하고 시민의 의사를 직접 반영하기 위한 직접 민주주의 요소이다.

왜 틀렸지? ㄷ. 정책 결정 과정에서 시민의 영향력이 커질 수 있다. ㄹ. 시민이 정치에 직접 참여할 수 있는 제도를 도입하여 시민의 정치 참여를 독려할 수 있다.

09 제시된 내용은 민주주의의 발전을 위한 제도적 방안에 해당한다.

알려 줄게! 민주주의의 발전을 위한 제도적 방안

국민 투표, 주민 발안, 주민 소환 등 시민의 의사를 직접 반영하기 위해 직접 민주주의 요소를 도입하고 있다. 또한 정책 결정 과정에서 시민의 다양한 목소리를 충분히 반영하고자 공론장을 활성화하는 노력이 이루어지고 있다. 이 외에도 정보 통신 기술을 이용하여 시민이 시공간의 제약을 넘어 정치에 참여할 수 있는 전자 민주주의가 확대되고 있고, 사회적으로 중요한 문제에 대해 의사 결정을 할 때 다양한 분야의 사람이 모여 그에 대해 깊이 생각하고 충분히 의논하여 결정하는 숙의 민주주의 방식도 활용되고 있다.

10 주민들이 제시한 의견을 수용하여 관련 정책을 결정하는 모습에서 국민 자치의 원리가 실현된다고 볼 수 있다.

왜 틀렸지? ㄴ. 주민의 의사가 정책 결정에 반영되면 시민들의 정치적 참여는 더욱 높아질 수 있다. ㄷ. 사례에는 국민 투표에 관한 내용이 나타나 있지 않다.

알려 줄게! 국민 자치의 원리

주권을 가진 국민이 스스로 나라를 다스려야 한다는 원리이다. 오늘날 대부분의 국가는 국민이 대표를 선출하여 주권을 행사하고 있다. 우리나라는 국민 투표 등의 제도를 활용하여 국민 자치의 원리를 실현하고 있다.

11 정보 통신 기술을 이용하여 시민이 시공간의 제약을 넘어 정치에 참여할 수 있는 것은 전자 민주주의와 관련된다. 숙의 민주주의는 사회 문제에 대한 의사 결정을 할 때 다양한 분야의 여러 사람이 모여 깊게 생각하고 충분히 의논하여 결정하는 것을 말한다.

14 **예시 답안** 대표자를 뽑는 선거에 관심을 가지고 참여해야 한다. 대표자의 업무 수행 과정에 관심을 가져야 한다.

채점 기준	
상	민주주의이 발전을 위한 시민의 역할을 대표자와 관련하여 바르게 서술한 경우
중	민주주의의 발전을 위한 시민의 역할을 서술하였으나 대표자와 관련이 없게 서술한 경우
하	민주주의의 발전을 위한 시민의 역할을 바르게 서술하지 못한 경우

10 정치 과정과 시민 참여

실력 확인 문제　　　　　　　　　　　　23~26쪽

01 ③	02 ①	03 ③	04 ②	05 ①	06 ②	07 ②	08 ②
09 ④	10 ①	11 ③	12 ⑤	13 ⑤	14 ④	15 ①	16 ⑤
17 ②	18 ④	19 보통 선거	20 해설 참조	21 해설 참조			

01 대표자가 일을 제대로 수행하지 않으면 다음 선거에서 지지를 얻지 못한다. 이처럼 선거는 시민이 대표자를 통제하는 기능을 한다.

02 대표를 선출하는 과정은 선거이다.

　왜 틀렸지? ② 정당은 정치적 견해를 같이하는 사람들이 정치권력을 얻기 위해 조직한 단체이다. ③ 정치 과정이란 다양하게 표출된 이익을 집약하여 정책으로 결정하고 집행하는 과정을 말한다. ④ 지방 자치란 일정한 지역에 살고 있는 주민들이 지방 자치 단체를 구성하여 그 지역의 일을 자율적으로 처리하는 제도를 말한다. ⑤ 정치 주체란 시민, 국가 기관, 정당, 언론, 시민 단체, 이익 집단과 같이 정치 활동에 참여하여 정책의 결정과 집행에 영향력을 행사하는 주체를 말한다.

03 권력을 남용하거나 자질이 부족한 대표자를 다음 선거에서 선택하지 않음으로써 대표자를 정치적으로 통제할 수 있다.

04 평등 선거의 원칙은 모든 사람이 행사하는 표의 개수와 가치가 같아야 한다는 것이다.

　왜 틀렸지? ① 보통 선거의 원칙에 따라 일정한 연령 이상의 시민이라면 성별, 재산, 학력 등에 상관없이 누구나 선거권을 가지게 된다. ③ 직접 선거의 원칙에 의해 유권자는 대리인을 거치지 않고 직접 투표해야 한다. ④ 비밀 선거의 원칙에 의해 어느 후보나 정당에 투표하였는지 다른 사람이 알지 못하도록 하고 있다. ⑤ 제한 선거는 보통 선거에 반대되는 개념이다.

05 ① 일정 연령 이상이 되면 누구나 선거권을 가지는 보통 선거의 원칙이 지켜졌다.

06 일정한 나이가 되면 누구나 선거권을 갖는 것은 보통 선거, 투표권을 가진 사람이 직접 투표해야 한다는 것은 직접 선거의 원칙이다.

07 표의 가치를 다르게 부여하는 것은 평등 선거의 원칙에 위배되는 것이다.

08 유권자는 선거가 끝난 후에도 관심을 가지고 선출된 대표가 공약을 얼마나 성실히 이행하는지 감시·평가하는 역할을 수행해야 한다.

09 정당은 유권자의 지지를 얻기 위해 공약을 수립하고 정책을 제안한다. 실제 정책을 결정하고 집행하는 것은 국가 기관의 일이다.

10 정당은 정치적 견해를 같이하는 사람들이 정권 획득을 목적으로 결성한 단체이다.

　왜 틀렸지? ② 국회는 시민의 의견을 반영하여 법률을 제정·개정 및 폐지하며, 정부는 법률을 기반으로 정책을 수립하고 집행한다. ③ 언론은 신문, 방송, 인터넷 등의 매체를 통해 정치에 관한 전반적인 정보를 제공한다. 또한 정책에 대한 해설이나 비판을 제시함으로써 여론을 형성하는 데 중요한 역할을 한다. ④ 이익 집단은 이해관계를 같이하는 사람들이 자신들의 특수한 이익을 실현하고자 결성한 단체이다. 이익 집단은 전문성을 바탕으로 정책 결정에 도움을 주기도 하지만, 특정 집단의 이익을 추구하는 과정에서 공익과 충돌하기도 한다. ⑤ 시민 단체는 공익을 실현하기 위해 시민들이 자발적으로 만든 단체이다. 환경, 노동, 인권 등의 영역에서 활동하는 시민 단체는 시민의 정치 참여를 유도하고 여론을 형성하며, 정부 활동을 감시하고 문제 해결을 위한 대안을 제시하기도 한다.

11 노동조합은 노동자들의 이익을 실현하기 위해 결성한 이익 집단이다.

알려 줄게! **이익 집단인 노동조합**

노동조합은 근로 조건의 개선과 노동자의 지위 향상 등을 목적으로 노동자들이 자주적으로 조직한 단체이다. 노동조합은 노동자들이 자신들의 특수한 이익을 실현하고자 결성하였다는 점에서 이익 집단이라고 볼 수 있다.

12 시민 단체는 공익 실현을 위해 시민들이 자발적으로 결성한 단체이다.

　왜 틀렸지? ② 법원은 법률이나 정책과 관련된 분쟁을 해결함으로써 정책의 결정 및 집행에 영향을 준다.

13 사진은 정치 참여 주체인 국회의 모습이다. 국회는 시민의 의견을 반영하여 법률을 만들거나 고치고 없애는 일을 한다.

　왜 틀렸지? ① 정치적 견해를 같이하는 사람들의 모임은 정당이다. ② 단체의 특수한 이익을 실현하기 위해 활동하는 것은 이익 집단이다. ③ 공익을 실현하기 위해 자발적으로 만든 단체는 시민 단체이다. ④ 재판을 통해 정책 집행 과정에서 발생한 갈등과 문제를 해결하는 것은 국가 기관 중 법원이다.

14 이익 집단은 특수한 이익을 실현하기 위해 결성한 단체이다. 이익 집단은 전문성을 바탕으로 정책 결정에 도움을 주기도 하지만, 특정 집단의 이익을 추구하는 과정에서 공익과 충돌하기도 한다.

　왜 틀렸지? ③ 정부는 법률을 기반으로 정책을 수립하고 집행하는 국가 기관이다.

15 언론은 정책에 대한 해설이나 비판을 제시함으로써 여론 형성에 중요한 역할을 한다. 따라서 공정하고 객관적으로 보도하기 위해 노력해야 한다.

16 (가)는 국회, (나)는 정부이다. 공익 실현을 위해 자발적으로 만든 단체는 시민 단체이다.

17 정치 과정에서 영향력을 행사하는 주체에 해당한다.

> **왜 틀렸지?** ① 정당에만 해당하는 내용이다. ③ 이익 집단에만 해당하는 내용이다. ④ 국가 기관에 해당하는 내용이다. ⑤ 언론에 해당하는 내용이다.

18 주어진 자료는 모두 정치에 참여하는 주체의 활동 모습이다.

20 **예시 답안** 대표자를 선출한다. 대표자에게 정당성을 부여한다. 정치권력을 통제한다. 시민이 정치에 참여할 기회를 제공한다. 국민이 주권을 행사하고 주인의식을 갖게 된다.

채점 기준	
상	선거의 기능 세 가지를 정확하게 서술한 경우
중	선거의 기능을 두 가지만 서술한 경우
하	선거의 기능을 한 가지만 서술한 경우

21 **예시 답안** 정당, 정당은 정치권력을 획득하고 정치적 목적을 실현하기 위한 단체이다.

채점 기준	
상	정당을 쓰고, 정당의 목적으로 정권 획득을 명확하게 서술한 경우
중	정당을 쓰고, 정당의 목적으로 정당의 다른 특징들을 서술한 경우
하	정당만 쓴 경우

02 정치 주체와 정치 과정 (2) ~03 지방 자치와 시민 참여

실력 확인 문제　　　　　　27~29쪽

01 ①　**02** ②　**03** ②　**04** ①　**05** ①　**06** ①　**07** ②　**08** ④
09 ④　**10** ②　**11** ④　**12** 해설 참조
13 ㉠: 지방 의회, ㉡: 지방 자치 단체장

01 정치 과정은 다양하게 표출된 이해관계를 집약하여 정책으로 결정하고 집행하는 과정이다.

02 정치 과정은 구성원의 다양한 이익을 조정하여 정책을 결정하고 집행하는 과정이다. 이를 통해 갈등을 해결하고 사회를 통합한다.

> **왜 틀렸지?** ㄴ. 정치 과정에서 정부는 정책 결정과 정책 집행에 주로 영향력을 행사하는 주체이지만 전 과정이 정부를 중심으로만 이

루어지는 것은 아니다. ㄹ. 정치 과정은 다양한 이익을 집약하여 정책을 결정·집행하는 과정이므로 빠르게 진행된다고 보기는 어렵다.

03 국가 기관이 정책을 결정하고 집행하지만, 이외에도 여러 다양한 정치 주체가 정치 과정에 영향력을 행사한다.

04 이익 표출은 개인이나 집단이 요구 사항을 자유롭게 표현하는 것을 말한다.

> **왜 틀렸지?** ② 이익 집약 단계에서 모아진 여론을 검토하여 일부만 정책으로 결정된다. ③ 정책 결정은 국회와 정부가 주도한다. ④ 정책 집행 단계는 정부에 의해 이루어진다. ⑤ 다양한 사회 문제에 관한 논의가 시작되는 것은 (가) 단계이다.

05 환경 단체, 사업자 등 다양한 사람들의 의견이 자유롭게 표현되는 것은 이익 표출의 단계이다.

06 (나) 단계에서는 정당이나 언론 등이 사회 구성원의 의견을 수렴하여 여론을 형성한다.

07 정치 과정은 이익 표출 – 이익 집약 – 정책 결정 – 정책 실행 – 정책 평가의 단계로 이루어진다.

08 지방 자치 제도는 지역 주민이 지역의 일을 스스로 해결하는 것이므로 지역의 실정을 반영할 수 있으며, 주민들의 적극적인 참여가 있어야 한다.

> **왜 틀렸지?** ㄱ. 지방 자치 제도를 통해 정책에 지역의 특성을 반영할 수 있다. ㄷ. 지방 자치 제도는 지방 정부의 정책을 처리하기 위해 도입된 제도이다. 지방 자치는 국가 권력이 중앙 정부에 집중되는 것을 막아 중앙 정부와 지방 정부 간의 권력을 분립하는 데 이바지한다.

09 지방 의회는 의결 기관으로, 조례를 제정하고 예산안을 심의하여 확정한다.

> **왜 틀렸지?** ㄱ. 정책 집행에 필요한 규칙을 제정하는 것은 지방 자치 단체장의 역할이다. ㄷ. 지역의 재산을 관리하고 예산을 집행하는 것은 지방 자치 단체장의 역할이다.

> **알려 줄게!** **지방 의회와 지방 자치 단체장의 역할**
>
> 지방 의회는 지역 정책을 결정하며, 법률과 명령의 범위 안에서 조례를 제정·개정 및 폐지한다. 또한 지역의 살림살이 계획인 예산안을 심의하고 확정한다. 지방 자치 단체장은 지방 의회의 의결 사항을 실행하며, 법령과 조례의 범위 안에서 규칙을 제정한다. 그리고 지방의 각종 사무를 처리하며, 그 지역의 재산을 관리하고 예산을 집행한다.

10 주민이 요구 사항을 직접 지방 자치 단체에 서면으로 제출하는 것을 주민 청원이라고 한다.

> **왜 틀렸지?** ① 주민 투표는 지역의 중요 사안이나 정책에 관해 직접 의사를 표시하는 것이다. ③ 지방 선거는 지역의 일을 담당할 주민의 대표를 선출하는 것이다. ④ 주민 소환제는 선출된 공직자가 직무를 잘 수행하지 못할 때 주민들의 투표를 통해 지역의 공직자

를 해임하는 것이다. ⑤ 공청회는 문제 해결을 위해 마련한 정책이나 대안을 공개적으로 설명하고, 그와 관련된 사람들의 다양한 의견을 듣는 것이다.

11 지역의 중요한 결정이나 정책에 관해 주민이 찬반의 형태로 의사 표현을 하는 것은 주민 투표이다. 공청회는 중요한 정책 결정을 위해 공식 석상에서 주민과 관련자의 의견을 듣는 것이다.

12 예시 답안 국회나 정부가 시민의 다양한 요구를 바탕으로 정책을 결정한다.

채점 기준	
상	국회, 정부가 정책을 결정한다는 내용을 모두 포함하여 서술한 경우
중	정책을 결정한다는 내용만 서술한 경우
하	국회, 정부만 맞게 쓴 경우

11 일상생활과 법

01 법의 의미와 목적
~02 법의 종류

실력 확인 문제　　　　　　　　　　30~33쪽

01 ①　**02** ⑤　**03** ②　**04** ②　**05** ③　**06** ②　**07** ②　**08** ①
09 ①　**10** ①　**11** ③　**12** ①　**13** ①　**14** ②　**15** ⑤
16 해설 참조　**17** 상법　**18** 해설 참조

01 ㄱ, ㄴ. 사회 규범은 사람들이 사회생활에서 지켜야 할 행동의 기준으로, 관습, 도덕, 법 등이 있다.

왜 틀렸지? ㄷ. 법은 양심이나 동기보다 행위의 결과를 중요시한다. ㄹ. 국가가 제정한 사회 규범은 법이다.

02 세배는 관습, 효도는 도덕에 따른 사회 규범이다. 관습은 어떤 사회에서 오랫동안 지켜 내려온 행동 양식이나 풍습을 말하고, 도덕은 인간이 당연히 지켜야 할 바람직한 행동의 기준이다.

왜 틀렸지? ①, ③, ④ 법은 사회 구성원의 합의에 따라 국가가 정한 규범이다.

03 ㉠에 들어갈 법은 식품 위생법이다. 우리나라에서는 식품 위생법에 따라 모든 식품에 소비 기한을 표시하도록 하고 있다.

04 착한 사마리아인 법은 자신에게 특별한 위험이나 피해가 발생하는 것도 아닌데 어려움에 처한 사람을 구하지 않는 사람을 처벌하는 법을 말한다. 착한 사마리아인 법에 대해 갑은 찬성하는 입장, 을은 반대하는 입장을 지니고 있다.

왜 틀렸지? ㄴ. 갑은 법과 도덕의 구분을 명확하게 하는 것보다 시민의 생명과 안전을 보장하는 것을 더욱 중요시한다. ㄹ. 을은 도덕의 영역에 법을 적용하는 것을 반대하고 있지만, 법이 도덕보다 강조되어야 한다는 입장과는 거리가 있다.

05 도덕은 행위의 동기를 규율 대상으로 하며 개인의 자율성에 따르지만, 법은 행위의 결과를 규율 대상으로 하며 국가의 강제성에 따른다.

06 ㉠에 들어갈 용어는 '정의'이다. ㄱ. 정의란 모든 사람에게 각자가 받아야 할 정당한 몫을 주는 것으로, 법이 추구하는 궁극적인 목적이다. ㄷ. 정의를 나타내는 대표적인 상징물로는 정의의 여신상과 해태상이 있다.

왜 틀렸지? ㄴ. 정의란 '같은 것은 같게, 다른 것은 다르게' 대우하는 것을 말한다. ㄹ. 정의를 실현하려면 범죄의 종류와 그 정도에 따라서 형량을 달리해야 한다.

알려 줄게! **정의의 여신상과 해태상**

▲ 정의의 여신상

▲ 해태상

정의를 나타내는 대표적인 상징물로는 정의의 여신상과 해태상이 있다. 정의의 여신상은 눈을 가리거나 감고 있으며, 한 손에는 양팔 저울을, 다른 한 손에는 양날 검을 들고 있다. 두 눈을 가리거나 감는 것은 법에 따라 공정하게 판단을 내리겠다는 의미이다. 양팔 저울은 모든 사람에게 공평하게 판결하겠다는 것이며, 양날 검은 법을 엄격하게 집행하겠다는 뜻이다. 해태는 옳고 그름을 판단한다는 상상의 동물이다. 해태는 죄를 지은 사람을 만나면 머리의 뿔로 들이받아 벌을 준다고 알려져 있다. 이러한 이유로 법에 따라 공정한 판단과 집행을 상징하는 대표적인 동물이 되었다.

07 법은 범죄자 처벌, 분쟁 해결 등을 통해 사회 질서를 유지하고 개인의 권리를 보호하여 궁극적으로 정의를 실현한다.

08 ①은 공법에 속하는 헌법에 따른 내용이다.

왜 틀렸지? ②와 ③은 사법, ④와 ⑤는 사회법의 적용을 받는 생활 영역이다.

09 제시된 법 조항은 헌법의 일부이다. 헌법은 국민의 권리와 의무, 국가의 통치 구조와 운영 원리 등을 규정한 우리나라 최고법이다.

왜 틀렸지? ㄷ. 범죄의 종류와 처벌의 기준을 규정하는 것은 공법에 속하는 형법이다. ㄹ. 사적인 생활 관계를 규율하는 법은 사법이다.

10 사법은 개인과 개인 사이의 사적인 생활 관계를 규율한다.

왜 틀렸지? ②, ⑤는 공법에 대한 설명이고, ③, ④는 사회법에 대한 설명이다.

11 ㉠은 민법, ㉡은 상법이다. 사법은 개인과 개인 사이의 사적인 생활 영역을 규율하는 법이다.

왜 틀렸지? ①, ②, ④ 공법에 속하는 헌법은 국민의 권리와 의무, 국가 기관의 구성과 운영 등을 규정한 우리나라의 최고법이다. 공법에 속하는 형법은 범죄의 종류와 그에 따른 형벌을 정한 법으로, 범죄를 예방하고 국민의 권리를 보호하는 역할을 한다.

12 민법 제807조에는 "18세가 된 사람은 혼인할 수 있다."라고 규정되어 있다. 민법은 개인의 재산 관계 및 가족 관계에 관한 권리와 의무 등을 다룬다. 제시된 조항 외에도 다양한 조항이 있는데, 제866조에 따르면 성년이 된 사람은 입양을 할 수 있다. 제997조에 따르면 상속은 사망으로 인하여 개시된다.

13 사회법은 사적인 생활 영역에 국가가 개입하기 때문에 사법과 공법의 중간적인 성격을 가지며, 자본주의 국가에서 등장한 사회 문제를 해결하고, 사회적 약자를 보호하여 모든 국민의 인간다운 삶을 보장하기 위해 등장하였다.

왜 틀렸지? ㄷ. 근대 시민 사회에서는 개인의 자유로운 경제 활동을 최대한 보장하기 위해 국가의 간섭이나 개입을 최소화하면서 나타난 문제점을 보완하고자 사회법이 등장하였다. ㄹ. 사회법은 개인 간의 생활 영역에 국가가 개입하기 때문에 사법과 공법의 중간적인 성격을 가진다.

14 (가)는 노동법, (나)는 사회 보장법을 통해 해결할 수 있다.

15 자료의 첫 번째 제시문은 사회법, 두 번째 제시문은 경제법에 대한 설명이다. 따라서 ㉠에는 경제법에 속하는 법이 들어가야 한다. 독점 규제 및 공정 거래에 관한 법률은 경제법에 속한다.

왜 틀렸지? ①과 ④는 노동법, ②와 ③은 사회 보장법에 해당한다.

16 **예시 답안** 법, 공정하고 객관적인 판단 기준을 제시하여 분쟁을 예방하거나 해결한다. 다른 사람의 권리를 침해하는 행위를 제재함으로써 개인의 권리를 보호한다.

채점 기준	
상	법이라고 쓰고, 그 기능을 두 가지 이상 서술한 경우
중	법이라고 쓰고, 그 기능을 한 가지만 서술한 경우
하	법이라고만 쓴 경우

18 (1) 사회법

(2) **예시 답안** 노동자의 권리와 근로 조건을 규정하고, 노사 간의 이해관계를 조정하기 위한 법이다.

채점 기준	
상	'노동자의 권리와 근로 조건'과 '노사 간의 이해관계를 조정'을 모두 포함하여 서술한 경우
중	'노동자의 권리와 근로 조건'이나 '노사 간의 이해관계를 조정' 중 한 가지의 내용만으로 서술한 경우
하	노동자의 권리를 보호한다는 내용만으로 서술한 경우

03 재판의 종류와 공정한 재판

01 ④	**02** ③	**03** ①	**04** ⑤	**05** ③	**06** ②	**07** ①	**08** ⑤
09 ④	**10** ①	**11** ⑤	**12** 해설 참조	**13** 증거 재판주의			
14 해설 참조							

01 재판은 법원이 법을 적용하여 옳고 그름을 판결하는 과정이다.

왜 틀렸지? ① 재판은 사법부인 법원에서 담당한다. ② 개인 간 분쟁을 다루는 것은 민사 재판이다. ③ 형사 재판을 통해 범죄자에게 형벌을 부과한다. ⑤ 국민이 배심원으로 참여하는 것은 국민 참여 재판이다. 국민 참여 재판은 살인, 강도 등 죄가 무거운 형사 사건을 대상으로 이루어지며, 피고인이 원하지 않으면 시행되지 않는다.

02 (가)는 범죄가 발생하였을 때 범죄 여부를 판단하고 형벌의 종류와 정도를 정하는 형사 재판에서 다루어지고, (나)는 개인 간 권리와 의무에 관한 분쟁을 다루는 민사 재판을 통해 해결해야 한다.

03 재판은 분쟁을 해결하기 위한 가장 확실하고 공정한 방법이지만 시간과 비용이 많이 들고 절차가 복잡하다.

04 밑줄 친 '재판'은 민사 재판이다. 민사 재판에는 소송을 제기한 원고, 소송을 제기당한 피고, 판결을 내리는 판사, 원고나 피고 편에 서서 법률적인 도움을 주는 소송 대리인(변호사) 등이 참여한다.

알려 줄게! 민사 재판 참여자

판사	재판에서 누구의 주장이 옳은지 판결을 내리는 사람
원고	피해를 입었다고 주장하면서 소송을 제기한 사람
피고	원고의 주장에 따라 소송을 당한 사람
소송 대리인	원고나 피고의 편에 서서 법률적인 도움을 주는 사람

05 (가)~(라)는 민사 재판의 절차이다.

왜 틀렸지? ㄱ. 범죄 사건이 아니므로 갑이 항공사를 고소할 수는 없다. ㄹ. 갑이 법원에 민사 재판을 청구하였으므로 갑이 원고가 되고, 항공사는 피고가 된다.

06 형사 재판은 범죄 사건이 발생하였을 때 고소 또는 고발 등에 의해 수사가 이루어지고, 검사가 기소하는 것으로 시작된다.

07 제시문은 A 씨가 B 씨를 폭행하여 일어난 사건이다. A 씨는 상해죄에 해당하는 범죄를 저질렀기 때문에 그에 따른 처벌 정도를 결정하는 형사 재판을 받게 된다.

08 국민 참여 재판에서는 법적인 전문성을 갖추지 않았더라도 만 20세 이상 대한민국 국민이라면 누구나 무작위 추첨으로 배심원이 될 수 있다.

국민 참여 재판이란 일반 국민이 배심원으로 재판에 참여하여 피고인의 유무죄 여부를 판단하는 제도로, 우리나라에서도 시행되고 있다. 국민 참여 재판은 살인, 강도 등 죄가 무거운 형사 사건을 대상으로 이루어지며, 피고인이 원하지 않으면 시행되지 않는다. 만 20세 이상 대한민국 국민이면 누구나 무작위 추첨으로 배심원이 될 수 있다. 배심원단은 재판에 참여하여 피고인의 유무죄를 판단하고, 유죄로 판단한 경우 형벌의 정도를 토의하여 의견을 제시한다. 판사가 배심원의 의견을 무조건 반영해야 하는 것은 아니지만, 배심원의 판단을 참고하여 판결을 내린다. 이러한 국민 참여 재판은 일반 국민이 재판에 참여함으로써 재판의 공정성과 투명성을 높일 수 있다는 데 의의가 있다.

09 ㄴ. 사법권의 독립을 위해 법관이 헌법과 법률에 의하여 그 양심에 따라 심판할 것을 규정하고 있으며, 법관의 임기를 정하여 신분을 보장하고 있다. ㄹ. 증거 재판주의는 적법한 절차에 따라 수집한 구체적이고 명확한 증거를 바탕으로 판결해야 한다는 원칙이다.

왜 **틀렸지?** ㄱ. 민사 재판과 형사 재판 모두 3심제를 원칙으로 한다. ㄷ. 형사 재판에서 국민을 배심원으로 참석하게 하는 제도는 국민 참여 재판 제도이다.

10 제시문은 공정한 재판을 위한 제도 중 하나인 사법권의 독립에 관한 설명이다.

11 자료는 한 사건에 대해 급을 달리하는 법원에서 여러 번 재판을 받을 수 있게 한 심급 제도를 나타낸다.

왜 **틀렸지?** ㄱ. ㉠은 항소, ㉡은 상고이다.

12 (1) 형사 재판

(2) 예시 답안 판사, 검사와 피고인의 주장을 듣고, 피고인의 유무죄를 판단하며 형벌의 종류와 정도를 결정한다.

채점 기준	
상	판사라고 쓰고, 그 역할을 '유무죄 판단'과 '형벌 결정'을 모두 포함하여 서술한 경우
중	판사라고 쓰고, 그 역할을 '유무죄 판단' 또는 '형벌 결정' 중 한 가지만으로 서술한 경우
하	판사라고 쓰고, 단순히 판결을 내린다는 내용으로 서술한 경우

14 예시 답안 심급 제도, 한 사건에 대해 급을 달리하는 법원에서 여러 번 재판을 받을 수 있게 한 제도이다.

채점 기준	
상	심급 제도를 쓰고, 그 의미를 옳게 서술한 경우
중	심급 제도를 썼으나, 그 의미에 대한 서술이 미흡한 경우
하	심급 제도만 쓴 경우

12 인권과 기본권

01 인권 보장과 헌법
~02 기본권의 제한과 침해 구제 (1)

실력 확인 문제 37~40쪽

01 ② **02** ① **03** ④ **04** ② **05** ④ **06** ② **07** ② **08** ⑤
09 ① **10** ⑤ **11** ② **12** ④ **13** ② **14** ② **15** ④ **16** ③
17 ④ **18** 해설 참조 **19** 청구권 **20** 국가 안전 보장, 질서 유지, 공공복리

01 인권은 인간이라면 누구나 마땅히 누려야 할 기본적 권리로, 하늘이 부여하여 인간이 태어날 때부터 가지는 권리이다. 또한 국가가 법으로 보장하기 이전에 인간에게 자연적으로 주어진 권리이다.

왜 **틀렸지?** ㄴ. 다른 사람이나 국가가 함부로 침해할 수 없는 불가침의 권리이다. ㄷ. 국적, 성별, 인종, 나이 등과 상관없이 모든 사람에게 주어지는 보편적 권리이다.

02 하늘이 부여하여 태어날 때부터 가진다는 점에서 천부적 권리, 모든 사람에게 부여된다는 점에서 보편적 권리라는 특징을 도출할 수 있다.

03 청소년에게 청소년 관람 불가 영화를 제한하는 것은 청소년을 폭력적이고 선정적인 유해 영상물로부터 보호하기 위한 것이므로 인권 침해 사례로 볼 수 없다.

04 인권 침해는 물리적이거나 정신적인 것을 모두 포함하며, 이를 방지하기 위해 인권 감수성이 필요하다.

왜 **틀렸지?** ㄴ. 인권 침해 문제를 해결하기 위해서는 국가와 사회 구성원 모두가 함께 노력해야 한다. ㄹ. 국가도 인권 침해의 주체가 될 수 있다.

05 모든 법과 제도의 기초가 되는 헌법을 통해 기본권을 보장하는 이유는 국가의 부당한 간섭과 침해로부터 국민의 자유와 권리를 지키고, 적극적으로 보장하기 위해서이다.

06 신체의 자유를 보장하기 위한 내용으로, ㉠에는 자유권이 들어간다.

왜 **틀렸지?** ①은 평등권, ③은 참정권, ④는 사회권, ⑤는 청구권에 대한 설명이다.

07 헌법은 국가의 최고법이며 모든 법과 제도의 기초가 된다. 인간으로서의 존엄과 가치 및 행복 추구권은 모든 기본권이 추구하는 궁극적 가치이다.

왜 **틀렸지?** ㄴ. 인권 중 헌법을 통해 보장되는 권리를 기본권이라고 한다. ㄹ. 기본권은 임의로 제한할 수 없다.

 노동 3권은 근로자가 사용자와 대등한 위치에서 근로 조건을 협의하고 결정할 수 있도록 헌법이 보장하는 근로자의 권리이다.

07 우리 헌법은 근로자가 사용자와 대등한 위치에서 근로 조건을 협의할 수 있게 하기 위해 노동 3권을 보장하고 있다.

08 ㉠은 근로자가 근로 조건의 유지·개선을 위해 노동조합을 조직 또는 가입하여 단결할 수 있는 권리인 단결권이, ㉡은 근로자가 노동조합을 통해 사용자와 근로 조건을 협의할 수 있는 권리인 단체 교섭권이 행사되고 있다.

09 정당한 이유가 없거나 30일 전에 해고 계획을 서면으로 알리지 않으면 부당 해고에 해당한다. 근로 계약서를 작성하지 않거나 임금 체불, 부당 노동 행위는 노동권 침해에 해당한다.

왜 틀렸지? ㄷ, ㄹ은 노동자에게 유리한 근로 조건으로, 노동권 침해에 해당하지 않는다.

10 ㉠은 사용자가 임금을 제때 주지 않는 임금 체불, ㉡은 사용자가 근로자의 노동 3권을 침해하는 행위인 부당 노동 행위에 해당한다.

11 임금 체불의 경우 고용 노동부에 진정서를 제출하여 권리를 구제받을 수 있고, 부당 노동 행위의 경우 노동 위원회에 구제 신청을 할 수 있다.

왜 틀렸지? ㄷ. 갑과 을 모두 법원에 소송을 제기하여 침해된 권리를 구제받을 수 있다. ㄹ. 해고를 당한 경우가 아니므로 해고 무효 확인 소송은 적절한 권리 구제 방법이라고 볼 수 없다.

13 **예시 답안** 헌법재판소에 헌법 소원 심판을 제기할 수 있다.

채점 기준	
상	기본권 구제 기관과 방법을 모두 바르게 서술한 경우
중	기본권 구제 기관과 방법 중 한 가지만 바르게 서술한 경우
하	기본권 구제 기관과 방법을 모두 바르게 서술하지 못한 경우

7 인간과 사회생활 ~9 민주주의와 시민

시험 빈출 **문제**						*44~49쪽*
01 ⑤	02 ④	03 ④	04 ①	05 ④	06 ④	07 ⑤
08 ④	09 ④	10 ②	11 해설 참조		12 ③	13 ①
14 ①	15 ③	16 ④	17 ④	18 ⑤	19 ②	20 ②
21 ⑤	22 해설 참조		23 ⑤	24 ⑤	25 ④	26 ②
27 ②	28 ④	29 ②	30 ④	31 ⑤	32 ④	
33 해설 참조						

01 본능은 사회화의 결과로 볼 수 없으며, 사회화된 행동은 후천적으로 학습을 통해 습득한 행동이다.

02 ㄷ. 사회화는 생물학적인 인간을 사회적 존재로 성장시킨다.

03 사회화는 사회적 측면에서 그 사회의 문화를 다음 세대로 전달하여 사회를 유지하는 기능을 한다.

04 유아기에는 가정에서 기초적인 생활 습관을 배운다.

05 청소년기는 인간의 사회화 과정 중 자아 정체성을 형성하는 데 가장 중요한 시기이다.

06 사회 변동에 적응하기 위한 노인들의 재사회화 사례이다.

07 역할이란 사회에서 기대하는 일정한 행동 양식을 말한다.

왜 틀렸지? ㄱ. 실제 역할의 수행 방식은 개인마다 다르다. ㄴ. 지위가 다르면 기대되는 역할도 다르다.

08 학생은 개인의 노력으로 얻게 되는 성취 지위이다.

09 청소년은 귀속 지위이고, 나머지는 모두 성취 지위이다.

10 ㉡은 단순 진로 고민일 뿐, 역할 갈등의 상황이 아니다. 역할 갈등은 개인의 여러 사회적 지위에 따른 역할들이 상충되어 갈등을 일으키는 것이다.

11 **예시 답안** 역할 갈등, 한 사람이 여러 개의 사회적 지위를 가지고 있기 때문에 그 지위에 따른 역할이 서로 충돌하여 갈등이 발생한다.

채점 기준	
상	역할 갈등 개념을 쓰고 원인을 명확하게 서술한 경우
중	역할 갈등 개념을 썼으나 원인에 대한 서술이 미흡한 경우
하	역할 갈등 개념만 쓴 경우

12 문화는 한 사회의 구성원이 만들어 낸 공통의 생활 양식으로, 개인적인 버릇이나 생리적 현상, 자연 현상 등은 문화에 해당하지 않는다.

13 사례에 나타난 문화의 특징은 문화의 다양성이다.

왜 틀렸지? ㄷ은 문화의 변동성, ㄹ은 문화의 보편성에 대한 설명이다.

14 자료를 통해 문화는 그 사회의 구성원들이 공유하는 생활 양식임을 알 수 있다. 이는 공유성을 보여 준다.

15 자료에 나타난 문화의 속성은 인간이 학습을 통해 자신이 속한 사회의 문화를 후천적으로 습득한다는 학습성이다.

16 (가)에는 뉴 미디어에 관한 옳은 설명이 들어가야 한다. 뉴 미디어는 정보 통신 기술의 발달로 등장한 미디어로, 뉴 미디어를 바탕으로 대중이 정보 수용자이자 생산자의 역할을 하게 되었다.

17 미디어는 어떤 정보를 한쪽에서 다른 쪽으로 전달하는 수단이다.

왜 틀렸지? ㄱ. 뉴 미디어는 시간과 공간의 제약을 받지 않는다. ㄷ. 최근에는 뉴 미디어의 발달로 정보 전달이 쌍방향으로 이루어지고 있다.

18 미디어의 영향력이 증대됨에 따라 대중은 미디어를 통해 경험하는 다양한 문화와 정보들을 비판적으로 검토하는 태도를 가져야 한다.

19 천하도를 통해 다른 문화를 숭상하고 우리 문화를 무시하는 문화 사대주의가 나타남을 알 수 있다.

20 세계화로 우리나라에는 국내에 거주하는 외국인이 증가하는 등의 다문화적 변화가 나타나고 있다. 이는 우리 사회의 문화를 더욱 다양하고 풍부하게 만든다.

21 문화 상대주의는 문화의 우열을 평가하지 않고 그 사회의 입장에서 문화를 이해하는 태도이다. 단, 보편적 가치를 무시하는 문화는 문화 상대주의의 적용 대상이 아니다.

22 예시 답안 문화 사대주의, 다른 사회의 문화를 우수하게 여겨 자신이 속한 사회의 문화를 낮게 평가하고 무시하고 있기 때문이다.

채점 기준	
상	문화 이해 태도를 옳게 쓰고 그 근거를 바르게 서술한 경우
중	문화 이해 태도를 옳게 쓰고 그 근거를 서술하였지만 미흡한 경우
하	문화 이해 태도는 옳게 썼으나 그 근거를 서술하지 못한 경우

23 (가)는 넓은 의미의 정치 사례, (나)는 좁은 의미의 정치 사례에 해당한다. 정치를 통해 구성원들의 이해관계를 조정하여 공동체의 문제를 해결할 수 있다. 정치에서 정당한 의사 결정이 이루어지면 구성원들은 그 결정이 개인의 의사와 다르더라도 따르게 된다.

왜 틀렸지? ㄱ. (가)와 (나)는 모두 정치에 해당한다. ㄴ. (가)와 달리 (나)는 정치권력을 행사하는 활동이다.

24 학급 회의라는 정치를 통해 사회 구성원 간의 다양한 의견과 갈등을 조정하여 통합을 이끌어 낸 사례이다.

25 민주주의는 시민이 권력을 가지고 스스로 그 권리를 행사하는 정치 형태로, 국가의 의사를 결정할 최고 권력인 주권이 국민에게 있다는 것이다. 동시에 민주주의는 일상 속 생활 양식이기도 하다.

왜 틀렸지? ㄱ, ㄷ. 민주주의는 모든 시민이 공동체의 의사 결정에 참여할 수 있도록 보장함으로써 독재를 방지하고 개인의 자유와 권리를 보호한다.

26 시민이 민회에서 중요한 결정을 직접 내렸다는 점에서 직접 민주주의라는 특징을 알 수 있고, 시민권을 가진 성인 남성만이 참여했다는 점에서 정치 참여의 제한이라는 한계를 도출할 수 있다.

27 제시된 사건들은 근대 시민 혁명의 사례들이다. 시민 계급은 왕이나 귀족에 맞서 자유와 권리를 찾고자 투쟁하였고 그 결과 의회를 중심으로 한 대의 민주주의가 이루어졌다.

왜 틀렸지? ①, ⑤는 현대 민주주의의 특징이다. ④는 고대 아테네 민주주의의 특징이다.

28 참정권 확대 운동의 결과 대부분의 민주 국가에서 보통 선거 제도가 확립되었다.

29 A는 고대 아테네 민주주의, B는 근대 민주주의, C는 현대 민주주의이다. 민주주의는 고대 아테네에서 처음 시작되었다. 고대 아테네 민주주의와 근대 민주주의는 정치 참여에 제한이 있었다는 한계가 있다.

왜 틀렸지? ㄴ. 고대 아테네 민주주의와 근대 민주주의 모두 여성은 정치에 참여할 수 없었다. ㄹ. 추첨을 통해 공직을 맡은 것은 고대 아테네 민주주의의 특징이다.

30 (가)는 자유, (나)는 평등, (다)는 인간의 존엄성이다. 인간의 존엄성을 실현하기 위해서는 자유와 평등이 보장되어야 한다. 오늘날에는 국가의 부당한 간섭을 받지 않을 자유뿐만 아니라 정부의 정책 결정에 참여하고 국가에 최소한의 삶을 요구할 수 있는 자유도 중시된다.

왜 틀렸지? ㄱ. 민주주의의 근본이념은 인간의 존엄성이다. ㄷ. 현대에는 개인의 선천적·후천적 차이를 고려한 실질적인 평등이 이루어지도록 노력하고 있다.

31 현대 민주주의에서는 정치적 무관심이 일상화되는 문제가 나타난다.

32 ㉠은 국민 투표 ㉡은 주민 소환이다.

왜 틀렸지? ② ㉠, ㉡은 시민의 의사를 직접 반영하기 위한 직접 민주주의 요소이다. ⑤ 주민 발안에 대한 설명이다.

33 예시 답안 대의 민주주의가 이루어졌다는 점은 공통점이나, 정치 참여 범위에는 차이가 있다. 근대 민주주의는 정치 참여에 제한이 있었으나 현대 민주주의는 모든 구성원이 정치에 참여할 수 있다.

채점 기준	
상	근대 민주주의와 현대 민주주의의 공통점과 차이점을 모두 바르게 서술한 경우
중	근대 민주주의와 현대 민주주의의 공통점과 차이점 중 한 가지만 바르게 서술한 경우
하	근대 민주주의와 현대 민주주의의 공통점과 차이점을 모두 바르게 서술하지 못한 경우

10~12 정치 과정과 시민 참여 / 인권과 기본권

시험 빈출 문제 50~55쪽

01 ①	02 ②	03 ③	04 ①	05 ⑤	06 ②	07 ①
08 ⑤	09 ⑤	10 ①	11 해설 참조		12 ④	13 ⑤
14 ③	15 ④	16 ①	17 ③	18 ②	19 ②	20 ①
21 ③	22 해설 참조		23 ④	24 ④	25 ③	26 ③
27 ①	28 ④	29 ④	30 ④	31 ②	32 ②	
33 해설 참조						

01 대의제 국가에서 시민은 선거를 통해 주권을 행사한다.

02 대의제에서 시민을 대신하여 나라의 일을 담당할 대표를 선출하는 과정을 선거라고 한다.

왜 틀렸지? ㄴ. 유권자는 지지하는 후보를 위해 다양한 방법으로 선거 운동에 참여할 수 있다. ㄷ. 국가의 중요한 결정 사항에 대해 국민의 의견을 묻는 것은 국민 투표이다.

03 선거 참여에 제한을 두는 것은 보통 선거에 어긋나며, 표의 가치를 다르게 하는 것은 평등 선거의 원칙에 어긋난다.

04 일정 연령 이상이 되면 누구나 선거권을 갖는 것은 보통 선거의 원칙이다.

05 이익 집단은 노동조합과 같이 이해관계를 같이하는 사람들이 자신의 특수 이익을 실현하고자 결성한 단체이다.

06 정책을 결정하는 국가 기관은 국회, 정부이다. 정당은 정치적 견해가 같은 사람들이 정권 획득을 위해 만든 단체이다.

07 ㉠은 이익 집약 단계로, 정당과 언론 등이 다양한 이익을 모아 요약하고 대안을 제시하는 단계이다.

08 ㉡은 정책 평가 단계로, 정책 집행 과정에서 발생한 문제들을 해결하기 위한 개선 방안이 논의된다.

09 지방 선거를 통해 의결 기관인 지방 의회와 집행 기관인 지방 자치 단체장이 각각 구성된다.

10 공청회는 중요 정책 결정을 위해 주민과 전문가들을 모아 놓고 의견을 듣는 것을 말한다.

11 예시 답안 (가)는 시민 단체, (나)는 이익 집단이다. 시민 단체는 공익 실현을 위해 시민들이 자발적으로 결성한 단체이고, 이익 집단은 이해관계를 같이하는 사람들이 자신의 특수한 이익을 실현하기 위해 결성한 단체이다.

채점 기준	
상	(가), (나)의 명칭을 바르게 쓰고, 두 집단의 특징을 집단이 추구하는 목적을 중심으로 비교하여 서술한 경우
중	(가), (나)의 명칭을 바르게 쓰고, 두 집단의 특징을 서술했지만 미흡한 경우
하	(가), (나)의 명칭만 바르게 쓴 경우

12 제시문은 관습에 대한 설명이다.

왜 틀렸지? ①과 ③은 법, ②는 종교 규범, ⑤는 도덕에 따라 행동하고 있다.

13 (가)는 도덕, (나)는 법에 대한 설명이다. 도덕은 양심이나 동기를 규율한다. 하지만 법은 행위의 결과를 규율하며 국가의 강제성에 따른다.

14 「주택 임대차 보호법」은 국민 주거 생활의 안정을 보장하고자 제정된 법으로, 자기 집이 없이 전세나 월세로 살아가는 사람들의 권리를 보호하고 있다.

15 헌법은 국민의 권리와 의무, 국가 기관의 구성과 운영 등을 규정한 우리나라의 최고법이다. 형법은 범죄의 종류와 그에 따른 형벌을 정한 법이다. 헌법과 형법은 공법에 해당한다.

왜 틀렸지? ㄱ. 헌법은 국민의 권리와 의무, 국가의 통치 구조와 운영 원리를 규정한다. ㄷ. 헌법은 (나)에 비해 지위가 높다.

16 제시된 사례는 재산 상속, 부동산의 매매에 관한 것이므로 민법의 적용을 받는다.

17 (가)는 사회 보장법에 속하는 국민 기초 생활 보장법이며, (나)는 노동법에 속하는 근로 기준법이다.

18 (가)는 피고의 답변서 제출, (나)는 원고의 소장 제출, (다)는 판사의 판결, (라)는 원고와 피고의 변론을 나타낸다.

19 제시문은 형사 재판의 절차로, ㉠에 들어갈 사람은 범죄 혐의가 있어 검사에 의해 기소되어 재판을 받는 사람이어야 한다.

20 민사 재판에서 소송을 제기한 사람을 원고라고 부르며, 소송을 당한 사람을 피고라고 부른다. 형사 재판에서는 검사가 피의자를 상대로 소송을 제기한다. 검사에 의하여 공소가 제기되면 피의자는 피고인이 된다.

21 그림은 심급 제도를 나타낸다.

 ① ㉠은 대법원이다. ② ㉡은 지방 법원 본원 합의부나 고등 법원이다. ④ 1심에서 2심으로의 재판 청구를 항소라고 한다. ⑤ 2심에서 3심으로의 재판 청구를 상고라고 한다.

22 예시 답안 공개 재판주의, 재판 당사자 이외에 일반인에게도 재판의 심리와 판결을 공개해야 한다는 원칙을 말한다.

채점 기준	
상	공개 재판주의라고 쓰고, 그 의미를 옳게 서술한 경우
중	공개 재판주의라고 쓰고, 그 의미를 단순히 재판을 공개한다는 내용만으로 서술한 경우
하	공개 재판주의만 쓴 경우

23 인권은 국가가 법으로 보장하기 이전에 인간에게 주어진 자연적 권리이다.

24 인종 차별은 인권 침해에 해당하므로 학생 2의 말은 옳지 않다.

25 대부분의 민주 국가에서는 국가의 최고법이자 모든 법과 제도의 기초가 되는 헌법을 통해 국민의 인권을 보장하고 있다.

 ㄱ. 인권 중 헌법에 규정하여 보장하는 권리를 기본권이라고 한다. ㄹ. 헌법에 인권을 규정해 둠으로써 국가 권력이 개인의 인권을 함부로 침해할 수 없도록 하고 있다.

26 (가)는 참정권, (나)는 평등권, (다)는 사회권, (라)는 자유권, (마)는 청구권이다.

27 공직을 맡을 수 있는 공무 담임권과 관련된 사례이다. 공무 담임권은 참정권에 해당한다.

28 A가 청구권이므로 B와 C는 청구권이 아니다. (가)에 '국가 권력으로부터 간섭을 받지 않을 권리인가?'가 들어가면 B는 자유권이다.

 ㄷ. C가 사회권이라면 B는 자유권이므로 (가)에는 자유권에 대한 옳은 답변을 할 수 있는 질문이 들어가야 한다.

29 국가 안전 보장을 위해 군사 보호 시설 구역에서 기본권을 제한하는 사례이다. 기본권을 제한하더라도 자유와 권리의 본질적인 내용까지 침해할 수 없다.

 ㄱ. 개인의 자유권이 제한된다. ㄷ. 법률로써 제한된다.

30 국가 인권 위원회는 국가 기관 또는 제삼자로부터 기본권을 침해당했을 때 이를 구제한다.

31 ㉠을 조직할 수 있는 권리는 단결권이고, ㉡은 단체 교섭권

㉢은 단체 행동권과 관련된다. 노동 3권을 침해 또는 방해하는 행위를 부당 노동 행위라고 한다.

 ㄴ. 최저 임금 제도는 임금의 최저 수준을 정한 것으로, 근로자는 최저 임금 수준 이상을 요구할 수 있다.

32 사용자가 노동자의 노동 3권을 침해하는 행위는 부당 노동 행위이다.

33 예시 답안 근로자가 사용자와 대등한 위치에서 근로 조건을 협의하고 결정할 수 있게 하기 위해서이다.

채점 기준	
상	노동 3권을 보장하고 있는 이유를 바르게 서술한 경우
중	노동 3권을 보장하고 있는 이유에 대한 서술이 미흡한 경우
하	노동 3권을 보장하고 있는 이유에 대해 서술하지 못한 경우